教育部哲学社会科学系列发展报告
MOE Serial Reports on Developments in Humanities and Social Sciences

中国社会保障改革与发展报告2014

Reform and Development of Social Security Report 2014

邓大松 刘昌平 等著

北京大学出版社
PEKING UNIVERSITY PRESS

图书在版编目（CIP）数据

中国社会保障改革与发展报告. 2014/邓大松等著. —北京：北京大学出版社，2016.12
（教育部哲学社会科学系列发展报告）
ISBN 978-7-301-27853-6

Ⅰ.①中… Ⅱ.①邓… Ⅲ.①社会保障—体制改革—研究报告—中国—2014 ②社会保障—发展战略—研究报告—中国—2014 Ⅳ.①D632.1

中国版本图书馆 CIP 数据核字（2016）第 305698 号

书　　　名	中国社会保障改革与发展报告 2014 ZHONGGUO SHEHUI BAOZHANG GAIGE YU FAZHAN BAOGAO　2014
著作责任者	邓大松　刘昌平　等著
责 任 编 辑	董郑芳（dzfpku@163.com）
标 准 书 号	ISBN 978-7-301-27853-6
出 版 发 行	北京大学出版社
地　　　址	北京市海淀区成府路 205 号　100871
网　　　址	http://www.pup.cn
新 浪 微 博	@北京大学出版社　　@未名社科-北大图书
电 子 信 箱	ss@pup.pku.edu.cn
电　　　话	邮购部 62752015　发行部 62750672　编辑部 62753121
印 刷 者	北京鑫海金澳胶印有限公司
经 销 者	新华书店
	730 毫米×980 毫米　16 开本　26 印张　495 千字 2016 年 12 月第 1 版　2016 年 12 月第 1 次印刷
定　　　价	76.00 元

未经许可，不得以任何方式复制或抄袭本书之部分或全部内容。
版权所有，侵权必究
举报电话：010-62752024　电子信箱：fd@pup.pku.edu.cn
图书如有印装质量问题，请与出版部联系，电话：010-62756370

总　序

　　哲学社会科学的发展水平,体现着一个国家和民族的思维能力、精神状态和文明素质,反映了一个国家的综合国力和国际竞争力。在社会发展历史进程中,哲学社会科学往往是社会变革、制度创新的理论先导,特别是在社会发展的关键时期,哲学社会科学的地位和作用就更加突出。在我国从大国走向强国的过程中,繁荣发展哲学社会科学,不仅关系到我国经济、政治、文化、社会建设以及生态文明建设的全面协调发展,而且关系到社会主义核心价值体系的构建,关系到全民族的思想道德素质和科学文化素质的提高,关系到国家文化软实力的增强。

　　党的十六大以来,以胡锦涛同志为总书记的党中央高度重视哲学社会科学,从中国特色社会主义发展全局的战略高度,把繁荣发展哲学社会科学作为重大而紧迫的任务进行谋划部署。2004 年,中共中央下发《关于进一步繁荣发展哲学社会科学的意见》,明确了新世纪繁荣发展哲学社会科学的指导方针、总体目标和主要任务。党的十七大报告明确指出:"繁荣发展哲学社会科学,推进学科体系、学术观点、科研方法创新,鼓励哲学社会科学界为党和人民事业发挥思想库作用,推动我国哲学社会科学优秀成果和优秀人才走向世界"。2011 年,党的十七届六中全会审议通过的《中共中央关于深化文化体制改革、推动社会主义文化大发展大繁荣若干重大问题的决定》,把繁荣发展哲学社会科学作为推动社会主义文化大发展大繁荣、建设社会主义文化强国的一项重要内容,深刻阐述了繁荣发展哲学社会科学一系列带有方向性、根本性、战略性的问题。这些重要思想和论断,集中体现了我们党对哲学社会科学工作的高度重视,为哲学社会科学繁荣发展指明了方向,提供了根本保证和强大动力。

　　为学习贯彻党的十七届六中全会精神,教育部于 2011 年 11 月 17 日在北京召开全国高等学校哲学社会科学工作会议。中共中央办公厅、国务院办公厅转发《教育部关于深入推进高等学校哲学社会科学繁荣发展的意见》,明确提出到 2020 年基本建成高校哲学社会科学创新体系的奋斗目标。教育部、财政部联合印发《高等学校哲学社会科学繁荣计划(2011—2020 年)》,教育部下发《关于进一步改进高等学校哲学社会科学研究评价的意见》《高等学校哲学社会科学"走出去"计划》《高等学校人文社会科学重点研究基地建设计划》等系列文件,启动了新一轮"高校哲学社会科学繁荣计划"。未来十年,高校哲学社会科学将着力构建九大体系,即学科和教材体系、创新平台体系、科研项目体系、社会服务体系、条件支撑体系、人才队伍体系、现代科研管理体系和学风建设工作体系,同时,大力实施高校哲学社会科学"走出去"计划,提升国际学术影响力和话语权。

当今世界正处在大发展大变革大调整时期,我国已进入全面建设小康社会的关键时期和深化改革开放、加快转变经济发展方式的攻坚时期。站在新的历史起点上,高校哲学社会科学面临着难得的发展机遇和有利的发展条件。高等学校作为我国哲学社会科学事业的主力军,必须充分发挥人才密集、力量雄厚、学科齐全等优势,坚持马克思主义立场观点方法,以重大理论和实际问题为主攻方向,立足中国特色社会主义伟大实践进行新的理论创造,形成中国方案和中国建议,为国家发展提供战略性、前瞻性、全局性的政策咨询、理论依据和精神动力。

自2010年始,教育部启动哲学社会科学研究发展报告资助项目。发展报告项目以服务国家战略、满足社会需求为导向,以数据库建设为支撑,以推进协同创新为手段,通过组建跨学科研究团队,与各级政府部门、企事业单位、校内外科研机构等建立学术战略联盟,围绕改革开放和社会主义现代化建设的重点领域和重大问题开展长期跟踪研究,努力推出一批具有重要咨询作用的对策性、前瞻性研究成果。发展报告必须扎根社会实践、立足实际问题,对所研究对象的发展状况、发展趋势等进行持续研究,强化数据采集分析,重视定量研究,力求有总结、有分析、有预测。发展报告按照"统一标识、统一封面、统一版式、统一标准"纳入"教育部哲学社会科学发展报告文库"集中出版。计划经过五年左右,最终稳定支持百余种发展报告,有力支撑"高校哲学社会科学社会服务体系"建设。

展望未来,夺取全面建设小康社会新胜利、谱写人民美好生活新篇章的宏伟目标和崇高使命,呼唤着每一位高校哲学社会科学工作者的热情和智慧。我们要不断增强使命感和责任感,立足新实践,适应新要求,以建设具有中国特色、中国风格、中国气派的哲学社会科学为根本任务,大力推进学科体系、学术观点、科研方法创新,加快建设高校哲学社会科学创新体系,更好地发挥哲学社会科学认识世界、传承文明、创新理论、咨政育人、服务社会的重要功能,为全面建设小康社会、推进社会主义现代化、实现中华民族伟大复兴作出新的更大的贡献。

教育部社会科学司
2012年7月

前　言

社会保障是社会稳定的"安全网"、经济运行的"调节器",是构建社会主义和谐社会的重要内容,对于调节收入分配、促进社会公平,增加国内需求、拉动经济增长具有十分重要的作用。改革开放以来,中国政府就一直高度重视社会保障制度建设,中共十四届三中全会通过的《中共中央关于建立社会主义市场经济体制若干问题的决定》明确提出,"建立多层次的社会保障制度,为城乡居民提供同我国国情相适应的社会保障,促进经济发展和社会稳定",将社会保障制度作为社会主义市场经济体制的重要支柱;中共十七大明确提出将"建立覆盖城乡居民的社会保障体系"作为构建社会主义和谐社会的主要任务之一,要求到2020年基本建立覆盖城乡居民的社会保障体系,使人人享有基本生活保障;中共十八大又进一步提出"要坚持全覆盖、保基本、多层次、可持续方针,以增强公平性、适应流动性、保证可持续性为重点,全面建成覆盖城乡居民的社会保障体系"。

改革开放以来,特别是中共十四届三中全会以来,中国政府抓住国民经济持续快速健康发展的有利时机,在社会保障制度体系建设上作出了不懈努力,取得了重要进展:明确完善社会保障制度的基本原则、总体目标和主要任务,确立社会统筹与个人账户相结合的基本养老保险和基本医疗保险制度,基本建成了涵盖养老保险、医疗保险、失业保险、工伤保险和生育保险,以及城乡居民最低生活保障制度的社会保障体系;普遍实行个人缴费制度,加大中央和地方财政投入力度,建立全国社会保障基金,初步形成了国家、企业和个人的社会保障资金多渠道筹集机制;扩大社会保险制度的覆盖范围,实现了从国有企业向城镇各种所有制企业、灵活就业人员和个体工商户的延伸;实行原行业统筹下放省级管理,解决条块分割的矛盾,建立了上下贯通、覆盖全国的社会保险社会化管理服务体系。社会保障制度的改革与不断完善,对保障人民群众的基本生活需求和维持社会安定团结,对国有企业改革、经济结构调整的顺利推进,对统筹城乡社会经济发展进程,发挥了十分重要的作用。

中国是世界上最大的发展中国家，人民生活还不富裕，社会主义市场经济体制初步建立，影响发展的体制机制障碍依然存在，经济增长和社会发展面临着许多突出问题。正如中共十七大报告所言："人民生活总体上达到小康水平，同时收入分配差距拉大趋势还未根本扭转，城乡贫困人口和低收入人口还有相当数量，统筹兼顾各方面利益难度加大。"当前，社会保障体系不完善与人民群众日益增长的社会保障需求是构建社会主义和谐社会的突出矛盾之一。

武汉大学社会保障研究中心作为国家"985"工程社会保障研究创新基地和教育部人文社会科学百所重点研究基地之一，长期致力于社会保障理论与中国社会保障制度研究，承接了包括国家自然科学基金、国家社会科学基金，教育部、各级政府部门，以及国内外相关研究机构和社会组织在内的大量研究任务，近几年取得了一系列研究成果。《中国社会保障改革与发展报告》是由武汉大学社会保障研究中心组织国内社会保障领域诸多知名学者与专家，共同完成的一份重要的年度研究报告，也是教育部哲学社会科学研究报告资助项目"中国社会保障改革与发展报告"（批准号：10JBG009）的重要研究成果，重点关注社会保障理论研究与国际比较研究中的前沿问题，当前中国经济社会发展过程中凸显的社会矛盾和民生问题，以及中国社会保障制度改革过程中的焦点、难点和热点问题。

社会保障是一项复杂的社会系统工程，也是一项正在不断改革和完善的社会经济制度，需要解决的问题和面临的困难太多，本报告不可能穷尽当前社会保障领域内的所有方面。因此，我们试图在有限的篇幅和人力条件下，经过作者们的共同努力，将《中国社会保障改革与发展报告》打造成中国社会保障理论与政策研究的精品与力作。

武汉大学社会保障研究中心
2015 年 5 月

目 录

1 改革开放以来中国社会保障制度的改革与发展
   邓大松　孟颖颖　薛惠元 …………………………………… 1

2 社会保险改革的风险分析　林毓铭 ………………………… 107

3 中国养老金便携性改革研究　刘昌平　殷宝明 …………… 138

4 中国养老服务体系建设研究　赵曼　邓汉慧　于艳丽 …… 206

5 医疗保障发展报告　杨燕绥 ………………………………… 245

6 中国工伤保险制度的发展：历程、成就与问题　岳经纶　何伟强 …… 306

7 中国社会救助事业的发展实践与完善对策　边恕　王宁 …… 325

8 他山之石——完善中国社会福利制度的国际经验借鉴
   李滨生　常品超　王祎　郝帅　石磊 …………………… 368

1　改革开放以来中国社会保障制度的改革与发展[*]

邓大松　孟颖颖　薛惠元

1.1　改革开放以来中国社会保障制度改革回顾

1.1.1　改革开放以来中国养老保险制度改革回顾

一、企业职工基本养老保险改革回顾

1978年国务院发布《关于工人退休、退职的暂行办法》（国发〔1978〕104号），对工人的退休和退职制度进行了修改和补充。[①]

1983年原劳动人事部和财政部下发了《关于提高职工退休费、退职生活费的最低保证数的通知》（劳人险〔1983〕60号），提高了生活困难的退休、退职人员的养老金水平。

1984年起，广东、江苏、辽宁、四川等省的少数市县开始试行退休费用社会统筹，从而拉开了我国养老保险制度改革的序幕。

1986年国务院发布《国营企业实行劳动合同制暂行规定》（国发〔1986〕77号），建立了劳动合同制工人的养老保险制度，规定劳动合同制工人按不超过本人标准工资的3%缴纳养老保险费，改变了过去完全由国家和企业负担的办法。这是我国社会主义社会保险史上第一次建立个人缴费制度。

---

[*] 邓大松教授被聘为新疆大学"天山学者"。严妮、张梅珏、宋君、王帆等博士、硕士研究生也参与了本研究部分内容的撰写，并在资料搜集中做了大量的工作。本研究同时受到教育部人文社会科学重点研究基地重大项目"中国社会救助制度改革研究"（项目批准号：15JJD630009）的资助。

[①] 早在1958年，国务院就发布了《国务院关于工人、职员退休处理的暂行规定》《国务院关于工人、职员退职处理的暂行规定（草案）》，从而建立起了工人退休、退职制度。

1991年国务院发布《关于企业职工养老保险制度改革的决定》(国发〔1991〕33号),规定养老保险费由国家、企业和职工三方负担,缴费标准开始时可不超过本人标准工资的3%,基金按照以支定收、略有结余、留有部分积累的原则统一筹集,并开始探索建立国家基本养老保险、企业补充养老保险和个人储蓄性养老保险相结合的多层次养老保险体系。本办法注重养老保险基金的收缴,未涉及养老保险费用的计发问题。

1993年,党的十四届三中全会明确提出养老制度改革实行"社会统筹与个人账户相结合"的模式。

1995年,国务院发布了《关于深化企业职工养老保险制度改革的通知》(国发〔1995〕6号),提出了企业职工养老保险制度改革的目标,明确了"统账结合"是我国企业职工基本养老保险制度改革的方向,并给出了统账结合的两套实施办法供选择。但在实际上几乎是一个地区一个办法。这种状况导致地区之间养老金水平相互攀比,中央难以管理、调控,职工跨地区流动困难。

针对这种情况,1997年,国务院颁布了《关于建立统一的企业职工基本养老保险制度的决定》(国发〔1997〕26号)。统一制度的要点:一是统一缴费比例。按职工工资的11%建立养老保险个人账户,其中个人缴费8%(4%起步,每两年提高1个百分点,逐步到位),企业缴费划入3%;企业缴费的费率不得超过20%。二是统一计发办法。基本养老金=基础养老金+个人账户养老金;基础养老金=职工退休时上年度职工月平均工资×20%;个人账户养老金=个人账户储存额/120。

1998年,国务院发布《关于实行企业职工基本养老保险省级统筹和行业统筹移交地方管理有关问题的通知》(国发〔1998〕28号),要求加快实行企业职工基本养老保险省级统筹,按期完成基本养老保险行业统筹移交地方管理,确保按时足额发放企业离退休人员基本养老金。

2000年,国务院发布《关于印发完善城镇社会保障体系试点方案的通知》(国发〔2000〕42号),决定2001年在辽宁省进行包含企业职工基本养老保险制度在内的城镇社会保障体系的改革试点。2004年,试点范围扩大到吉林省和黑龙江省。

2005年,在总结东北三省试点经验的基础上,国务院发布了《关于完善企业职工基本养老保险制度的决定》(国发〔2005〕38号),该文件提出:将覆盖面扩大到个体工商户和灵活就业者;个人账户由11%下调为8%,全部由个人缴费构成,企业20%的缴费全部纳入统筹账户;改革基本养老金计发办法,基础养老金与缴费年限、缴费工资、退休时间等挂钩,个人账户养老金计发办法更加灵活,考虑了平均预期寿命、本人退休年龄、利息等因素;建立基本养老金正常调整机制,调整幅度为省、自治区、直辖市当地企业在岗职工平均工资年增长率的一定比例。

2007年原劳动和社会保障部、财政部联合发布《关于推进企业职工基本养老保险省级统筹有关问题的通知》（劳社部发〔2007〕3号），提出了企业职工基本养老保险省级统筹标准，即统一制度和政策，统一缴费基数和缴费比例，统一养老金计发办法、统筹项目和待遇调整，统一管理和调度使用基金，统一编制和实施基金预算，统一经办业务规程和信息应用系统。2009年年底，中国所有省份企业职工基本社会养老保险基金全部实现省级统筹。

2009年，国务院办公厅转发了《城镇企业职工基本养老保险关系转移接续暂行办法》（国办发〔2009〕66号），保证了参保人员跨统筹地区流动并在城镇就业时基本养老保险关系的转移接续。

2014年2月24日，人力资源和社会保障部、财政部印发了《城乡养老保险制度衔接暂行办法》（人社部发〔2014〕17号），实现了城乡基本养老保险制度的无缝衔接。

二、机关事业单位养老保险改革回顾

事业单位现行的养老保险制度始建于20世纪50年代，成型于1978年。当时国务院下发《关于安置老弱病残干部的暂行办法》，基本确立了干部退休制度，规定实行退休制度的机关事业单位工作人员在工作期间不缴费，达到退休年龄和工作年限时，职工的退休待遇由单位根据工作年限进行支付。

1980年国务院发布《关于老干部离职休养的暂行规定》（国发〔1980〕253号）、1982年国务院和中央军委颁布了《关于军队干部离职休养的暂行规定》（国发〔1982〕1号），正式确立了干部离休制度，形成了干部退休制度的一种特殊形式。

1986年，国务院下发《关于发布改革劳动制度四个规定的通知》（国发〔1986〕77号），规定国家机关、事业单位招用的劳动合同制工人的养老保险基金来源，机关从行政费中列支，事业单位从事业费中列支。

1991年国务院发布的《关于企业职工养老保险制度改革的决定》（国发〔1991〕33号）提出，国家机关、事业单位的养老保险制度改革，由人事部负责。

1992年，原人事部印发《关于机关、事业单位养老保险制度改革有关问题的通知》（人退发〔1992〕2号），重申机关事业单位养老保险制度改革，提出"逐步改变退休金实行现收现付、全部由国家包下来的做法"，"要在总结我国现行干部退休制度的基础上，建立国家统一的、具有中国特色的机关、事业单位社会养老保险制度"。

1993年，国务院办公厅印发《机关工作人员工资制度改革实施办法》《事业单位工作人员工资制度改革实施办法》（国办发〔1993〕85号），1994年原人事部印发

《关于机关、事业单位工资制度改革实施中若干问题的规定》（人薪发〔1994〕3号），对机关事业单位离退休人员退休金的计发基数、比例标准等做了详细规定。

1994年开始，云南、江苏、福建等地先后发布机关、事业单位养老保险改革的有关文件，并开展试点工作。据原人事部有关资料显示，截至1997年，全国28个省（自治区、直辖市）的1700多个地市、县开展了试点，其中19个省（自治区、直辖市）政府出台省级方案，全国参保人数超过1000万人，约占机关、事业单位人数的1/3，但是各地试点适用范围差别较大，实施细节也各不相同。

1999年，经国务院批准，原国家经贸委所属10个国家局管理的242个科研机构、中央所属的178家工程勘察设计单位以及原建设部等11个部门所属的134个科研机构改革了管理体制，实行属地化、企业化管理，这些转制的科研机构实行城镇企业职工养老保险制度。

2000年，国务院《关于印发完善城镇社会保障体系试点方案的通知》（国发〔2000〕42号）规定，公务员和全部由财政供款的事业单位维持现行养老保险制度，部分财政供款事业单位的养老保险办法在调查研究和试点基础上分别制定，要求已进行改革试点的地区继续完善和规范。

2001年，原劳动和社会保障部发布《关于职工在机关事业单位与企业之间流动时社会保险关系处理意见的通知》（劳社部发〔2001〕13号），其中对职工在机关事业单位和企业之间流动时转移养老、医疗、失业保险关系作出了规定。

2005年颁布的《公务员法》规定，国家建立公务员保险制度，保障公务员在退休时得到保障，公务员退休金所需经费来自财政预算，指明了公务员退休养老经费的来源。

2006年，原人事部、财政部印发《关于机关事业单位离退休人员计发离退休费等问题的实施办法》（国人部发〔2006〕60号）规定，公务员、事业单位工作人员、机关技术工人、普通工人的退休费分别以本人退休前职务工资和级别工资之和、岗位工资和薪级工资之和、岗位工资和技术等级工资之和、岗位工资为计发基数，计发比例为80%—90%。

2008年国务院原则通过了《事业单位工作人员养老保险制度改革试点方案》（国发〔2008〕10号），确定在山西、上海、浙江、广东、重庆五地先期开展试点，与事业单位分类改革配套推进。2009年1月，国务院要求五个试点地区正式启动此项改革，实现企业与机关事业单位之间制度能够衔接，事业单位养老保险制度改革与企业基本一致。

2009年，事业单位实施绩效工资制度改革，在职职工领取绩效工资，对离退休人员发放生活补贴。生活补贴标准由县级以上人民政府人事、财政部门确定，绩效工资不作为计发离退休费的基数。因此,目前事业单位退休人员待遇分为两个部分:一是按本人退休前岗位工资和薪级工资之和的一定比例计发的基本退休费;二是属地化的生活补贴,即替代绩效工资的部分。

2011 年,《国务院办公厅关于印发分类推进事业单位改革配套文件的通知》(国办发〔2011〕37 号)出台,其中配套文件之九为《事业单位职业年金试行办法》,该办法对职业年金做出了框架性的规定,并规定该配套文件适用于山西省、上海市、浙江省、广东省、重庆市五个事业单位养老保险改革试点的省(市)。

2013 年 12 月,《关于企业年金 职业年金个人所得税有关问题的通知》(财税〔2013〕103 号)规定,职业年金实行 EET 式(E-exempt,表示免税;T-tax,表示征税;EET,即在缴费环节和基金投资环节免税,在待遇领取环节征税)的个人所得税递延纳税优惠政策。

2014 年政府工作报告明确提出"改革机关事业单位养老保险制度",并将其列入 2014 年重点工作中。

2014 年 7 月 1 日正式实施的《事业单位人事管理条例》(国务院令第 652 号)规定,"事业单位及其工作人员依法参加社会保险,工作人员依法享受社会保险待遇"。

三、城乡居民基本养老保险制度改革回顾

城乡居民基本养老保险的保障是由新型农村社会养老保险(简称"新农保")和城镇居民社会养老保险(简称"城居保")两项制度合并而来的。

中国的农村社会养老保险是从 1986 年开始探索,1991 年进行试点,逐步建立起来的。1986 年,民政部根据国家"七五计划"关于"抓紧研究建立农村社会保险制度,并根据各地经济发展情况,进行试点,逐步实行"的要求,开始在江苏省张家港市等经济发达地区进行农村社会养老保险工作探索。1991 年 6 月,《国务院关于企业职工养老保险制度改革的决定》(国发〔1991〕33 号)明确要求民政部负责农村(含乡镇企业)养老保险改革。同年,国务院有关领导批示,同意民政部开始选择 20 个有条件的县进行农村社会养老保险试点。为了完成这项任务,民政部成立了"农村社会养老保险办公室",于 1991 年 5 月选择山东烟台市的牟平、龙口、招远县(市)和威海市的荣成、乳山县(市)作为农村社会养老保险试点县。

在总结试点县经验教训和几经征求有关方面意见的基础上,民政部于 1992 年 1 月印发了《县级农村社会养老保险基本方案(试行)》(民办发〔1992〕2 号),以个人缴费为主、完全个人账户的农村社会养老保险,即"老农保"制度正式确立,同时要求各地结合实际,进一步组织试点。1992 年 12 月,民政部在张家港市召开会议,总结各地试点经验,要求在有条件的地方逐步推开。

1995年10月,《国务院办公厅转发民政部关于进一步做好农村社会养老保险工作的意见》(国办发〔1995〕51号)指出:"各级政府要切实加强领导,高度重视对农村养老保险基金的管理和监督,积极稳妥地推进这项工作。"为此,民政部先后下发了《农村社会养老保险会计制度(试行)》(民办发〔1993〕4号)和《关于加强农村社会养老保险基金管理的通知》(民险发〔1994〕27号)等一系列规范性文件。

1997年11月,民政部在山东烟台召开农保管理工作现场经验交流会。至此,全国有26个省政府相继颁布了开展农保工作的地方性法规和文件,将这项事业纳入政府工作的重要内容;全国2900多个县中已有2123个县引进了此项制度,8200万农民参加保险(参保率为9.47%),农保制度的覆盖范围和参保人数都达到了阶段性的顶峰。①

1998年国务院机构改革,将农村社会养老保险管理职能划入劳动和社会保障部,实行社会保险的统一管理。

1999年7月,《国务院批转整顿保险业工作小组保险业整顿与改革方案的通知》(国发〔1999〕14号)提出:"目前我国农村尚不具备普遍实行社会保险的条件。对民政系统原来开展的'农村社会养老保险',要进行清理整顿,停止接受新业务,区别情况,妥善处理,有条件的可以逐步将其过渡为商业保险。"此后,农村社会养老保险工作进入清理整顿阶段。

2002年11月党的十六大明确提出"在有条件的地方探索建立农村社会养老保险制度"。此后,农村社会养老保险工作进入一个创新发展的地方探索阶段。截至2009年9月,全国已有近500个县(市、区、旗)正在积极探索建立与农村经济发展水平相适应,与其他保障措施相配套的新型农村社会养老保险制度。②

2009年9月1日,国务院发布《关于开展新型农村社会养老保险试点的指导意见》(国发〔2009〕32号),标志着"新农保"制度的诞生。该文件规定"新农保"实行"基础养老金+个人账户"的制度模式,以及"个人缴费、集体补助与政府补贴相结合"的筹资模式,并提出2020年之前基本实现对农村适龄居民全覆盖的目标。

2011年6月,为解决城镇非就业人员的养老保险问题,国务院发布《关于开展城镇居民社会养老保险试点的指导意见》(国发〔2011〕18号),要求2011年7月1日启动"城居保"试点工作,实施范围与"新农保"试点基本一致。从制度设计来看,"新农保"与"城居保"的制度设计基本一致。

2012年7月1日,"新农保"和"城居保"全覆盖工作正式启动,尚未开展试点

---

① 卢海元:《新农保:一路走来》,《中国社会保障》2009年第9期。
② 同上。

的地区全部纳入制度的覆盖范围,"新农保"和"城居保"提前8年实现制度全覆盖。

2014年2月21日,国务院发布《关于建立统一的城乡居民基本养老保险制度的意见》(国发〔2014〕8号),将"新农保"和"城居保"两项制度合并实施,在全国范围内建立统一的城乡居民基本养老保险制度。

四、企业年金制度改革回顾

1991年《国务院关于企业职工养老保险制度改革的决定》(国发〔1991〕33号)中,首次提出"国家提倡、鼓励企业实行补充养老保险,并在政策上给予指导";明确了逐步建立起基本养老保险、企业补充养老保险和职工个人储蓄性养老保险相结合的提法;明确企业补充养老保险的经办机构是劳动部门所属的社会保险管理机构。

1994年颁布的《劳动法》将"补充养老保险"用法律的形式确定下来,其中规定,"国家鼓励用人单位根据本单位实际情况为劳动者建立补充养老保险"。

1995年,《国务院关于深化企业职工养老保险制度改革的通知》(国发〔1995〕6号)对建立企业补充养老保险又做出明确规定,并提出企业补充养老保险由企业和个人自主选择经办机构。

1995年,原劳动部印发的《关于建立企业补充养老保险制度的意见》(劳部发〔1995〕464号),对企业补充养老保险的实施条件、决策程序、资金来源、计发办法以及经办机构等具体政策做出了规范。

1997年,《国务院关于建立统一的企业职工基本养老保险制度的决定》(国发〔1997〕26号)进一步明确,要求各地区和有关部门要在国家政策指导下大力发展企业补充养老保险。

2000年,国务院《关于印发完善城镇社会保障体系试点方案的通知》(国发〔2000〕42号)将"企业补充养老保险"正式更名为"企业年金",并提出:有条件的企业可为职工建立企业年金,并实行市场化运营和管理。企业年金实行基金完全积累,采用个人账户方式进行管理,费用由企业和职工个人缴纳,企业缴费在工资总额4%以内的部分,可在成本中列支。

2004年,《企业年金试行办法》(劳动保障部令第20号)和《企业年金基金管理试行办法》(劳社部、银监会、证监会、保监会令第23号)确定了中国企业年金发展的框架,且对企业年金治理结构、管理及投资运营作出规定。

2004—2007年,原劳动和社会保障部与相关部门又发布了《关于企业年金基金证券投资有关问题的通知》(劳社部发〔2004〕25号)、《企业年金基金管理机构资格认定暂行办法》(劳动保障部令第 24 号)、《关于印发〈企业年金基金管理运作流程〉、〈企业年金基金账户管理信息系统规范〉和〈企业年金基金管理机构资格认定专家评审规则〉的通知》(劳社部发〔2004〕32 号)、《关于企业年金方案和基金管理合同备案有关问题的通知》(劳社部发〔2005〕35 号)、《企业年金基金会计准则》(企业会计准则第 10 号)、《关于中央企业试行企业年金制度的指导意见》(国资发分配〔2005〕135 号)、《关于国有金融企业试行企业年金制度有关问题的通知》(财金〔2006〕18 号)、《关于企业年金基金银行账户管理等有关问题的通知》(劳社部发〔2006〕40 号)、《关于企业年金方案和基金进入全国银行间债券市场有关事项的通知》(银发〔2007〕56 号)等一系列的配套政策文件。

2009 年,财政部、国家税务总局发布《关于补充养老保险费 补充医疗保险费有关企业所得税政策问题的通知》(财税〔2009〕27 号),提出"为在本企业任职或者受雇的全体员工支付的补充养老保险费,在不超过职工工资总额 5% 标准内的部分,在计算企业所得税应纳税所得额时准予扣除"。

2009 年和 2011 年《国家税务总局关于企业年金个人所得税征收管理有关问题的通知》(国税函〔2009〕694 号)、《国家税务总局关于企业年金个人所得税有关问题补充规定的公告》(国家税务总局公告 2011 年第 9 号)规定,"企业年金的个人缴费和企业缴费计入个人账户的部分,不得在个人当月工资、薪金计算个人所得税时扣除"。即以上两个文件中企业年金实行当期税政策,对个人而言没有什么优惠。

2011 年,人社部、银监会、证监会、保监会联合发布《企业年金基金管理办法》(人社部、银监会、证监会、保监会令第 11 号),对企业年金基金管理进行了完善,原《企业年金基金管理试行办法》(劳动保障部令第 23 号)废止。

2011 年 5 月人社部发布《关于企业年金集合计划试点有关问题的通知》(人社部发〔2011〕58 号),就企业年金集合计划试点问题作出了相关规定。

2013 年,为降低个人所得税税负、推进我国补充养老保险制度的发展,财政部、人力资源和社会保障部、国家税务总局联合发布《关于企业年金 职业年金个人所得税有关问题的通知》(财税〔2013〕103 号),规定企业年金、职业年金实行 EET 式的个人所得税递延纳税优惠政策,国税函〔2009〕694 号和国家税务总局公告 2011 年第 9 号文件同时废止。

1.1.2 改革开放以来中国医疗保险制度改革回顾

一、基本医疗保险制度

(一)城镇职工基本医疗保险

计划经济时期,我国实施的是劳保医疗和公费医疗,劳保医疗主要是解决企业单位的职工工伤、疾病方面的保障问题,并为职工家属提供部分补助;公费医疗是一项为国家工作人员提供低费或免费医疗服务的保障制度,1952年公费医疗制度正式实施。但是劳保医疗和公费医疗都存在资金不足、资源浪费、缺乏合理的费用约束机制等问题。

改革开放后,我国开始对劳保医疗和公费医疗进行改革。1988年卫生部牵头的多部门成立国家医疗制度改革研讨小组,并起草了《职工医疗保险制度改革设想(草案)》,1989年在辽宁丹东、吉林四平、湖北黄石和湖南株洲四个市进行医疗保险制度改革试点,重点是控制医疗费用。1992年劳动部发出《关于试行职工大病医疗费用社会统筹的意见的通知》(劳险字〔1992〕25号),按照"以支定筹、略有结余"的原则筹集和使用基金;1993年党的十四届三中全会提出城镇职工医疗保险金由单位和个人共同负担,实行社会统筹和个人账户相结合的办法;1994年国家体改委、财政部、劳动部等发布了《关于职工医疗制度改革的试点意见》,对试点的内容、政策等提出相关要求,经国务院批准,江苏镇江和江西九江开始医疗保险改革试点,12月"两江"方案正式实施;1994年至1998年间试点又扩展到更多的地区,在试点的基础上,1998年年底国务院发出《关于建立城镇职工基本医疗保险制度的决定》(国发〔1998〕44号),提出了建立城镇职工基本医疗保险制度的原则、覆盖范围、缴费办法、健全基金监管、加强医疗服务管理等。2003年原劳动与社会保障部颁布了《关于城镇灵活就业人员参加基本医疗保险的指导意见》(劳社厅发〔2003〕10号),将灵活就业的人员也纳入到城镇职工基本医疗保险的范畴。

(二)城镇居民基本医疗保险

由于城镇职工基本医疗保险只是针对有单位的职工,那些非就业人口则被排斥在外,为了解决这部分人的基本医疗保险问题,2006年十六届六中全会提出"完善城镇职工基本医疗保险,建立以大病统筹为主的城镇居民医疗保险",2007年国务院颁布了《关于开展城镇居民基本医疗保险试点的指导意见》(国发〔2007〕20号),试点的目标是:2007年在有条件的省份选择2至3个城市启动试点,2008年扩大试点,争取2009年试点城市达到80%以上,2010年在全国全面推开,逐步覆盖全体城镇非从业居民。这一政策的制定和实施标志着我国建立起覆盖城乡全体居民的医疗保险体系。2010年和2011年人社部相继发布了《关于做好城镇居民基本医疗保险工作的通知》,进一步对城镇居民基本医疗保险工作的实施做出具体规定。2012年国家发展改革委、卫生部、财政部、人社部、民政部和保监会发布了《关于开展城乡居民大病保险工作的指导意见》,对大病患者发生的高额医疗费用给予进一步保障,是基本医疗保障制度的拓展和延伸。

(三) 农村合作医疗保险

农村合作医疗建立较早,但初期的合作医疗只是自主自愿、互助合作的形式,中华人民共和国成立初期,随着农业合作化的发展,农村合作医疗制度才得到肯定和发展,1968年毛主席批示湖北长阳乐园公社合作医疗"解决了农民群众看不起病、吃不起药的困难",号召全国学习这一做法,由此农村合作医疗达到高潮。① 70年代随着家庭联产承包责任制的实行,以集体经济为依托的合作医疗也开始衰落,直到90年代才重新认识到农村医疗保险的重要性。1993年《中共中央关于建立社会主义市场经济体制若干问题的决定》提出要发展和完善农村合作医疗制度;1994年,国务院研究室、卫生部、农业部与世界卫生组织合作,在全国27个省14个县(市)开展"中国农村合作医疗制度改革"试点及跟踪研究工作;1997年国务院批转卫生部等部门《关于发展和完善农村合作医疗若干意见的通知》,坚持"民办公助、自愿量力、因地制宜"的原则举办农村合作医疗。②

进入21世纪,农村"看病难、看病贵"的问题日益凸显,农村医疗卫生工作却还存在各种问题,制度建设不完善、资金投入不足、基础设施落后、卫生人才匮乏等。2002年《关于进一步加强农村卫生工作的决定》提出,逐步建立新型农村合作医疗制度,重点解决农民因患传染病、地方病等大病而出现的因病致贫、返贫问题;2003年卫生部、财政部和农业部《关于建立新型农村合作医疗制度的意见》获批,对新型农村合作医疗参保、筹资、管理、实施等方面做了具体安排,2003年浙江、湖北、云南和吉林开始新农合试点;2004年国务院办公厅转发卫生部等部门《关于进一步做好新型农村合作医疗试点工作的指导意见》,对试点的具体工作做出安排,随后试点不断推广开来;2006年卫生部等《关于加快推进新农合医疗试点工作的通知》,在已有的试点基础上对新农合工作的进一步开展提出具体要求。新农合制度的建立对农村居民医疗卫生服务的发展带来重要影响。

二、补充医疗保险制度

补充医疗保险是基本医疗保险制度以外的医疗保险形式,主要包括以下几种:

(一) 职工大额医疗费用补助

职工大额医疗费用补助是指各医疗保险统筹地区在已建立基本医疗保险制度的基础上,强制性地要求基本医疗保险所覆盖的人群参加的一种补充性医疗保险项目。③ 职工大额医疗费用补助主要针对除公务员以外的城镇职工医疗保险参保

---

① 邓大松、杨红燕:《医疗保险与生育保险》,人民出版社2013年版,第407页。
② 李锋清:《改革开放30年农村合作医疗发展探析》,《山东工商学院学报》2008年第6期。
③ 邓大松、杨红燕:《医疗保险与生育保险》,第379页。

者,参加大额医疗费用补助的前提是已经参加了基本医疗保险制度,医疗费用的资金来源于单位缴纳或单位和个人共同缴纳,而且基金采取单独管理的方式,不与基本医疗保险相混淆,基金的运营可以通过社会保险部门管理,也可以委托商业保险公司管理。目前,国家没有出台明确的关于职工大额医疗费用补助的政策文件,但是许多地区都建立自己的制度,如《吉林省省直单位职工大额医疗费用补充保险和补助办法(试行)》(吉政办发〔2001〕55号)、《陕西省城镇职工大额医疗补助暂行办法》(陕劳社发〔2001〕308号)、《山西省城镇职工大额医疗费用补助暂行办法》(晋政办发〔2002〕25号)等。

(二)企业补充医疗补助

企业补充医疗补助是指用人单位根据自身的经济状况,采取自愿的原则筹集资金、独立运营,为职工基本医疗保险以外的医疗费用提供补助。1998年国务院《关于建立城镇职工基本医疗保险制度的决定》提出,"为了不降低一些特定行业职工现有的医疗消费水平,在参加基本医疗保险的基础上,作为过渡措施,允许建立企业补充医疗保险,企业补充医疗保险费在工资总额4%以内的部分,从职工福利费中列支,福利费不足列支的部分,经同级财政部门核准后列入成本"。2002年财政部、劳动保障部发出《关于企业补充医疗保险有关问题的通知》(财社〔2002〕18号),对企业补充医疗保险的相关问题做了进一步规定。企业补充医疗保险制度的建立对职工医疗保障水平的提升有重要意义。

(三)公务员医疗补助

公务员医疗补助政策是在基本医疗保险制度基础上专门针对国家公务员的一项补充性医疗保险项目,其目的是保障公务员队伍的稳定、廉洁,保证政府高效运行。1998年国务院《关于建立城镇职工基本医疗保险制度的决定》提出,"国家公务员在参加基本医疗保险的基础上,享受医疗补助政策"。2000年《关于实行国家公务员医疗补助意见的通知》(国办发〔2000〕37号)对医疗补助的办法、范围、经费来源与使用等方面做出具体规定。

(四)商业健康保险

在商业健康保险自身发展的同时,国家和社会也越来越认识到商业保险是社会保障的重要补充,并积极提倡社会保障与商业保险的合作与互补。1993年中共十四届三中全会《关于建立社会主义市场经济体制若干问题的决定》中提出,要建立多层次的社会保障体系,发展商业性保险业,作为社会保险的补充。1994年《关于职工医疗制度改革的试点意见》中提出,发展职工医疗互助基金和商业性的医疗保险,作为社会医疗保险的补充,以满足国家规定的基本医疗保障之外的医疗需求。2006年国务院《关于保险业改革发展的若干意见》提出,加快保险业改革发展,鼓励和引导人民群众参加商业养老、健康等保险,大力推动健康保险发展,支持相关保险机构投资医疗机构。2009年《关于深化医药卫生体制改革的意见》鼓励商业保险机构开发适应不同需要的健康保险产品,简化理赔手续,方便群众,满足多样化的健康需求;鼓励企业和个人通过参加商业保险及多种形式的补充保险解决基本医疗保障之外的需求。

（五）职工互助医疗保险

职工互助医疗保险以职工自筹资金为主、性质补助和工会资助为辅,通常通过职工互助会进行管理。从保障内容看,职工互助保险主要是职工及家庭成员患大病、重病时,享受基本医疗保险待遇后个人负担的医疗费用仍然很高,通过互助保险金给予一定的资助,减轻病人的经济负担。① 我国的职工互助医疗保险是职工自愿参加的,国家尚没有统一的制度安排,但其发挥了重要的补充作用。

1.1.3 改革开放以来中国失业、工伤、生育保险制度改革回顾

一、改革开放以来中国失业保险制度改革回顾

（一）"社会主义没有失业"神话的打破:《国营企业职工待业保险暂行规定》的颁布

1978年12月18日,中共第十一届中央委员会第三次全体会议在北京召开,会议实现了思想路线的全面拨乱反正,确立了实行改革开放、启动农村改革的重大决策,这标志着我国进入了社会主义现代化建设新时期,"社会主义可以实行市场经济""建设有中国特色的社会主义""实行有计划的商品经济"等执政理念首次提出并逐渐被公众接受。在这一背景下,以扩大企业自主权,增强企业活力,尤其是全民所有制大、中型企业活力为目的国有企业改革逐步推行。1979年7月以来,国务院先后颁布了《关于扩大国营企业经营管理自主权的若干规定》《关于开征国营工业企业固定资产税的暂行规定》等一系列文件,新时期国有企业改革的序幕由此拉开。1984年10月20日,中共十二届三中全会讨论通过《中共中央关于经济体制改革的决定》,再次明确了增强企业活力是经济体制改革中心环节的改革导向。1985年9月11日,国务院批准了原国家经委、国家体改委起草的《关于增强大中型国营工业企业活力若干问题的暂行规定》,进一步强调搞活企业、发挥企业自身的内在优势与潜力。

为顺应、配合国企改革,以国营企业人事权利改革为核心的一系列法规陆续颁布。1986年7月12日,为改革国营企业劳动制度、增强企业活力,国务院颁布77

---

① 李伟光:《谈谈补充医疗保险的几种形式》,《山东人力资源和劳动保障》2002年第1期。

号文件,该文件由《国营企业实行劳动合同制暂行规定》《国营企业招用工人暂行规定》《国营企业辞退违纪职工暂行规定》《国营企业职工待业保险暂行规定》四项法规组成,规定自1986年10月1日起,企业在国家劳动工资计划指标内招用常年性工作岗位上的工人,除国家另有特别规定者外,统一实行劳动合同制,企业有权辞退职工,以及终止、解除劳动合同。① 这标志着由劳动用工制度改革催生的待业保险制度正式确立,"社会主义国家没有失业"的神话从此被打破。

整体来看,《国营企业职工待业保险暂行规定》(以下简称《暂行规定》)是中华人民共和国成立以来,首次正面应对国民经济运行中存在的待业、失业问题,其全面规定了国有企业职工待业保险基金的筹集、管理和发放工作,并指定由当地劳动行政主管部门所属的劳动服务公司负责管理待业职工和待业保险基金。客观而言,《暂行规定》第一次完整地确立了新中国失业保险制度的基本制度框架,顺应、配合了国有企业改革、劳动用工制度改革的急迫需求,是中国由计划经济转向社会主义市场经济历史转折中带有明显过渡性质的"辅助"制度,具有重要历史意义。

但是从现代失业保险制度的制度功能与结构来看,《暂行规定》存在诸多不足,主要体现在决策层对失业问题认识上的模糊不清和偏误。比如,将社会主义市场经济体制下存在的失业现象称为"待业"。实际上,从"待业"和"失业"所指代的社会现象来看,两者并没有本质上的区别,都是指法定劳动年龄内,有就业能力,但未能实现就业的劳动人口。其次,《暂行规定》中规定待业保险基金的使用方向之一是发放"待业救济金",而不是"待业保险金",这也反映出决策层面还未能正确意识到待业、失业现象是社会主义市场经济运行中的自然现象,受市场经济规律影响,并非完全归咎于企业职工自身的懈怠、不努力。失业保险是作为一种社会保险制度为在全社会范围内分散失业风险而设立,其保险金的给付和传统意义上的"失业救济""失业救助"是两个概念。最后,规定职工待业保险基金的来源主要由企业承担缴费责任,不敷使用时,由地方财政补贴。这直接弱化了企业职工的责任意识、缺乏激励性,从某种意义上讲,还增加了企业的负担。

为进一步完善待业保险制度,切实加强待业保险基金的管理,原劳动部于1989年4月21日颁布了《国营企业职工待业保险基金管理办法》(以下简称《管理办法》),进一步细化了待业保险基金管理方面的工作细则。《管理办法》规定了待业保险基金的收缴标准和待业救济金的发放标准,明确了待业保险基金的地方统筹原则,变更待业保险基金管理机构——"职工待业救济机构"为"职工待业保险机

---

① 为配合国企改革,1986年12月2日,中华人民共和国主席令(六届第45号)《中华人民共和国企业破产法(试行)》公布。

构"。《管理办法》还特别规定实行企业化管理、领取营业执照、自负盈亏的事业单位,要按照国营企业标准缴纳待业保险金,在本单位自有资金中开支,并将全民所有制机关、团体、事业单位招收的劳动合同制工人也纳入了保险范围。《管理办法》从保障对象、缴费来源、保障标准、基金管理等多个方面完善了《国营企业职工待业保险暂行规定》的不足。其中,明确规定了待业保险基金的储备金"不可用于购买股票、风险投资、长期生产项目和基建投资",符合社会保险基金的风险防范原则,有效保障了待业保险储备金的安全性。

1987年,财政部分别于1月13日和3月21日又先后下发了《关于加强国营企业职工待业保险基金和退休养老基金财务管理的暂行规定》《国营企业职工待业保险基金和退休养老基金预算管理暂行办法》,对待业保险基金要纳入国家预算、专户储存、专款专用、实行"收付实现制"等财务预算管理细则做出了明确规定。

虽然这一阶段对社会主义经济体制下失业问题的判断仍不够清晰,但是,随着《国营企业职工待业保险暂行规定》《国营企业职工待业保险基金管理办法》等一系列相关法规的颁布,中国的失业保险制度在这一时期得到了快速发展。1990年,全国失业保险机构达2100多个,专职工作人员约1.1万人。图1-1绘制了《暂行规定》颁布后1987—1992年期间中国失业保险基金的收支情况。

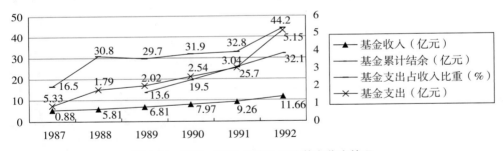

图1-1 1987—1992年待业保险基金收支情况

(二)中国失业保险制度的正式确立:《国营企业职工待业保险规定》的颁布

自1986年开始,社会主义市场经济体制改革的逐步深入,自上而下地深化国有企业改革行动进一步推动。中共第十三次全国代表大会召开后,建立企业承包经营责任制得到了中央层面的明确肯定。1988年之后,《全民所有制工业企业承包责任制暂行条例》《中华人民共和国全民所有制工业企业法》等一系列法规、条例的陆续颁布实施,国有企业开始向"自主经营、自负盈亏、自我约束、自我发展"的经营管理实体转型。1992年7月23日,国务院颁布《全民所有制工业企业转换经营机制条例》,明确指出"企业有权依照法律、法规和企业规章,解除劳动合同、辞退、开除职工",彻底打破了国有企业职工"铁饭碗"的传统人事制度。同年10月10日,原劳动部、国家计委颁布《国家试点企业集团劳动工资管理实施办法》,要求企业集团转换经营机制,深化劳动、工资、保险制度改革,建立起与社会主义市场经济相适应的劳动用人、工资分配、社会保险和培训考核制度。

随着国有企业改革的逐步深化,配套的人事制度改革直接催生了国企内"隐性失业"问题的逐渐显现。数据显示,1989年至1991年期间,我国城镇失业人口数量不断攀升,形成了新中国历史上的第五次失业高峰。图1-2描述了1986—1992年期间我国城镇登记失业人口规模的变化。由图1-2可见,随着国企改革的深入,城镇登记失业人口自1989年以来不断攀升。针对大量待业人口涌现这一问题,劳动部发布《关于做好关停并转全民所有制企业职工安置工作的通知》,明确要求政府应建立和完善职工的待业保险制度,使职工在待业期间能够得到一定数量和一定期限的待业保险金,保证其基本生活。

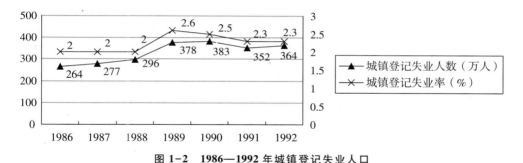

图1-2 1986—1992年城镇登记失业人口

失业人口急剧攀升、社会负面效应不断膨胀,作为历史转折时期的过渡性制度安排,《国营企业职工待业保险暂行规定》已经不能满足这一时期经济体制改革的需求。1993年4月12日,国务院正式颁布《国营企业职工待业保险规定》(以下简称《规定》)。相对《暂行规定》而言,新《规定》扩大了待业保险的覆盖人群,失去工作的国有企业职工几乎全部被纳入保障范围之内;降低了企业缴费标准,由《暂行规定》中占职工工资总额的1%,降低为0.6%;调整了待业保险基金的统筹层次和待遇标准,由原来的省级统筹调整为市、县级统筹;补充了对非法领取、挪用、拖欠待业保险金相关人员的法律和刑事追究责任,并强调待业保险工作应当与职业介绍、就业训练和生产自救等就业服务工作紧密结合、统筹安排。

《规定》的颁布标志着我国首次从国家立法层面正式确立了失业保险制度,是进一步完善我国现代社会保障制度框架的重要步骤,其实施对于缓解全面经济体制改革阶段国有企业消化冗员、实现劳动力的优化组合、平稳过渡起到了重要作用。但是，相对之前的《国营企业职工待业保险暂行规定》，此次《规定》并未做出根本性的改变，其实质仍属于失业救济制度，而不是真正意义上的失业保险制度，首先存在制度缺陷。其次，基金来源渠道过于单一。《规定》指出待业保险基金的主要来源是企业缴费，规定企业缴纳的保费总额为职工工资总额的0.6%，不得超过1%，保险费的利息收入和财政补贴只占极少一部分。基金来源渠道的单一性直接限制了基金的规模，有限的支付能力导致待业保险基金根本无法满足当时国有企业大批待业、离职职工的基本生活保障。同时，失业者个人仍不需要缴纳失业保险费的规定违背了社会保险制度权利与义务相对等的基本原则，对职工缺乏激励与约束性。

但不可否认，《规定》的实施标志着中国失业保险制度的正式建立，也意味着中国失业保险制度进入了实质性的发展阶段。《规定》颁布后，一些地方根据本地实际情况，扩大了失业保险的覆盖范围，将城镇集体企业、外商投资企业、私营企业及其职工，部分机关、社会团体和事业单位及其职工也纳入了失业保险的范围。为了增强失业保险基金的承受能力，部分省市还实行了个人缴费。到1998年年底，全国参加失业保险的人数达到7928万人，全年有158万人享受失业保险待遇，另有149万企业内职工享受了一次性救济。①

（三）中国失业保险制度的进一步规范：《失业保险条例》的颁布

基金来源单一、个人不承担缴费责任、缺乏制度激励、未能实现根本性的突破与超越等制度缺陷，限制了《规定》在经济体制改革中本应承担的积极责任。随着经济体制改革的逐步深入，建立与深化国企改革配套的现代失业保险制度的呼声日益高涨。1998年12月26日国务院第11次常务会议通过国务院第258号令，正式颁布《失业保险条例》。《失业保险条例》（以下简称《条例》）的颁布标志着我国第一次以国家正式法规的形式认可了现代失业保险制度在社会主义市场经济中的作用，体现了社会主义市场经济改革对现代失业保险制度的呼唤，也标志着我国失业保险制度进入了新的发展阶段。

此次《条例》对保险基金的缴费来源、缴费标准、待遇领取时限等多方面进行了重大调整，规定城镇企业事业单位职工需要按照本人工资的百分之一缴纳失业保险费，从根本上确立了国家、用人单位、职工个人三方合理负担的缴费原则，实现了失业保险制度缴费主体与国际接轨的重大突破，对建立以市场为导向的统一劳动力市场，实现劳动力资源的合理、优化配置，保障下岗、失业人员及其家庭的基本生活，减缓经济体制改革摩擦力起到了积极作用。表1-1对比了改革开放以来三

---

① 陈庆云：《中国失业保障理论与实践若干问题探讨》，《云南行政学院学报》2005年第4期。

个时期我国失业保险法规的具体细节变化。

同时,为了加强和规范包括失业保险在内的基本养老、基本医疗保险费的征缴工作,保障社会保险金的足额发放,1999年1月22日,国务院以第259号令颁发了《社会保险费征缴暂行条例》,对各项保费的费基、费率以及征收、缴纳等工作进行了详细规定,使包括失业保险制度在内的各项社会保险制度向着更加规范的方向发展。

表1-1 改革开放以来三个时期我国失业保险法规的细节变化

法规名称	《国营企业职工待业保险暂行规定》国发〔1986〕77号	《国营企业职工待业保险规定》	《失业保险条例》中华人民共和国国务院令第258号
颁布日期	1986年7月12日	1993年4月12日	1999年1月22日
实施日期	1986年10月1日	1993年5月1日	1999年1月22日
失效日期	1993年5月1日		
保障对象	(一)宣告破产的企业的职工;(二)濒临破产的企业法定整顿期间被精简的职工;(三)企业终止、解除劳动合同的工人;(四)企业辞退的职工	(一)依法宣告破产的企业的职工;(二)濒临破产的企业在法定整顿期间被精简的职工;(三)按照国家有关规定被撤销、解散企业的职工;(四)按照国家有关规定停产整顿企业被精简的职工;(五)终止或者解除劳动合同的职工;(六)企业辞退、除名或者开除的职工;(七)依照法律、法规规定或者按照省、自治区、直辖市人民政府规定,享受待业保险的其他职工	城镇企业事业单位、城镇企业事业单位职工
领取条件	无明确规定	待业职工向企业所在地的待业保险机构办理待业登记后,方可领取待业救济金	按照规定参加失业保险,所在单位和本人已按照规定履行缴费义务满1年的

续表

法规名称	《国营企业职工待业保险暂行规定》国发〔1986〕77号	《国营企业职工待业保险规定》	《失业保险条例》中华人民共和国国务院令第258号
基金来源	企业按照其全部职工标准工资总额的1%缴纳的待业保险基金（缴纳所得税前列支）；待业保险基金存入银行的利息；地方财政补贴	企业按照全部职工工资总额的0.6%缴纳待业保险费。待业保险基金不足或者结余较多的，经省、自治区、直辖市人民政府决定，可以适当增加或者减少企业缴纳的待业保险费，但是企业缴纳的待业保险费总额最多不得超过企业职工工资总额的1%	城镇企业事业单位按照本单位工资总额的2%缴纳失业保险费。城镇企业事业单位职工按照本人工资的1%缴纳失业保险费。城镇企业事业单位招用的农民合同制工人本人不缴纳失业保险费
发放标准	以职工离开企业前两年内本人月平均标准工资额为基数，按以下办法发放	相当于当地民政部门规定的社会救济金额的120%至150%。具体金额由省、自治区、直辖市人民政府规定	按照低于当地最低工资标准、高于城市居民最低生活保障标准的水平，由省、自治区、直辖市人民政府确定
领取期限	工龄在5年以上（含5年）的，最多发放24个月的待业救济金，其中：1—12月，每月为本人标准工资的60%至75%，13—24月，每月为本人标准工资的50%；工龄不足五年的，最多发给十二个月的待业救济金，每月为本人标准工资的60%至75%	待业前在企业连续工作1年以上不足5年的，领取待业救济金的期限最长为12个月；连续工作5年以上的，领取待业救济金的期限最长为24月	累计缴费时间满1年不足5年的，领取失业保险金的期限最长为12个月；累计缴费时间满5年不足10年的，领取失业保险金的期限最长为18个月；累计缴费时间10年以上的，领取失业保险金的期限最长为24个月。重新就业后，再次失业的，缴费时间重新计算，领取失业保险金的期限可以与前次失业应领取而尚未领取的失业保险金的期限合并计算，但是最长不得超过24个月

（四）中国失业保险制度的进一步完善：《关于切实做好国有企业下岗职工基本生活保障和再就业工作的通知》的颁布

20世纪90年代中期以来，随着深化国有企业改革的进一步推进，企业兼并破产、减员增效、下岗分流的节奏加快，国有企业下岗职工问题日益突出，大量下岗职工的生活保障和再就业问题引起了全社会的普遍关注。1998年6月，中共中央、国务院颁布《切实做好国有企业下岗职工基本生活保障和再就业工作的通知》（以下简称《通知》1），要求各地普遍建立再就业服务中心，"负责为本企业下岗职工发放基本生活费和代下岗职工缴纳养老、医疗、失业等社会保险费用，组织下岗职工参加职业指导和再就业培训，引导和帮助他们实现再就业"，保障国企下岗职工的基本生活。《通知》1还指出要加大政策扶持力度，通过发展第三产业、中小型企业、劳动就业服务企业为重要途径，拓宽分流安置和再就业渠道；要深化养老、医疗、失业等社会保险制度的改革，为劳动力资源的合理配置和正常流动创造条件。

进入2000年以来，经济体制改革进入深水区，国内外经济形势波动较大，为了完善失业保险机制，提高失业保险基金的支付能力，国家层面通过颁布一系列政策推动了失业保险制度的发展。2000年8月4日，劳动部颁布《关于切实做好事业单位参加失业保险工作有关问题的通知》，要求各地劳动保障部门及其经办失业保险业务的社会保险经办机构，切实抓紧事业单位失业保险工作。2002年9月30日，国务院下发《关于进一步做好下岗失业人员再就业工作的通知》（中发〔2002〕12号），肯定了国有企业下岗职工基本生活保障制度、失业保险制度和城市居民最低生活保障制度的"三条保障线"的作用，并指出要进一步积极稳妥地做好下岗职工出中心向失业保险并轨的工作方针。2005年11月4日，国务院发布《关于进一步加强就业再就业工作的通知》（国发〔2005〕36号）（以下简称《通知》2）中就明确提出要"建立就业与失业保险、城市居民最低生活保障工作的联动机制"，对进一步完善失业保险金的申领、失业保险金标准等具体工作给出了指导意见，并要求"进一步发挥失业保险制度促进再就业的功能，鼓励东部地区在统筹考虑地方财政就业再就业资金安排的前提下，可以结合本地实际进行适当扩大失业保险基金支出范围试点"。此外，《通知》2还提出要"逐步实现就业服务和失业保险业务的全程信息化，建立失业预警机制。"

2006年6月9日，针对当年普通高校毕业生规模猛增，就业压力较大的问题，中央14部委联合颁布《关于切实做好2006年普通高等学校毕业生就业工作的通知》，要求各级单位加强领导、落实责任，引导高校毕业生面向基层就业，加强对离校后未就业高校毕业生的就业服务和社会保障工作，切实把高校毕业生就业工作纳入就业再就业工作体系，加强统一领导和统筹协调。并规定，"离校后未就业高校毕业生可到各类人才和职业中介机构登记求职,政府举办的公共就业服务机构、人才交流服务机构、高校毕业生就业指导服务机构应提供免费职业介绍服务"。"有就业愿望的应届毕业生9月1日后仍未就业的,可到入学前户籍所在城市或县劳动保障部门办理失业登记"。"高校毕业生因短期无法就业或就业后生活仍有困难的,民政部门要及时按照有关规定为符合条件的高校毕业生提供最低生活保障或临时救助"。

2008年3月19日,《关于加快发展服务业若干政策措施的实施意见》(国办发〔2008〕11号)指出:应"尽快修订《失业保险条例》,完善失业保险制度,扩大参保范围,加快把从事服务业的个体经营户、非正规就业人员、农民工纳入失业保险覆盖范围"。

2006年1月11日,原劳动和社会保障部发布《关于适当扩大失业保险基金支出范围试点有关问题的通知》(劳社部发〔2006〕5号),要求"自2006年1月起,在北京、上海、江苏、浙江、福建、山东、广东7省、直辖市开展适当扩大失业保险基金支出范围试点工作"。其中,对失业保险基金收支平衡、权利与义务相统一、合理安排失业保险基金与促进就业财政资金的原则,失业保险基金的使用范围做出了规定。同时,还进一步要求"试点地区应进一步加强失业保险扩面征缴工作,完善失业保险金申领办法和条件,合理确定失业保险金标准,及时掌握失业人员求职、参加职业培训和再就业状况,实现失业保险与促进就业的良性互动"。

2008年12月20日,针对国际金融危机对我国经济的影响不断加深,国内就业压力明显增大,人社部联合财政部下发了《关于采取积极措施减轻企业负担稳定就业局势有关问题的通知》(人社部发〔2008〕117号),允许困难企业在2009年内"缓缴社会保险费";"阶段性降低城镇职工基本医疗保险、失业保险、工伤保险、生育保险的费率",并明确表态可以"使用失业保险基金帮助困难企业稳定就业岗位"。该《通知》指出,"失业保险基金结余较多的统筹地区在确保当前和今后一个时期按时足额支付失业保险待遇的前提下,可通过开展扩大失业保险基金使用范围试点,对采取在岗培训、轮班工作、协商薪酬等办法稳定员工队伍,并保证不裁员或少裁员的困难企业,使用失业保险基金支付社会保险补贴和岗位补贴。补贴执行期为2009年之内,补贴期限最长不超过6个月。社会保险补贴标准参照当地就业资金对就业困难人员的社会保险补贴标准执行,岗位补贴标准参照当地失业保险金标准确定"。有学者将此归纳为"一缓一减两补贴"。这一举措体现了失业保险制度在经济周期中的熨平、缓冲作用,发挥了失业保险制度在社会主义经济体制改革中的重要作用。

2009年7月31日,东部7省(市)扩大失业保险基金支出范围试点期限3年过去后,为应对国际金融危机,进一步发挥失业保险基金预防失业、促进就业的作用,人社部联合财政部下发了《关于延长东部7省(市)扩大失业保险基金支出范围试点政策有关问题的通知(人社部发〔2009〕97号)》,要求7省试点期限延长1年,努力提高失业保险基金统筹层次,继续完善省级调剂金制度,加大省级调剂金筹集和调剂使用力度。

从这一时期的整体情况来看,我国失业保险制度在中央层面的重视与推动下得到了全面完善,参保人数、基金规模、享受人数等都有了较大增长,在保障失业人员及其家庭的基本生活、维护社会稳定、促进失业人员再就业,及积极配合国企改革、分流、安置富余职工方面都起到了重要作用。

二、改革开放以来中国工伤保险制度改革回顾

我国的工伤保险制度改革,伴随我国改革开放的进程,经历了从初期的改革方案设计,到明确工伤保险社会统筹制度模式、开展工伤保险改革试点直至建立工伤保险法律制度体系等一系列过程。

(一)改革开放初期我国工伤保险制度改革方案的提出

我国工伤保险制度的改革,实际上从20世纪80年代,亦即改革开放初期已开始酝酿。1988年,原劳动部拟定了《关于企业职工保险制度改革的设想(讨论稿)》,并在当年12月召开的全国劳动厅局长会议上征求了意见,在这个方案中已形成了工伤保险制度改革框架。

1989年3月,劳动部保险福利局在烟台召开了社会保险制度改革座谈会,提出了关于工伤保险制度改革的原则意见:一是必须走社会化道路;二是调整工伤待遇,对全残职工根据残废等级发给长期残废金和一次性残废补助费,对工亡待遇适当提高丧葬费标准和供养直系亲属抚恤费,建立一次性抚恤制度;三是建立工伤保险待遇随物价上涨和人民生活水平提高定期调整的制度;四是按照"以支定收、略有结余"的原则,实行行业差别费率和浮动费率,建立工伤保险基金。

1990年《中共中央关于制定国民经济和社会发展十年规划和"八五"计划的建议》和1991年《国民经济和社会发展十年规划和第八个五年计划纲要》中都提出,要努力改革工伤保险制度。

(二)社会统筹制度模式的建立和改革试点范围的不断扩大

进入20世纪90年代后,我国建立工伤社会保险制度的条件日趋成熟,并具备在全国范围开展改革试点的基础。1993年中共十四届三中全会通过的《中共中央关于建立社会主义市场经济体制改革若干问题的决定》中,明确提出要"普遍建立工伤保险制度"。1994年,工伤保险作为五项社会保险之一载入《劳动法》,并适用

于中国境内的企业、个体经济组织和与之形成劳动关系的劳动者。而在此前后，全国的一些地区已陆续开展了工伤保险制度的改革试点，重点是建立基金统筹，规范待遇结构和标准，取得了一定成效。但各地政策的不一致必然导致实践的矛盾和冲突，最终将影响工伤保险的形象和效果，而这一状况只有通过颁布全国统一的工伤保险政策文件才能改变。

为配合《劳动法》的贯彻实施，1996年，原劳动部在总结各地试点经验的基础上颁布了《企业职工工伤保险试行办法》（劳部发〔1996〕266号），并在全国范围组织实施，要求到20世纪末，要有90%以上的市县实现改革。该文件的颁布，标志着工伤保险社会统筹制度模式的正式确立。同年，国家技术监督局发布了《职工工伤与职业病致残程度鉴定标准》（GB/T16180—1996），为工伤保险伤残鉴定提供了政策依据。此外，2001年颁布的《职业病防治法》和2002年颁布的《安全生产法》《使用有毒物品作业场所劳动保护条例》（国务院令第352号）中都明确提出，用人单位必须依法参加工伤社会保险。

《企业职工工伤保险试行办法》颁布后，通过几年的改革实践，取得了较好成效，为进一步深化工伤保险制度改革积累了经验。

（三）我国工伤保险法律制度的建立和政策体系的形成

随着改革开放的深入和社会主义市场经济体制的建立，社会经济成分、组织形式、就业方式日益多样化；同时，一些乡镇企业、生产技术及管理水平相对落后的企业和劳动密集型企业，劳动安全与职业健康力量薄弱，职业危害状况还十分严重。《企业职工工伤保险试行办法》的法律效力低、覆盖面小、统筹层次不高、政策不完善等问题逐步凸显出来。2001年国务院把《工伤保险条例》正式列入国务院的立法计划，2003年4月27日，在广泛论证、多次征求各方面意见的基础上，国务院正式颁布了《工伤保险条例》（国务院令第375号）。《工伤保险条例》的颁布，标志着中国工伤保险制度改革进入法制化阶段。

《工伤保险条例》颁布后，为配合条例的贯彻实施，原劳动和社会保障部和有关部门又先后颁布制定了一系列配套规章和政策，包括《工伤认定办法》（劳社部令第17号）、《关于工伤保险费率问题的通知》（劳社部发〔2003〕29号）、《关于劳动能力鉴定有关问题的通知》（劳社部发〔2003〕25号）、《因工死亡职工供养亲属范围规定》（劳社部令第18号）、《非法用工单位伤亡人员一次性赔偿办法》（劳社部令第19号）、《关于实施〈工伤保险条例〉若干问题的意见》（劳社部函〔2004〕256号）、《关于农民工参加工伤保险有关问题的通知》（劳社部发〔2004〕18号）、《关于铁路企业参加工伤保险有关问题的通知》（劳社部函〔2004〕257号）、《关于做好煤矿企业参加工伤保险有关工作的通知》（劳社部发〔2005〕29号）、《关于事业单位、民间非营利组织工作人员工伤有关问题的通知》(劳社部发〔2005〕36号)、《关于实施农民工"平安计划"加快推进农民工参加工伤保险工作的通知》(劳社部发〔2006〕19号)、《关于做好建筑施工企业农民工参加工伤保险有关工作的通知》(劳社部发〔2006〕44号)、《劳动能力鉴定 职工工伤与职业病致残等级》(GB/T 16180—2006)、《关于加强工伤保险医疗服务协议管理工作的通知》(劳社部发〔2007〕7号)、《关于印发加强工伤康复试点工作指导意见的通知》(劳社厅发〔2007〕7号)、《关于做好老工伤人员纳入工伤保险统筹管理工作的通知》(人社部发〔2009〕40号)、《关于开展工伤预防试点工作有关问题的通知》(人社厅发〔2009〕108号)、《关于印发农民工平安计划二期工作方案的通知》(人社厅发〔2009〕28号)、《关于推进工伤保险市级统筹有关问题的通知》(人社部发〔2010〕20号)、《关于印发国家基本医疗保险工伤保险和生育保险药品目录部分药品名称剂型调整规范的通知》(人社厅发〔2010〕58号)等,就工伤认定的范围、工伤保险费率、劳动能力鉴定、供养亲属、农民工参加工伤保险、工伤保险药品目录、工伤医疗服务管理、工伤康复等作了进一步具体的明确规定,各省、自治区、直辖市也都先后印发了本地区的工伤保险实施办法,结合各地实际,细化了一些政策标准。

随着中国经济社会的发展,在《工伤保险条例》实施过程中出现了一些新情况、新问题。于是,2010年12月《国务院关于修改〈工伤保险条例〉的决定》(国务院令第586号)发布,2011年1月1日起施行,同年颁布的《社会保险法》将工伤保险写入其中,并做出了详细规定,工伤保险制度不断走向成熟和完善。

为贯彻实施新《工伤保险条例》和《社会保险法》,人社部和相关部门又发布了新《工伤认定办法》(人社部令第8号)、新《非法用工单位伤亡人员一次性赔偿办法》(人社部令第9号)、《部分行业企业工伤保险费缴纳办法》(人社部令第10号)、《实施〈中华人民共和国社会保险法〉若干规定》(人社部令第13号)、《关于做好工伤保险费率浮动工作的通知》(人社厅发〔2011〕93号),修订了《煤炭法》《建筑法》《职业病防治法》,以及发布了《关于进一步做好事业单位等参加工伤保险工作有关问题的通知》(人社部发〔2012〕67号)、《关于进一步做好工伤预防试点工作的通知》(人社部发〔2013〕32号)、《关于执行〈工伤保险条例〉若干问题的意见》(人社部发〔2013〕34号)、《工伤职工劳动能力鉴定管理办法》(人社部令第21号)、《职业病诊断与鉴定管理办法》(卫生部令第91号)等政策文件。至此,贯穿中央和地方工伤保险的法规和政策标准体系已基本形成。

三、改革开放以来中国生育保险制度改革回顾

生育保险是国家和企业为怀孕和分娩的妇女提供医疗服务、生育津贴和产假,

以保证那些因生育而造成收入中断的妇女和孩子的基本生活的一种社会保险制度。① 中华人民共和国成立以来生育保险的发展大体可以分为三个阶段:生育保险的初建期(1949—1978 年)、生育保险的改革期(1979—1993 年)、生育保险的发展与完善期(1994 年至今)。

中华人民共和国成立初期我国并没有建立单独的生育保险险种,而是在《中华人民共和国劳动保险条例》(1951 年)中规定了生育待遇,主要是产假和生育补助费。1955 年国务院《关于女工作人员生产假期的通知》对国家机关女工作人员的生产假期和工资做了明确规定。建国初期的生育保险针对不同对象分成两个部分,企业员工和机关事业单位员工。前者的覆盖范围是职工有 100 人以上的工厂、矿场及其附属单位,基金是劳动保险的一部分,全国总工会是劳动保险的领导机构,劳动部是监督机构;后者的覆盖范围是机关事业单位的女职工,生育保险金作为公费医疗经费的一部分由各级人民财政列入预算,由卫生部门负主要责任;二者的保险待遇基本相同。② 1969 年财政部《关于国营企业财务工作中几项制度的改革意见(草案)》中规定国营企业一律停止提取劳动保险金,意味着国家统筹的生育保险转变为企业生育保险,女职工的生育保险责任落到了企业的头上。

改革开放后,企业自负盈亏,生育保险仍然由企业负担,为了减轻负担,企业或者尽量不招聘女工,或者对女工的生育保险大打折扣,对女性的就业带来不公,生育保险不得不进行改革。1988 国务院颁布了《女职工劳动保护规定》,对女职工的健康、就业、怀孕期间的工作、产假、哺乳等做了规定;1992 年《中华人民共和国妇女权益保护法》出台,规定"妇女在经期、孕期、产期、哺乳期受到特殊保护,国家推行生育保险制度,建立健全与生育相关的其他保障制度"。自此,生育保险制度开始恢复和发展,并从企业单独责任逐渐向社会共担转变。

1994 年 7 月的《劳动法》和 10 月的《中华人民共和国母婴保健法》对女职工怀孕期间的工作和孕期保健做了具体说明;1994 年 12 月劳动部颁布《企业职工生育保险试行办法》,生育保险按照"以支定收、收支基本平衡"的原则筹集资金,建立生育保险基金,女职工生育的检查费、接生费、手术费、住院费和药费由生育保险基金支付。这些政策实施强化了女职工生育保障,对妇女就业也起到积极作用。2005 年《中华人民共和国妇女和权益保障法(修正)》;1995 年、2001 年和 2011 年分别出台了 1995—2000 年、2001—2010 年和 2011—2020 年《中国妇女发展纲要》,进一步完善和推进生育保险制度的发展;2012 国务院颁布《女职工劳动保护特别

---

① 汪泓:《医疗与生育保险:政策与实务》,北京大学出版社 2008 年版,第 147 页。
② 赵炜:《新中国生育保险制度演变史》,《世纪桥》2008 年第 4 期。

规定》，对减少和解决女职工因生理特点带来的特殊困难做出规定，保护女职工的健康。

1.1.4 改革开放以来中国社会救助制度改革回顾

改革开放以来，随着经济的发展，民生政策的推动，中国实现了社会救济向社会救助的转变，社会救助内容从单一的生活救助迈向多元化的综合救助，初步形成了以最低生活保障、农村五保供养、自然灾害救助为基础，以医疗、教育、住房等专项救助制度为支撑，以临时救助为补充的社会救助体系框架。

一、最低生活保障制度

（一）城市居民最低生活保障制度

1. 试点阶段（1993年5月—1995年5月）

1993年6月1日，上海率先建立了城市居民最低生活保障线制度。1994年第十次全国民政会议上，民政部肯定了上海经验并部署在东部沿海地区进行试点。1995年上半年，相继有厦门、青岛、大连、福州、广州等城市建立最低生活保障制度。

2. 推广阶段（1995年5月—1997年8月）

1995年年底，建立这项制度的城市扩充到12个。1996年，中共八届全国人大第四次会议批准《中华人民共和国国民经济和社会发展"九五"计划和2010年远景目标纲要》明确提出"建立城市居民最低生活保障制度"。1997年8月，全国有206个城市建立了最低生活保障制度。

3. 普及阶段（1997年8月—1999年10月）

1997年8月，国务院颁发《关于在全国建立城市居民最低生活保障制度的通知》（国发〔1997〕29号），要求1999年年底以前，全国所有的城市和县政府所在的镇都要建立这项制度。

4. 落实阶段（1999年10月—2001年6月）

1999年10月1日，《城市居民最低生活保障条例》（国务院令第271号）正式实施，标志着中国的城市低保工作走向法制化轨道。

5. 提高阶段（2001年6月—2003年）

尽管各地如期建立了城市低保制度，但由于地方财政投入不足，没有做到应保尽保。针对这种情况，2001年国务院办公厅下发《关于进一步加强城市居民最低生活保障工作的通知》（国办发〔2001〕87号），要求增加投入，将符合条件的对象全部纳入保障范围。

6. 完善阶段(2003年—　)

从2003年起,城市低保已经进入稳定完善时期。2011年5月,民政部等四部委出台了《关于进一步规范城乡居民最低生活保障标准制定和调整工作的指导意见》(民发〔2011〕80号);2012年9月,国务院出台《关于进一步加强和改进最低生活保障工作的意见》(国发〔2012〕45号);2012年9月,财政部、民政部出台了《城乡最低生活保障资金管理办法》(财社〔2012〕171号)。2014年2月,国务院颁布《社会救助暂行办法》(国务院令第649号)在第二章对最低生活保障制度的对象、标准、资金、实施等作出了明确规定。

(二) 农村居民最低生活保障制度

1. 地方政府探索、试点阶段(1992—1997年)

1992年,山西左云县率先开始建立农村低保制度的试点,接着又有阳泉市3个区县试点。1995年12月,广西武鸣县颁布了《武鸣县农村最低生活保障线救济暂行办法》,这是中国第一个县级农村低保制度。1996年年底,民政部印发《关于加快农村社会保障体系建设的意见》(民办发〔1996〕28号),并制定了《农村社会保障体系建设指导方案》,推动了农村低保制度试点范围的扩大。

2. 全国试点、铺开阶段(1997—2006年)

1997年5月,民政部提出了"巩固、扩大东部试点,积极启动西部试点,抓两头、带中间,因地制宜,稳步推进"的总要求。截至2006年11月,建立农村低保制度的省级行政区达25个,县(市、区)进一步发展到1791个。

3. 普及完善阶段(2007年—　)

2007年7月国务院颁布《关于在全国建立农村最低生活保障制度的通知》(国发〔2007〕19号),同年,全国各省级行政区都建立起了农村低保制度,实现了制度的全覆盖。2008年年底,初步实现了"应保尽保",至此,农村低保完全取代了农村救济模式。此后,民发〔2011〕80号、国发〔2012〕45号、财社〔2012〕171号等政策文件以及《社会救助暂行办法》进一步完善了农村低保制度。另外,从2014年起,国家将每年的10月17日设立为"扶贫日"。

二、农村五保供养

农村五保供养制度于1956年建立,并在1994年由国家以政府法规的形式予以确定。1994年,国务院出台《农村五保供养工作条例》(国务院令第141号),规定五保供养的主要内容是保吃、保穿、保住、保医、保葬(未成年人保教)。1997年,民政部颁布《农村敬老院管理暂行办法》(民政令第1号)。这两个行政法规、规章的颁布,标志着中国农村五保供养制度化。

2000年农村税费改革,五保供养进入农业税阶段,农民按一定比例缴纳农业税附加用于五保供养的开支,不足的部分由上级财政转移支付解决。

2004年农业税及附加税取消,五保供养进入后农业税阶段。

2006年,国务院修订了《农村五保供养工作条例》(国务院令第456号),明确了五保供养在地方财政预算中安排。实现了农村五保供养由农民机体内部的互助互济体制向国家财政供养的转变。该条例也实现了中国五保供养社会救济制度向社会救助制度的转变。

2006—2010年国家通过发行福彩筹集彩票公益金,开展"农村五保供养服务设施建设",即"霞光计划"。

2008年以来,部分省份将五保户纳入新型农村合作医疗范畴。

2014年2月,《社会救助暂行办法》在第三章对五保供养的内容、资金、管理体系、供养形式等作出了明确规定,进一步规范了五保供养制度。

三、灾害救助

(一)灾害救助改革时期(20世纪80—90年代)

1978年开始,国家重新组建民政部特别是恢复救灾救济司的建制,救灾工作体制的健全问题开始提上议事日程。

1983年,第八次全国民政工作会议确立了救灾工作改革的原则,明确了新的救灾原则是"依靠群众、依靠集体、生产自救、互助共济,辅之以国家必要的救济和扶持。"

1993年11月,民政部在福建南平市召开全国救灾救济工作座谈会,提出了建立救灾工作分级管理、救灾款分级承担的救灾管理体制改革新思路。

从1998年开始,全国设立了8个中央级救灾物资储备点,位于天津、沈阳、武汉、郑州等地。

此间颁布的灾害救助的规章和政策有《灾情统计、核定、报告暂行办法》(民救发〔1997〕8号)、《民政部关于对受灾城镇职工和城镇居民生活进行救助的通知》(民救函〔1998〕254号)、《民政部、财政部关于进一步加强救灾款使用管理工作的通知》(民救发〔1997〕7号)。

(二)灾害救助发展时期(21世纪初至今)

2002年以来,中国救灾管理体制得到逐步完善。颁布的规章政策主要有《特大自然灾害救济补助费测算标准》(民发〔2002〕127号)、《关于规范特大自然灾害救济补助费分配管理有关问题的通知》(民发〔2002〕127号)、《国家自然灾害救助应急预案》(2005)、《中央级救灾物资储备库建设规划》(2006)、《突发事件应对法》(中国灾害应急管理领域的基本大法,2007)、《国家综合减灾"十一五"规划》(2007)、《汶川地震灾后恢复重建条例》(国务院令第 526 号)、《自然灾害救助条例》(国务院令第 577 号)。

另外,国家加强了各级救灾应急预案建设,全国救灾物资储备网络基本形成;强化社会、社团与企业、社区、个人对灾民的救助功能,救灾款实现了社会化发放;遥感(RS)、地理信息系统(GIS)、全球定位系统(GPS)等一大批先进的信息技术手段运用到灾害信息管理工作中。

四、医疗救助

(一)城市医疗救助

2000 年 12 月,国务院颁布《关于印发完善城镇社会保障体系试点方案的通知》(国发〔2000〕42 号),明确规定要积极探索建立社会医疗救助制度。

2003 年 7 月,民政部下发《关于建立城市医疗救助制度有关事项的通知》(民办函〔2003〕105 号),标志着中国城市医疗救助制度试点工作进入探索准备阶段。

2005 年 3 月,国务院办公厅转发了民政部等部门《关于建立城市医疗救助制度试点工作的意见》(国办发〔2005〕10 号),成为中国探索城市医疗救助制度的开端。

2007 年 10 月,民政部、财政部、原劳动和社会保障部联合下发《关于做好城镇困难居民参加城镇居民基本医疗保险有关工作的通知》(民发〔2007〕156 号),开始了城市医疗救助制度和城镇居民基本医疗保险制度结合的初步探索。

2012 年,据审计署发布,截至 2011 年年底,全国共有 431 个县合并实施了城乡医疗救助制度,贫困群体"就医难"的问题也在很大程度上得到了改善。

2014 年,国务院办公厅印发了《深化医药卫生体制改革 2014 年重点工作任务》(国办发〔2014〕24 号),要求做好医疗救助和其他制度间的衔接,发挥好各项制度的整体合力。

(二)农村医疗救助

2002 年,中共中央、国务院作出《关于进一步加强农村卫生工作的决定》(中发〔2002〕13 号),确定对农村贫困家庭实行医疗救助。

2003 年,民政部、卫生部、财政部联合下发《关于实施农村医疗救助的意见》(民发〔2003〕158 号),开始对农村地区困难群体实施医疗救助,是中国农村医疗救助体系建设的一个里程碑。

2005 年 8 月,民政部、卫生部、财政部颁布《关于加快推进农村医疗救助工作的通知》(民发〔2005〕121 号),加快了农村医疗救助制度建设的步伐。到 2006 年年底,农村医疗救助制度已经覆盖所有涉农的县(市、区)。

2013年,财政部、民政部印发《城乡医疗救助基金管理办法》(财社〔2013〕217号),规范了城乡医疗救助基金的管理和使用。

2014年,国务院办公厅发布《深化医药卫生体制改革2014年重点工作任务》(国办发〔2014〕24号),继续支持村卫生室、乡镇卫生院和社区卫生服务机构建设。

五、教育救助

1985年,中央政治局讨论通过《中共中央关于教育体制改革的决定》,拉开了中国教育改革的序幕。

1986年4月,中共六届人大四次会议通过《义务教育法》,它规定对全国所有适龄儿童和少年实行九年义务教育,掀起了普及义务教育的热潮。

1994年5月,国家教委、财政部颁布了《关于在普通高等学校设立勤工助学基金的通知》(教财发〔1994〕35号),确立了大学生教育救助制度。

2001年5月,国务院颁布了《关于基础教育改革与发展的决定》(国发〔2001〕21号),"两免一补"政策开始搭建起基本框架。基于此框架,2003年秋季,国务院做出了《关于进一步加强农村教育工作的决定》(国发〔2003〕19号)。

2005年国务院发布《关于深化农村义务教育经费保障机制改革的通知》(国发〔2005〕43号),规定从2006年开始,全部免除西部地区农村义务教育阶段学生学杂费。

2006年新修订的《义务教育法》规定:"实施义务教育,不收学费、杂费";"各级人民政府对家庭经济困难的适龄儿童、少年免费提供教科书并补助寄宿生生活费"。

2007年5月,《国务院办公厅转发教育部等部门关于教育部直属师范大学师范生免费教育实施办法(试行)的通知》(国办发〔2007〕34号)出台。至此,高等教育阶段确立了多元化的大学生教育救助制度。

继2007年全面推行农村义务教育免除学杂费政策后,2008年秋季开始,城市义务教育阶段学杂费也全部免除。

2014年1月,国务院办公厅转发了教育部等部门《特殊教育提升计划(2014—2016年)》(国办发〔2014〕1号),对新形势下特殊教育改革发展做了全面部署。

六、住房救助

1982年,国家有关部门设计了"三三制"补贴出售新建住房方案;1986年提出了"提租补贴、租售并举"改革方案;1988年国务院发布《关于全国城镇分期分批推行住房制度改革的实施方案》(国发〔1988〕11号),它是中国第一个关于房改的法规性文件。

1994年7月，国务院发布《关于深化城镇住房制度改革的决定》（国发〔1994〕43号），标志着房改进入一个新的阶段。

1998年7月，国务院发布《关于进一步深化城镇住房制度改革加快住房建设的通知》（国发〔1998〕23号），这是中国住房制度改革的里程碑，宣告了福利分房制度的终结和新的住房制度的开始。此后，原建设部陆续在上海、长春、广州、天津等城市进行了试点。

在各地试点基础上，1999年，原建设部发布了《城镇廉租住房管理办法》（建设部令第70号），初步确立了廉租住房政策框架。

2003年12月，原建设部出台了《城镇最低收入家庭廉租住房管理办法》（建设部令第120号），廉租住房制度基本建立。

2004年，原建设部等四部委出台《经济适用住房管理办法》（建住房〔2004〕77号），细化了经济适用房的相关规定。

2005年5月，国家发展改革委、原建设部下发了《城镇廉租住房租金管理办法》（发改价格〔2005〕405号），进一步完善了廉租住房制度。

2006年，《国务院办公厅转发建设部等部门关于调整住房供应结构稳定住房价格意见的通知》（国办发〔2006〕37号）中明确将经济适用住房进行定位；根据该文件的精神，财政部、原建设部、国土资源部联合出台了《关于切实落实城镇廉租住房保障资金的通知》（财综〔2006〕35号）。

2007年8月，《国务院关于解决城市低收入家庭住房困难的若干意见》（国发〔2007〕24号）发布，标志着政府住宅调控思路的转变，住房救助制度进入了新的发展阶段。

2013年12月，住房城乡建设部、财政部和国家发改委联合印发《关于公共租赁住房和廉租住房并轨运行的通知》（建保〔2013〕178号），提出从2014年起，各地公共租赁住房和廉租住房将并轨运行，并轨后统称为"公共租赁住房"。

2014年11月，住房城乡建设部、民政部、财政部发布《关于做好住房救助有关工作的通知》（建保〔2014〕160号），进一步加强对住房救助工作的管理。

七、临时救助

改革开放以后，流动人口增多，针对流动人口的无序迁徙、流浪乞讨，1982年5月国务院颁布《城市流浪乞讨人员收容遣送办法》。1982年10月，民政部、公安部发布《城市流浪乞讨人员收容遣送办法实施细则（试行）》（民〔1982〕城80号）。1991年，国务院发布《关于收容遣送工作改革问题的意见》（国阅〔1991〕48号），将

教育部哲学社会科学系列发展报告
MOE Serial Reports on Developments in Humanities and Social Sciences

收容对象定位"无合法证件、无固定住所、无稳定经济来源"的"三无"人员,收容对象进一步扩大。20世纪90年代,收容遣送制度逐步异化,出现了许多侵犯人权的行为。2003年"孙志刚事件"导致了"收容遣送制度"的废止。2003年8月国务院颁布《城市生活无着的流浪乞讨人员救助管理办法》(国务院令第381号),标志着中国流浪乞讨人员的政策由收容遣送进入救助管理阶段。

2006年,针对流浪儿童救助保护,民政部发布《关于加强流浪未成人工作的意见》(民发〔2006〕11号);2007年启动《"十一五"流浪未成年人救助保护体系建设规划》(民发〔2007〕75号),开始起草《流浪未成年人救助保护条例》,把未成年人和成年人救助区分开来。

2007年,民政部发布《关于进一步建立健全临时救助制度的通知》(民发〔2007〕92号),赋予地方政府建立临时救助制度的职责。

2008年,温家宝总理首次在国务院政府工作报告中提出"健全临时救助制度"。

2009年,民政部又相继召开"全国农村低保和临时救助工作会议"和"部分省(区、市)临时救助及城市低保资金管理座谈会",对推进临时救助制度建设提出进一步要求。

2011年,《民政事业发展第十二个五年规划》(民发〔2011〕209号)进一步指出要在"十二五"期间全面建立起临时救助制度。

2014年10月,国务院发布《关于全面建立临时救助制度的通知》(国发〔2014〕47号),对临时救助的对象范围、救助方式、工作机制、监督管理等做出了规定。

1.1.5 改革开放以来中国社会福利制度改革回顾

一、改革开放以来中国社会福利制度改革的路程回顾

(一)传统福利模式转变到"补缺型"福利模式

中国的社会福利模式虽然与社会环境相生相伴,但其改革发展的步伐明显要滞后一些。1978年改革开放的大幕拉开,各领域的改革如火如荼地进行,从20世纪50年代就实行着的传统福利模式在计划经济体制下,虽然也是在曲折中探索前进,取得了一些成绩,但其明显的城乡二元福利的特点——城市集中体现在职工福利与民政福利,包办的性质较为浓烈,待遇水平也较好;农村集中体现在五保供养和医疗服务等方面,也渐渐显现出其弊端。第一,长期依附于计划经济体制的国有企业同样面临着转型,在市场经济的新环境下作为自主经营、自负盈亏的主体同其他所有企业一起参与市场竞争,遵循优胜劣汰的原则。在这样的背景下,大批企业特别是老大难企业破产倒闭,大批下岗工人涌现,一时间人们的基本生活无法得到较好的保障。第二,计划经济时期,企业为职工提供的福利较为完整,使得职工与

企业之间存在着紧密的依附关系。第三,计划经济时期,"大锅饭""铁饭碗"让人们习惯了安于现状的生活,甚至滋长了懒惰和依赖,劳动的积极性和创造性没能得到合理调动。第四,传统福利模式没能平衡好效率与公平之间的关系,没能缩小城乡之间的差距,对农村地区的关怀欠缺。正是因为传统福利模式有其自身无法克服的缺陷,所以在市场经济环境中,为了更好地发展经济,建设社会主义社会,让人民获得更好的福利,传统福利模式的改革可以说是大势所趋。

（二）"补缺型"福利模式

20世纪80年代末,伴随着大刀阔斧的市场经济体制改革,福利改革方兴未艾。职工福利改革方面,一方面重新划分了工资与福利,部分福利转化成工资的一部分,解决了社会保险与社会福利之间混乱的关系。另一方面,对企业的福利设施和后勤保障进行剥离,逐步从对外承包到成立独立的劳务公司,作为第三方提供服务,并且参与市场竞争,自负盈亏,促进其走向社会化。民政福利方面,主要涉及社会福利机构改革、社会福利企业改革和社会福利经费来源改革。1993年4月,民政部发布了《国家级福利院评定标准》,8月民政部又发布了《社会福利企业规划》。1994年12月,民政部发布了《中国福利彩票管理办法》。1997年4月,民政部与国家计委联合发布《民政事业发展'九五'计划和2010年远景目标纲要》指出,残疾人可以由过去单一的在福利企业就业改变为在福利企业或分散就业。1999年12月,民政部颁布了《社会福利机构管理暂行办法》。[①] 这些政策文件的颁布表明,民政福利逐渐摆脱官方包办,走上了"社会福利社会办"的新道路。住房福利改革方面,也是经历了在探索中不断前进,在调整中逐步发展的过程。前后经历了这样的三个时期:1978—1988年改革的探索尝试阶段,这一阶段主要包括80年代初的"优惠售房"的试点和1986—1988年的"提租增资"改革;1988—1998年改革的全国性推广阶段,1989年国务院颁布《关于在全国城镇分期分批推行住房改革的实施方案》,传统的福利分房开始向住房商品化改革,1992年实行新房新租、先卖后租、有偿租房等改革,1994年国务院颁布《关于深化城镇住房制度改革的决定》,规定以标准价售房,1998年底国家规定停止企事业单位的福利分房后,职工按标准价购买住房,同时确立了由单位和职工共同承担的住房公积金制度,并为职工建造和出售经济适用房;1998年后改革的重点落在了建立住房保障制度,2000年后实行廉租房或房租补贴[②],这一系列的改革对建立遵循市场经济机制、促进住房的商

---

① 刘翠霄：《我国社会福利制度的现状和问题》,北大法律网,http://article.chinalawinfo.com/articlehtml/article_553782.shtml,2007年1月1日。

② 刘珊：《我国社会福利政策发展与改革方向研究》,《云南大学学报（社会科学版）》2013年第1期。

品化和社会化做出了重要的贡献。这一阶段社会福利基本上摆脱了计划经济时期的全民所有、政府包办的性质,披上了"社会福利社会化"的外衣,但究其实质,福利对象逐渐转变为特定人群,特别是在市场经济中处于不利地位的弱势群体,福利的视角缩小,更加侧重于"补缺",在某种程度上说有着"头痛医头脚痛医脚"的意味。

(三)"适度普惠型"福利模式的构建

随着中国特色社会主义社会建设的步伐越来越稳健,关系国计民生的社会福利制度到底应该如何发展就成了一个至关重要的问题。围绕战略研究,学界做出了许多关于"补缺型""普惠型"的论证,也获得了一定的成果。但处于全面建设小康社会,推进社会主义现代化建设,构建社会主义和谐社会的新的历史时期,中国的社会福利制度必须走有中国特色,符合中国国情的道路。基于"从国家的国情、国力出发,按照有利生产、保障生活的原则,有步骤地完善和发展"的原则,通过采取投资主体多元化,服务对象公众化,服务方式多样化,服务队伍专业化和志愿者相结合等措施,逐步拓展社会福利保障范围,积极推动社会福利事业由补缺型向适度普惠型转变。① 2007年民政部提出,为了加快社会福利事业的发展,中国将推进社会福利模式由"补缺型"向"适度普惠型"转变。2009年在"中国社会福利论坛"上,与会者强调建设中国特色福利社会,必须构建符合中国国情的社会福利模式。中国特色福利社会不能照搬外国福利模式,只能走"广覆盖、保基本、多层次、可持续"的福利社会之路。为此,应当坚持底线公平的理论,按照"弱者优先、政府首责、社会补偿以及持久效益"原则建立中国特色福利社会,以体现"刚柔相济、保底不保顶"的适度社会福利模式特征。只有这样,才能促进经济增长与社会福利均衡发展,缩小贫富差距,增强社会认同,实现共同富裕。② 在2011年9月24—25日的"国家社会福利制度发展战略"首次研讨会上,民政部副部长窦玉沛强调,着力社会福利制度发展战略研究意义重大,开展研究必须坚持"三个结合":立足现实与着眼长远相结合、理论研究和制度设计相结合、借鉴国外与立足国情相结合。③ 随着中国社会福利理论的日益完善,社会福利事业目标的日渐清晰,"适度普惠型"的社会福利模式必将发挥其独特的优势。

二、社会福利改革实践

经过三十多年的改革历程,中国社会福利事业得到了长足的进步,社会福利实

---

① 窦玉沛:《中国社会福利的改革与发展》,《社会福利》2006年10月。
② 王意:《"中国社会福利论坛"提出构建符合中国国情的社会福利模式》,《人民日报》2009年9月4日第007版。
③ 窦玉沛:《着力社会福利制度发展战略研究 构建适度普惠型社会福利制度》,《社会福利》2011年10月。

践也朝着更深、更广的方向发展。

表 1-2 2002—2012 年社会福利事业支出情况

年份	社会福利事业支出（亿元）	民政事业费支出（亿元）	社会福利事业支出占民政事业支出的比重(%)
2002	167.5	392.3	42.70
2003	78.9	498.9	15.81
2004	99.4	577.4	17.22
2005	55.6	718.5	7.74
2006	65.3	915.4	7.13
2007	87.6	1215.5	7.21
2008	103.1	2146.9	4.80
2009	124.1	2181.9	5.69
2010	109.9	2766.6	3.97
2011	232.2	3229.1	7.19
2012	319.5	3683.7	8.67

资料来源：《中国民政统计年鉴 2007》《中国民政统计年鉴 2010》《中国民政统计年鉴 2011》《中国民政统计年鉴 2012》《中国民政统计年鉴 2013》。

表 1-3 2010—2012 年社会福利事业支出按支出性质分类情况

年份	社会福利（亿元）	儿童福利（亿元）	老年人福利（亿元）	假肢矫形（亿元）	殡葬（亿元）	社会福利事业单位（亿元）	其他社会福利支出（亿元）
2010	109.9	6.5	16.6	0.5	20.2	47.2	18.9
2011	232.2	40.1	45.6	0.8	33.3	71.9	40.5
2012	319.5	50.5	81.2	1.1	42.1	92.5	52.1

资料来源：《中国民政统计年鉴 2011》《中国民政统计年鉴 2012》《中国民政统计年鉴 2013》。

从表 1-2 可以看出，随着我国的社会福利事业的曲折前进，经费支出也出现了一定的变化，但总的趋势是不断扩大。并且从表 1-3 中我们可以看出，社会福利事业的支出涉及面较广，主要包括儿童、老年人、残障人士、精神病人、流浪乞讨人员等，对维护社会公平与稳定起到了积极的作用。

除了政府增加社会福利事业的支出外，许多项目也付诸行动。2001 年 6 月 8 日民政部正式启动全国"社区老年福利服务星光计划"（简称"星光计划"）。"星光计划"旨在造福老人，计划 3 年内集中使用福利彩票筹集的福利基金的 80%（约 50

亿元人民币)和各级政府及社会各界捐款的50亿元人民币,在全国10万个社区居委会和农村乡镇新建或改扩建一批城市社区老年福利服务设施、活动场所和农村乡镇敬老院,以供老年人娱乐、健身和学习。截至2005年年底,"星光计划"总投资134亿元人民币,建成"星光老年之家"3.2万个,涵盖老年人入户服务、紧急援助、日间照料、保健康复和文体娱乐等多种功能,受益老年人超过3000万。2005年,全国平均每个街道有1.32个城市老年福利机构,每9.8个社区居委会有1个城市老年福利机构。[①] "星光计划"的实施是应对人口老龄化挑战、做好老龄工作的关键一步,是促进社会福利社会化的有效途径,更是是政府关怀老年人的"民心工程"。

2004年民政部与联合国儿童基金会联合开展的预防弃婴合作项目正式启动,黑龙江哈尔滨、湖北黄石、四川宜宾、山西大同以及天津被选为该项目的5个合作地区,各市不仅专门成立了预防弃婴的工作领导小组,而且建立了政府主导、民政牵头、多部门协作、全社会参与的工作机制,另外在合作期内联合国儿童基金会将依据弃婴现象的原因和特点,展开更为全面的弃婴安置工作,力图从源头上遏制弃婴行为,帮助弃婴早日回归家庭,融入社会。当然这次联合的意义远不止是重塑某个或几个福利机构,更重要的在于为整个儿童福利事业带来了探索的启示和福音。[②]

本着以民为本、为民解困的理念,为了祖国的下一代可以健康成长,2004年5月,民政部又启动了"残疾孤儿手术康复明天计划"(简称"明天计划")。考虑到儿童福利院里有着60%以上的残孤儿童,他们面临着失去父母和身体有残疾的双重折磨,为了能够让这些不幸的孩子接受手术治疗和康复训练,民政部计划用3年的时间,将彩票公益金作为具有手术适应症的残疾孤儿的医疗费用,在全国范围内,为儿童福利院中的3万多名残孤儿童进行手术,帮助他们康复,使他们能够拥有美好的明天,早日拥抱家庭,融入社会。另外"明天计划"采用的彩票公益金筹款的形式也是对福利彩票事业的一种宣传,通过慈善之举来推动儿童福利事业的进一步发展。截至2007年5月,"明天计划"圆满地完成了预定的目标,筹集彩票公益金7个多亿,200多家国内外媒体为"明天计划"进行宣传报道,募集社会各界捐赠5000多万,为全国1109个儿童福利机构中的35,000多名残疾孤儿进行了手术治疗和康复训练,其中主要是为患有五官疾病、先天心脏病、外科和矫形康复四大类型的残疾儿童进行手术治疗和康复,这当中就有5000多名残疾儿童手术康复后被国内外家庭收养,重新获得了父母的关爱和家庭的温暖。虽然"明天计划"的3年任务完成了,但是为了继续传递党和政府以及全社会对孤残儿童的关爱,贯彻落实

---

① 中国网新闻,http://www.china.com.cn/news/txt/2006-12/12/content_7492777.htm。
② 中国社会福利网,http://shfl.mca.gov.cn/article/gzdt/20120700333983.shtml。

以人为本的科学发展观,"明天计划"仍将新的面貌开展新一轮的工作,探索建立出一种长期高效的机制,通过各种形式和手段扩大影响,呼吁更多的社会力量献出爱心,筹集更多的善款为更多的残孤儿童实现改变命运、迎接明天的梦想。

2006年,为贯彻胡锦涛总书记"完善福利设施",使孤残儿童"和其他小朋友一样,在祖国的同一片蓝天下健康幸福成长"的重要指示精神,全面落实《国民经济和社会发展第十一个五年规划纲要》和《关于加强孤儿救助工作的意见》,民政部启动了"儿童福利机构建设蓝天计划"(简称"蓝天计划")公益项目。2007年纳入国家"十一五"规划,与国家发展改革委员会共同制定了《儿童福利机构建设"十一五"规划》(以下简称《规划》)及指导意见,资助地方政府在大中城市新建、改建和扩建一批集养护、救治、教育康复、特教于一体的功能完善、设施齐全、环境优美的儿童福利机构。2006年至2010年,民政部计划投入部级福利彩票公益金和国债资金15亿元,地方民政部门留成的福利彩票公益金也将"蓝天计划"作为重点资助项目。力争用5年时间,实现在全国每个地级以上大中城市建设和完善儿童福利机构的目标,新增孤儿安置床位约5.7万张。截至2011年,资金投入17.28亿元,建设地、市级儿童福利机构337个,包括县级的共453个。"蓝天计划"的实施,为孤残儿童提供了更加全面和完善的福利条件、规范和专业的福利服务,保障了孤残儿童的生存权、发展权、受保护权,真正地让孤残儿童与正常儿童一样沐浴阳光,仰望蓝天。另外,为配合"蓝天计划"的实施,民政部还同美国半边天基金会进行了爱心育雏系列项目的合作试点,通过合作的方式将先进的孤残儿童养育理念引入中国,经过试点培养较为成熟的合作模式,再以点带面,逐步提高儿童抚育的整体水平。截至2007年年底,已经发展到13个省市的36个福利院。这项合作为儿童福利机构注入了新的活力,有力地推动了我国儿童福利机构的功能转变。

2007年,为贯彻落实《农村五保供养工作条例》《中华人民共和国国民经济与社会发展第十一个五年规划纲要》和《民政事业发展第十一个五年规划》关于加强农村五保供养服务设施建设的要求,解决各地农村五保供养设施滞后的问题,民政部决定在"十一五"时期,利用发行福利彩票筹集的彩票公益金,开展"农村五保供养服务设施建设霞光计划"(简称"霞光计划")。要求从2006—2010年,各级民政部门要划拨一部分本级留用的彩票公益金,同时积极争取地方政府加大投入,总投入力争达到50亿元左右,有重点、有步骤地建设一批农村五保供养服务设施,改善农村五保分散供养对象居住条件,解决农村五保供养对象的住房问题,提高供养服务水平。① 可以说"十一五"期间同时开展"蓝天计划"和"霞光计划",不仅仅是

---

① 《农村五保供养服务设施建设霞光计划》。

"星光计划"和"明天计划"的延伸与突破,更是民政事业的一大创举。

2008年4月民政部与李嘉诚基金会联合启动"重生行动——全国贫困家庭唇腭裂儿童手术康复计划"(简称"重生行动"),该项目第一期实施两年,民政部投入本级福利彩票公益金5000万元,李嘉诚基金会捐资5000万元。该项目旨在资助全国贫困家庭中患有唇腭裂及相关畸形、年龄在0岁至18周岁的未成年人接受手术矫治(贫困家庭中的成年人符合救助条件的也可酌情考虑),帮助他们解脱疾患,收获希望,重塑命运(见图1-3)。项目的实施还有助于在国内推动建立集手术矫治、术后护理、心理辅导、康复训练一体化的唇腭裂综合治疗模式,开辟社会力量参与福利事业的有效途径,掀起社会"助无助者"的慈善风气。据统计,截至2010年4月,全国已上报患者接近20,000人,其中已手术矫治13,500人,术后满意度达92.5%。看到"重生行动"一期合作的喜人成绩,民政部和李嘉诚基金会一致决定继续开展二期,双方各再投入5000万元,让更多贫困家庭的唇腭裂儿童得到关怀和爱护,让更多的孩子能够沐浴爱心和希望的阳光健康成长。①

图1-3 "重生行动"的医疗机构分布图

资料来源:重生行动官网,http://chongsheng.mca.gov.cn/。截止到2014年12月12日,共治愈患者32,435例。

---

① 中国社会福利网,http://shfl.mca.gov.cn/article/xmgl/201005/20100500078945.shtml。

另外,我国的一些慈善机构、非政府组织、公益组织也都采取各种形式的行动,积极投入到了社会福利的建设事业之中。例如 2005 年 6 月 14 日,中国社会福利教育基金会成立,2011 年 7 月 15 日经民政部批准更名为"中国社会福利基金会"。2010 年 1 月 22 日,中国社会福利协会正式成立。它们在民政部门的领导下,通过自身与社会的力量从事社会公益与福利事业,推进社会福利的法制化、社会化与专业化。

1.2 改革开放以来中国社会保障制度改革评估

1.2.1 中国社会保障制度改革的成就

一、中国养老保险制度改革的成就

(一)基本实现养老保险制度的全覆盖

经过三十多年的改革与发展,中国基本实现了养老保险制度的全覆盖——城镇企业职工、个体工商户、灵活就业人员有企业职工基本养老保险,农村居民和城镇非从业居民有城乡居民基本养老保险,公务员、事业单位工作人员实行退休金制度。

(二)基本养老保险的参保人数逐年增多

1989 年,基本养老保险参保对象主要是城镇职工,参保人数仅为 5710 万人。截至 2013 年年末,全国参加基本养老保险人数为 81,968 万人,包含城镇职工基本养老保险参保人数 32,218 万人(其中参保职工 24,177 万人,参保离退休人员 8041 万人)和城乡居民基本养老保险参保人数 49,750 万人(其中实际领取待遇人数 13,768 万人),见表 1-4、表 1-5。

表 1-4 1989—2013 年中国城镇职工基本养老保险参保人数

单位:万人

年份	参保人数	参保职工	参保离退休人员	年份	参保人数	参保职工	参保离退休人员
1989	5710	4817	893	2002	14,737	11,129	3608
1990	6166	5201	965	2003	15,507	11,647	3860
1991	6740	5654	1087	2004	16,353	12,250	4103
1992	9456	7775	1682	2005	17,488	13,120	4368
1993	9848	8008	1839	2006	18,766	14,131	4635

续表

年份	参保人数	参保职工	参保离退休人员	年份	参保人数	参保职工	参保离退休人员
1994	10,574	8494	2079	2007	20,137	15,183	4954
1995	10,979	8738	2241	2008	21,891	16,588	5304
1996	11,117	8758	2358	2009	23,550	17,743	5807
1997	11,204	8671	2533	2010	25,707	19,402	6305
1998	11,203	8476	2727	2011	28,391	21,565	6826
1999	12,485	9502	2984	2012	30,427	22,981	7446
2000	13,617	10448	3170	2013	32,218	24,177	8041
2001	14,183	10,802	3381				

资料来源:《中国统计年鉴2013》《2013年度人力资源和社会保障事业发展统计公报》。

表1-5　1994—2013年中国城乡居民基本养老保险参保人数

单位:万人

年份	参保人数	达到领取待遇年龄参保人数	年份	参保人数	达到领取待遇年龄参保人数
1994	2718.1	12.7	2004	5382.4	205.5
1995	5142.8	26.9	2005	5441.9	301.7
1996	6594.0	31.6	2006	5373.7	355.1
1997	7452.0	61.4	2007	5171.5	391.6
1998	8025.0	—	2008	5595.1	511.9
1999	8000.0	—	2009	8691.0	1556.0
2000	6172.0	—	2010	10,276.8	2862.6
2001	5995.1	—	2011	33,182.0	8760.0
2002	5461.8	123.4	2012	48,369.5	13,382.2
2003	5428.0	198.0	2013	49,750.0	13,768.0

注:1994—2008年为"老农保"数据;2009—2010年为"新农保"数据;2011—2013年为城乡居民基本养老保险数据。

资料来源:历年《中国劳动统计年鉴》《人力资源(劳动)和社会保障事业发展统计公报》《民政事业发展公报》。

（三）基本养老保险的基金收支规模及其基金积累数额不断增大

1989 年城镇职工基本养老保险基金收入和支出仅为 146.7 亿元和 118.8 亿元，2006 年城镇职工基本养老保险基金收支规模收入突破 1 万亿元，2013 年分别达到 24,733 亿元和 18,470 亿元；1989—2013 年间，除个别年份略有下降外，其他年份城镇职工基本养老保险基金累计结余均是不断增加，截至 2013 年年底，城镇职工基本养老保险基金累计结余达到 28,269 亿元（见表 1-6）。自 2009 年新农保开始试点之后，不论是城乡居民基本养老保险基金收支规模，还是基金累计结余，都有了飞速增长，2013 年城乡居民基本养老保险基金收入、支出和累计结余分别达到 2052 亿元、1348 亿元和 3006 亿元（见表 1-7）。

表 1-6 1989—2013 年城镇职工基本养老保险基金收支及累计结余

单位：亿元

年份	基金收入	基金支出	基金累计结余	年份	基金收入	基金支出	基金累计结余
1989	146.7	118.8	68.0	2002	3171.5	2842.9	1608.0
1990	178.8	149.3	97.9	2003	3680.0	3122.1	2206.5
1991	215.7	173.1	144.1	2004	4258.4	3502.1	2975.0
1992	365.8	321.9	220.6	2005	5093.3	4040.3	4041.0
1993	503.5	470.6	258.6	2006	6309.8	4896.7	5488.9
1994	707.4	661.1	304.8	2007	7834.2	5964.9	7391.4
1995	950.1	847.6	429.8	2008	9740.2	7389.6	9931.0
1996	1171.8	1031.9	578.6	2009	11,490.8	8894.4	12,526.1
1997	1337.9	1251.3	682.8	2010	13,419.5	10,554.9	15,365.3
1998	1459.0	1511.6	587.8	2011	16,894.7	12,764.9	19,496.6
1999	1965.1	1924.9	733.5	2012	20,001.0	15,561.8	23,941.3
2000	2278.5	2115.5	947.1	2013	24,733.0	18,470.0	28,269.0
2001	2489.0	2321.3	1054.5				

资料来源：《中国统计年鉴 2010》《中国统计年鉴 2013》《2013 年度人力资源和社会保障事业发展统计公报》。

表1-7　1993—2013年城乡居民基本养老保险基金收支及累计结余

单位：亿元

年份	基金收入	基金支出	基金累计结余	年份	基金收入	基金支出	基金累计结余
1993	6.64	0.28570	14.79	2005	—	21.0	310.0
1994	16.70	0.47900	27.00	2006	—	30.0	354.0
1995	36.70	0.98892	59.50	2007	—	40.0	412.0
1996	44.10	1.81970	99.50	2008	—	56.8	499.0
1997	42.20	3.33680	139.20	2009	—	76.0	681.0
1998	31.40	5.40000	166.20	2010	453.4	200.4	422.5
2000	—	—	195.50	2011	1069.7	587.7	1199.2
2001	—	—	216.10	2012	1829.2	1149.7	2302.2
2003	—	15.00000	159.30	2013	2052.0	1348.0	3006.0
2004			285.00				

注：1993—2008年为"老农保"数据；2009—2010年为"新农保"数据；2011—2013年为城乡居民基本养老保险数据；无法获取1999年和2002年的"老农保"数据。

资料来源：历年《中国劳动统计年鉴》《人力资源（劳动）和社会保障事业发展统计公报》《民政事业发展公报》。

（四）做实个人账户试点稳步推进，省级统筹全面实现

2001年辽宁省首先开始做实企业职工基本养老保险个人账户试点，2004年扩大到吉林省和辽宁省，2006年又扩大到上海、天津、山西、山东、河南、湖北、湖南和新疆8个省（区、市），2007年又进一步扩大至江苏、浙江和广东，至此，做实个人账户的省份达到13个。截至2013年年末，13个做实企业职工基本养老保险个人账户试点省份共积累基本养老保险个人账户基金4154亿元（见表1-8）。另外，截至2009年年底，全国31个省份（港澳台地区未计入）和新疆生产建设兵团已建立企业职工基本养老保险省级统筹制度。

表 1-8　做实个人账户试点省份个人账户基金积累

单位：亿元

年份	个人账户基金积累	年份	个人账户基金积累
2005	265.9	2010	2039
2006	485.0	2011	2703
2007	786.0	2012	3396
2008	1100.0	2013	4154
2009	1569.0		

注：2005 年为东三省试点数据；2006—2007 年为 11 省试点数据，2008—2013 年为 13 省试点数据。

资料来源：2005—2013 年《人力资源（劳动）和社会保障事业发展统计公报》。

（五）企业退休人员基本养老金连续十年上调

2005—2014 年间，国家连续十年上调企业退休人员基本养老金，使企业退休人员月平均基本养老金水平从 2004 年的 647 元，增加到 2014 年的 2082 元（见图 1-4），十年间增长了 2.22 倍，其年平均增幅达到 12.40%，与城镇单位就业人员平均工资增长幅度基本保持同步，部分年份超过了城镇单位就业人员平均工资增幅（见图 1-5）。

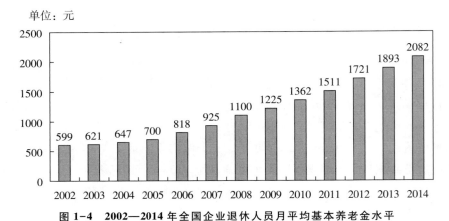

图 1-4　2002—2014 年全国企业退休人员月平均基本养老金水平

资料来源：薛惠元、张微娜：《建立城乡统一的社会养老保险制度——基本理念、基本路径与制度模式》，《税务与经济》2014 年第 3 期。

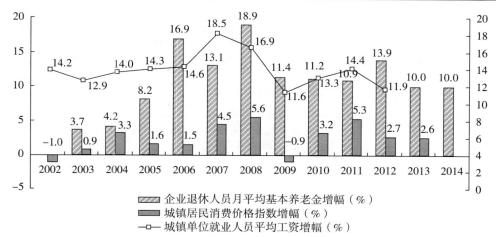

图 1-5 2002—2014 年企业退休人员月均养老金、城镇居民消费价格指数、城镇单位就业人员平均工资变动趋势

资料来源：薛惠元、张微娜：《建立城乡统一的社会养老保险制度——基本理念、基本路径与制度模式》。

（六）企业年金取得了较大的发展

2004 年《企业年金试行办法》和《企业年金基金管理试行办法》的出台，是企业年金快速发展的转折点，市场化和信托制的现代企业年金模式得以确立。2000 年建立企业年金的企业仅有 16,247 户，参加职工 560.33 万人，基金累计结余 191.9 亿元；2013 年年末，全国建立企业年金的企业达到 6.61 万户，参加职工人数达到 2056 万人（比 2000 年增加了 2.7 倍），基金累计结存 6035 亿元（比 2000 年增加了 30.4 倍）。

表 1-9 2000—2013 年中国企业年金发展情况

年份	建立企业年金的企业数（万户）	参加企业年金职工数（万人）	占职工基本养老保险参保职工的比重（%）	企业年金基金累计结余（亿元）
2000	1.6247	560.33	5.36	191.9
2006	2.4000	964.00	6.82	910.0
2007	3.2000	927.00	6.11	1519.0
2008	3.3000	1038.00	6.26	1911.0
2009	3.3500	1179.00	6.64	2533.0
2010	3.7100	1335.00	6.88	2809.0
2011	4.4000	1577.00	7.31	3570.0

续表

年份	建立企业年金的企业数(万户)	参加企业年金职工数(万人)	占职工基本养老保险参保职工的比重(%)	企业年金基金累计结余(亿元)
2012	5.4700	1847.00	8.04	4821.0
2013	6.6100	2056.00	8.50	6035.0

资料来源：何平：《我国企业年金发展现状与评价》，《中国劳动保障报》2002年9月5日；2006—2013年《人力资源(劳动)和社会保障事业发展统计公报》。

二、中国医疗保险制度改革的成就

(一)城乡基本医疗保险的成就

改革开放到现在，城乡基本医疗保险制度进行不断的改革与探索，为解决城乡居民医疗困难发挥着重要作用，取得了重大成果。第一，社会成员的保险观念和意识不断进步和强化。人们对医疗保险的态度是由不理解、不赞成逐步转变到理解和支持，改革开放初期，劳保医疗和公费医疗改革探索中将医疗保险的责任落到企业头上，当时的企业和职工都不赞同改革，企业认为负担过重，职工担心改革后利益受损；80年代改革的探索和试点使人们对医疗保险的认识程度有所提高，90年代医疗保险的改革作为各级政府的工作重点，使人们对医疗保障的重视增强，城镇职工医疗保险制度的建立使职工逐渐意识到建立医疗保险制度对自身的重要性，也取得了广泛支持。① 现在人们就业时，单位是否购买"五险一金"已经成为择业的重要条件之一，人们对医疗费用和医疗保险报销比例的关注也都说明了人们维护自身基本权利的意识不断提高。

第二，医疗保险责任主体从一元转变为多元。计划经济时期的劳保医疗和公费医疗是由国家统包统揽，保险的筹资和管理都是由国家负责；改革期医疗保险的责任落到企业，个人只负有少量的责任；城镇职工基本医疗保险的建立到新型农村合作医疗的建立，再到城镇居民基本医疗保险的建立，保险的责任主体逐渐多元化，既有国家、企业和个人共同负担，也有发挥社会其他力量的作用。责任分担和主体多元化的措施使制度的建设和发展更加顺畅，扩大了保险基金来源渠道，分散了国家、企业和个人的压力，避免了"福利依赖"和"推卸责任"，调动起多方面的力量，共同为社会成员的健康和生活安全提供资金保障。

第三，城乡基本医疗保险覆盖范围不断扩大。如图1-6所示，城镇职工医疗保

---

① 董志昌：《亲历改革开放30年 见证医疗保障事业发展的巨大变化》，《中国药物经济学》2008年第6期。

险制度建立之前劳保医疗和公费医疗制度不完善,职工参保的人数较少,受益人次也很少,1998年城镇职工基本医疗保险制度建立之后,职工参保的人数开始不断增长,尤其是新千年以来参保人数增长幅度加大;同时,自2007年城市居民基本医疗保险制度建立以来,每年参保的居民数量增长速度较快。据统计,2012年我国有城镇人口71,182万人,其中城镇就业人员37,102万人,非就业人员34,080万人,而参加城镇职工基本医疗保险的人数为26,467万人,参加城镇居民基本医疗保险的人数为27,122万人,按照这个数据,城镇职工基本医疗保险的参保率为71.34%,城镇居民的参保率为79.58%。① 根据数据统计(如表1-10所示),新型农村合作医疗的参合人数从2005年1.79亿增加到2012年8.05亿人,参合率达到98.26%,仅有少数居民没有参保。从制度层面看,三种基本医疗保险制度覆盖了全体居民,而从参保人数来说,我国的基本医疗保险制度正在走向全覆盖。

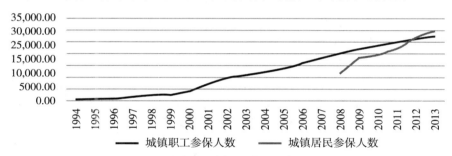

图1-6 城镇职工与居民参保人数(万人)

数据来源:《中国统计年鉴2013》中城镇职工基本医疗保险参保情况。

表1-10 新型农村合作医疗参合与筹资情况

年份	参合人数(亿人)	参合率(%)	人均筹资(元)
2005	1.79	75.66	42.10
2008	8.15	91.53	96.30
2009	8.33	94.19	113.36
2010	8.36	96.00	156.57
2011	8.32	97.48	246.21
2012	8.05	98.26	308.50

数据来源:《中国卫生统计年鉴2013》,中国协和医科大学出版社2013年版,"13—1—1新型农村合作医疗情况"。

---

① 数据来源:《中国统计年鉴2013》,"3—1人口构成""4—1就业基本情况";《中国卫生统计年鉴2013》,"13—2城镇居民和职工基本医疗保险情况"。

第四,基本医疗保险待遇逐渐提高。首先,从总体上看,我国卫生总费用的构成有很大的变化。如图1—7所示,改革开放初期,个人卫生费用支出最少,仅占20%左右,社会和政府卫生支出的比例较大。80—90年代卫生费用的构成波动较大,但总体趋势是个人卫生费用支出的比例不断上升,最高时达到60%左右,增幅较大;政府卫生支出的比例有所下降,社会卫生支出比例由平稳中呈下降趋势。新千年以来,个人卫生费用支出比例下降较快,政府和社会卫生费用支出都有所上升,到目前为止,三者的构成比例趋于平衡,各占1/3。其次,基本医疗保险的报销比例也有很大提升,报销的起付线降低、封顶线上升,使更多的患者受益,保险基金按照"以支定收、略有结余"的原则进行使用,基金的使用率比较高,2012年新农合基金的使用率达到96%左右,城镇职工基本医疗保险基金使用率在80%以上,城镇居民医保基金使用率略低。① 最后,我国基本医疗保险的报销范围不断扩大,自2000年建立第一版《医保目录》以来,2004年进行了修订,2009年进行了调整,增加了报销的品种和范围,满足更多患者的用药需求。

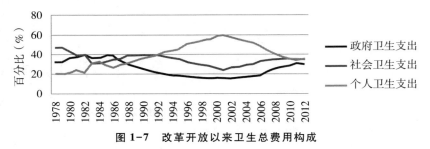

图1—7 改革开放以来卫生总费用构成

数据来源:《中国卫生统计年鉴2013》,"4—1卫生总费用"。

(二)补充医疗保险的成果

补充医疗保险发展取得了以下成果:

(1)人们对补充医疗保险的认识程度加深。补充医疗保险建立之初人们对其认识很少,例如企业补充医疗补助的推行困难,在建立基本医疗保险制度之后,企业不愿增加自身的负担,建立补充医疗补助的单位很少,随着对人力资本的认识深化,越来越多的企业认识到建立补充医疗补助是对企业自身发展的一种投资,也有越来越多的企业自主建立补充保险。同时,我国的商业健康保险从1996年平安成立医疗保险部正式起步,到2004年保监会相继批准成立4家专业健康保险公司,

---

① 数据来源:《中国卫生统计年鉴2013》,"13—1—2各地新型农村合作医疗情况(2012)""13—2城镇居民和职工基本医疗保险情况"。

健康保险业务才算迈出专业化经营的实质性步伐。① 短短几年时间里,越来越多的人认识到健康的重要性,保险的意识也大大提高,尤其是经济状况较好的地区和那些从事风险较大的工作的人员,参加商业性健康保险的人越来越多。

(2) 补充医疗保险为医疗保障体系的发展起到重要作用。作为医疗保障的重要支柱,补充医疗保险在基本医疗保险之外发挥着重要作用,为完善医疗保障体系、更好地保障人们健康做出了重要贡献。在整个医疗保障体系中,基本医疗保险是主体,补充医疗保险弥补补充医疗保险的不足,满足人们对不同层次医疗服务的需求,以及减轻或者消除个人享受基本医疗保险时承受自负医疗费用的负担。② 根据保监会的数据显示,原保险保费收入中,健康险收入为 11,234,960.47 万元,原保险赔付支出中,健康险为 4,111,271.11 万元③,这是一笔不小的收入和支出,它来源于人们对健康所付出的投资,而其支出用于了与健康相关的赔付,很大程度上弥补了投保人因健康问题带来的损失。

(3) 补充医疗保险的种类逐渐丰富、保障范围不断扩大。补充医疗保险从无到有,再到种类逐渐增多,常见的就有职工大额医疗费用补助、企业补充医疗补助、商业医疗健康保险、公务员医疗补助和职工互助医疗保险五种。大额医疗费用补助是由政府发起的,单位和职工参加基本医疗保险的同时,每个参保人员和单位应向社会保险经办机构缴纳大额医疗补助费,目前大额医疗费用补助已经在城镇多个企业开展。商业健康保险的发展比较迅速,按照保险责任分类包括疾病保险、医疗保险、失能收入保险和护理保险,商业保险在全国的竞争比较激烈,开展健康保险的企业也不在少数。职工互助医疗保险的发展更加灵活,种类繁多,例如中国职工保险互助会北京办事处开展了多项保障计划,包括在职职工重大疾病互助保障、住院医疗互助保障、在职职工子女意外伤害互助保障、女职工特殊疾病互助保障、职工住院津贴互助保障、职工医疗互助保障等。④

(4) 补充医疗保险的效果明显。补充医疗保险的建立是社会主义市场经济发展的必然要求,形成的多种形式和多种层次的险种满足了不同群体的不同需要,尤其是企业职工的补充医疗保险种类较多,有利于稳定在职职工队伍。补充医疗保险鼓励更多的社会成员为自身的健康进行投资和储蓄,有利于防范健康风险,提高

---

① 陆锦花:《商业健康保险面临的问题及对策探索》,《中国医疗保险》2013 年第 5 期。
② 贾洪波、阳义南:《中国补充医疗保险发展:成效、问题与出路》,《中国软科学》2013 年第 1 期。
③ 数据来源:《2013 年保险业经营情况表》,中国保险监督管理委员会网站,2014 年 1 月 22 日,http://www.circ.gov.cn/web/site0/tab5201/info3901865.htm。
④ 《险种介绍》,中国职工保险互助会北京办事处,http://www.bjzghzbx.com/index.php?option=com_content&task=category&sectionid=35&id=145&Itemid=269。

了保险的效率。而且,从众多被保险人的经历可知,投保后一旦出现健康事故,从补充医疗保险所获得的补偿对缓解风险带来的损失起到了重要作用。在城乡居民调查中,63.4%的受访者表示参加的补充医疗保险有效地降低了医药费用支出,58.0%的受访者表示参加的补充医疗保险能较好地满足基本医疗需求以外的其他医疗需求。①

三、中国失业、工伤、生育保险制度改革的成就

(一)中国失业保险制度改革的成就

1. 失业保险参保人数大幅增加

改革开放以来,尤其自1998年《失业保险条例》颁布实施以来,失业保险覆盖范围不断扩大,参保人数快速增长、待遇领取人数大幅增加。表1-11显示了2000年以来失业保险参保人数、基金结余情况。由表1-11可见,从参保人数来看,除了2001年有稍微回落外,其余年份年末失业保险的参保人数呈现攀升态势。

2. 失业保险基金收入大幅增加

由表1-11可见,从失业保险基金来看,基金收入和支出均有较大幅度增长,基金累计结余呈现连年迅速攀升的趋势。其中,基金收入由2000年的160.4亿元,增长到2013年的1288.9亿元,增长了8.04倍,基金累计结余由2000年的195.9亿元,增长到2013年的3685.9亿元,基金年平均收入增长率达到22.5%,累计结余年平均涨幅达到22.5%。

表1-11 2000年以来失业保险覆盖率及基金增长情况

年份	城镇就业人数	年末参保人数(万人)	年末领取保险金人数(万人)	失业保险覆盖率(%)	失业保险基金收入(亿元)	失业保险基金支出(亿元)	基金累计结余	收入增长率(%)	支出增长率(%)	结余增长率(%)
2000	23,151	10,408.4	190	44.96	160.4	123.4	195.9	28.1	34.7	22.5
2001	23,940	10,354.6	312	43.25	187.3	156.6	226.2	16.8	26.9	15.5
2002	24,780	10,181.6	440	41.09	215.6	186.6	253.8	15.1	19.2	12.2
2003	25,639	10,372.4	415	40.52	249.5	199.8	303.8	15.7	7.1	19.6
2004	26,476	10,583.9	419	39.98	291.0	211.0	386.0	16.6	5.6	27.2
2005	27,331	10,647.7	362	39.00	340.3	206.9	519.0	16.9	-1.9	3.4

---

① 贾洪波、阳义南:《中国补充医疗保险发展:成效、问题与出路》。

续表

年份	城镇就业人数	年末参保人数（万人）	年末领取保险金人数（万人）	失业保险覆盖率(%)	失业保险基金收入（亿元）	失业保险基金支出（亿元）	基金累计结余	收入增长率(%)	支出增长率(%)	结余增长率(%)
2006	28,310	11,186.6	327	39.50	402.5	198.0	724.8	18.3	-4.3	39.7
2007	29,350	11,645.0	286	39.70	472.0	218.0	979.0	17.3	10.1	35.1
2008	32,103	12,399.8	261	38.63	585.1	253.5	1310.1	24.0	16.3	33.8
2009	33,322	12,715.5	235	38.16	580.4	366.8	1523.6	-0.8	44.7	16.3
2010	34,687	13,375.6	209	38.56	649.8	423.3	1749.8	12.0	15.4	14.8
2011	35,914	14,317.1	197	39.86	923.1	432.8	2240.2	42.1	2.2	28.0
2012	37,102	15,224.7	204	41.03	1138.9	450.6	2929.0	23.4	4.1	30.7
2013	38,240	16,416.8	197	42.93	1288.9	531.6	3685.9	13.2	18.0	25.8

3. 失业保险金发放水平逐年递增

由表 1-12 可见，自 2000 年以来，失业保险金发放水平逐年递增。2000 年，全年发放失业保险金只有 56.2 亿元，2005 年增长到 132.4 亿元，2010 年增长到 140.4 亿元，2013 年达到 203.2 亿元，相比 2000 年增长了 3.62 倍。人均月失业金水平也呈现明显的逐年递增趋势，2000 年的 142.1 元，2013 年增长到 2.86 倍。

表 1-12　2000 年以来失业保险基金待遇水平变动情况

年份	年末参保人数（万人）	全年发放失业保险金人数（万人）	全年发放失业保险金（亿元）	人均年失业金（元）	人均月失业金（元）	城镇职工平均工资（元）	城镇居民最低生活保障月平均水平（元）	失业保险替代率(%)
2000	10,408.4	329.7	56.2	1704.6	142.1	9333	-	18.3
2001	10,354.6	468.5	83.3	1778.0	148.2	10,834	-	16.4
2002	10,181.6	657.0	116.8	1777.8	148.2	12,373	-	14.4
2003	10,372.4	741.6	133.4	1798.8	149.9	13,969	149.0	12.9
2004	10,583.9	753.5	137.5	1824.8	152.1	15,920	152.0	11.5
2005	10,647.7	677.8	132.4	1953.4	162.8	18,200	156.0	10.7
2006	11,186.6	598.1	125.8	2103.3	175.3	20,856	169.6	10.1

续表

年份	年末参保人数（万人）	全年发放失业保险金人数（万人）	全年发放失业保险金（亿元）	人均年失业金（元）	人均月失业金（元）	城镇职工平均工资（元）	城镇居民最低生活保障月平均水平（元）	失业保险替代率（%）
2007	11,645.0	538.5	129.4	2403.0	200.3	24,721	182.4	9.7
2008	12,399.8	516.7	139.5	2699.8	225.0	28,898	205.3	9.3
2009	12,715.5	483.9	145.8	3013.0	251.1	32,244	227.8	9.3
2010	13,375.6	431.6	140.4	3253.0	271.1	36,539	251.2	8.9
2011	14,317.1	394.4	159.9	4054.3	337.9	41,799	287.6	9.7
2012	15,224.7	390.1	181.3	4647.5	387.3	46,769	330.1	9.9
2013	16,416.8	416.7	203.2	4876.4	406.4	51,483	373.3	9.5

4. 失业保险制度改革与时俱进

如果我们按照制度的主要目标与原则将失业保险制度分为保险模式和救助模式的话，那么，20世纪80年代中期建立起来的《国营企业职工待业保险暂行规定》可以视为以救助性为主导原则。这主要表现在职工本人不承担缴费责任，仅有企业承担缴费义务所导致的基金给付能力严重不足以及权利与义务对等原则失衡。而自1999年颁布《失业保险条例》以来，我国的失业保险制度已经弱化了失业保障中的救助色彩，"社会保险"的特征得到加强。其中，用人单位与职工个人共同承担缴费责任的筹资模式直接体现了社会保险制度的权利与义务对等原则，同时，《失业保险条例》也更加强调失业保险金对失业人员职业培训、职业介绍的制度导向，这体现了我国失业保险制度顺应经济体制改革方向，与国际失业保障制度模式接轨的与时俱进。

（二）中国工伤保险制度改革的成就

1. 工伤保险参保人数和待遇领取人数大幅增加

改革开放以来，尤其《工伤保险条例》颁布实施以来，工伤保险覆盖范围不断扩大，参保人数快速增长。1993年，工伤保险参保人数仅为1103.5万人，2003为4574.8万人，2013年增加到19,917万人，2013年参保人数比1993年和2003年增加了17倍和3.4倍，参保人数已成其为仅次于医疗保险和养老保险的第三大社会保险险种。其中，农民工"平安计划"的推行，使参加工伤保险的农民工人数迅速增加，2006年农民工参保人数仅为2537万人，2013年增加到7263万人；截至2011

年年底,全国有 312 万"老工伤"人员①纳入工伤保险统筹管理。② 另外,享受工伤保险待遇人数明显增加。2001 年全国享受工伤保险待遇人数为 18.7 万人,2004 年达到 51.9 万人,而到 2013 年则已达到 195 万人(见表 1-13)。全国享受工伤保险待遇人数逐年大幅增加,显示出工伤保险在保障工伤职工权益、分散企业风险、维护社会和谐稳定方面已发挥出越来越重要的作用。

2. 工伤保险保障能力不断增强,待遇水平稳步提高

一是工伤保险基金收支规模和累计结余稳步增长。1993 年工伤保险基金收入 2.4 亿元、支出 0.4 亿元、累计结余 3.1 亿元;《工伤保险条例》实施前的 2003 年,工伤保险基金收入、支出、累计结余增加到 37.6 亿元、27.1 亿元、91.2 亿元;2013 年工伤保险基金收入、支出、累计结存增加到 615 亿元、482 亿元、996 亿元,基金收入、支出和累计结存分别是 2003 年的 16.4 倍、17.8 倍和 10.9 倍。另外,工伤保险储备金的数额,从 2006 年的 24 亿元增加到 2013 年的 168 亿元,7 年间增加了 6 倍,工伤保险基金抗风险的能力不断增强(见表 1-13)。二是工伤保险的统筹层次得到提升。截至 2012 年年底,95% 的地市实现了市级统筹,8 个省市实现了省级统筹③,工伤保险应对重特大工伤事故风险的保障能力大大加强。三是工伤保险待遇水平稳步提高。根据表 1-13 中的数据测算,2001 年全国人均工伤保险支出为 735 元/月,2013 年增加到 2060 元/月。

表 1-13   1993—2013 年工伤保险发展情况

年份	年末参保人数(万人)	农民工(万人)	全年享受工伤保险待遇人数(万人)	基金收入(亿元)	基金支出(亿元)	累计结余(亿元)	储备金
1993	1103.5	—	—	2.4	0.4	3.1	—
1994	1822.1	—	—	4.6	0.9	6.8	—
1995	2614.8	—	—	8.1	1.8	12.7	—
1996	3102.6	—	—	10.9	3.7	19.7	—
1997	3507.8	—	—	13.6	6.1	27.7	—
1998	3781.3	—	—	21.2	9.0	39.5	—

---

① 所谓"老工伤"人员,指的是用人单位参加工伤保险社会统筹前因工伤事故或患职业病形成的工伤人员和工亡人员供养亲属。

② 赵永生:《突破年成果丰硕　落实年意义非凡——全国工伤保险工作回顾与展望》,《中国医疗保险》2012 年第 3 期。

③ 向春华:《工伤保险十年:成就、问题与展望》,《中国社会保障》2013 年第 5 期。

续表

年份	年末参保人数（万人）	农民工（万人）	全年享受工伤保险待遇人数（万人）	基金收入（亿元）	基金支出（亿元）	累计结余（亿元）	储备金
1999	3912.3	—	—	20.9	15.4	44.9	—
2000	4350.3			24.8	13.8	57.9	—
2001	4345.3		18.7	28.3	16.5	68.9	
2002	4405.6		26.5	32.0	19.9	81.1	
2003	4574.8		32.9	37.6	27.1	91.2	
2004	6845.2		51.9	58.3	33.3	118.6	
2005	8477.8	—	65.1	92.5	47.5	163.5	
2006	10,268.5	2537	77.8	121.8	68.5	192.9	24
2007	12,173.4	3980	96.0	165.6	87.9	262.6	33
2008	13,787.2	4942	117.8	216.7	126.9	335.0	50
2009	14,895.5	5587	129.6	240.1	155.7	403.8	65
2010	16,160.7	6300	147.5	284.9	192.4	561.4	82
2011	17,695.9	6828	163.0	466.4	286.4	742.6	101
2012	19,010.1	7179	190.5	526.7	406.3	861.9	125
2013	19,917.0	7263.0	195.0	615.0	482.0	996.5	168

资料来源:《中国劳动统计年鉴2010》《中国统计年鉴2011》《中国统计年鉴2012》《中国统计年鉴2013》《2013年度人力资源和社会保障事业发展统计公报》。

3. 工伤保险基础管理和服务不断加强

一是根据不同行业的特点,原劳动和社会保障部细化和完善了煤矿、建筑等高风险企业的参保政策以及餐饮服务业农民工参保办法,方便了企业参保、缴费。二是简化和改进了工伤认定、劳动能力鉴定、工伤待遇给付等工作程序,规范了经办工作业务流程,提高了服务效率。2005—2012年,全国累计完成工伤认定732万人次,劳动能力鉴定325万人次。[①] 三是很多地区适应农民工流动性大的特点,建立了农民工工伤保险服务的"绿色通道",同时对跨地区流动就业的工伤农民工,规定可选择一次性领取待遇,保证了参保职工特别是农民工工伤后及时便捷享受待遇。从各地的实际情况看,参保职工(包括农民工)发生工伤后,由社会保险机构

---

① 向春华:《工伤保险十年:成就、问题与展望》。

支付的各项工伤待遇均能落实到位,工伤职工与用人单位的争议大大减少,广大参保职工特别是参保农民工的工伤保险权益得到了较好的保障。

4. 初步形成工伤预防、工伤补偿、工伤康复相结合的工伤保险制度

工伤保险制度一直以来注重补偿。2007年,原劳动和保障部办公厅印发了《关于加强工伤康复试点工作的指导意见》,开始了工伤康复的试点,并印发了《工伤康复诊疗规范(试行)》和《工伤康复服务项目(试行)》(2008年发布,2013年修订)、《工伤保险辅助器具配置目录》等配套文件。2009年,人社部发布《关于开展工伤预防试点工作有关问题的通知》,首先在河南、广东和海南3省12市县开展工伤预防试点;2013年,人社部发布《关于进一步做好工伤预防试点工作的通知》《关于确认工伤预防试点城市的通知》等文件,工伤预防的试点范围扩大至天津市等50个城市(统筹地区)。工伤康复、工伤预防的试点和推广,标志着预防、补偿、康复"三位一体"的工伤保险制度初步形成。

(三)中国生育保险制度改革的成就

自1994年企业职工生育保险制度建立以来,生育保险作为社会保险的重要组成部分,是实现妇女权益保障的重要措施之一,人们对生育保险的认识也在不断加深,参加生育保险的人数逐渐增加,到2008年参加生育保险的人数为9254.1万人,经过五年的时间到2012年参保的人数为15,445万人,参保人数以比较平稳的态势逐年增加。① 生育保险是对妇女价值的认可,对提高人口素质有重要作用,为妇女在重要时期提供必要的经济收入和医疗照顾。

四、中国社会救助制度改革的成就

(一)最低生活保障制度

1. 低保覆盖水平不断提高,保障人群结构不断变化,基本实现应保尽保

截至2013年年底,享受城市低保的人群达到2064.0万人,相比1999年城市低保刚刚覆盖全国时的265.9万人,增长了将近7倍(见表1—14)。随着中国改革开放的推进,针对社会出现的新贫困现象,城市低保也不断扩大覆盖人群,包括在职人员、灵活就业人员、老年人、登记失业人员、未登记失业人员、"三无"人员、在校生等,有效地保证了贫困线以下的群众的基本生活,维护了社会稳定,支持了企业改革的顺利进行。

农村低保的救助对象不断扩大,从1999年的265.8万人增加到2014年的5388.0万人(见表1—14),绝对贫困现象基本消除。

---

① 数据来源:《中国卫生统计年鉴2013》,"13—3 生育保险情况"。

逐步完善的覆盖城乡居民的低保制度,对于调节收入分配差距、扩大内需、拉动经济增长、密切党群关系具有重要的作用。

表 1-14　1998—2013 年全国城市低保保障对象

年份	城市低保保障人数(万人)	农村低保保障人数(万人)	年份	城市低保保障人数(万人)	农村低保保障人数(万人)
1998	184.1	—	2006	1593.1	2240.1
1999	256.9	265.8	2007	1608.5	2272.1
2000	402.6	300.2	2008	1982.7	2334.8
2001	1170.7	304.6	2009	2291.7	2345.6
2002	2064.7	407.8	2010	2828.7	2310.5
2003	2246.8	367.1	2011	2672.8	2276.8
2004	2205.0	488.0	2012	2814.9	2143.5
2005	2234.2	825.0	2013	2931.1	2064.0

资料来源:历年《民政事业发展统计公报》《社会服务发展统计公报》。

2. 低保保障资金逐年增加,"资金瓶颈"问题得到妥善解决

中国低保建立之初存在严重的"资金瓶颈"问题。1999 年城市低保制度覆盖全国,但是保障资金全年仅有 23.7 亿元(包括中央资金 4.0 亿元)①,政府的财政投入极为有限。进入新世纪以来,随着经济的增长和财政收入总量的提升,中央和地方加大了对低保资金的投入,无论是在城市还是农村,低保资金都得到了保证(见表 1-15、表 1-16)。与此同时,低保救助的标准也在逐步提升,并实现了动态调整,充分考虑了物价变动等因素(见表 1-17、1-18)。

表 1-15　2001—2013 年低保财政支出及占财政总支出比重

年份	低保财政支出(亿元)	财政总支出(亿元)	低保财政支出占财政总支出比重(%)	年份	低保财政支出(亿元)	财政总支出(亿元)	低保财政支出占财政总支出比重(%)
2001	41.6	18,902.6	0.22	2008	627.1	62,592.7	1.00
2002	108.7	22,053.2	0.49	2009	845.1	76,299.9	1.11
2003	153.1	24,650.0	0.62	2010	969.7	89,874.2	1.08

① 乔东平、邹文开:《社会救助理论与实务》,天津大学出版社 2011 年版,第 63 页。

续表

年份	低保财政支出（亿元）	财政总支出（亿元）	低保财政支出占财政总支出比重(%)	年份	低保财政支出（亿元）	财政总支出（亿元）	低保财政支出占财政总支出比重(%)
2004	172.7	28,486.9	0.61	2011	1327.6	109,247.8	1.22
2005	191.9	33,930.3	0.57	2012	1392.3	125,953.0	1.11
2006	224.1	40,422.7	0.55	2013	1623.6	139,744.3	1.16
2007	386.5	49,781.4	0.78				

资料来源：历年《民政事业发展统计公报》《社会服务发展统计公报》。

表1-16 2009—2013年各级财政对城乡低保支出及中央财政补助

年份	城市低保			农村低保		
	各级财政总支出（亿元）	中央财政补助资金（亿元）	中央财政补助比例(%)	各级财政总支出（亿元）	中央财政补助资金（亿元）	中央财政补助比例(%)
2009	482.1	359.1	74.5	363.0	255.1	70.3
2010	524.7	365.6	69.7	445.0	269.0	60.4
2011	659.9	502.0	76.1	667.7	502.6	75.3
2012	674.3	439.1	65.1	718.0	431.4	60.1
2013	756.7	545.6	72.1	866.9	612.3	70.6

资料来源：根据历年《社会服务发展统计公报》的数据计算得到。

表1-17 2002—2013年全国城市低保标准及补助水平

年份	平均低保标准（元/人/月）	月人均补助水平（元）	年份	平均低保标准（元/人/月）	月人均补助水平（元）
2002	148.0	52.0	2008	205.3	143.7
2003	149.0	58.0	2009	227.5	172.0
2004	152.0	65.6	2010	251.2	189.0
2005	156.0	72.3	2011	287.6	240.3
2006	169.6	83.6	2012	330.1	239.1
2007	182.4	102.7	2013	373.0	264.0

资料来源：历年《民政事业发展统计公报》《社会服务发展统计公报》。

表 1-18　2006—2013 年全国农村低保基本情况表

年份	平均低保标准（元/人/月）	月人均补助水平（元）	年份	平均低保标准（元/人/月）	月人均补助水平（元）
2006	34.5	70.9	2010	74.0	117.0
2007	38.8	70.0	2011	106.1	143.2
2008	50.4	82.3	2012	103.9	172.3
2009	68.0	100.8	2013	116.0	202.8

资料来源：历年《民政事业发展统计公报》《社会服务发展统计公报》。

（二）农村五保供养

农村五保供养逐渐由一项集体福利转变为国家福利，制度的发展，明确了政府责任，规范了五保供养对象、审批程序、供养标准，保证了五保供养群体的权益；提高了资金的统筹层次，五保供养规模、资金保障水平、保障标准逐年提高（见表 1-19）。同时，国家积极建立五保配套措施，重视农村敬老院建设；五保供养群体的个人财产得到保障。初步形成了以五保为核心，以医疗、教育、临时救助等为补充的农村五保综合社会救助体系。五保供养的完善对于中国农村扶贫、计划生育工作的开展具有重要意义。

表 1-19　2002—2013 年农村五保供养情况

年份	供养人数（万人）			资金支出（亿元）	供养标准（元/年）	
	总人数	集中供养	分散供养		集中供养	分散供养
2002	312.1	41.0	271.1	5.0	371.0	
2003	305.0	42.6	262.4	9.7	417.0	
2004	327.8	51.8	276.0	14.2	990.0	
2005	328.0	59.1	268.9	23.8	1064.0	
2006	503.3	92.0	411.3	42.1	1608.0	1225.0
2007	531.3	138.0	393.3	59.8	1953.0	1432.0
2008	535.5	160.5	393.0	73.7	2176.0	1624.0
2009	533.4	171.8	381.6	87.2	2587.5	1842.7
2010	177.4	378.9	556.3	98.1	2951.5	2102.1
2011	184.5	366.5	551.0	121.7	3399.7	2470.5
2012	185.3	360.3	545.6	145.0	4069.9	3008.0
2013	183.5	353.8	537.3	72.3	4685.0	3499.0

资料来源：历年《民政事业发展统计公报》《社会服务发展统计公报》。

（三）灾害救助

中国地域辽阔,灾害频发,灾害造成的直接经济损失较大,但是随着灾害救济制度的逐步完善以及中央政府人财物的大力投入,灾害救助的实施取得了显著成果(见表1-20);从2005年开始,国家预警响应和应急响应机制不断健全和完善(见表1-21),防灾减灾效果显著,充足的救灾款和救灾物资保证了灾区人民的基本生活;截至目前,中国已经设立了天津、武汉等13个中央级救灾物资储备库,能够及时应对突发灾害所需的物资;救灾捐赠工作也逐步向制度化法制化迈进;社会捐赠为灾民救助提供了较为可观的款物。自然灾害救助事业日趋成熟,管理部门设置更加科学,社会成员参与更加广泛,中国自然灾害救助体系基本成形。①

表1-20　2001—2013年全国自然灾害救助数据表

年份	直接经济损失（亿元）	成灾面积（万公顷）	受灾人口（亿人次）	中央救灾款（亿元）	救助人口（亿人次）	救灾帐篷（万顶）
2001	1942.2	3174.0	3.70	41.0	0.60	—
2002	1717.4	2731.8	3.78	25.0	—	1.60
2003	1884.2	3251.6	4.97	52.9	—	—
2004	1602.3	3710.6	3.40	40.0	0.90	—
2005	2042.1	3881.8	4.07	43.1	1.10	6.70
2006	2528.1	4109.1	4.35	49.4	0.75	37.00
2007	2623.0	4899.2	3.98	79.8	0.60	—
2008	11,752.4	3999.0	4.78	103.3	0.62	—
2009	2523.7	4721.4	4.79	174.5	0.66	4.46
2010	5339.9	3742.6	4.30	113.4	0.90	22.00
2011	3096.4	3247.1	4.30	86.4	0.75	7.00
2012	4185.5	2496.2	2.90	112.7	0.78	7.70
2013	5808.4	3135.0	3.90	102.7	0.80	19.60

资料来源:历年《民政事业发展统计公报》《社会服务发展统计公报》。

---

① 王振耀、田小红:《中国自然灾害应急救助管理的基本体系》,《经济社会体制比较》2006年第5期。

表 1-21　2007—2013 年全国自然灾害预警和应急响应数据

单位:次

年份	预警响应	应急响应
2007	—	49
2008	—	38
2009	—	27
2010	—	51
2011	—	33
2012	11	38
2013	10	39

资料来源:历年《民政事业发展统计公报》《社会服务发展统计公报》。

(四)医疗救助

1. 医疗救助人数逐年增多

截至 2013 年年底,中国医疗救助人次达 6358 万人,是 2004 年救助人数的 9.9 倍,中央财政补助资金连年翻番,救助人次和资助金额逐年提高,救助范围不断扩大,目前已涵盖了城市低保对象、城镇"三无"人员、农村五保对象、重度残疾人、特困精神病人等,贫困群体"就医难"的问题在很大程度上得到了改善(见表 1-22)。

表 1-22　2004—2013 年中国城镇和农村医疗救助情况统计

年份	救助人次(万人)		救助金额(亿元)	
	城镇居民	农村居民	城镇居民	农村居民
2004	—	640.7		4.4
2005	114.9	854.5	—	7.8
2006	187.2	1559.0	8.1	13.1
2007	442.0	2896.0	14.4	28.1
2008	1086.0	4191.9	29.7	38.3
2009	1506.3	4789.1	41.2	64.6
2010	1921.3	5634.6	49.5	83.5
2011	2222.0	6297.1	67.6	120.0
2012	2077.0	5974.2	70.9	132.9
2013	1490.1	4868.7	—	—

资料来源:历年《民政事业发展统计公报》《社会服务发展统计公报》。

2. 医疗救助筹资总额和支出规模不断增大

从投入来看,国家医疗救助筹资总额不断增加,其中用于医疗救助方面的资金也在不断增加,从2003年开展医疗救助开始,在该制度上的公共投入逐年翻番,2013年各级财政医疗救助支出达到224.9亿元,是2004年的50倍(见表1-23)。此外,不少地区还对看病困难群众的门诊费用进行一定的补偿,虽然救助水平偏低,但也在一定程度上减轻了困难群众的经济负担,提高了医疗卫生资源的可及性。

表1-23 2004—2013年中国医疗救助资金收支情况

单位:亿元

年份	筹资总额	基金支出	年份	筹资总额	基金支出
2004	13.50	4.43	2009	80.40	64.60
2005	10.90	7.80	2010	166.00	152.00
2006	23.00	13.10	2011	195.00	198.00
2007	41.00	28.10	2012	211.42	220.75
2008	50.70	38.30	2013	—	224.90

资料来源:历年《民政事业发展统计公报》《社会服务发展统计公报》。

3. 医疗救助资助标准不断提高

2005—2013年间,中国城乡医疗救助的参保/参合资金投入逐步加大,至2013年,农村医疗救助人均资助水平为61.7元,城市为96.7元,较2008年分别提高190%、60%,城乡医疗救助水平不断提高(见表1-24)。

表1-24 2008—2013年中国城乡资助参保/参合资金、人数和人均资助水平

年份	农村资助参合资金(亿元)	农村资助参合人数(万人)	农村年人均资助水平(元)	城市资助参保资金(亿元)	城市资助参保人数(万人)	城市年人均资助水平(元)
2008	7.1	3432.4	20.7	3.9	642.6	60.5
2009	10.5	4059.1	25.9	5.8	1095.9	53.5
2010	14.0	4615.4	30.3	7.6	1461.2	52.0
2011	—	4825.3	45.6	—	1549.8	67.9
2012	—	4490.4	57.5	—	1387.1	84.0
2013	—	—	61.7	—	—	96.7

资料来源:历年《民政事业发展统计公报》《社会服务发展统计公报》。

（五）教育救助

1. 资助金额成倍增长

2006—2013年国家对教育救助的财政投入资助资金由52.97亿元增长至805.42亿元，增长了14.2倍。其中，中央财政投入增长19.0倍，地方财政投入增长了5.5倍。同时，2006—2013年间，学校和社会等其他资金由138.19亿元增长至2013年的379.73亿元，增长了1.5倍，也成为教育救助的重要资金来源，拓展了资金来源渠道（见表1-25）。

表1-25 2006—2013全国财政投入学生救助资金

单位：亿元

年份	地方财政	中央财政	其他资金	年份	地方财政	中央财政	其他资金
2006	35.91	21.36	138.19	2010	303.08	329.50	219.96
2007	110.90	117.13	188.05	2011	302.35	396.04	280.97
2008	205.98	230.62	182.23	2012	392.01	432.73	301.33
2009	218.59	266.12	209.19	2013	377.67	427.75	379.73

资料来源：2012—2013年《中国学生资助发展报告》。

2. 救助人数不断上升

2012年全国累计资助学前教育、义务教育、中职教育、普通高中和普通高校学生（幼儿）共8413.84万人次（不包含义务教育免费提供教科书、营养改善计划资助人数），比2006年增长2.2倍（见表1-26）。资助人数的不断增长进一步扩大了教育救助的覆盖范围。

表1-26 2006—2013全国资助学生人数和资助总额

年份	资助人数（万人次）	资助总额（亿元）	年份	资助人数（万人次）	资助总额（亿元）
2006	2663.99	195.47	2010	7978.26	852.54
2007	5155.57	416.08	2011	8075.36	979.39
2008	7277.71	618.83	2012	8413.84	1126.08
2009	6519.08	693.90	2013	—	1185.15

资料来源：2012—2013年《中国学生资助发展报告》。

目前中国已初步建立了以"两免一补"、经常性补助、流动儿童少年就学、进城务工就业农民子女义务教育、高等学校困难毕业生救助、特殊困难未成年人教育救助为主要内容的教育救助体系，形成了综合性的教育救助格局。

（六）住房救助

1. 保障性住房投入不断增大

目前在全国范围内已先后建成各种保障性住房达到1000多万套，以经济适用房和廉租房为主；2013年、2014年的全国保障性安居工程建设的目标完成率都在100%以上。这在一定程度上满足了部分中低收入人群的基本住房需求，缓解了中国的住房供需困难问题（见表1-27）。

表1-27　2010—2014年中国保障性安居工程投资建设情况

年份	全国保障性安居工程开工数（万套）	全国保障性安居工程建成数（万套）	目标完成率（%）	保障性住房投资金额（亿元）
2010	410	—	70	4700
2011	986	432	98	13000
2012	722	505	—	10800
2013	666	544	100	11200
2014	720	470	103	10700

资料来源：国家住房和城乡建设部网站。

2. 经济适用房保障范围扩大

经济适用房的建设规模逐步扩大，2001—2003年是建设高峰期，经济适用住房建设投资占商品住宅投资的比重分别达到17%、16%和14%，为解决低收入家庭的住房困难发挥了重大作用。① 从2007年开始，经济适用房的建设进入第二高峰期，该年的投资完成额达到820.93亿元，并且一直呈上升趋势（见表1-28）。

表1-28　1999—2010年经济适用房累计建设情况

年份	竣工数量（套）	新开工面积（万 m²）	投资完成额（亿元）
1999	484,978	3970.36	437.00
2000	603,573	5313.32	542.40
2001	604,788	5795.97	600.00
2002	538,486	5279.68	589.00
2003	447,678	5330.58	622.00
2004	497,501	4257.49	606.00

---

① 住房和城乡建设部政策研究中心课题组：《经济适用住房的政策完善与制度创新》，《中国建设报》2006年8月25日。

续表

年份	竣工数量（套）	新开工面积（万 m²）	投资完成额（亿元）
2005	287,311	3513.45	519.00
2006	338,040	4058.32	519.18
2007	356,580	4810.26	820.93
2008	353,782	5621.86	970.90
2009	398,441	5621.86	1134.08
2010	399,193	4909.54	981.35
合计	5,310,351	58,482.69	8341.84

资料来源：历年《中国房地产统计年鉴》。

3. 廉租住房水平逐步提高

在廉租住房的覆盖面方面，截至 2006 年年底全国已有 512 个地级以上城市实施了廉租住房制度，占城市总数的 77.93%；在开工建设方面，截至 2006 年年底，已经开工建设和收购廉租住房 5.3 万套，建筑面积 293.68 万平方米。① 到 2010 年年底，全国累计解决了近 2200 万户城镇低收入和部分中等收入偏下家庭的住房困难问题，近 400 万户城镇低收入住房困难家庭享受廉租住房租赁补贴。见表 1-29。②

表 1-29　1999—2011 年中国廉租房建设及补贴情况

年份	1999—2005	2006	2007	2008	2009	2010	2011
新开工（万套）	2.5	5.3	16.5	38.0	177.0	180.0	161.0
收购改建（万套）	—	—	—	—	26.2	—	—
建设资金投入（亿元）	47.4	23.4	77.0	354.0	—	—	—
发放租赁补贴（万户）	—	26.8	—	249.0	332.0	397.0	440.0

资料来源：1999—2005 年数据来自住建部《2006 年城镇廉租住房建设情况》《2009—2011 年廉租住房保障规划》，其余年份根据相关新闻报道整理。

（七）临时救助

自 2003 年开始，流浪乞讨人员救助工作逐步走上正轨，受助群体不断增多，真正保障了受助人员的人权和尊严（见表 1-30）。临时救助制度的建立进一步发挥

---

① 《建设部通报 2006 年城镇廉租住房制度建设情况》，http://news.sohu.com/20070215/n248253082.shtml。
② 《住房和城乡建设部部长姜伟新受国务院委托向全国人大常委会报告城镇保障性住房建设和管理工作情况》，《城市规划通讯》2011 年第 21 期。

社会救助托底线、救急难作用(见表1-31),各地救助制度建设的脚步加快,到2012年年末,全国共有26个省(区、市)初步建立了该项制度。① 临时救助制度的救助范围扩大,不管是城市还是农村户口,临时救助、应急性救助都有一定规模;临时救助的标准逐步提高,2014年10月发布的《国务院关于全面建立临时救助制度的通知》(国发〔2014〕47号)要求将临时救助列入地方财政预算,中央适度给予补助,资金来源得到保障;救助程序逐步规范化,由被动式受理向主动式受理转变,"一门受理,协同办理"保证了临时救助的常态化而不是"临时应付"。

表1-30 城市生活无着的流浪乞讨人员救助情况

年份	未成年人救助保护中心(个)	救助无着落乞讨未成年人(万人)	救助管理站(个)	救助流浪人员(万人)
2007	90	15.4	1261	154.4
2008	88	15.6	1334	157.3
2009	116	14.5	1372	168.1
2010	145	14.6	—	—
2011	241	17.9	1547	241.0
2012	261	15.2	1770	276.6
2013	274	18.4	1891	348.5

资料来源:历年《民政事业发展统计公报》《社会服务发展统计公报》。

表1-31 临时救助情况

年份	临时救助(万户次)	农村家庭(万户次)	城市家庭(万户次)
2009	—	608.6	—
2010	766.7	613.7	153.0
2011	886.9	596.8	290.1
2012	639.8	382.2	256.6
2013	698.1	323.0	375.1

资料来源:历年《民政事业发展统计公报》《社会服务发展统计公报》。

五、中国社会福利制度改革的成就

中国社会福利制度经过改革开放三十多年的发展,有了长足的进步,福利事业

---

① 中华人民共和国民政部网站,http://www.mca.gov.cn。

呈现出一派欣欣向荣的景象,取得了很多骄人的成绩。

（一）对社会福利的认识更加深刻,社会福利社会化的观念得以确立

社会福利的思想一直以来都对社会福利的实践产生着潜移默化的影响,但是受社会历史文化、经济条件、科教卫生等现实因素的影响,对社会福利的认识经历了一个较为漫长且曲折的过程。中华人民共和国成立初期,国家旧貌换新颜,人民建设的热情高涨,片面强调的公有制在某种程度上造成了误导——"大步迈入共产主义",因此这一时期,政府包办和企业包办顺理成章地成了人们对社会福利的认识。一些国有企业包括住房福利、幼儿园、学校、医院在内的独立的福利保障让大批职工受惠,但是对于国企外的人们来说,社会福利有些缺失,社会福利与社会救助甚至是社会保障的界限模糊不清。直到迈出改革开放的步伐,市场经济体制的转变似一场洪流,社会福利也无从逃避,经历大浪淘沙,社会福利模式得到了转型。国家对于社会保障体系的建设也越来越明确,社会福利制度也渐渐明晰了其"社会福利社会化"的发展方向。社会福利不再是政府一方独大的局面,而是多方参与、众人拾柴火焰高的新立意,社会福利社会化的观念也深入人心。

（二）社会资源与民间力量进入社会福利领域

随着国家和公众对社会福利有了正确的认识,福利事业也迎来了新的春天。各种社会团体、民间力量、非政府组织、公益机构等都积极参与,用各种形式宣传、支持和帮助社会福利事业的发展。这其中也发起了许多活动,促成了许多合作。1999年初中华慈善总会与美国"微笑列车"①达成合作,由美国"微笑列车"出资,中华慈善总会负责组织实施,为中国贫困的唇腭裂患儿进行初期矫治手术。在中国,"微笑列车"慈善捐助达到5000万美元,与国家民政部和中华慈善总会以及全国多家医院展开了合作,是到目前为止中国最大的慈善捐助项目。中国社会福利基金会也成立了许多专项基金和公益项目。

（三）社会福利越来越受到重视,由"补缺型"向"适度普惠型"进行转变

社会福利制度的建设不仅解广大百姓的燃眉之急,也关系到国家福祉。所以随着深化改革,社会福利模式又面临着一次选择。"补缺型"福利模式存在着不可避免的缺陷,结合国内外福利制度的经验和教训,尊重我国特殊的国情,"适度普惠型"福利模式应该是众望所归。有人说"适度普惠型"是"补缺型"和"普惠型"的中间地带,是过渡形式,从一定层面上看也不无道理,但我国的社会福利模式向"适度普惠型"转变是具有鲜明的中国特色的。"适度普惠型"在性质上就明显区别于

---

① "微笑列车":由美籍华人王嘉廉先生于1999年在美国发起并正式注册的非营利性国际儿童慈善组织,以根除唇腭裂为宗旨,为贫困的唇腭裂患儿免费实施矫治手术。

"补缺型",它的"普惠型"面向全体社会成员,不再仅仅针对"三无"人员、残疾者等弱势群体,福利对象实现了普遍化,是在福利问题面前坚持底线公平原则的重要选择。虽然模式的转变也带来提供的社会福利日益丰富,形式多种多样等好现象,但其中国特色——"适度",也是不容忽视的。"适度"强调了国家和社会为全体社会成员所提供的涉及基本生活主要方面的福利保障不可能是国外一些福利国家所实行的"高福利",更不会重蹈西方国家"福利陷阱"的覆辙。我国的"普惠型"是量入为出、实事求是、因地制宜的"普惠",是坚持适度原则的普惠,与中国特色社会主义社会、和谐社会的建设一脉相承。

（四）部分福利事业获得了较大的发展

社会福利制度除了整体上获得了巨大的进步,探究其内部就会发现部分福利事业也有了更大的发展和突破。其中值得一提的就是中国福利彩票的发展,中国福利彩票诞生于1987年,正值改革开放的大好形势,为了更好地关爱困难和弱势群体,筹集更多的公益基金,中国福利彩票应运而生(当时叫"中国社会福利有奖募捐券"),虽然中国福利彩票的种类五花八门,奖金高低有别,管理也越来越网络化、精细化、透明化,但其"取之于民、用之于民"的发行理念,"扶老、助残、救孤、济困"的发行宗旨却始终不变。据数据统计1987年中国福利彩票的年销售额是1700万元,2004年增长到近226亿元。据民政部的数据显示,截至2014年3月14日,中国福利彩票自1987年创立以来累计销量已达10,000多亿元,筹集公益金3100多亿。中国福利彩票的发行为福利公益基金的筹集打下了坚实的基础,据统计受福利彩票公益金资助项目多达30余万个,其中就包括前文提到的"社区老年福利服务星光计划""残疾孤儿手术康复明天计划""儿童福利机构建设蓝天计划""农村五保供养服务设施建设霞光计划""重生行动——全国贫困家庭唇腭裂儿童手术康复计划"等项目,受益者和受益家庭不计其数。中国福利彩票在为社会福利保障和公益事业发挥能量的同时,还衍生出了一些连锁效应。随着中国福利彩票事业的蒸蒸日上,据统计已建成各类销售网点18万余个、福彩视频票销售厅1000多个,拥有销售人员40多万人,贡献税收超过200亿元,还促进了相关产业的规模化、集成化、可持续发展。可以说中国福利彩票是一项"功在当代,利在千秋"的事业。①

---

① 中华人民共和国民政部中国福利彩票发行管理中心:《中国福利彩票累计销量过万亿元》,http://fczx.mca.gov.cn/article/gzdt/201403/20140300604244.shtml。

1.2.2 当前中国社会保障制度存在的问题

一、当前中国养老保险制度存在的问题

（一）养老金制度双轨运行，成为当前社会保障领域最大的不公

目前，中国养老金制度双轨运行，即企业职工实行由企业和职工本人按照工资的一定比例缴费的"缴费型"社会养老保险制度；机关和事业单位职工不用缴费就可以领取到退休金，其退休金则依据退休前的工资、职务、职称、工龄等因素由国家财政统一发放。养老金的双轨制，造成企业职工基本养老金与机关事业单位退休金之间待遇差距悬殊。从养老金替代率上来看，《国务院关于完善企业职工基本养老保险制度的决定》（国发〔2005〕38号）设定的企业职工基本养老保险目标替代率为59.2%①，而目前实际替代率却远远低于目标替代率，表1-32显示，2005—2013年间，企业职工基本养老金实际平均替代率在42%—47%之间，其中，2013年为43.37%。而机关事业单位工作人员，养老金替代率却高达80%—90%②。不缴养老保险费的比缴养老保险费的领取的养老金还要多，这种双轨制的制度设计成为当前社会保障领域中最大的不公平，广为社会所诟病，影响社会的和谐稳定。

表1-32 2005—2013年中国企业职工基本养老保险实际平均替代率

年份	2005	2006	2007	2008	2009	2010	2011	2012	2013
城镇在岗职工月平均工资（元）	1530	1750	2078	2436	2728	3096	3538	3966	4365
月平均养老金（元）	700	818	925	1100	1225	1362	1511	1721	1893
实际平均替代率（%）	45.74	46.74	44.52	45.16	44.90	44.00	42.71	43.39	43.37

注：平均替代率=月平均养老金/当年城镇在岗职工月平均工资。

数据来源：根据史寒冰：《以人为本 跨越发展——社会保障体系建设十年成就综述（下）》，《中国社会保障》2012年第12期，和《中国统计年鉴2014》相关数据计算得到。

---

① 目标替代率=某职工退休时领取的养老金/该职工退休前一年的工资。另外，59.2%的目标替代率，要求职工缴费年限为35年。

② 2006年，原人事部、财政部印发《关于机关事业单位离退休人员计发离退休费等问题的实施办法》（国人部发〔2006〕60号）规定，公务员、事业单位工作人员、机关技术工人、普通工人的退休费分别以本人退休前职务工资和级别工资之和、岗位工资和薪级工资之和、岗位工资和技术等级工资之和、岗位工资为计发基数，计发比例为80%—90%。

(二) 职保历史债务沉重,个人账户空账运行

为了应对人口老龄化高峰期到来时养老基金的支付危机,20世纪90年代,中国城镇职工基本养老保险逐步从"现收现付制"转变为现行的"统账结合"模式。现收现付模式存在隐性债务,即向制度覆盖职工做出的养老金受益承诺。实施统账结合模式后,本该承担兑现养老金承诺的下一代要积累自己的个人账户,不应该再对这笔旧体制下形成的债务负责。所以,隐性债务显性化,转制成本产生。所谓转制成本,是指养老金制度从现收现付制向统账结合模式转轨后,隐性债务显性化的成本。据世界银行以国发〔1997〕26号文件为标准进行的测算,2001—2075年中国基本养老保险隐性债务和转制成本分别为13.56万亿元和9.15万亿元;另据武汉大学刘昌平教授以国发〔2005〕38号文件为标准进行的测算,2006—2050年中国基本养老保险的隐性债务和转制成本分别为20万亿元和8万亿元。

养老保险转制是导致"中人"个人账户空账运行的主要原因;此外,社会统筹基金与个人账户基金混账管理也是导致个人账户空账运行的原因,即随着中国老龄化的日趋加重,在社会统筹基金收不抵支且财政又不能完全承担的情况下,政府只好挪用个人账户基金,进而导致个人账户空账运行。中国从2001开始做实个人账户试点,2013年年末13个做实个人账户的试点省份共积累个人账户基金4254亿元,但个人账户的空账规模依旧巨大。根据中国社科院世界社保研究中心发布的《中国养老金发展报告2012》的数据,2012年中国城镇职工基本养老保险个人账户空账规模达到2.22万亿元。

(三) 职保养老金连年上调,统筹基金压力增大

2005—2014年间,企业退休人员基本养老金实现了"十连调",养老金的连年上调带来了一系列的问题。第一,出现了早退休、早调待、少缴费的职工,其养老金水平反而高于晚退休、晚调待、多缴费的职工的现象,这背离养老保险制度设计的初衷,与职工基本养老保险"多缴多得"的缴费激励机制相矛盾,它将打击职工长缴、多缴的积极性,不利于制度的可持续发展。第二,养老金的连年上调导致部分地区社会统筹基金收不抵支,财政补贴负担沉重,给制度的可持续性带来挑战。第三,养老金的连年上调具有一定的随意性和被动性,随意性体现在调整时机和调整幅度带有一定的主观随意性,没有任何依据,给人一种"心里不踏实"的感觉;"被动性"体现在由于上一届政府连年上调养老金,本届政府为了维护自身形象和稳定民心不得不被动地继续上调养老金。

(四) 未出台基本养老保险基金投资运营办法,基金存在贬值风险

随着城镇职工基本养老保险个人账户的逐步做实和城乡居民社会养老保险的全覆盖,基本养老保险基金将越积越多。截至2013年年末,城镇职工基本养老保

险基金累计结存28,269亿元,城乡居民社会养老保险基金累计结存3006亿元。当前,国家尚未出台基本养老保险基金投资运营办法,基本养老保险基金的投资方式主要是存银行(中国大多数省份存的是协议存款或定期存款,少数省份存的活期存款),少量的用于购买国债。在当前通货膨胀的大环境下,存银行、买国债很难跑赢CPI,如何实现基本养老保险基金的保值增值,将会是面临的一大挑战。

(五)养老保险统筹层次较低,不利于基金安全和分散风险

目前,企业职工基本养老保险已基本实现了省级统筹。在养老基金省级统筹的背景下,部分地区社会统筹基金结存过多,缴费比例下调(如职工基本养老保险企业缴费比例,浙江省为14%,广东省为13%—15%),征缴力度放缓,养老金待遇随意增加;另一部分地区社会统筹基金缺口较大,难以自求平衡,在当前高费率的情况下,每年仍然需要中央和地方财政大量的补贴。如果这种状况长期持续下去,就会出现两极化现象:一方面部分地区基金大量结存沉淀,另一方面部分地区基金严重不足,进而出现严重的苦乐不均,违背了基金互助共济的保险规律,降低了基金的使用效率。另外,目前大部分地区城乡居民基本养老保险实行的是县级管理和县级统筹,基金过于分散,不利于基金安全,亟须提高管理和统筹层次。

(六)职工基本养老保险缴费率过高,企业负担不堪重负

目前,社会保险的综合缴费率超过了40%,而养老保险的缴费率为最高,其中企业职工的缴费率为28%(企业为20%,个人为8%),个体工商户和灵活就业人员的缴费率为20%。许多企业尤其是中小微企业以及个体工商户、灵活就业人员、农民工普遍反映养老保险负担过重,难以承受。养老保险费率偏高,一方面造成企业人工成本上升,影响企业的市场竞争力和生存能力,造成企业利润减少,另一方面也加剧了企业瞒报缴费基数、虚报缴费人数等逃费现象。

(七)经办服务能力不足

当前,中国社会保险经办服务体系主要存在以下问题:第一,人手紧张,社保经办机构人均负荷比高。随着服务对象的扩大,经办人员人手紧张的问题较突出。截至2012年年底,工作人员负荷比为1∶9000—1∶10,000人次,广州、深圳、武汉等部分中心城市经办人员负荷比约为1∶20,000—1∶30,000人次,服务水平难以保障。① 第二,经费保障不足,基础设施不够健全。第三,社保经办机构名称不统一,机构亟须整合。第四,信息化建设滞后,没有建立起全国统一的、联网的社会保障管理信息系统。第五,农村的社会保险服务能力尤为不足。在事业单位事务办

---

① 数据来源于《唐霁松在"中国社会保险经办服务体系改革与构建服务型政府"研讨会的讲话》,中国社科院社会保障实验室网站,http://www.cisscass.org/zhuanlaninfo.aspx? ids=69&fl=64,2013年12月12日。

理下沉、财权上收的原则下,新农保的服务半径大,主要业务办理集中在县、乡、村,其中全国20%的县没有农保经办机构,30%的乡镇没有工作平台,绝大多数的乡镇(村)没有搭建信息网络,2000多个乡镇没有银行网点,新农保的基金收支仍主要依靠手工,且人员不够稳定,这直接影响了政策的落实和管理服务质量的提升。①

二、当前中国医疗保险制度存在的问题

(一)城乡基本医疗保险的问题

基本医疗保险制度发展过程中也还存在各种值得关注的问题。第一,"三险"分离、制度不统一。我国的基本医疗保险制度是在不断地试点探索中建立起来,渐进式的发展很大程度上是社会经济发展现状所决定的,但是,"三险分离"的制度发展带来了很多弊端。一方面,由于缴费、申报、报销的要求不同,三险之间的衔接比较困难,限制了人口流动。如农村居民参加新型农村合作医疗保险,到城市去打工,患病时异地就医很难得到报销,尤其是城市化进程中大量的农民工被排斥在保险之外,即使现在由针对农民工的医疗保险制度,由于统筹层次低,很多农民工都不愿意参保。"三险"待遇不同也形成了由于身份不同带来的不公平。另一方面,制度分割、管理部门也不相同,导致的重复参保问题严重。新农合由卫生部门管理,城镇居民医疗保险由劳动和社会保障部门管理,管理方式和信息不统一,对参保人员的状况掌握不清晰,形成大量重复参保群体。据天津、成都、厦门、泰州等地整合医疗保险管理系统后,通过信息系统对比发现,分别有45万、27万、8万、20万人口重复参保;南京市栖霞区11万城镇居民医疗保险参保人口中,有4万人同时参加了新农合。②

第二,保险资金缺乏。医疗保障水平的高低关键在于筹资水平,目前基本医疗保险制度的筹资机制仍不完善。城镇职工基本医疗保险基金主要依赖政府、企业和个人,资金来源相对稳定,而城镇居民基本医疗保险和新型农村合作医疗保险的基金主要来源于个人缴费和各级财政补贴,对于经济发展落后的地区来说,要靠地方财政补贴非常困难,农民本身的收入不高,资金来源渠道单一,无法满足参保者的医疗需求。同时,医疗保险基金投资运营不合理造成基金收益率低。长期以来,我国医疗保险基金的运营比较保守,几乎是以存入银行或购买国债为主,这种方式很大限度地保障了资金安全,但却忽视了收益率,而且由于通货膨胀等因素的影响,基金用于存款也很难保值增值。医疗保险缴费困难、运营不足,然而随着人口老龄化、环境因素和疾病谱的变化,人们的健康风险却大大提高,医疗费用上涨速

---

① 数据来源于《唐霁松在"中国社会保险经办服务体系改革与构建服务型政府"研讨会的讲话》。
② 王东进:《切实加快医疗保险城乡统筹的步伐》,《中国医疗保险》2010年第8期。

度加快,很多地方出现医疗保险基金不够用甚至亏损的情况。

第三,医疗保险水平仍然较低。医疗保险水平的高低关系着是否能够缓解"看病难、看病贵"问题,尽管基本医疗保险的报销比例和范围有很大提升,但保险水平仍然较低。目前普遍认同的医疗保险水平是指一国(地区)在一定时间内医疗保险支出总额占该国(地区)国内生产总值的比重。如表1-33所示,2008—2012年我国国内生产总值和政府医疗保障支出都呈递增趋势,医疗保障支出占GDP的比重也在增加,但是到2012年占比为0.746%,不到1%。如表1-34所示,2008—2012年医院门诊病人次均医药费和医院住院病人人均医药费也在不断增加,考虑到患病率提高的因素,门诊病人人次和住院病人数量都在增加,而且其他医疗机构医疗费用也在增加,政府医疗保障支出的增长跟不上医药费用的增长,医疗保障水平有待提升。而且,有学者建立了新型农村合作医疗保险水平的测量模型,并运用该模型对当前新型农村合作医疗保障水平进行测定,测定的结果表明,我国当前的保障水平低于应有的保障水平。①

表1-33 政府医疗保障支出与国内生产总值比较

年份	国内生产总值(亿元)	政府医疗保障支出(亿元)	医保支出占GDP比重(%)
2008	314,045.4	1577.10	0.502
2009	340,902.8	2001.51	0.587
2010	401,512.8	2331.12	0.581
2011	473,104.0	3300.67	0.698
2012	519,322.1	3872.51	0.746

数据来源:《中国卫生统计年鉴2013》,"4—1—3政府卫生支出""附录1—2—1国内生产总值与财政收支"。

表1-34 医院门诊病人和医院住院病人医药费

年份	门诊病人次均医药费(元)	住院病人人均医药费(元)
2008	138.3	5234.1
2009	152.0	5684.0
2010	166.8	6193.9
2011	179.8	6632.2
2012	192.5	6980.4

数据来源:《中国卫生统计年鉴2013》,"4—5—1医院门诊病人次均医药费用""4—5—2医院住院病人人均医药费用"。

---

① 周绿林等:《我国新型农村合作医疗保障水平测量和适宜度研究》,《华东经济管理》2014年第2期。

第四,监管机制不健全。加强医疗保险监管的原因在于医疗市场与普通的消费市场有很大区别,一是在医疗市场上供给决定权和消费决定权都掌握在医生手中,消费什么、消费多少都是医生说了算;二是医疗保险作为第三方支付方式,很容易受到"医患合谋"的威胁,"骗保"行为时有发生;三是医疗保险作为一项公共服务政策为人们带来了福利,但由于人的自利性,共同责任和维护公共服务政策的意识比较淡薄。① 正是由于上述原因,医疗保险政策实施、基金管理、待遇支付等方面出现多种违规行为。随着制度的不断建立和完善,医疗保险的覆盖人群数量和定点医疗机构的数量都在增加,意味着医疗保险管理的范围扩大,医疗保险基金面临的安全威胁也越大,但是,目前的医保监管缺乏统一的法律规范,对医疗保险违规行为缺乏清晰的界定,在监管和查处过程中无据可循,给监管工作带来很大的困难。② 而且,由于医疗保险监管机构的设置不合理、岗位职责不明确、监管人员工作不到位等原因,医疗保险的参保、报销、基金使用和待遇给付等过程都存在一定漏洞。

(二)补充医疗保险的问题

补充医疗保险发展中还存在以下问题:

(1)补充医疗保险与基本医疗保险之间的衔接不顺畅。我国的医疗保险体系发展中已经明确了基本医疗保险和补充医疗保险的关系,即二者都是医疗保障体系的重要组成部分,大额医疗费用补助、职工互助医疗保险、商业健康保险等是对基本医疗保险的重要补充。但是,在实践中补充医疗保险与基本医疗保险的衔接不够顺畅,补充医疗保险有相当一部分是保障超出基本医疗保险保障基金支付限额外的支出,并且设有最高支付限额,这种做法只是扩大了基本医疗保险的保障金额,而没有对基本医疗保险之外的风险进行保障。③ 同时,由于基本医疗保险和补充医疗保险是不同性质的险种,有不同的管理主体、运营机制、待遇水平和支付方式,在实施中多是分开操作、独立运行,很容易造成保障不足或保障过度的情况。

(2)补充医疗保险基金风险较大。补充医疗保险尤其是商业健康保险的基金风险较大。首先,基本医疗保险的运行对商业健康保险的发展产生了一定的挤占,基本医疗保险政策的调整也容易造成商业健康保险的不稳定;其次,补充医疗保险容易受到道德风险的威胁,例如,一些投保人知道自己在基本医疗保险报销范围以外还能获得补充保险的补助,自己不需要支付医疗费用或只需要支付少量费用时,

---

① 梁鸿:《加强医疗保险监管的三大理由》,《中国医疗保险》2011年第5期。
② 李建梅:《强化医保监管的三个突破口》,《中国医疗保险》2011年第5期。
③ 安佳:《浅析我国补充医疗保险现存问题》,《商》2013年第5期。

有可能要求医院给予更高价、更详细而又是不必要的检查和诊疗,造成资源浪费和成本增加;最后,由于补充医疗保险存在很大的自主性,投保人可以根据自身的健康状况和健康风险发生的可能性来选择是否投保,这样很容易出现逆向选择,即健康状况越差、健康风险越大的人越愿意参保,健康状况好的人不愿参保。

(3)补充医疗保险保障对象有限。从补充医疗保险对象来看,大额医疗费用补助、职工互助医疗保险和企业补充医疗补助几乎都是针对城镇职工,公务员医疗补助针对公务员,商业健康保险是针对有参保能力的人员,也就是说,现有的补充医疗保险多数是针对有一定经济承受能力的人员,而他们面对医疗风险时的应对能力更强,那些没有在补充医疗保险范围内的人员却是健康风险承受能力较低的人员,除了基本医疗保险意外没有其他保险制度为他们分担风险。因此,目前的补充医疗保险险种设计包含的对象有限,无法满足更多成员的需求。另一方面,我国的经济发展水平不平衡,补充医疗保险的发展也存在不平衡的问题,经济发展水平高的地区补充医疗保险发展相对较好,参保的人员更多,经济发展相对落后的地区则保险发展比较缓慢,覆盖的人群也较少。

(三)医疗救助制度的问题

我国医疗救助的发展也还存在一些急需解决的问题。第一,医疗救助制度尚不完善。(1)城乡二元分割带来的差异明显。长期以来我国在制定各项政策时常常将城市和农村分开,除了少数发达地区能够形成统一的制度外,其他地区几乎都形成两种不同的政策,这与我国城乡二元经济状况有直接关系,但是,这种二元结构也带来了制度不平等、待遇差异明显。我国的医疗救助制度先在农村建立起来,但到目前为止救助水平仍然比较低,城市医疗救助制度建立稍晚,但发展迅速。同样是针对困难群体的医疗救助制度,不是因为疾病的严重程度和经济的困难程度的不同而获得的救助不同,而是因为一个是城市户籍、另一个是农村户籍,明显形成了不公平。(2)医疗救助制度与其他相关制度衔接不到位。医疗救助制度既是社会救助的重要组成部分,也是医疗保障体系的重要一层,在政策实施中存在衔接不到位的问题。一方面,医疗救助对象参照社会救助的对象,即以五保户与低保户为主要对象,这种方式很容易将一些无力支付医药费但又不在政策规定范围内的边缘群体排斥在外,使其既不能获得社会救助中的其他救助,也不能获得医疗救助。另一方面,医疗救助资金中很大一部分是用于资助经济困难者参加基本医疗保险,分割了直接救助困难群体的资金,很大一部分需要直接救助的人员得不到救助;同时,2012年大病医疗救助制度的建立使救助的程序和结算办法更加复杂,针对困难群体的救助要参照基本医疗保险、医疗救助和大病救助三种政策,救助的效率降低。(3)医疗救助制度的管理不顺畅。管理不科学主要表现在职责不明、体制不顺,在实施过程中涉及多个部门和公共服务领域,在救助对象的认定、救助标准的制定和救助实施过程中,需要民政、财政、卫生、社会保障等不同职能部门之间的协调,难度大、成本高。① 目前,针对医疗救助方面的法律法规上不健全,一些地方性的救助政策不具备权威性,在制度运行中没有强制性的约束力,而且对救助的过程、资金的流向缺乏严格的监督机制,存在救助资金滥用和骗取救助金的现象。

第二,医疗救助资金方面存在以下几个问题:(1)医疗救助资金的筹集渠道单一。医疗救助资金的筹集主要以中央、地方财政为主,红十字会及其他各种社会慈善组织捐助为辅,财政拨款数额相对于庞大的救助群体显得微薄,且社会捐助尚未发挥作用。② 同时由于全国各地社会经济水平存在巨大差异和救助的不确定性,无法通过详细的预算来制定一个全国统一的筹资标准,仅仅根据财政能力的大小给予资金补贴,难以制定长效可持续的基金筹集机制。③ 而且,近些年来,虽然如图1-8所示城乡医疗救助财政投入逐年增加,但其增长率却大幅下降,有限的资金投入无法满足困难群体的需求。(2)医疗救助资金使用不合理。在资金有限的情况下,如何将资金用到最需要的地方显得尤为重要。一方面,由于管理不严造成骗取救助金的现象挤占了那些急需救助的群体的机会,形成资金浪费;另一方面,总体看医疗救助资金短缺,但到具体实施中资金结余较多,形成资金绝对不足和相对过剩的矛盾。其原因主要有:一是符合标准的人口由于对政策不了解未申请救助,二是一些需要救助的人口因为救助门槛太高而被排除在外,三是医疗救助主管部门使用资金时抱着宁愿多结余也不敢多用的心态。④

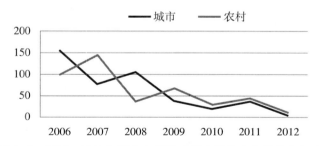

图1-8　2006—2012年城乡各级财政医疗救助支出增长率(%)

数据来源:根据《中国统计年鉴2013》"13—4 民政医疗救助情况"数据计算得出。

---

① 李长远、杨建飞:《对完善我国农村医疗救助制度的思考》,《长春工业大学学报(社会科学版)》2008年第2期。
② 陈燕华、吴小南:《我国医疗救助体系现状分析》,《福建医科大学学报(社会科学版)》2010年第3期。
③ 宋悦等:《我国医疗救助制度存在的问题及对策研究》,《税务与经济》2013年第1期。
④ 李乐平:《对城市医疗救助制度的思考》,《创新》2010年第6期。

第三,医疗救助范围和水平有待提升。(1)救助对象覆盖面较窄。2002年明确规定农村医疗救助对象是农村五保户、农村贫困户家庭成员和地方政府规定的其他符合条件的贫困农民;2005年城市医疗救助对象主要是最低生活保障对象中未参加城镇职工基本医疗保险人员、已参加城镇职工基本医疗保险但个人负担仍然较重的人员和其他特殊困难群众。除了政策规定的对象外,城乡边缘群体因病致贫、因病返贫的现象也非常普遍,由于他们不符合五保、低保的救助标准,也就不能获得任何其他方面的救助。而且,由于疾病的不确定性、不可预测性和救助制度的限制,患一场大病就有可能使一个小康家庭陷入贫困,一些致残的患者更会给整个家庭带来重创。(2)救助水平偏低。医疗救助制度按照医疗保险的做法设置救助的起付线和封顶线,只有在起付线以上和封顶线以下的人口才能获得救助,目前救助起付线门槛较高、封顶线过低,由于经济社会发展水平存在差异,医疗救助水平也存在很大差异,尤其是经济困难地区的医疗救助常常也不能满足患者的需求。根据数据统计2012年住院病人人均医药费6980.4元,而同年城市和农村人均医疗救助金额分别为858.6元和721.7元①,即使除去基本医疗保险报销的部分后,给予的补助仍然不足。

三、当前中国失业、工伤、生育保险制度存在的问题

(一)当前中国失业保险制度存在的问题

1. 保障对象有限、覆盖范围较窄

从我国失业保险发展情况来看,制度覆盖范围较窄是一直存在的问题。20世纪80年代失业保险制度建立初期,对象只包括"宣告破产的企业的职工,濒临破产的企业法定整顿期间被精简的职工,企业终止、解除劳动合同的工人,以及企业辞退的职工"四类人员。1993年4月颁布的《国有企业职工待业保险规定》将当时失业保险的人群扩大到七种九类人员,将停车整顿企业被精简的职工等企业下岗职工纳入被保障对象,但保障对象仍只是针对当时国有企业改革涌现出的大量下岗待业人员。1999年1月《失业保险条例》将保障对象扩大到城镇非国有企业和事业单位,提出"国有企业、城镇集体企业、外商投资企业、城镇私营企业以及其他城镇企业"都应参加失业保险。事实上,失业保险的参保主体仍是国有企业及少部分事业单位,大量城镇非国有企业职工、农村剩余劳动力都没有被纳入制度覆盖范围,此外,还有大规模灵活就业者、临时务工人员等都没有纳入失业保险范围。相对于基本实现了"人群全覆盖"的社会基本养老保险、社会基本医疗保险来说,属

---

① 数据来源于《中国卫生统计年鉴2013》,"4—5—2医院住院病人人均医药费用"。

于社会保险五大险种中参保率较低的险种。

2. 制度覆盖率偏低

由表1-11可见,自2000年以来,我国失业保险制度的参保人数虽然整体呈现递增趋势,但就参保人数的变动趋势来看,2000年以来失业保险的参保人数增长趋势非常缓慢,个别年份比如2002年年末参保人数还出现了递减的情况。从增长幅度来看,2013年年末参保人数为16,416.8万人,仅仅是2000年年末参保人数10,486.4万人的1.58倍,相对于这一时期我国社会保障其他险种迅速发展的态势而言,这一比例并不高。从失业保险覆盖率来看,2000—2013年期间一直在40%左右徘徊,呈现出忽高忽低的不稳定发展态势。

3. 享受待遇人数有限

由表1-11可见,从失业保险金的享受人数来看,年末领取失业保险金的人数呈现不规则波动态势,其中只有2001—2004年领取保险金人数有较大幅度增加,自2005年以来的其余年份基本呈现逐年降低的走势。2013年年末领取失业保险金的人数比2000年年末领取失业保险金的人数只多了7万人。探究原因,抛却国内经济周期走势的因素之外,现行《失业保险条例》中对失业保险金领取条件的严格规定或许在一定程度上限制了参保对象失业保险金的及时认领。

4. 保障水平有限

由表1-12可见,从保障水平来看,自2000年以来,全年发放失业保险金的总额度基本呈现递增趋势,但人均失业保险金的增长幅度不够明显。其中,2000年以来人均月失业保险金的平均增长比例不到1.2%。从失业保险金替代率来看更有说服力,2000年为18.3%,2005年下降到10.7%,2013年下降到9.5%,年平均下降11.62%。这说明我国失业保险制度的保障水平非常有限,难以解决失业人口及其家庭的基本生活保障。

(二) 当前中国工伤保险制度存在的问题

1. 工伤保险制度和人群都没有实现全覆盖

第一,工伤保险尚未实现制度全覆盖。根据《工伤保险条例》,工伤保险的参保对象为"境内的企业、事业单位、社会团体、民办非企业单位、基金会、律师事务所、会计师事务所等组织和有雇工的个体工商户及其职工","公务员和参照公务员法管理的事业单位、社会团体的工作人员因工作遭受事故伤害或者患职业病的,由所在单位支付费用。具体办法由国务院社会保险行政部门会同国务院财政部门规定"。从以上规定可以看到:首先,当前的工伤保险制度没有把无雇工的个体工商户、灵活就业人员(自雇劳动者)纳入覆盖范围,这与中共十八大提出的"社会保障全民覆盖"的目标相违背;其次,公务员和参照公务员法管理的事业单位、社会团体的工作人员没有纳入工伤保险统筹管理,而是其工伤具体办法另行规定、搞特殊,这会陷入类似于养老保险"双轨制"的困局,在养老保险双轨制并轨的大背景下,不宜再将工伤保险搞成"双轨制"。第二,工伤保险离人群全覆盖的目标还有很大的差距。截至2013年年末,工伤保险参保人数为19,917万人,城镇就业人员38,240万人①,工伤保险参保人数占当年城镇就业人员的比重为52.08%,也就是说,工伤保险距离"人群全覆盖"的目标还有很长的路要走。

2. 工伤保险的立法层次低

当前工伤保险领域的法律依据主要有《社会保险法》《工伤保险条例》以及人社部门发布的部门规章。《社会保险法》第四章对工伤保险做出了规定,但《社会保险法》基本都是原则性和授权性的条款,过于笼统,操作性不强;《工伤保险条例》只是国务院的行政法规,法律层次较低、约束能力较弱,导致条例虽对某些方面做出了具体的规定,但在现实中却难以落实;人社部门发布的部门规章,法律层次更低,约束力更弱。由于在工伤认定、劳动能力鉴定等环节很容易产生劳动争议和行政争议,因此,工伤保险对立法要求比较高。不难看出,工伤保险是当前社会保险各险种中法规最完备的,在此基础上制定《工伤保险法》,不仅有利于推动工伤保险的进一步发展,还可以带动中国社会保险立法全局,从根本上推进中国社会保险的法制化进程。

3. 工伤认定和工伤视同的情形不尽完善

目前《工伤保险条例》规定了七种应当认定为工伤的情形、三种视同工伤的情形、三种不得认定为工伤的情形。首先,这种把工伤认定标准进行简单罗列的立法方式,可能不能穷尽所有的情形,毕竟人类思维和认识都具时代的局限性,无法穷尽一切工伤认定标准,随着新一轮经济革命到来,工业更加细化,出现了许多新的职业种类,就会带来新的职业性伤害。其次,部分认定或视同工伤的条款不尽合理。如《工伤保险条例》第15条第一款规定,"在工作时间和工作岗位,突发疾病死亡或者在48小时之内经抢救无效死亡的"可视同工伤,该情形在学理上称为"过劳死"。现代科学告诉我们,过度劳累是一个足以致命的危险。据美国一项调查显示,在30—50岁的英年早逝者中,95.7%的人是死于过度疲劳或由于过度疲劳引起的致命疾病,"过劳死"成了劳动者英年早逝的主要原因。日本等工业发达国家都将"过劳死"纳入工伤保险范围,中国《工伤保险条例》也采纳了这一做法。但是中国将"过劳死"限于工作时间和工作场所的规定则显得过于苛刻,也不符合工伤认定的基本原则。再如,《工伤保险条例》第18条的规定,工伤认定的前提是"与用

---

① 数据来源于《2013年度人力资源和社会保障事业发展统计公报》。

人单位存在劳动关系(包括事实劳动关系)",但由于学界对退休返聘人员与用人单位之间是否存在劳动关系(包括事实劳动关系)还存在争议,导致退休返聘人员因工负伤能否被认定为工伤存在不小的争议,亟须在工伤保险立法中加以明确。

4. 工伤保险责任与第三人侵权责任的竞合①问题

由于第三人的原因而发生了工伤事故,需要协调工伤保险制度与民事赔偿制度,以最大限度保障劳动者的利益并体现出权益的平衡。那么,第三人侵权造成工伤,受害人能否主张工伤和侵权双重赔偿?2004年《最高人民法院关于审理人身损害赔偿案件适用法律若干问题的解释》第12条规定:"因用人单位以外的第三人侵权造成劳动者人身损害,赔偿权利人请求第三人承担民事赔偿责任的,人民法院应予支持。"该法律解释没有明确指出可获得双份赔偿,但明确提出向侵权第三人索赔应予处理。2006年《最高人民法院关于因第三人造成工伤的职工或其亲属在获得民事赔偿后是否还可以获得工伤保险补偿问题的答复》中规定,"因第三人造成工伤的职工或其近亲属,从第三人处获得民事赔偿后,可以按照《工伤保险条例》的规定,向工伤保险机构申请工伤保险待遇补偿",但该答复不是正式的司法解释。对于此问题,学界和实务界有四种观点:一是替代模式,即用工伤保险待遇取代第三人侵权赔偿②;二是补充模式,即发生工伤后,受到第三人侵权的工伤职工可同时主张侵权行为损害赔偿和工伤保险给付,但其最终所获得的赔偿或补偿,以实际损失为限,不得超过其实际遭受的损害③;三是兼得模式,即因第三人侵害工伤可以得到双份赔偿④;四是选择模式,即只能选择工伤补偿或第三人侵权赔偿中的一种⑤。

由于各方观点分歧较大,《社会保险法》和修订后的《工伤保险条例》中也均未

---

① 所谓法律上的竞合,也称法律责任的竞合,是指由于某种法律事实的出现,导致两种或两种以上的法律责任产生,而这些责任之间相互冲突的现象。

② 由于替代模式忽视了侵权法的基本功能即制裁与遏止功能,否定了受害人申请赔偿的权利,因此国内持这种观点的人不多。

③ 主张补充模式的理由有二:一是工伤保险具有补偿功能,侵权损害适用于填平法则,采取补充模式符合公平原则。二是采取补充模式所有受到工伤的职工补偿待遇是基本相同的。如果因第三人侵害工伤可以得到双份赔偿,将会造成一般工伤的待遇与因第三人造成的工伤待遇相差太大,产生新的不公平。

④ 主张兼得模式的理由有三:一是《工伤保险条例》明确规定了构成工伤应享受相关待遇,同时没有规定第三人侵权工伤应当扣减第三人赔偿部分,各地方法规的补差规定违背上位法《工伤保险条例》的规定;二是侵权损害填平法则难以适用于人身损害赔偿,生命健康无法用金钱来衡量,不存在填平问题;三是不论项目是否重复,多得一份或数份(侵权赔偿、责任保险、工伤待遇)也不为过,况且法律没有限制当事人可以重复获得赔偿(补偿),不存在公平问题。

⑤ 选择模式将受害的劳动者推向两难选择的境地,国内很少有人持这种观点。

明确该问题①,这使得这类案件的处理较易引起争议。

5. 工伤保险基金缺乏合理科学的管理模式和收支结构

稳定的工伤保险基金不仅能够保障劳动者及其供养亲属的基本权利,还能分担发生工伤事故的企业的负担,使之不至于因过多的赔付而陷入困境。但从现状来看,目前我国工伤保险基金的运营管理不够科学合理。随着经济的发展,工伤保险基金的收入和支出数额逐年增长,虽然支出占收入的比重有所上升(2013年为78.4%),但每年工伤保险基金都有大量结余(2013年工伤保险基金结余996亿元),这与工伤保险基金"以支定收、收支平衡的原则"相违背。导致此问题的主要原因有:第一,中国工伤保险待遇水平整体偏低;第二,中国工伤保险长期以来"重补偿、轻预防、轻康复",工伤预防、工伤康复的推进缓慢;第三,没有建立起与工伤风险相对应的科学的费率机制,费率档次少而粗,且缺乏精算;第四,权利义务不对等,影响了工伤事故发生率低的企业参保的积极性。

6. 工伤预防和工伤康复的推进还比较缓慢

为了落实《工伤保险条例》的相关规定,劳动保障部门先后发布了《关于加强工伤康复试点工作的指导意见》《关于开展工伤预防试点工作有关问题的通知》,分别于2007年和2009年开始工伤康复和工伤预防试点。目前,人社部共评估确定出两批共计35家工伤康复试点医疗机构,2009年12月人社部办公厅《关于工伤康复试点机构评估情况的通报》(人社厅函〔2009〕452号)显示,工伤康复试点机构还存在工伤康复硬件设施不足、专业技术人员数量缺乏、康复诊疗项目不全、尚未开展职业康复和社会康复工作等问题;2009年,河南、广东和海南三省12市县首先开始工伤预防试点,2013年扩大至天津市等50个城市(统筹地区)。但总体来看,工伤康复和工伤试点还处于试点阶段,尚未在全国全面推开。

(三)当前中国生育保险制度存在的问题

生育保险发展中还存在以下问题:(1)制度覆盖范围比较窄。尽管国家对妇女权益相关的政策陆续出台,但是生育保险制度的覆盖范围仍然比较狭窄。总体上,生育保险的覆盖范围呈增长趋势,但增长的幅度很小,2012年我国就业人口为76,704万人,年末参加生育保险的人数为15,445万人,参加生育保险的人数仅占就业人口的20%左右。② 生育保险政策的对象是城镇企业职工,而乡镇企业职工、

---

① 《社会保险法》第42条规定:"由于第三人的原因造成工伤,第三人不支付工伤医疗费用或者无法确定第三人的,由工伤保险基金先行支付。工伤保险基金先行支付后,有权向第三人追偿。"这一条仅仅是对"工伤保险先行支付医疗费"的规定,不能"由此及彼",成为工伤保险待遇差额支付的理由。

② 数据来源:《中国统计年鉴2013》,"4—2 按城乡分就业人员数";《中国卫生统计年鉴2013》,"13—3 生育保险情况"。

自主创业者、非正规就业者等都被排斥在外,参加生育保险的国有企业较多,其他类型的企业较少,经济发展较快的地区覆盖面较大,而经济相对落后的地区参保人数较少。①（2）待遇给付水平较低。生育保险待遇给付水平低一方面体现在享受待遇的人数少,2011 年参加生育保险的人数为 13,892 万人,享受待遇的人数为 264.7 万人,仅占 1.91%,参保人员和享受待遇人员明显不平衡;另一方面,生育保险基金没有有效利用,正是由于享受待遇的人数比较少,基金的结余过多,如表 1-35 所示,到 2013 年年底生育保险基金结余 515 亿元。生育保险费用的支付采取限额的方式,由于生育过程中的不确定性所产生的医疗费用也不确定,生育保险的费用给付比较难以控制。（3）政策法规有待完善。自 1994 年企业生育保险制度制定到现在二十多年,相比于养老保险、医疗保险、失业保险及工伤保险均有多项政策出台,而生育保险在我国整个社会保险制度的政策制定与法律建设中最为滞后,并且立法层次低,法律效力低,具体执行中差异性较大。② 而且在《妇女权益保障法》中明确规定各用人单位在录用职工时除不适合妇女的工种或者岗位外,不得以性别为由拒绝录用妇女或者提高录用标准,然而,正是因为妇女从业中的生育保险、产假等成本增加,女性择业时困难重重,生育保险制度的发展应该更好地将生育与就业联系起来。

表 1-35   2008—2013 年生育保险基金收支情况

年份	基金收入（亿元）	基金支出（亿元）	累计结余（亿元）
2008	113.7	71.5	168.2
2009	132.4	88.3	212.1
2010	159.6	109.9	261.4
2011	219.8	139.2	342.5
2012	304.0	219.0	428.0
2013	368.0	283.0	515.0

数据来源:2008—2011 年数据来源于《中国卫生统计年鉴 2013》,2012—2013 年数据来源于《2012 年度人力资源和社会保障事业发展统计公报》《2013 年度人力资源和社会保障事业发展统计公报》。

---

① 张飞霞、史按玲:《浅析我国生育保险制度》,《知识经济》2012 年第 1 期。
② 同上。

四、当前中国社会救助制度存在的问题

(一) 最低生活保障制度

1. 保障资金不足,低保救助标准制定的不合理,救助水平偏低

首先,发达国家财政在低保方面的支出通常占国民生产总值的1%—2%,而中国还不到0.3%,远低于这个标准(见表1-36)。中国各级财政对城乡低保的投入没有明确划分责任,各地往往是"看米下锅",有多少钱就干多少事,剩下的问题便是"等、靠、要"(中央财政转移支付)。

表1-36 城乡低保财政投入比重

年份	低保财政支出 (亿元)	国民生产总值 GDP(亿元)	低保财政支出占 GDP比重(%)
2009	845.1	340,903	0.25
2010	969.7	401,513	0.24
2011	1327.6	473,104	0.28
2012	1391.3	519,470	0.27
2013	1623.6	568,845	0.29

资料来源:历年《民政事业发展统计公报》《社会服务发展统计公报》。

其次,救助资金缺乏稳定的来源,导致了中国低保救助标准普遍偏低。目前中国各个城市低保标准,占当地人均可支配收入的16%左右。各地农村低保标准,是当地人均纯收入的25%左右,相比发达国家的低保标准通常都是人均收入的40%—50%,中国的标准明显过低。[①] 低保标准弹性不足、低保标准制定的"菜篮子法""恩格尔系数法"也存在一定问题。目前刨除食品支出外(见表1-37),没有剩余,难以满足其在教育、医疗、水电燃料等其他生活必需的开支。

表1-37 低保标准占月人均食品消费支出情况

年份	城市月人均食品消费支出(元)	城市平均低保标准(元)	城市低保标准占月人均食品消费支出比例(%)	农村月人均食品消费支出(元)	农村平均低保标准(元)	农村低保标准占月人均食品消费支出比例(%)
2006	259.0	169.6	65.5	101.4	34.5	34.0
2007	302.0	182.4	60.3	115.8	38.8	33.5

[①] 关信平:《论建立农村居民最低生活保障制度的条件、原则及运行机制》,《文史哲》2007年第1期。

续表

年份	城市月人均食品消费支出（元）	城市平均低保标准（元）	城市低保标准占月人均食品消费支出比例（%）	农村月人均食品消费支出（元）	农村平均低保标准（元）	农村低保标准占月人均食品消费支出比例（%）
2008	335.0	205.3	62.1	133.3	50.4	37.8
2009	373.2	227.5	61.0	136.3	68.0	49.9
2010	400.3	251.2	62.8	150.1	74.0	49.3
2011	458.9	287.6	62.7	175.6	106.1	60.4
2012	503.4	330.1	65.6	193.7	103.9	53.6
2013	526.0	373.0	70.9	208.0	116.0	55.8

资料来源：历年《中国统计年鉴》《民政事业发展统计公报》《社会服务发展统计公报》。

最后，重视收入型贫困，忽略了由家庭成员的数量、家庭成员处于受教育阶段的数量、家庭成员的健康水平等因素可能导致的家庭开支过大的支出型贫困。

2. 缺乏对救助对象的科学识别，不能有效处理救助的"悬崖效应"

第一，2014年7月国务院发布文件全面推行户籍制度改革，部分省份已经取消农业户和非农业户的划分。而目前中国实行城市和农村相互分离的低保救助制度，该制度得以实现的背景便是户籍。大背景的变革使得低保群体的界定归类存在困难。

第二，低保核查方式不合理。在城市，按生活形态的直接观察往往不能够了解申请人的真实生活状态，制度的漏洞使得有钱人领低保的现象屡见不鲜。在农村，村干部为了减少矛盾，往往是按人头平均发放低保，使得一项选择性救助变为普遍性救助，扭曲了低保制度的初衷。

第三，中国现行的低保核查方式将一部分生活水平略高于低保救助标准的群体排除在外，这部分边缘群体其生活水平甚至低于接受低保的群体，沦落为社会的最底层。这与社会主义核心价值观中的平等、公正相违背，制度的欠缺产生了新的贫困阶层，低保制度没有做到真正的"应保尽保"。

3. 低保工作管理水平低，有很大的提升空间

低保真正能够解决困难，关键在基层，而中国低保工作的基层建设几乎还是一片盲区。城市的低保工作交付给街道居委会，农村的低保工作交付给村委会，工作随意性较大。难免有"人情保""关系保"的现象发生。低保资金没有将行政成本

考虑在内,导致了低保基层的工作人员少、工作负荷大、工资低的问题,严重降低了工作效率,不能保证困难群众及时获得救助。

4. 低保救助更像是"政府专利",社会参与程度低

从国际经验看,多数国家的社会救助工作都是政府、非政府组织,甚至私人组织的合作。目前中国的低保制度主要依靠政府一己之力,显得力不从心,像贫困群体的心理问题、教育、婚姻、家庭问题的救助可以说是空白。这也导致了中国低保救助长期的低水平、低质量;同时,缺乏广泛的社会力量,低保救助资金失去了广阔的渠道来源,加重了政府财政的压力。

(二)农村五保供养

1. 五保供养的现行标准仍较低,五保供养的概念不清晰

五保供养的主体是丧失了基本的自我生存、发展能力农村的老弱病残。因此,五保救助不仅是为其提供基本的生活保障,而且要使其能达到当地的平均生活水平。这种带有社会福利性质的救助决定了五保供养的标准要高于农村低保救助。而目前一部分地区混淆了"五保"和"低保"的概念,降低了五保供养水平。

2. 五保供养的资金来源混乱,资金落实不到位

中国的五保供养资金历经"村提留或乡统筹""农业附加税""省级公共财政"三次变革,短时间内的多次转变,难免会有资金落实的历史欠账问题,现在的地方财政统筹足额与否,也取决于地方经济实力的强弱,资金没有一个稳定的保证。

3. 五保户的日常管理和服务照料难度大

首先,农村集中供养的敬老院属于公共物品,存在着"重建设、轻管理"的问题,敬老院往往基础设施缺乏、人员配备不足、管理不到位、老年人的情感关怀缺失。敬老院的日常开支也捉襟见肘。某些地区违背老人个人意愿过分强调集中供养率,也不利于敬老院的管理。其次,中国传统伦理观念的影响,担心宅基地被政府没收的思想,使得中国现在农村的五保户大部分选择分散供养的形式。农村社区服务不发达,年轻人外出打工使得分散供养的五保户生活拮据、房屋居住条件差、缺乏基本的心理慰藉,生存状况堪忧。再次,根据民政部调查显示,五保老人面临的最大困难是医疗费用过高,医疗没有保障。小病能救助,大病难报销,医疗救助数额有限,医疗难问题突出。最后,市场经济发展,农村集体经济瓦解,村民自利意识增强,互助意愿不足,邻里之间的守望相助行为减少。农民种田收入微薄,五保户的农田往往没有人愿意耕种,只能任凭农田荒芜,同时五保户也无法从土地中获得收入、补贴己用。

（三）灾害救助

1. 救灾资源配置不合理

第一，自然灾害处于"市场失灵"领域，因此国家有必要承担主要责任。但中国目前灾害救济的立法层次较低，立法多原则性规定，少具体操作，救灾工作分级责任、分级管理、救灾款分级负担缺乏规范化。

第二，一项灾害的发生，往往通过乘数效应扩大影响，因此自然灾害往往被称为巨灾。由于中国的保险市场不完善，保险公司赔付能力有限，保险业在巨灾救助体系中的作用还很微弱。中国保险业的灾害损失赔款仅占整个灾害损失的0.2%，远低于全球同类灾害中保险赔付平均水平。[①] 巨灾保险能力微小，中国灾害救济缺乏合理的分担机制，不利于有效地化解风险，保障人民的利益。

第三，应对灾害的物资储备库配备不完善，通常只有棉被、帐篷，缺少药品、冲锋衣等应急物品。由于应急避难场所与经济利益冲突，很多地区的避难场所往往徒有虚名，当作商业用地。

第四，缺乏应对极端性天气的能力，尚没有专职的救灾应急队伍和专业救援队伍，灾害发生后往往是紧急调集部队，虽然动作也较快，但缺乏专业指引，救灾需要现场摸索经验；当前的灾害救助更着重于生命救助，缺乏心理援助。

第五，预算法规定的按照本级财政预算额支出额的1%—3%设置预备额，用于当年自然灾害救助开支的规定，没有考虑到自然灾害的不可预见性，当某年度灾害频发，政府财政储备就会出现严重不足，灾害救助保障金能否及时到达便要打上一个大大的问号。分税制、地区发展不均衡使得各级地方政府的经济实力相差较大，而经济不发达的省份往往处于灾害多发地区，地方财政存在财力不足，而灾害救助的评估考核监督系统只是一种口头承诺。

2. 减灾防灾意识不足

首先，灾害现场最好最有效的救助是自助，这需要平时的演练实践，而目前这种教育往往流于形式。减灾防灾知识技能普及力度不足严重影响了人们应对灾害的自救能力、心理承受能力。其次，减灾防灾是一项"功在当今，利在千秋"的事业，短时间看不到成效，使得地方政府官员在任期内不会过多考虑。最后，救灾款物往往是灾害发生以后再筹集，延误时机，缺乏平时的减灾防灾物资储备规划。

3. 基础设施抵御灾害能力有待进一步提升

自然灾害不仅是对人的考验，也是对中国基础设施的检验。在面对重大自然

---

① 张宗军：《我国政府主导下的巨灾保险制度研究》，《金融与经济》2008年第6期。

灾害的时候,中国的基础设施体系和标准可靠性不足①,像是电网、通信、交通等往往显得不堪一击,承受力不足,例如2008年雪灾的南方电网瘫痪,通信中断,交通不畅,这些因素都一定程度恶化了灾害的破坏程度。

4. 灾害救助政府要放权,不要垄断

首先,政府强制式的对口救援机制加重了施援省份的经济负担,被救助省份似乎扣上了"弱势"的帽子,减弱了受援省份追求经济自我发展的动力。其次,救灾社会力量的参与呈现"草根性",志愿服务缺乏通畅的通道,社会组织和社会力量往往"有劲没处使"。政府的单向控制型管理使得政府与非政府组织构成中心与边缘的不对称结构,形成了二者不善于合作的局面。②

(四) 医疗救助

1. 医疗救助资金绝对不足,医疗救助覆盖面窄

目前中国医疗救助资金总体水平不足,筹集的资金并不能满足所有贫困人群解决所有的疾病经济问题,所以只能将资源首先提供给贫困人群最急需的大病医疗救助。但是目前大部分地区在病种范围、封顶线和补偿比例等方面设置了重重关卡,这势必将一部分有需要的贫困人群排除在医疗救助之外,使真正需要救助的人难以得到救助,进而在一定程度上影响了医疗服务的可及性,降低了医疗救助的覆盖面。

2. 医疗救助水平过低

2013年人均直接医疗救助支出为848.9元,但医院病人人均住院费用高达7442.3元。虽然困难家庭都参加了城镇居民基本医疗保险或新农合(2013年人均资助参保、参合水平分别为96.7元、61.7元),但考虑到城镇居民医保和新农合的报销比例仅为70%—75%,并且还设有封顶线,因此,对于动辄花费几万甚至是几十万元的重特大疾病来说,当前的医疗救助水平过低。

3. 救助标准差异化导致公平性受损

二元经济结构的长期存在,导致城乡、地区间经济发展程度差异较大,贫困人口的分布存在较大差异,医疗卫生需求也存在不同。2012年东、中、西部的城市人均医疗救助支出分别是农村医疗救助支出的1.7倍、1.4倍、1.48倍(见表1-38)。中西部的贫困人口较多,但是人均医疗救助支出却远远低于东部地区,由于卫生资源投入分配不均,影响了卫生资源的可及性和公平性,导致最需要受到救助的人仍然看不起病,降低了医疗救助的实际效果和效率,阻碍医疗救助覆盖面的扩大。

---

① 向运华:《雪灾考验了谁?》,《中国社会保障》2008年第3期。
② 林闽刚、战建华:《灾害救助中的政府与NGO互动模式研究》,《上海行政学院学报》2011年第5期。

表 1-38　2012 年中国民政部门分地医疗救助情况统计

地区	城市医疗救助人次	农村医疗救助人次	城市医疗救助支出（万元）	农村医疗救助支出（万元）	分地区城市医疗救助人均支出（元/人）	分地区农村医疗救助人均支出（元/人）
东部	3,842,661	12,120,198	172,830.8	306,178.4	449.8	252.6
中部	8,277,380	17,660,963	283,796.6	433,654.4	342.9	245.5
西部	8,650,248	29,960,550	252,174.2	589,272.0	291.5	196.7

资料来源：《中国民政统计年鉴 2013》。

4. 管理体制不顺

中国实施医疗救助的部门之间缺乏联动机制,医疗救助制度与医疗保险、新农合、医疗救助、社会捐赠、慈善救助之间缺乏有效的联动机制,并且大病或重特大疾病的医疗救助制度也缺乏相关社会慈善组织的参与,导致救助效率不高,覆盖范围窄。特别是由于医疗救助设计存在问题,使农民工群体处于城乡医疗救助的"夹缝"、空白地带。各基层民政部门没有独立机构从事医疗救助工作,其工作人员队伍一般缺乏专业素质,导致效率过低;部门间管理体制不畅,体制、责任不清,监督不力致使医疗救助基金的款项流失严重。

（五）教育救助

1. 教育救助资金来源不足

随着中国经济的发展,教育救助支出应该随 GDP 的增长而增长,但是 2013 年教育救助的财政拨款占当年资助总额的 67.96%,相比 2012 年的 73.24%下降 5 个百分点,并且目前的教育救助资金主要来自于中央和地方的财政拨款,其他资助资金如慈善事业、企事业捐赠、社会团体资金增长缓慢,仅占很小的一部分,未能很好地调动社会力量参与。

2. 教育资源分配不公,各阶段教育问题凸显

第一,城乡间的资金分配难以公平公正,差距有逐步加大的趋势,使得农村义务教育的投入明显不足;第二,中国过多地强调高等教育和义务教育阶段的救助,高中阶段教育救助几乎是空白;第三,高等学校的职责权限不明,使"奖贷助补减"未真正惠及贫困生;第四,教育体系设置不当,使农民工子女义务教育缺失,呈空白化。正因为中国的教育救助体系不够完善,凸显教育不公问题。①

---

①　黎民:《我国社会救助资源分配的公平性研究》,《福建论坛》2008 年第 9 期。

3. 教育救助方式单一化

目前中国教育救助工作分散在民政部门、财政部门和教育部门,缺乏相应的专业人才从事管理,而且其专业素质较低,部门间也缺乏统一的宏观长期规划,导致效率不高。另外教育救助的方式单一,目前采取的也只是以经济资助为主,缺少对受助者心理的疏导以及教育硬件设施、教育师资力量方面的投入。

(六) 住房救助

1. 公共住房供求失衡,保障对象缺乏公平性

公共住房的建设供给严重滞后,甚至在公共住房供给过程中,一些地方政府缩减投放规模,一味强调住房"市场化",减少甚至取消经济适用房(如广州市在2004年取消了经济适用住房建设),造成各地经济适用房供给总量及比例越来越小。公共住房供给有限性造成僧多粥少的局势,而有限的资源掌控在政府手中,许多人钻法律空子、走后门、找关系,拉拢、腐蚀政府决策者,想方设法谋取自身的经济利益,进行违规操作。同时,公共住房政策缺乏对"夹心层"、农民工群体、农村弱势群体和未就业或就业不稳定的大学毕业生的保障。

2. 经济适用房既不"经济"又不"适用"

第一,经济适用房的投资增长速度缓慢,供应量不足,据国家统计局资料显示,1998年至2002年经济适用房投资占住宅投资比重超过10%,2003年为9.2%,2005年为4.8%,2007年为4.6%,2009年为4.4%[1],满足困难群体住房需求的经济适用房建设则严重不到位;第二,已建成的经济适用房面积普遍偏大,不少面积超过100平方米,甚至超过150平方米,出现了豪宅、别墅一样的"经济适用房";第三,经济适用房价格偏高,不能充分实现社会保障功能,再加上对中低收入家庭年收入调查困难、单位开具收入证明可信度差,使真正享受到优惠的往往不是低收入家庭而是一些中高等收入家庭。

3. 廉租住房房源紧缺,资金投入不足

截至2006年年底,全国累计用于廉租房制度的资金仅为70.9亿元,其中2006年用于廉租制度的资金为23.4亿元,只占当年财政收入的0.06%[2],这说明用于廉租住房的资金投入严重不足;在廉租房供应机制上,自2009年以来,中国廉租房的新开工数量呈波动下降趋势,2011年新开工廉租房数量仅为161万套,政府的出资比例在各线城市中都达5%以上,但其他社会主体的贡献率较低。[3] 再加上廉租

---

[1] 根据《中国统计年鉴2009》《2009年国民经济和社会发展统计公报》相关数据计算得出。
[2] 魏彤珊、王婧:《我国廉租房建设中的政府职能定位》,《决策与信息》2008年第5期。
[3] 张奇林:《社会救助与社会福利》,人民出版社2012年版,第162页。

住房不完善的流动退出机制损害了该项制度的公平性和合理性。

4. 公共住房建设未考虑受益人群的生活成本

一方面,公共住房(包括廉租房、经济适用房和公共租赁住房)政策设置了准入条件,但在缺乏监督和利益机制约束的条件下,对申请家庭的收入情况和居住情况的证明难免失真。另一方面,为了节约建设成本,公共住房选址多在生活不便利的边缘地区,周围购物、上学、娱乐极为不方便,无形中增加了居住者的生活成本,而且成片公共住房尤其是公租房与城市社区的人为隔离,开始凸显许多社会问题。

(七)临时救助

1. 临时救助程序不健全

首先,临时救助偏重时效性,而中国目前时救助的审批程序时间较长,一线工作人员缺乏自由裁量权,救急性体现不出来。同时,救灾款的发放采用其他救助项目的社会化发放而不是现金发放,也拖延了救助时间。其次,临时救助在公示、评议方面处于缺位状态,救助金的申请发放工作缺乏监督,公正性取决于民政人员的公道与否。最后,长期以来,由于临时救助还存在着建制模糊,在操作中也存在混乱。基层工作人员将一些长期救助对象错误划入临时救助队伍中,专项救助与临时救助存在着边界不清,挤占临时救助资源,如2010年从临时救助的原因来看,医疗等方面的支出大导致接受临时救助的家庭占75%左右,而突发事件、事故导致接受救助的家庭仅占25%左右。①

2. 流浪乞讨人员的救助水平低、救助随意性较大

首先,针对流浪乞讨人员的救助更多是衣食住行方面,而最根本的救助措施是一份工作,中国当前的救助还无法满足。目前的救助通常是10天,对解除困境作用不大。消极式的救助使受助者陷入"乞讨—救助—再乞讨—再救助"的恶性循环,很少有流浪乞讨人员会自愿求助。② 其次,救助过程中各部门互踢皮球,救助站、福利院能推就推;针对一些职业化乞丐、恶意骗住者,公安、城管往往视而不见。一些施助者原来是收容遣送人员,专业素质较低,救助过程中存在侵犯乞讨人员人格尊严的现象,给救助蒙上了一层阴影。再次,缺乏针对不同群体的多样化救助,没有区分需要救助者的身份,像流浪儿童、进城务工人员、老年乞讨者,一视同仁的救助往往难以满足各自需求。最后,地方对临时救助的投入完全取决于其财政状况,贫穷地区的福利院基础设施落后,救助站经费难以落实,某些救助站为节约费

---

① 张浩淼:《我国临时救助制度建设及其思考》,《社会保障研究》2014年第1期。
② 洪大用:《转型时期中国社会救助》,辽宁教育出版社2004年版,第234页。

用,只能选址于地理位置较偏远的郊区,给求助者带来不便。

3. 社会参与度不够

首先,对于流浪乞讨人员,社会公众更多持有的是一种同情态度,路边的施舍式救助解决不了问题,政府没有为慈善的发展提供一方沃土,社会资金没有渠道转到特殊困难户手中。其次,目前中国的社会工作人员严重缺乏,像流浪乞讨人员尤其是流浪儿童的心理问题缺乏专业人士的帮助,重物质救助缺乏精神救助使得救助效果大打折扣,不利于流浪儿童的健康成长。

五、当前中国社会福利制度存在的问题

(一)覆盖面与"适度普惠型"的目标相距甚远

不论是社会保险、社会救助还是社会福利,都必须面对一个最基本的问题——保障对象。保障对象的多寡直接关系到保障制度的覆盖面,进而影响到制度实行的有效性。现今的社会福利制度相较于过去在保障对象上有了很大的扩展,不再单纯是"三无"人员、"五保户"和残疾者,老年人、儿童等群体也受到了重视,但是这样的覆盖依然离我国"适度普惠型"福利模式的目标有一定的距离。"适度普惠型"的一个要义就是国家和社会要努力为全体社会成员提供满足其基本生活需要的福利保障,让全体社会成员共享改革开放的成果,是一种广义的社会福利。但现实的情况是社会福利更多地帮助的是需要特殊关心的人群,更像是"特惠制",是一种狭义的社会福利。虽然基于我国的具体国情,想要尽快实现"普惠"的目标是不太现实,但作为社会保障体系中唯一一个面向全体社会成员的制度,社会福利肩负着全体社会成员的福祉与利益,不断扩大覆盖面是其未来的漫长之路。

(二)公共投入不足,福利的总体水平不高

虽然社会福利要走社会化的道路,但是政府在其中仍然承担着主要的责任。社会福利实行的效果说到底与其资金投入有着紧密的关系,而资金短缺一直是制约我国社会福利事业的发展的问题之一。在提倡多元筹资、社会参与的同时,政府也应起带头作用。很多社会福利项目是由政府开展的,资金来源主要是社会福利彩票公益基金和民政部部级或各级政府的预留资金,由于区域、城乡间经济差距较大,特别是一些经济负担较重的落后地区,资金投入明显不足,最终导致福利的水平不高。

(三)城乡、区域间不平衡,制度存在碎片化

我国的城乡二元结构和区域发展不平衡也是制约社会福利发展的重要原因之一。例如老年人福利,城乡根据经济发展水平、生活水平、物价水平等有明显的差别,再加之地方政府下放权力,城区间发展存在的不平衡也会导致中心城区和远城

区的福利水平有别。区域间不平衡则表现为经济发达的地区多采用社区养老的模式,公办养老机构、社区居家养老、养老护理服务等工作相对全面,设施相对完善,管理相对到位,为老年人营造了舒适、安稳的环境让他们安享晚年。而经济欠发达的地区多依靠福利院、养老院等,社会化程度偏低,福利水平也较低。儿童福利方面,也多以大中型城市为主,呈现"重城轻农"的倾向,缺乏普遍性。社会福利体现在城乡、区域间发展不平衡的问题必然导致社会福利制度的碎片化,制度内与制度间的衔接和互补都面临着巨大的挑战,中共十八大提出社会保障要"增强公平性、适应流动性、保证可持续性",这一要求同样适用于社会福利,因此为了社会福利的可持续发展,形成"全国一盘棋"的局面,制度整合是大势所趋。

(四) 社会福利各项目在实施中存在现实问题

社会福利在实施中也存在许多现实问题,例如福利项目、公益基金、专项基金的财务是否透明化、规范化、合法化。随着网络时代的发展,公众对信息公开的诉求愈加迫切,加之社会福利事业的资金来源多元,帮助对象广泛,参与主体较多,资金是否真正用到位关系到全体社会成员的切身利益。但网络也是一把双刃剑,在曝光贪污、腐败、挪用等信息的同时,也会出现捕风捉影的恶现象。之前"郭美美微博炫富"事件所引发的对红十字会的诸多猜疑与质疑以及导致的捐款骤减、公信力降低等现象也给了慈善事业当头一棒。同样的还有一些公益基金如壹基金、嫣然天使基金等深陷善款质疑门,都反映出责任主体与公众之间信息不对称。我们的福利机构在全心全意做好福利工作的同时,也应不断对公众进行相关的信息披露,接受公众的监督和第三方机构的审计,搭建良好的沟通平台,而不是一味地质疑或一味地否认,这样必将导致形象受损,公信力下降。还有就是机构的管理与监管的问题,如何做到权责明晰、高效规范是大家关注的热点。

1.3 中国社会保障制度改革展望

1.3.1 中国养老保险制度改革展望

一、出台养老保险顶层设计方案,实现基本养老保险的定型与并轨

(一) 完善统账结合的职工基本养老保险制度,成为养老金制度并轨的标杆

1995年,我国正式将"统账结合"模式确立为企业职工基本养老保险制度的改革方向,国发〔1997〕26号文件和国发〔2005〕38号文件进一步完善了"统账结合"模式。可以说,经过近二十年的实践,"统账结合"的制度模式已经深入人心,这一制度模式在短期内不宜做大的改动。中共十八届三中全会公报中也明确提出,要

"坚持社会统筹与个人账户相结合的基本养老保险制度"。因此,我们认为统账结合的基本养老保险制度只能完善,不能废除。

对于统账结合的职工基本养老保险制度,笔者建议的改革方向是:小统筹、大账户、名义账户制。具体来说,将现行的统账结合模式改革为"小统筹+大账户"模式,即将社会统筹账户的规模由现在缴费工资的20%降为12%,个人账户的规模由现在的8%提高为16%。① 改革后的"大账户"实行名义账户制(即个人账户与现收现付制相结合),但实行比较高的记账利率,且记账利率与缴费年限相挂钩。"小统筹、大账户"模式的优点在于:第一,具有激励效应。它可以鼓励各类人群积极参保、长期参保,克服当前养老保险扩面难题(农民工、个体工商户、灵活就业人员参保积极性不高的问题)、缴满15年后就不愿再继续缴费的问题。第二,可以将社会统筹账户和个人账户打通使用,避免社会统筹基金收不抵支、财政托底不堪重负的问题。第三,化解了做实个人账户的难题。目前,一方面做实个人账户的财政负担过重,另一方面,部分做实个人账户的省份个人基金存在银行里贬值,还有一部分省份一边在做实个人账户,一边在挪用个人账户基金。在实现名义账户制的"大账户"改革后,个人账户就无须再继续做实了,这也是党的十八届三中全会提出的"完善个人账户制度"的具体要求。"小统筹、大账户、名义账户制"的职工基本养老保险制度模式确立以后,可以成为养老金制度并轨的标杆,机关事业单位养老保险也向这个方向改革。

(二)改革机关事业单位养老保险制度,建立职业年金

按照"小统筹、大账户、名义账户制"模式,进行机关事业单位养老保险改革,并与企业职工基本养老保险合并,统称为城镇职工基本养老保险制度。对于因为改革所降低的养老金待遇,机关事业单位可以通过建立职业年金的形式来加以弥补。当然,职业年金实行的是自愿参保。

(三)寻求多种方式逐步偿还养老保险隐性债务

不管是20世纪90年代的企业职工基本养老保险转制(由现收现付制转为统账结合的部分积累制),还是当前的机关事业单位养老保险制度改革,都会产生转制成本,导致隐性债务显性化;另外,人口老龄化也导致隐性债务增加。为了防范未来的养老金支付危机,需要寻求多种方式逐步偿还养老保险隐性债务。对于偿还养老保险隐性债务的途径,笔者的建议是:第一,隐性债务不能采用制度内消化的方式来解决,需要通过制度外的途径来解决。第二,综合采用筹资、减支、增值等

---

① 薛惠元、张微娜:《建立城乡统一的社会养老保险制度——基本理念、基本路径与制度模式》,《税务与经济》2014年第3期。

多种途径来偿还养老金隐性债务,即偿还隐性债务是多种途径的组合,而不能只依靠一种途径。其中,筹资途径包括调整财政支出结构、发行养老彩票、开征新的消费税税种、国有经营收益充实社保基金、国有股权划拨社保基金、中央收入超预算划拨社保基金等;减支途径包括延迟退休年龄等;增值途径指的是拓宽养老金的投资领域,通过投资增值来偿还养老金隐性债务。

二、实现职保基础养老金全国统筹和城乡居保省级统筹

目前职保实现基础养老金的全国统筹不是一个技术问题,而主要是一个财政问题,是一个财政分灶吃饭的问题,是一个地方利益和全国利益博弈的问题,并且统筹层次提高到哪个层次,哪个层次就要承担起财政保底的责任,相应地矛盾就会集中到哪个层次。实现基础养老金的全国统筹不可避免地会打击基础养老金富余地区以及地方政府扩面征缴的积极性,其能否推行下去要看领导的艺术,更要看中央的决心。另外,目前很多地区城乡居民基本养老保险基金实行的是县级管理和县级统筹,管理层次过低,基金过于分散,安全性不高,也不便于基金的投资运营,建议城乡居民基本养老保险尽快实现基金的省级管理和省级统筹,争取在"十三五"实现此目标。

三、建立养老金正常调整机制

一方面,2005—2014年企业退休人员基本养老金连续十年以10%左右上调,国家财政负担不堪重负;另一方面,城乡居民基本养老保险已推行了五年,但一直没有调整最低标准基础养老金。因此,亟须建立企业退休人员基本养老金和城乡居民基本养老保险基础养老金正常调整机制,对此,笔者提出以下政策建议:

(一)养老金调整机制应遵循的原则

第一,为保证退休人员基本生活相对水平不降低,要考虑物价上涨因素;第二,为了能使退休人员分享经济发展成果,待遇调整要考虑到经济增长因素,且待遇调整不能给经济发展带来负担;第三,要进行科学的、正常的调整,而不是人为的、主观的、行政命令式的调整。

(二)关于养老金调整的启动机制

对于职工基本养老保险,养老金调整的时机应参照物价上涨率和实际工资增长率两个指标,如当实际工资增长率或物价上涨率达到一定比例时,养老金就应该自动调整;如果没有达到一定的标准,几年都不应调整。对于城乡居民基本养老保

险,养老金调整的时机应参照物价上涨率和农民人均收入增长率①两个指标,当物价上涨率或农民人均收入增长率达到一定比例时,自动启动基础养老金调整机制。另外,我们认为养老金的调整频率不宜过于频繁,每年最多启动一次调整机制,且城镇职工基本养老保险和城乡居民基本养老保险同时启动调整,调整的时间为每年的一月份。

(三)关于养老金调整的幅度

设养老金调整系数为 f,物价上涨率为 $\dot{P}(\dot{P}>0)$,实际工资增长率或农民人均纯收入增长率为 $g(g>0)$,退休职工和城乡老年居民分享经济发展成果的比例为 x ($0<x<100\%$),则养老金调整幅度(或称养老金调整指数)的计算公式为:

$$f = \begin{cases} \dot{P} & \dot{P} \geq g \\ \dot{P} + (g - \dot{P}) \times x & \dot{P} < g \end{cases}$$

四、扩大养老保险覆盖面,实现养老保险全民覆盖

随着新农保和城镇居民社会养老保险制度的全面推开,养老保险最后一块短板被补上,我国实现了基本养老保险制度的全覆盖。《2013年度人力资源和社会保障事业发展统计公报》和《2013年国民经济和社会发展统计公报》显示,截至2012年年末,我国基本养老保险(包含城镇职工基本养老保险、城乡居民养老保险)参保人数为81,968万人,16周岁以上的人口数为112,197万人,未进行养老保险制度改革、实行退休养老制度的机关事业单位人员大约有6300万人(含已退休人员),进而计算出基本养老保险的综合参保率为77.40%。也就说,还有2.4亿人游离在基本养老保险制度之外。因此,未来应加大养老保险的扩面力度,扩面重点为农民工和城镇灵活就业人员,并尽快实现基本养老保险的全民覆盖;另外,在扩面的同时还要谨防已参保人员的断保行为。

五、适时降低养老保险缴费率,并开征社会保险税

拉弗曲线告诉我们,高税率不一定取得高收入,而高收入也不一定要实行高税率。目前,中国社会保险费率超过了40%,全世界排第13位,而在这"五险"的费率中,主要是养老保险费率偏高。偏高的养老保险缴费率,导致企业想方设法瞒报缴费基数、虚报缴费人数,进而来逃避缴费。对此,笔者的建议是:第一,以基础养老金全国统筹为契机,适时降低企业职工基本养老保险企业缴费率,具体降低多少

---

① 由于城乡居民基本养老保险的参保对象主要是农民,城镇非就业人员的数量较少且收入较低,因此,这里采用农民人均纯收入增长率这一指标。

需要根据实际情况进行测算;第二,职工基本养老保险个人缴费率暂不降低。另外,在《社会保险法》已经实施三年、社会保险基金预算已纳入政府财政预算的背景下,我国开征社会保险税的时机已经成熟。为了增强社会保险费征缴的强制性,减少企业逃费现象,建议国家尽快出台社会保险税。

六、出台渐进式延迟退休年龄政策

第一,延迟退休年龄政策要"小步渐进",具有一定的过程性。延迟退休年龄只能是每年延迟几个月,经过十年二十年甚至是更长时间来完成平滑过渡。"小步渐进"的方式,对未来几十年后退休的人来说,是延迟五年退休,但对临近退休的人来说,实际影响并不大;并且这种"小步渐进"式的延退方案,对整个国家的就业形势来说,影响也非常小。

第二,延迟退休年龄政策要具有一定的差别性,不能搞"一刀切"。即要分步走,比如先从退休年龄最低的群体(女性工人)开始,从人力资源替代弹性系数低的群体(专业技术人才)开始,逐步扩展到各类群体。

第三,延迟退休年龄政策从出台到实施要有一个预告、宣传的过渡期。即要提前若干年出台延迟退休年龄政策,然后宣传、公布政策,给公众尤其是利益相关群体预留一个必要的准备期后,再实施。比如2015年出台政策,2020年开始延退,到2050年前后达到预期目标。

第四,延迟退休年龄政策要统筹兼顾,允许有一定的弹性。尽管从公平出发必须确立基准退休年龄,但考虑到不同类别、不同性别以及身体状况不同的劳动者的实际情况,应当设立相应的弹性空间,供劳动者选择。

第五,强化"长缴多得"的激励机制,让职工自愿延迟退休。如采取职工每延迟一年退休,其养老金替代率提高1—2个百分点的形式,让劳动者自愿选择多工作一段时间。

七、出台基本养老保险基金投资运营办法,推进市场化、多元化投资运营

此处的基本养老保险基金包含企业职工基本养老保险基金、机关事业单位基本养老保险基金和城乡居民基本养老保险基金。我们建议,基本养老保险结余基金统一由全国社保基金理事会受托管理,或专门建立公司性质的国家法人机构作为基本养老保险基金的投资管理主体。另外,养老基金投资的渠道不仅是投资于资本市场,还可以扩展投资领域,进行以下投资,包括:投资于保障性住房建设;投资于养老产业;投资于基础设施、国家能源等实体经济领域;进行海外投资等。

八、加强社会保险经办服务能力建设

第一,社会保险经办人员编制实行动态配比机制,工作人员数量与参保人次挂

钩,防止出现"小马拉大车"的情况。

第二,加强经办服务平台建设,尤其要加强基层服务平台建设,使经办管理服务向乡镇、社区、农村等基层延伸,提供方便快捷的服务,使城乡居民做到参保登记、参保缴费、权益查询、待遇领取四个不出村(社区)。

第三,加强社会保障经办管理服务规范化、标准化建设。统一经办机构名称、标识,整合经办机构,实行"五险合一、一票征缴",优化经办服务流程,提高经办服务效率。

第四,加强社会保障经办管理服务的信息化建设。建立标准统一、全国联网的社会保障管理信息系统,逐步建立覆盖全民的社会保险登记制度,实现精确管理和便捷服务。同时要加大社会保障卡发行力度,全面推行社会保障"一卡通",努力实现为参保人员"记录一生,保障一生,服务一生"的目标。

1.3.2 中国医疗保险制度改革展望

一、发挥三层次保障制度的联动作用

我国社会主义市场经济发展过程中,收入差距的拉大是必然结果,收入再分配的功能就在于缩小贫富差距、促进社会公平。人们的收入水平不同意味着需求的有所不同,同样需求状况下人们的经济承受力也不同,因此,在医疗保障方面,国家提倡建立多层次的保障制度,既要关注低收入阶层的医疗困难,又要重视中等收入阶层的收入水平不高与医疗服务价格增长迅速之间的矛盾,还要满足高收入阶层的特殊医疗服务需求,由此,发挥三层次医疗保障的联动作用是满足不同收入群体需求的重要举措。

医疗救助制度是医疗保障体系的底线部分,对缓解弱势群体的医疗困难发挥着重要作用,因此,在现有的制度基础上国家要进一步强化医疗救助制度的作用,使更多的困难群体能够获得救助。基本医疗保险制度是医疗保障体系的核心,其发展关系着整个社会群体的健康与安全,必须不断夯实基本医疗保险的地位,改善制度中存在的不足,提高基本医疗保险的效果。补充医疗保险制度是医疗保障制度的重要补充,对解决特殊人群的需求有重要意义,在发展基本医疗保险制度的基础上要重视补充医疗保险的作用,并将更多的人群纳入补充保险的范围。发挥三层次的医疗保障制度共同作用是我国医疗保障体系未来发展的方向,也是促进国民健康水平提升的重要环节。

二、完善医疗救助制度建设

第一,扩大覆盖范围。救助范围的扩大一方面在于扩大覆盖对象,使更多的社会成员进入救助体系,这就需要提高直接救助比例。现有的医疗救助资金很大一部分是用于为经济困难者参加基本医疗保险提高补助,而直接救助的比例不高,增加直接救助的比例和金额对因病陷入困难的社会成员有更加直接的作用;同时,加大医疗救助制度的灵活性,采取动态的救助方式,及时把最需要得到救助的人口纳入救助范围,增强其抵抗疾病风险的能力,这就需要主管部门深入了解本地区困难群众的生活,掌握详细的资料。① 另一方面,扩大覆盖范围还在于增加救助的种类,例如对人体健康危害较大、所需治疗费用较高的常见病、多发病、慢性病等列入救助病种目录,让医疗救助制度惠及更多的困难居民。②

第二,拓宽资金筹集渠道。医疗救助制度的发展需要政府加大投入力度,保障基本的救助资金;同时,扩展救助资金的筹集渠道是扩大救助范围的保障。进一步加大宣传力度,广泛动员社会力量,通过慈善机构、单位和个人多渠道募集救助资金,取得有经济能力的私人、企业或团体的支持。③ 扩展资金筹集渠道的另一个方面是建立资金增长机制,医疗救助管理部门要加强对基金的管理,包括筹集、运营、分配和使用,提高基金增值空间。

第三,提高救助水平。救助水平的提高依赖于三个方面,一是逐步取消起付线,财政条件有限的地区可从降低起付线做起,将最困难、最需要帮助的那部分人群纳入救助范围;二是适当提高救助比例,由于救助对象贫困程度各不相同,应该按照对象经济水平给予补贴水平的救助比例④;三是适当增加次均救助金额,尤其是对患病严重而家庭经济特别困难的人群,次均救助金额应该保证其享受基本医疗服务,保障基本健康。

第四,强化保障制度之间的衔接。医疗救助制度实施中要与基本医疗保险、大病医疗救助、社会救助等制度相联系,这就需要增强救助制度的顶层设计,从全面、长久、可持续的角度实现制度的融合与补充。医疗救助制度与基本医疗保险之间的衔接一方面是核实没有参加基本医疗保险的人员的基本情况,对经济困难者提供救助,帮助其参保;另一方面,对基本医疗保险基金报销的剩余部分进行核查,按比例提供救助,谨防造假行为。大病救助需要进一步确定救助的范围、对象和内容,除特殊困难群体外,避免大病救助与医疗救助重复救助,将资源用于更多有需要的人群。社会慈善救助更具有灵活性,在医疗救助的基础上,合理分配社会资源,扩大救助范围。

---

① 李乐平:《对城市医疗救助制度的思考》。
② 赖志杰:《城乡医疗救助制度的现状、主要问题与建设重点》,《当代经济管理》2014年第7期。
③ 王春城:《我国现行医疗救助存在的问题与改进对策》,《石家庄学院学报》2011年第4期。
④ 贾维周:《我国城市医疗救助制度的现况与对策研究》,《人口与经济》2008年第1期。

第五,规范医疗救助制度管理。完善医疗救助制度管理需要从多个方面入手。首先,加快法制化进程,完善法律法规体系。医疗救助相关法律法规的建立有利于保障制度实施的权威性,使管理工作有规可循。其次,明确资金管理制度,做到专款专用。基金的管理是制度实施的关键之一,建立多方参与的基金管理制度,加强行政部门的管理和基础部门与群众的监督。最后,建立医疗救助信息管理制度,建立救助对象的信息库,包括已被救助者和潜在救助对象,对他们的家庭经济状况、健康状况、医疗服务等信息进行收集、核查,提高救助实施的效率与效果。[1]

三、改进基本医疗保险制度

第一,统筹城乡基本医疗保险制度。城乡医疗保险制度的差距已经造成医疗服务的不公平,缩小城乡医疗保险的差异首先要打破城乡二元结构,将保险制度与人们的医疗服务需求相结合,而不是以身份差异决定保障不同,逐步取消医保制度与户籍制度的关联。统筹城乡基本医疗保险的重点是提高保障基金统筹层次,过低的统筹层次给我国的医疗保险带来各种困难,如转移接续不畅通,异地就医无法实现,医疗服务成本增加等。我国可以采取信息化的科学管理模式,逐步提高医疗保险基金的统筹层次,如可以先以省辖市为统筹单位,再逐步过渡到省级统筹。[2]

第二,完善基本保险资金筹资、使用和管理。基本医疗保险基金的筹集关系到医疗保险制度的可持续发展,建立多元化的筹资渠道是必要选择,政府需要发挥市场作用,整合社会各界的力量,促进第三方支付机制的发展。根据经济发展水平、城乡居民和财政能力,强化政府责任,建立保险基金的筹资稳定增长的长效机制。此外,作为"第三方付费"主体,医疗保险经办机构应履行维护参保人员利益的职责,运用谈判的方式有效监督医药提供方,这就需要确定统一的经办机构管理制度。[3] 同时,在保障基金安全的基础上应加强基金的投资运营,在投资渠道的选择上要注重价值投资,长期投资一些有升值潜力的股票、基金和债券,规范投资市场,而在投资项目上可优先考虑与医疗卫生体制建设相关的项目,支持卫生事业的发展,而且政府应该对基金的投资运营给予一定的政策倾斜和扶持。[4]

第三,提高保险水平。我国基本医疗保险待遇水平的确定应该深刻反映"保护与激励"相统一的政府理念,与经济发展与国民健康保险需求达成平衡,同时必须

---

[1] 杨立雄:《我国医疗救助管理制度改革探析》,《学术研究》2012年第12期。
[2] 卢丹:《我国城乡基本医疗保险统筹发展的路径探析》,《中共乐山市委党校学报》2013年第1期。
[3] 罗健、郭文:《我国医疗保险基金面临的问题及对策》,《湖南师范大学社会科学学报》2014年第4期。
[4] 蒋蓉、艾青:《医疗保险基金的市场化运营浅析》,《科技与管理》2012年第6期。

在筹资与制度水平之间达到平衡。① 基本医疗保险水平的提升需要建立一定的指标体系,作为衡量医疗保险水平的工具,直接反映保险程度的高低,资金需求大小,政府、企业和个人的承受能力,与经济发展的适应度等。这些指标体系的建立应该将医疗保险的收入、支出、结余、参保率、报销比例、覆盖病种、医疗费用等,与经济发展指标和人们的医疗服务需求相结合,真实地反映水平高低。

第四,加强基本医疗保险制度的监管。基本医疗保险的管理需要与时俱进,建立信息化的管理平台,利用先进的科学技术将医院的诊疗活动、医疗费用和医保经办机构的报销制度结合起来,全面、动态地了解患者诊疗情况和费用支出,以此规范基本医疗保险费用的报销,并监督医院的行为。

四、强化补充医疗保险的作用

第一,促进基本医疗保障与补充医疗保险之间的合作。基本医疗保障主要是国家主导的保障制度,坚持的是"保基本、广覆盖、多层次和可持续"的原则,也就是保障广大社会成员基本的医疗服务需求。而补充医疗保险的作用在于满足不同收入群体的不同需求,尤其是在基本以外满足更高层次的需求。基本医疗保险和补充医疗保险在制度设计、保障功能、保障对象等多个方面存在差异,正因为如此,更需要发挥二者的共同作用,促进相互合作。基本医疗保险在基金的运营和管理方式方面应该多向商业保险学习,发挥市场作用,增加基金收益,提高制度实施的效率;补充医疗保险则应及时发现基本医疗保险以外的市场,使更多的社会成员有机会参与,也为基本医疗保险报销以外的医疗费用提供报销渠道,减轻患者的经济负担。

第二,扩大补充保险的覆盖对象。现有的补充医疗保险种类有限,保障人群的覆盖面也比较小,因此其补充作用没有很好地发挥。扩大保障的范围,首先要增加补充医疗保险的种类,从预防到康复护理再到保健服务都应该发现潜在市场,制定适合人群需要的险种,每一个险种又可以设置不同的保障层次,使不同收入的人群都有机会参加;其次,在补充保险制度内也可以通过降低起付线、提高封顶线等措施为更多的成员提供保障;最后,补充医疗保险需要发挥社会各界力量的参与,补充医疗保险的组织形式多样化,这是社会不同力量的结果,将社会个体的力量集中起来,保障的能力就会增强,就能使更多的人受益。

第三,有效使用和管理补充医疗保险基金。首先,补充医疗保险的基金要做到专款专用,不同机构和组织建立起来的保险基金应该直接用于相应的参保者,保障

---

① 崔富利:《对基本医疗保险水平的一点思考》,《科技致富向导》2009年第1期。

基金安全;其次,促进基金保值增值,保险基金的投资分散化、多元化是保障基金安全的重要方式,例如购买股票、投资股票、投资不动产、贷款、存款、投资基金、投资基础设施建设等,扩大基金的来源;再次,培养专业的基金运用相关人才,基金的运用不同于保险业务,需要更加专业的人才,在决策时能敏感发现投资风险,在投资时能进行投资分析,及时抓住机遇,对投资项目有一定的预测性和前瞻性;最后,降低基金风险的重要方面还在于建立专门的基金管理机构,专门的机构需要对市场的各种信息进行分析和研究,才能做出科学的决策,投资于什么行业、如何分配投资比例、投资的期限、基金的核算等使资金的使用变得更加复杂,建立专门的基金管理机构很有必要。

1.3.3 中国失业、工伤、生育保险制度改革展望

一、中国失业保险制度改革展望

(一)明确制度的再就业导向

一个有效率的失业保险制度应该能够根据国内外宏观经济发展走势、经济周期波动、社会结构、劳动力市场供需情况等诸多方面的因素,及时调整保险金的发放水平及发放期限。从世界各国失业保险制度的发展情况来看,尽可能地缩减被动、消极地向失业者提供收入补偿,取而代之实施积极的失业保护政策一直是各国失业保险制度的改革方向。如果说制度建立的初期更多的是从"国家责任""政府义务"的角度去试图建立一种救济性质的失业保障制度的话,那么,今后我国失业保险制度在制度理念、目标设计上更应该着重考虑失业保险制度的激励作用及再就业导向,而不仅仅是失业者的生活保障问题。这其中可以通过完善、科学的职业培训体系设计,加大失业保险基金对再就业指导的侧重,将失业保险金的领取时间与再就业时间挂钩等措施来实现。

(二)进一步扩大失业保险覆盖面

失业保险制度是完善的市场经济体制下客观需要的一种社会保险项目,其功能在于应对周期性失业、摩擦性失业、结构性失业、季节性失业等失业风险对失业者本人及其家庭的影响。因此,理论上讲,失业保险制度应当和养老保险制度、医疗保险制度及工伤保险制度等险种一样,包括全体劳动者。国际劳工组织发布的《国际劳工条约》中明确规定:失业救济保险适用于所有工薪人员,从世界上建立失业保险制度的国家来看,也大部分覆盖了社会全体劳动者。因此,未来我国失业保险制度的工作重点之一应当是逐步扩大制度覆盖面,将城镇各种类型的失业者以及相当规模的农村剩余劳动力都纳入失业保险的保障范围。

(三)进一步提高失业保险制度的统筹层次

目前我国的失业保险基金主要采取市、县分级统筹管理的方式,较低的基金统筹层次,不能够体现互助共济、风险共担的风险管理原则,也不利于国家从宏观层面根据全国各地区的经济发展情况,统一调配失业保险基金的决策权力的实现,限制了失业保险制度功能更好地发挥。同时,我国幅员辽阔,东中西部地区经济发展水平差异较大,老工业基地与新兴城市之间下岗、失业人员的比重悬殊,以市、县级为主的基金统筹层次也不利于各地区经济的均衡发展。提高失业保险基金的统筹层次,如可能的话,建立中央统筹基金,由中央层面根据各地区的实际情况,统一调配、调剂使用基金显然将有利于增强失业保险基金的调剂功能发挥,缩小东、中、西部经济发展差距。

(四)建立动态的失业保险费率调整机制

如前所述,失业保险金给付水平过低,增长幅度不够明显是制约我国失业保险制度功能发挥的主要问题之一。建立动态的失业保险费率调整机制,将失业保险费(税)率根据行业、企业的失业风险大小采取差别费率;将经济周期预警、金融危机预警等经济发展干扰因素以及物价上涨水平、通货膨胀率等纳入失业保险费率调整系统,建立动态的失业保险费率调整机制,及时调整失业保险金的给付水平、给付周期等,使其发挥更好的保障失业人员及家庭的基本生活功能。

(五)完善失业保险管理制度

在当前失业保险费用征缴困难,不少行业、单位对失业保险制度重视程度不够等困难情况下,未来可以考虑建立一个透明、高效、便捷的失业保险信息网络平台,在这个平台的基础上,全面监管失业保险基金的收缴、给付等环节,实现失业保险制度的规范化运营。同时,未来还可以探索失业保险基金的合理投资运营方式,以实现失业保险基金的保值、增值,抵御国际、国内经济的发展风险。

二、中国工伤保险制度改革展望

(一)实现工伤保险制度和人群的全覆盖

劳动者是社会进步和发展的主体,所有劳动者都应该平等享受社会反馈的福利。当前,无雇工的个体工商户、灵活就业人员(自雇劳动者)游离在工伤保险之外,建议参照各地探索的经验,将凡在各级劳动事务所、人才交流中心等劳动、人事事务代理机构代理劳动保障关系的各类灵活就业人员纳入工伤保险中来;同样是社会主义劳动者,不应再被分成三六九等,建议工伤保险不搞双轨制,将公务员和参照公务员法管理的事业单位、社会团体的工作人员全部纳入工伤保险统筹管理,由其单位缴纳工伤保险费。这样一来,工伤保险实现制度全覆盖。下一步便是实现工伤保险人群全覆盖。工伤保险扩面的重点是高风险行业（如建筑行业、煤炭行业）的农民工，以及无雇主的个体工商户、灵活就业人员（自雇劳动者）。

（二）完善工伤认定，将"过劳死"和退休返聘人员的事故伤害视同工伤

首先，要对"工伤"进行法律上的一般界定。为了能对所有工伤做出及时科学的认定，弥补列举式立法的缺陷，有效保护受伤害劳动者的权益，现在不少国家采取具体列举与抽象概念相结合的立法形式来界定工伤认定的标准。因此，我们认为，中国有必要根据法理对工伤的各种情况进行归纳，抽象出工伤的一般特征，对工伤进行法律上的一般界定。其次，放宽对"过劳死"的认定标准。《工伤保险条例》将"过劳死"限于工作时间和工作场所的规定过于苛刻，也不符合工伤认定的基本原则，建议参考日本的做法，进行个案的认定，即只要引起其发病的行为符合或服务于职业利益的，即可认定为工伤，而不拘泥于时间地点的限制。最后，建议在工伤保险立法中明确，"退休返聘人员发生事故伤害的，属于工伤"，而不要纠结于退休返聘人员与用人单位之间是否存在劳动关系。

（三）当工伤保险责任与第三人侵权责任竞合时，采用兼得模式

我们认为，当侵权人为第三人时，应采用兼得模式，即除工伤医疗费外，工伤保险补偿与侵权人赔偿都应获得。因为第三人侵权导致工伤，工伤保险待遇支付请求权和民事损害赔偿请求权这两种请求权产生的基础、指向的对象以及法律性质均不相同，前者是基于受伤害职工与用人单位之间劳动关系产生的工伤保险待遇请求权，补偿责任人是社会保险机构或用人单位，属于社会保险法调整范畴；而后者则是基于受伤害职工与侵权第三人之间侵权关系产生的民事损害赔偿请求权，补偿责任人是侵害人，属于侵权责任法（民法）范畴，两者性质完全不同，不能相互替代。既如此，只要同时符合两类请求权构成之要件，受伤害职工当然可以依法享受相应补偿。如果受伤害职工不能享受穷尽法律赋予其的最大利益，那么对其自然是最大的不公正。

（四）完善基金支出结构和费率机制，实现工伤保险基金省级统筹

目前我国工伤保险基金结余过多，截至2013年年底，工伤保险基金累计结余996亿元，按照2013年的工伤保险基金支出规模482亿元计算，工伤保险基金即使一分钱不收入，也足够两年的发放支出。工伤保险基金实行"以支定收，收支平衡"的原则，工伤保险基金结余过多，一方面说明工伤保险待遇水平过低，应适当提高工伤保险待遇标准；另一方面，说明工伤保险的缴费率过高，应根据企业安全生产和工伤事故发生情况阶段性地降低工伤保险缴费率，同时加强保险精算，合理确定工伤保险费率上下浮动的幅度。此外，为了使工伤保险基金在更大范围内调剂余缺、分散风险，建议按照《社会保险法》和《工伤保险条例》的要求，尽快由市级统

筹过渡到省级统筹,并建立工伤保险中央调剂金。提高工伤保险的统筹层次,是工伤保险的宗旨所在,也是其发展的必然趋势。

(五)颁布《工伤保险法》,健全工伤保险配套法律体系

工伤保险是当前社会保险各险种中法规最完备的,如果国家要推行社会保险各险种单行立法,《工伤保险法》肯定是最先出台的。建议在条件成熟的时候,尽快颁布《工伤保险法》,以使工伤保险劳动争议、行政争议有法律可依。另外,还要健全工伤保险配套法律体系,及时修订《安全生产法》《职业病防治法》《煤炭法》《建筑法》《残疾人保障法》《职业病目录》《工伤认定办法》等法律、法规和部门规章。

(六)全面建成预防、补偿、康复三位一体的工伤保险制度

一直以来,中国工伤保险制度的传统理念是"重补偿、轻预防、轻康复",这一理念存在较大的问题。未来工伤保险的建制理念应该是"预防优先,先康复后补偿"。德国工伤保险制度一百二十多年的实践经验已经证实,工伤预防能大大降低事故发生率,进而减少工伤康复和补偿的压力,降低工伤保险基金的支出;职工发生工伤后对其进行最好的康复使其能重返工作,不仅是对劳动者权益以及人权的最为有力的保障,亦能从总体上降低社会成本。因此,"预防优先,先康复后补偿"的建制理念是符合国际工伤保险的发展规律的,据此建立起的将是符合科学发展观的、可持续发展的新型工伤保险制度。2007年和2009年中国工伤康复和工伤预防分别开始试点,但推进缓慢,建议未来加速试点,并尽快在全国全面推开,以真正建成预防、补偿、康复三位一体的工伤保险制度。

三、中国生育保险制度改革展望

生育保险的发展需要重点从以下方面着手:第一,拓展保险覆盖范围。目前的生育保险主要针对就业人群,非就业人群却没有包含进去,主要包括两大群体:一是城镇没有工作的女性,如下岗职工、个体户、家政工作者、钟点工、无业者等;二是农村妇女劳动人群。这种只覆盖部分人群的基本保险制度明显是不公平的,我国需要尽快订立促进生育保险的社会统筹范围,逐步建立一个全国统一的生育保险,将所有妇女加入剩余保险体系内,充分体现其价值,保障期基本权利。① 第二,扩大制度宣传,加大制度实施力度。在保障制度全覆盖的基础上,需要加大对制度的宣传,使更多的社会成员了解生育保险的内容和妇女的权益。同时,要加强制度的实施力度,现有的生育保险存在实施不到位的现象,达不到保障的效果。必须根据

---

① 汪炉蒙:《新形势下我国生育保险问题研究》,《佳木斯教育学院学报》2014年第3期。

妇女相关权益保护法律法规将与生育相关的制度落到实处，包括产假、生育期内的工作和工资、生育期的护理等，严格落实妇女生育期的基本保障对保障妇女健康、更好地投入工作和提高生活质量有重要意义。第三，加强生育保险基金管理。一是合理利用生育保险基金，按照保险制度规定的内容给付，保障生育需求；二是扩大筹资来源渠道，在保证基本缴费的基础上还应该增加其他渠道的基金来源；三是合理利用基金，逐步制定合理方便的生育医疗费用结算办法，如按病种付费、按项目付费、按人头付费等，确保参保者既能充分享受生育保险待遇，又能有效杜绝生育保险基金不合理开支。① 第四，强化制度监督。无论是制度的实施还是基金的使用，都需要严格的监督，对生育保险的参保、缴费、基金的运营、待遇给付等过程需要有一定的约束力，促进政策实施者按照法律法规行事，保障制度落实。

1.3.4 中国社会救助制度改革展望

一、加强社会救助制度的顶层设计，提高立法层次

中国改革开放已经经历了三十余年，社会救助制度摸着石头过河积累了不少地方经验，但是由于缺少制度的"东风"，难以在全国全面生根开花。未来要加强社会救助制度的顶层设计，形成有中国特色的社会救助体系。进一步补充缺失的制度，细化过粗的制度，整合零碎的制度，以促进社会救助制度更好、更全面地发挥起作用。②

根据国际经验，社会救助的立法在社会保障各个项目立法中处于优先考虑的地位，目前中国虽然颁布了《社会救助暂行办法》，但规定过于笼统，社会救助的实施还是依据分散的单项救助法规或规章，法律层次不高，且对于经费投入、项目运行、救助对象、救助标准等规定都具有随意性。对此，中国应该提高社会救助的立法层次，尽快出台《社会救助法》，将基于分散立法的救助法规与各部门的最低生活保障制度、灾害救助、医疗救助、教育救助、住房救助等纳入统一的综合制度之内，且各个救助项目的资格条件设定有所区别；同时应该保证社会救助立法的权威性，实现社会救助工作由政策指向性向法制保障性的根本转变，对于"人情保""关系保"的现象设立严格的惩罚机制，保证救助工作的规范性和强制性，全面、细化、整合各个救助项目的制度设计。

二、社会救助定位要清晰，真正起到"兜底线"的作用

长期以来，中国的社会保障制度改革一直将重视社会保险作为一个基本方向，

---

① 杨文玉：《试析当前职工生育保险工作中的不足及解决措施》，《企业研究》2013年第22期。
② 洪大用：《社会救助制度的目标与我国现阶段社会救助的评估》，《甘肃社会科学》2007年第4期。

经济体制的改革将相当一部分人甩出了队伍,而社会保险强调权利与义务的对等,失去能力的人群没有能力缴纳社保费,也就失去了享受社保的权利。如果没有一种办法使他们跟上大部队,就会迫使他们走向极端,导致社会不和谐,所谓的"全民社保"也只能是空想。罗斯福在第二任期就职演讲中说:"检验社会进步的标准不是看我们给富人增加了多少财富,而是看我们是否为穷人提供了足够的援助。"中国不能因为重视社会保险而产生排他效应,导致整个社保体制的失衡。从人类历史发展来看,社会保障的萌芽正是因为济贫需要而产生的。时至今日,中国仍有很多贫困人口,他们由于能力的缺乏需要外力的帮助。"社会政策要托底"是一条铁律,必须要遵守。在建立和完善好社会保障的最后一道防线的基础上才能谈更高层次的社会保险和社会福利,切不可本末倒置。

三、加大财政投入,合理划分中央与地方社会救助支出责任

中国对社会救助投入的资金水平偏低,困难人群的需求满足程度较低,对此,建议:第一,加大社会救助资金投入,合理确定救助标准,实行中央领导下的地方分责制度,进行科学的财政分担机制设计,使中央和地方共同承担起社会救助支出的责任;第二,建立财政优先保障机制,实行社会救助支出与财政收入的同步增长,保证社会救助资金投入能够与国家经济总量和政府财力之间实现稳定内在增长,进一步建立统管统支统筹的经费保障机制;第三,对中央的财政转移支付制度进行模式创新,中央可以根据各地不同情况,直接跨过省级,直接向救助工作比较薄弱的县级进行财政补贴,以提高社会救助资金利用效率。

四、拓宽社会救助理念,建立有中国特色的全面社会救助体系

第一,中国目前各项救助单打独斗,不配套,严重妨碍了救助整体功能的发挥。经济学界有一个著名的"短板理论":任何一项具体制度的不完善都将影响整体功能的实现。基于此,中国在发展基本救助制度的同时,要注意完善专项救助,困难群体缺衣少食的同时,绝不可能消费得起教育、住房、医疗等发展性需求。政府的各项救助应该彼此相通,不能因为享受基本救助而失去专项救助的享受资格或是没有申请基本救助资格就不能申请专项救助,只有这样,整个社会救助的电路才会通畅,社会救助网才能真正起作用。根据时代的发展需要,中国也要开发一些新的救助项目,像护理救助、环境污染救助等,以保障弱势群体的人权。

第二,救助不是冷冰冰的社会政策,而是充满人情味的。不能因为申请救助,就给弱势群体某种程度指责,国家要大力宣扬社会主义核心价值观,使全体国民以友善之心真正帮助有需之人。同时救助要调动受助之人积极性,防止"懒人"效应。国外社会救助的经验表明"一个很高的社会救助率意味着经济政策特别是劳

动力市场政策的失灵"①。强化救助的工作激励原则,避免贫困陷阱,中国也有很多地区的经验值得借鉴,如对贫困人士自谋职业的小额贷款天津模式、城市社区建设的大连经验都是值得在全国推广的。②

第三,原来针对贫困家庭的救助偏重经济上救助,而这部分群体往往在心理、家庭、婚姻方面也存在问题。我们要吸取港台地区经验,发展专业的社会工作队伍,进行社会救助服务,以此来帮扶困难家庭经济精神都脱贫。训练有素的社会工作队伍也可以为中国社会服务事业的发展注入新鲜活力。

第四,城乡有别的救助制度,使得社会安全网存在较大漏洞,这与"十二五"缩小城乡社保差距的目标严重不符。目前中国救助资源倾向于城市,农村只能分得城市的"残羹冷炙",无论是制度建设还是运行机制。农村也远落后与城市,农民工救助远远没有建立,城市救助存在严重的社会排斥。建立城乡一体化的社会救助,营造一个公平的环境,是改革的大方向。社会救助制度一定要搭上城市化变革、户籍制度改革、统筹城乡发展的快车。

五、统筹规划,"多龙治水"相互配合,重视基层建设

当前,中国的社会救助呈现"多龙治水"的局面,民政部、卫生部、教育部、住房和城乡建设部、人力资源和社会保障部、妇联等均有参与,短期内将项目繁多的社会救助划归一个部门是不切实际的,但是交叉管理既不利于部门协调,又增加了制度运行成本。中央要统筹规划,协调好各部门关系,发挥民政部的牵头作用。同时尽快建立统一的社会救助信息平台、困难群众的信息数据库,推动横向互联的跨部门信息共享,吸纳金融、证监、工商、税务等部门配合工作,编制好社会救助的管理网。

另外,社会救助要真正起作用关键是基层的落实,目前中国的社会救助基层管理经费过少,出现"巧妇难为无米之炊"的窘境,严重影响了基层工作的积极性,基层工作经费的足额划拨,才能使得制度正常运转。地方财政应该设立专门的经费项目,将基层工作人员纳入公务员队伍、事业编制或设立公益性岗位。

六、实行多样化救助,建立救助标准动态调整机制

第一,不同的救助对象对于社会救助的需求侧重点不同,目前千篇一律的按标准给付救助款的方式可能对于目标对象的帮助"杯水车薪",浪费资源的同时又起不到作用。对症下药是关键,救助方式不必拘泥于一种,在这方面,国外有许多借

---

① Björn Gustafsson, "Disparities in Social Assistance Receipt Between Immigrants and Natives in Sweden," IZA Discussion Papers, No. 6129, November 2011.

② 唐钧等:《中国城市贫困与反贫困报告》,华夏出版社 2003 版,第 291—298 页。

鉴经验,如日本对出狱人更生保护设施、针对低收入孕妇的助产设施,美国对低收入家庭能源补助计划(LIHEAP)、对房客发放住房券,法国医疗救助计划(AME)等等。① 只有我们的救助真正帮助了受困之人,才能帮助其走出困境,增进社会成员对社会发展的认同。

第二,目前中国为了区分救助与保险的差别,设置了过低的救助标准,受助者拿到的救助款仅能满足最低的生存支出,在一些贫困地区,紧巴巴的救助金还不足以支付生存费用。社会救助是一项与时俱进的制度,也要跟随经济发展、社会变迁而变迁。在全社会涨工资、企业养老金十连增的背景下,亟须建立救助标准的动态调整机制,社会救助标准要根据经济发展和物价变动适时调整。

七、大力发展社会互助,完善社会监督机制

第一,根据福利多元主义模式,政府作为社会救助工作的服务主导者,应该为各类社会力量的参与搭建资源平台。《2013年度中国慈善捐助报告》显示,2013年中国慈善捐赠总额仅占 GDP 的 0.17%,表明中国的慈善救助事业还有待发展,政府的社会救助工作还需要引导社会力量参与。因此,中国应大力发展慈善救助、公益事业,引导民间组织、社区的参与,创造多种力量良性发展的社会环境,进而增加各类救助资源的可得性、可观性和可携性,扩大受益人群的覆盖范围;同时,优化政府公共资源的购买服务,发挥非政府组织的作用,提升专业化水平,将救助工作绩效化,努力寻求政府救助与社会互助的平衡。

第二,社会救助制度的运行情况、资金使用状况不能搞"暗箱操作",否则还会导致社会不稳定。我们可以吸收国外经验,建立多方监督机制,成立第三方独立监督机构——社会监督委员会,该委员会主要邀请具有深厚专业背景、广泛社会影响、热心公益事业的知名人士和志愿者代表担任,包括学界、法律、医学、财会、媒体、志愿者等各界代表,用外力来约束政府行为。

1.3.5　中国社会福利制度改革展望

一、坚持"三个结合"的原则

中国"适度普惠型"社会福利的构建是理论与实践相互结合、反复作用的过程,因此应该始终遵循社会福利制度战略研究的"三个结合"原则,即坚持立足现实与着眼长远相结合;坚持理论研究和制度设计相结合;坚持借鉴国外与立足国情

---

① 张奇林:《社会救助与社会福利》,第43—46页;钟仁耀:《社会救助与社会福利》,上海财经大学出版社2013年版,第54页。

相结合。① 依据社会福利的发展状况进行调整,查漏补缺、扬长避短,不断丰富社会福利的内容,不断提高社会福利的水平,不断扩大社会福利的覆盖,坚持走社会福利事业的可持续发展之路。

二、政府承担主导责任

在社会福利社会化程度日益加深的情况下,政府更加要坚持其主导地位不动摇。一方面将社会福利作为公共财政的重点投入领域,扩大福利彩票业的筹资功能,同时把握好适度原则,适当提高社会福利的水平;另一方面政府还应积极引导社会力量更多地参与社会福利领域,指导社会机构开展相关工作,倡导更多新闻媒体、社会公众关注、宣传、支持和帮助社会福利事业,进而推动社会福利事业的快速发展。

三、整合资源,聚集力量

社会福利的社会化说到底还是要依靠社会的力量,不断培育新的公共福利组织,积极鼓励企业、非政府组织、社区、慈善机构、家庭和个人参与,将一些有用的资源进行适当的整合,如加强公共福利组织与非政府组织、慈善机构的合作,包括国际合作,吸收更多的社会工作者、志愿者和义工,开展社区的上门服务和服务培训,带动媒体进行适度的正面的宣传,掀起社会上"人人关心福利,人人参与福利"的良好风尚,促进社会福利事业的蓬勃发展。

四、加快法制建设的步伐

我国社会福利的法律体系还不够健全,很多具体的专门的法律法规还没有出台,有些时候根据政策来工作,缺乏法律的约束和权威,不利于社会福利事业的发展。因此,我国应该加快立法,弥补社会福利制度的法律缺失,保证社会福利事业的健康发展。

五、开展专业化社会福利服务

我国现阶段社会福利的专业化程度不高,从事专门的社会工作的人员偏少,借鉴国外专业高效的社会福利工作的经验,我国应将社会工作与社会福利相结合,培养大批专业化的社会工作者,推广社会工作经验,引导社会工作者进入社会福利领域,发挥自身的优势,简化社会福利工作流程,推进社会福利的专业化发展。

---

① 窦玉沛:《着力社会福利制度发展战略研究 构建适度普惠型社会福利制度》。

2 社会保险改革的风险分析[*]

林毓铭

中国正处于社会转型与体制转轨、机遇与风险并存的社会高风险期,工业化进程加快,产业结构深度调整,社会结构和利益格局发生变化,在社会急速变化的过程中,各类社会问题被迅速地集中和放大,蕴涵着巨大的各类政治、经济与社会风险,给社会保障带来的影响不断加深,城乡间、不同职业群体间社会保障待遇攀比现象突出,公众利益均等化、多元化诉求强烈,政府社会保障管理的难度也在不断扩大。在社会保障的常态与非常态管理中要贯穿风险意识、忧患意识、可持续发展意识,探讨应对各种社会经济风险、自然灾害下的社会保障功能与政府职能问题,建立有强大财力支持的社会保障公共危机管理建设平台,促使社会保障事业可持续发展。

2.1 深刻认识现行社会保障管理体制格局下社会保障发展进程的艰巨性与复杂性

中共十七大报告提出:"到 2020 年基本建立覆盖城乡居民的社会保障体系"的国家发展战略目标,人人享有社会保障成为党和政府对人民庄严的政治承诺。近几年来,社会保障覆盖面越来越大,对社会稳定的贡献率也越来越大,但我们也要看到,当前社会矛盾十分复杂,各种各样的群体性事件或突发事件源源不断,一定程度上削弱或对冲了社会保障对社会稳定功能的发挥,导致社会安全成本居高不

---

[*] 本文为国家教育部人文社科重点研究基地重大项目"社会保障与公共危机管理研究"(课题批准号:12JJD840007)、国家哲学社会科学基金项目"健全社会保障管理体制和经办服务体系研究"(课题批准号:14BSH108)的中期成果;教育部哲学社会科学研究重大课题攻关项目"渐进式延迟退休年龄政策的社会经济效应研究"(课题批准号:14JZD026)的中期成果。

下。各种自然灾害、事故灾难、公共卫生事件、社会安全事件直接或间接地加大了社会保障成本。在社会保障制度全覆盖推进速度加快的背景下,在各种经济与社会风险频发的同时,社会保障内部与外在风险呈放大趋势,各种突发事件对社会保障的负面影响与成本驱动正在扩大。社会保障制度改革取得成效的同时,还存在制度不完善、覆盖面较窄、统筹层次较低、整体待遇水平不高和待遇倒挂、公共服务能力不足等问题,群众的社会保障需求与社会保障发展不足的矛盾仍将长期存在。站在新的历史起点,社会保障体系建设面临诸多新要求和新挑战。在刚性原则推动下,社会保障全覆盖可持续发展,必须辅之以建立社会保险风险管理矩阵,运用公共危机管理理论与方法,对社会保障风险进行积极的风险防范、管理与控制,做出不同阶段的应对策略。

2.1.1 社会保障制度内外的各类风险成本呈上升趋势

社会保障管理体制是指社会保障管理系统的结构和组成方式,即采用怎样的组织形式以及如何将这些组织形式结合成为一个合理的社会保障系统,以什么手段、方法来实现管理的任务和目的。具体地说,社会保障管理体制是规定中央、地方、部门、企业在各自方面的管理范围、管理权限与职责、利益及其相互关系的准则,它的核心是管理机构的设置。各管理机构职权的分配以及各机构间的相互协调,它的强弱直接影响到社会保障管理的效率和效能,在中央、地方、部门、企业整个管理中起着决定性作用。

公共危机管理是社会保障常规性管理体制的重要内容,多年来中国社会保障管理的积弊是责任不明晰,表现在中央政府与地方政府之间、部门与部门之间、政府与企业之间缺乏风险成本分担的法律框架,各级政府的财权和事权不统一,一些社会保障公共服务项目是中央政府请客,地方政府埋单,一定程度上造成地方政府财政赤字。在发生公共风险的情况下,更容易造成"风险大锅饭",如何分担中央与地方政府各自的风险成本,如失业成本的分摊、养老保险隐性债务的弥补、重特大自然灾害成本的分摊、制度性腐败成本与骗保成本、政府失败成本与沉没成本等,各级政府谁也不知道在社会保障全覆盖持续状态下自己应该承担多大的社会保障全覆盖的风险成本。

在上述问题不明确的情况下,各个行为主体就会行动迟缓,相互观望,社会保障的许多公共政策执行不力或是"光打雷不下雨",偏离政策轨道,不仅化解公共危机的效率会大大降低,甚至会延长危机状态,而且将会使中央财政和地方财政在社会保障持续发展中陷入被动。比如延迟退休政策、消除双轨制、机关事业单位社会保险改革、提高统筹层次等,至今没有完善的政策设计,没有好的手段和方案,政府有关部门在公众媒介上隔三岔五地提出延迟退休年龄改革,反复刺激公众神经,反复遭遇公众诟病。按照社会心理学的观点,社会一旦麻木不仁,任何公共政策的执行都可能失去其执政基础。又如中国养老保险基金是否短缺?一些政府官员否认养老保险基金存在整体缺口,一味强调财政强大的兜底机制,而技术官员与绝大多数学者都坦承养老保险基金存在巨大的缺口问题。老百姓自然心生疑虑,到底相信谁?既然国家财力雄厚,为何要制度内的人延迟退休年龄?

2.1.2 社会保障的隐性风险与显性风险不可低估

对社会保障的危机或危机管理在管理层次上高于日常管理,是管理的最高层次。社会保障财政危机管理要服从于建设和谐社会的发展需要,必须与整个国民经济和社会发展规划结合起来,也必须与国家、地区和部门的危机管理体系相适应。在社会保障公共风险防范中,失业问题需要公共财政与劳动社会保障部门共同应对;重大自然灾害通过年度财政预算由民政部门实行常规管理与公共危机管理,并辅之以动态调控机制;养老金的社会化发放有"两个确保"政策作背景,近几年已走上了正常发展的轨道,未来应对人口老龄化的养老金支付危机,需要政府做出长期的预算安排与风险防范;社会保障政策不当引发的危机需要进行政策调整,以符合国民心态与现实诉求;医疗保险与公共卫生问题是最复杂的社会层面,具有公共危机普遍存在性、较强的突发性与扩散性、高频发性、社会影响力大等特点,不确定性因素复杂,需要做出特别的应急预案。

我国养老保险"隐性债务显性化"的趋势表现得愈来愈明显,隐性债务中银行的不良资产及社会保障隐性负债都在逐渐转化为政府的现实负担。按照风险管理或公共危机管理的要求,政府要将社会保障可能面临的各种风险、威胁、危险进行管理。社会保障风险管理工作主要包括三个方面:(1)风险评估——存在什么样的风险、威胁或危险,它们来自何处。(2)风险评价——各种风险、威胁和危险的大小、发生频率与可能性对社会保障的影响有多大。据此排出优先级。(3)风险管理——如何管理各种风险产生的根源,如何在问题出现以前就确定原因解决问题,以消除社会隐患。在人口老龄化不太严重的情况下扩大社会保险覆盖面,是一种人口红利,在人口结构老化与人口老龄化日渐加重的情况下,养老金支付危机与老龄化带来的医疗负担就可能使惯性运行的覆盖面变成一种制度劣势,隐性问题显性化了,政府的相对债权优势转化成了债务负担。

国家在社会保障可持续发展中负有不可推卸的责任,社会保障不等同于国家保障,但国家在社会经济发展过程中负有维系市场失灵的社会保障责任,国家责任不明确,社会保障制度就无从建立,无法实现社会保障的可持续发展。国家责任要明晰,但不是担纲无限责任,国家是社会保险的最后出资人,但需要以社会保险的设计与制度承载为首要前提,并需要国家之外的社会组织、市场与个人来共同承担社会保障的发展重任。超出国家经济承受能力而不切实际地认为国家要为社会保障支出全额埋单,最终会导致社会保障制度的崩溃。

2.1.3 政府需要构建防范风险的政策矩阵

随着人口老龄化社会的到来,社会保障风险正呈放大趋势,建立社会保险风险管理矩阵,运用公共危机管理理论与方法,对社会保障风险进行积极的风险防范、管理与控制,是政府面临的重大任务,不论是从完善社会保障公共危机管理理论,还是从根本上减少或防止社会保障实质性风险,均有重大的研究价值与实践价值。

就社会保障而言,发生公共风险的主要领域:一是产业结构调整引起的群体性失业,那些在劳动力市场上缺少竞争力的人群,会逐渐被沉淀到社会的底层,形成城市贫困人口,需要失业保险政策和最低生活保障制度与之相对应,加之于就业指导与就业培训。二是重大的自然灾害,如汶川地震一度造成除了大量灾民正常的劳动与生活中断、需要社会救济提供物质帮助外,需要安置就业人员就曾达到数百万。三是养老金的社会化发放,一旦遭遇养老金支付危机,需要政府充当兜底者的角色,坚持确保养老金足额按时发放不动摇。四是政策性引发的危机,如中国农民工群体性退保与断保问题,虽然还没有酿成重大的社会事件,但是这给农民工的关怀与政府社会保障的诚信蒙上了阴影。五是公共医疗问题,公共卫生问题的预防性尤其需要提前做出应急预案。六是各种劳资纠纷和劳动条件引发的欠薪、社保缺位、职业病危害等,都可能酿成社会保障直接与间接成本的递增。

上述各种影响因素相互联系,相互作用,要保证社会保障各项工作的目标和任务真正实现,必须建立一套协调、灵活、高效的社会保障运行机制,构建防范风险的政策矩阵。

2.2 各类公共危机对社会保障的影响越来越大,社会保障运行机制亟须加速调整

社会形态是社会政治经济文化性质的外在表现形式,是一定生产力基础上的经济基础和上层建筑的统一体,是社会经济结构、政治结构、文化结构的统一体,包括经济形态、政治形态、意识形态。中国正处在社会转型与体制转轨、机遇与风险并存的社会高风险期。突发公共事件主要分为:自然灾害、事故灾难、公共卫生事

件、社会安全事件等四类。公共危机的社会形态各异,对社会保障的影响不可低估,促使社会保障的负担加重与管理成本的增加。

2.2.1 突发公共事件渗透到社会保障领域,促使社保部门出台应急预案

社会各类危机事件会渗透到社会保障领域,社保部门的应急预案要着重于突发养老保险事件应急预案、突发医疗保险事件预案、突发大规模失业应急预案、突发大规模工伤应急预案、劳资大面积纠纷应急预案等。如社保应急预案中,劳资纠纷和劳资矛盾引发的劳资冲突或"产业冲突"(industrial dispute),是指劳资纠纷和劳资矛盾激化和公开化,劳动关系双方以某种特定的方式——集体争议和集体行动的方式,来表达自己的诉求和争取自己的权益的社会行为。劳资冲突在我国又被称为"突发事件",其主要冲突表现方式为罢工、集体上访、静坐、示威游行、集会等。我国劳资矛盾呈现出新的趋势和特点,从工人抗争的规模来看,既有个别抗争也有集体抗争,但随着劳动关系集体化转型的推进,已逐渐转向以集体抗争为突出的表现形式。近年来,我国的劳资冲突急剧上升,集体争议以每年30%的速度递增。这些集体行动虽然大都发起于经济诉求,但事件的最终走向却差异很大,有的集体行动从劳资冲突演化为劳政冲突,如南京"LG Display"罢工等事件。有的集体行动演化为激烈的暴力冲突,如通钢事件、林钢事件、太原富士康骚乱等。劳资事件对社会保障健康发展影响是巨大的。群体性事件演化过程如图2-1:

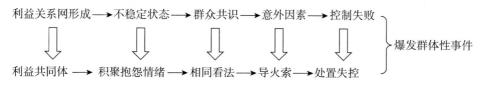

图2-1 群体性事件演化过程

转轨时期社会经济所具有的过渡色彩和诸多不稳定、不平衡因素,加剧了社会经济运行中的公共风险,增加了公共危机发生的可能性。我国正处在经济体制和经济增长方式双重转轨的特殊时期,存在诱发公共危机的潜在的制度及非制度因素。高度重视公共危机管理、建立公共危机的预警机制和政府干预公共危机尤为必要。

自然灾害、事故灾难、公共卫生事件、社会安全事件均会对社会保障的发展产生影响,增加社会保障发展的制度成本,如各类生产安全事故也会给社会保障带来直接的影响,中央层级与地方层级的社保部门均成为应急救援体系中的成员:医疗保险、工伤保险、工伤事故争议处理、工伤康复等离不开劳动社会保障部门和社保

定点医院的参与。各类群体性事件,其社会影响与经济影响,致使劳动和社会保障部门也难脱干系。

建立社会保险应急预案可以通过明确预案实施所要达成的目的或效果来确定应急管理的措施和方法。应急预案的最初衷目标是预防突发事件的发生,并尽可能地减少突发事件造成的各种损失。因为目标具有比较强的关联性,所以在非常规状态下对应急管理目标的选定必须因时、因地、依据现实状况而定。有时对某些民众有利的目标未必会对其他民众有利,有时为了保证全局目标的实现必须牺牲局部利益。在目标确立之后,必须选择预案实施过程中所采取的方式、方法和手段。例如应急决策的程序、突发事件现场处置的方法、应急保障各项资源的管理与调用方法、应急管理人力资源迅速调配的方法等,见图2-2。

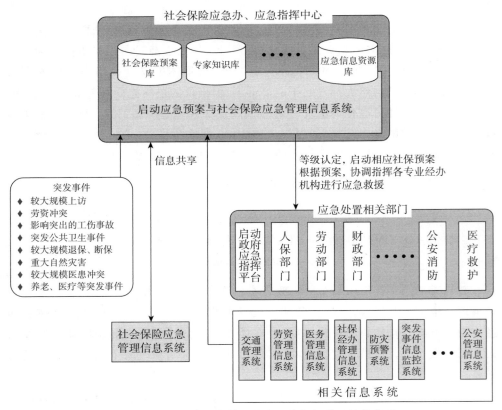

图 2-2 社会保险应急管理信息系统与相关系统的关系

2.2.2 结构性变迁、体制型剥夺容易触动公共危机转型升级

根据斯梅尔塞的加值理论,群体性事件的产生是由六个因素共同决定的,即由于特定的社会结构条件引发了结构性怨恨与剥夺感,当群体对这种结构性的怨恨有了共同的认识,使其转换成一般信念时,若是恰好出现了能触发群体性事件的因素或事件,经过有效的社会动员,基于社会控制力下降的背景,群体性事件就产生了。结构型变迁、体制型剥夺容易触动公共危机转型升级,如产业结构调整造成的结构性失业,使那些在劳动力市场上缺少竞争力的人群,会逐渐被沉淀到社会的底层,形成城乡无业、失业、半失业者贫困人口阶层,容易引致群体性事件,这是集体行为的基础性社会环境基础所致;新生代农民工处于社会底层,市民待遇缺失,陷入"融城"与"逆城"两难境地,生存权、教育权与发展权均十分不利,往往在群体性事件社会犯罪中,流动人口占有较大比例;农民工是市场经济的产物,是历史和现实的"畸形儿",其特殊的社会身份和地位决定了命运多舛的生活轨迹。城镇化建设中,农民工对城市社会保障的态度不仅是参与的期待,更多的是真正意义的待遇期待,是真正市民化的期待。当出现群体性利益失落的时候,建立社会公平机制尤为关键。

2.2.3 体制改革引发社会保险后遗症

体制改革也会对社会保险事业带来影响。如出于促进"广东制造"向"广东创造"转变的战略需要,广东2009年出台《关于深化科研体制改革的意见》。广东率先在全国进行科研体制改革,有效推动产业结构优化升级,但随着改革的深入,一些深层次矛盾和问题不断暴露出来,广东部分转企科研机构因难以补足离退休人员待遇,负担非常沉重。如广东省农科院7个科研院所离退休人数为388人,但在职人员才102人,离退休与在职者比例高达3.8:1,离退休人员工资和医疗费严重超支。近年来科研机构离退休人员群体上访事件数量呈上升趋势。广东省财政厅副厅长沈梅红认为,"群体性上访事件影响了财政科研经费的科学安排"①,广东新一轮科研体制改革应该充分解决上一轮改革遗留的医疗、社保等问题,维护社会稳定。

20世纪下海潮、下岗潮、买断工龄等改革带来的社会保险缺失问题成为群体性上访与社会不稳定的风险源,这些历史遗留问题要下大力气加以解决。

---

① 程景伟:《广东离退休科研人员群体上访事件增多》,中国新闻网,2012年5月16日。

2.2.4 企业社会保障管理与政府社会保障管理不同步,经办管理体制不力留下遗憾

偏重经济发展,忽视生命与健康的尊重造成了太多的工伤悲剧,事实上已构成了重大的公共危机,与其仅仅说成是资本逐利之恶,不如说是企业主的人性泯灭。健康人瞬间变成了残疾人,打工者由此带来的心理阴影将永久地埋藏,他们的人生轨迹转变了航向,驶向的也许是黑暗与沉沦。2013 年发生多起重大生产事故,如 6 月 3 日吉林宝源丰禽业公司一场大火夺去 121 人的生命,76 人受伤,令人痛心疾首,宝源丰禽业公司并未依法缴纳包括工伤保险在内的各项社会保险,也未投保团体人身意外伤害保险,仅仅死亡赔偿金就达到 6000 多万元,对企业来说这是一起无法背起的债务。企业若存侥幸心理,一旦遭遇此种特大人祸,只能陷入无尽的悲痛。① 对政府而言,社会保险经办管理松散与监督不力,发生类似事件,社会保险部门责任何在?

2.3 各类社会形态的风险因素渗透到社会保障领域,形成负能量

经济形态是一个三维概念,包括时间维、形状维(结构)和状态维(特征)。我国所进行的经济体制改革,其实质是依据社会生产力、经济全球化和现代市场经济发展的内在要求,重构和完善社会主义初级阶段的基本经济形态——公有主体型产权形态、劳动主体型分配形态、国家主导型市场形态和自力主导型开放形态。研究任何一个经济结构,不但要重视它的要素特性及其结合形式,同时也要重视它的比例关系,否则就可能引发公共危机。

2.3.1 地方政府债务危机一定程度上影响社会保障事业的可持续发展

国际货币基金组织确定的合理债务负担率在 90%~150% 的范围内。目前我国很多地方政府都面临负债累累的尴尬局面,且负债规模急剧扩张。国家审计署公布的针对 36 个地方本级政府性债务的审计结果显示,2012 年,有 9 个省会城市本级政府负有偿还责任的债务率超过 100%,最高的达 188.95%,如加上政府负有

---

① 安全监管总局监督管理二司:《吉林省长春市宝源丰禽业有限公司"6·3"特别重大火灾爆炸事故调查报告》,安全监管总局网站,2013 年 7 月 11 日。

担保责任的债务,债务率最高的达219.57%。① 如果未来地方政府负债由可控变为控制困难,那么中央政府自然也会不堪重负,从长期来看,地方政府债务问题的确值得我们警惕,美国的底特律政府破产危机势必应引以为训。我国的地方政府债务其实被低估,没有包括旧体制留下的养老金显性债务在内,至2014年4万多亿元的养老保险"空账"实际上就是政府的一大债务没有计算在内。一些官员认为地方政府债务危机不会影响民生事业,即使失控也可倚仗中央财政的调控功能与转移支付。事实上,中央财政的蛋糕过多地被民生所用,影响经济建设,最终还是要影响社会保障的可持续发展,关键还要在控制地方债务上做文章,减少对民生的影响。

2.3.2 经济下行与金融危机不利于社会保障的发展

从经济上考量,与社会保障有联系的公共危机的经济形态表现为金融危机、贫富差距扩大、工资待遇双轨制、经济增长与就业增长不同步(反"奥肯定律"或称中国的"双高现象")、公共财政危机、生态危机、重大自然灾害、计生政策等等,都可能对社会保障产生重大影响,威胁到社会保障事业的健康发展。近几年来经济下行,从退保到断保现象对社会保障的发展构成了威胁。

金融危机导致经济危机和债务危机,对社会保障的影响是持久和深远的;贫富差距扩大导致社会保障待遇冰火两重天,政府财政转移压力加大,并可能引发民怨;工资双轨制引发的养老保险待遇问题,除非采取"休克疗法",否则这是一个长期困扰政府的难题,十年调整难解旧苛;中国的"双高"现象,表现为经济增长带动就业增长的乘数效应不明显,各种类型的失业尤其是大学生、农民工、城市难就业人群(含数千万残疾人)的就业问题长期困扰中国经济;中国西部大开发、中部崛起、东北振兴计划、社会主义新农村建设等重大战略规划多管齐下,事实上分割了公共财政基金,养老与医疗保险等财政补贴或财政兜底机制或多或少会受到影响;独生子女政策持续过长则反过来损害了社会生态,直接导致人口老龄化、性别比严重失调等社会问题;2015年左右全国大部分省份"人口红利"基本消失,未来20年发达省份"人口红利"也将逐渐耗尽,劳动力成本低廉的比较优势将随之消失,将使得中国所依赖的出口这一"经济增长的发动机"也失去动力,"刘易斯拐点"(Lewis Turning Point)已局部显现,正在改变的人口老化特征将导致中国经济增长减速。

---

① 国家审计署:《审计署公布36个地方政府本级政府性债务审计结果》,中国新闻网,2013年6月10日。

2.3.3 人口老龄化危机对社会保障的负面效应显性化

中国政府提出了"2020年基本建立覆盖城乡居民社会保障体系"的国家发展战略,2010年1月,美国智库兰德公司发布报告称:"到2020年,中国人口老龄化会使工作人口与不工作人口的比率成为世界上最糟糕的,比日本更甚。如果没有特效的新政策,中国的经济在那个时期就会狠狠地撞墙。到2020年,以我们的标准来看,它会是一个非常穷的国家。"[①]人口老龄化使国家与地方财政负担愈发沉重,随着老龄人口的快速增长和劳动力的不断萎缩,经济增长势必放缓,税收随之减少,但是养老和医疗保健的支出随着人口的高龄化、慢性病普遍化而不断增加,从而对财政状况产生不利影响。美国战略和国际问题研究中心早在2004年公布的《银发中国:中国养老政策的人口和经济分析》的研究报告中就指出:中国必须在十年内打下坚实基础,否则几年后就有爆发"严重危机"的危险。外国著名人口学家菲利普·朗曼曾经发出这样的警告:"中国将会在变富之前变老。"中国的人口老龄化问题因为独生子女政策而更加恶化,老化的人口将对政府推动内需作为增长新引擎的努力提出挑战。

2.3.4 社会保障超经济发展和制度刚性将引发财政问题

全球都目睹了美国政府由于民主、共和两党在奥巴马医改问题上的严重分裂,禁止给医改方案拨款或要求医改延迟实行,导致国会参众两院无法就新财年预算案达成一致而"关闭"。"撕裂的美国民主"噩梦重现,出现"政治恐怖主义",直接导致了"奥巴马医改"困局。社会保障制度作为维系社会稳定的民心工程,如何描绘社会保障的发展蓝图,如何进行公平与效率相结合的制度设计,如何运用社会保障的政策工具,以最大的可能减少制度摩擦与社会矛盾、降低制度成本,实现社会和谐,是国家社会保障全覆盖发展战略的关键。我国社会保障全民覆盖战略会不会因人口结构老化引发未来经济超载问题,会不会因地方政绩的需要,将自愿性新农保、新农合,城市居民养老与医疗保险变为诱致性甚至强制性参保引发财政问题值得思考。

我国目前实行的是"养老金双轨制"的退休制度,即企业职工实行由企业和职工本人按一定标准缴纳的"缴费型"统筹制度,机关和事业单位的退休金由国家财政统一发放。这使得两者之间的养老待遇差距达到三倍之多。"养老金双轨制"被指是当今社会最大不公,政府的公信力下降,作为制度设计者,公务员对自身利

[①] 江涌:《"银发浪潮"冲击中国经济》,《世界知识》2010年第10期。

益的保护和潜意识的"官本位"心理,在一定程度上导致了山西、上海、浙江、广东、重庆等地进行事业单位养老保险制度改革试点的失败。尽管在逐步推进的建设中,企业退休人员养老金得到"十连调",而民意测验显示退休人员仍高度不满意。最容易让人觉得社会不公的饱受诟病的"双轨制"始终未能破冰,养老金不合理的差距仍然在继续扩大,"养老金双轨制"实际上已演化为社会诟病的公共危机。2016年企业退休人员再增资6.5%的政策已定,社会保障的制度刚性无法避免,对新政府而言是一个艰难的政治决策。体制性问题不解决,制度内的社会抱怨难以消除。

2.3.5 体制型的灰色利益链引致社会保障运行机制障碍

利益链是附着在利益集团身上的利益相关者的一种依附关系,在社会保障领域主要表现为以下几个方面:

其一,一些地方政府对外来务工人员的排斥政策事实上激化了社会矛盾。

从理论上和实践上我们深知,外来务工人员是城市建设的伟大贡献者,由于外来务工人员的平等就业权、市民权等不受政府保护,对外来劳务人员市民化的排斥性政策,恰恰意味着使用外来务工人员可以使政府和企业获得更多的利益。在城市居民与外来务工人员之间,形成了一种具有地位、利益的上位与下位特征的利益链关系。

这实际上降低了企业侵害外来务工人员权益行为的法律成本,企业易将工资压到最低,或免去签订劳动合同的义务,并可以依照企业的生产需要和员工的表现随时解雇。工资底线是各地政府出台的最低工资制,在劳动力供给充足的情况下,为节省劳动力成本,绝大多数工厂以最低工资标准作为降低劳动力成本的最佳途径,按照最低工资水平线来长期确定工人的工资。他们或是利用试工期与丰富的劳动力资源频繁更换员工,避免加薪;或是将加班费及津贴算入工资,凑足最低工资;还有的企业尽量压缩员工数量,加大劳动强度,减少工资支出。对于没有就业优势的外出打工农民而言,最多的方法只有通过加班多挣钱,在身体最大承受能力下,通过加班加点工资弥补低工资待遇,一些地方政府为了保持当地所谓劳动力低成本的比较优势,不愿意提高当地最低工资标准,担心失去当地低廉劳动力成本优势而使招商引资受挫。在珠三角地区,当镇、村级政府与投资者结成利益共同体时,担心失去当地的劳动力成本比较优势,政府的寻租行为在一定程度上成为提高当地工资水平的阻力。

其二，劳务派遣制度侵犯劳务人员的切身利益。

马威尔和奥利弗提出，在现实生活中有一种"非零和型公共物品"，当使用这种公共物品的人数增多时，集体中每个人从中能获得的利益并不会变少。社会公平正义就属于这种公共物品。马威尔和奥利弗认为，对于"非零和型公共物品"，人们如果团结一起去争取，它实现的可能性就会大大增加。所谓的劳务派遣，即劳动力租赁，由派遣机构与劳动者订立劳动合同并支付报酬，把劳动者派向其他用工单位，再由其向派遣机构支付一笔服务费用。而劳务派遣工指的就是被派遣的劳动者。新《劳动合同法》明确规定"劳务派遣一般在临时性、辅助性或者替代性的工作岗位上实施"，劳务派遣工是一个长期存在的问题，同工不同酬，并且缺乏社会保险，导致社会保险基金收支失衡，加剧劳动者的就业不稳定性和危机感。地方政府对劳务派遣制度听之任之，企业可以从劳务派遣制度中获益，受害者是劳务人员。只要劳动者的维权意识进一步觉醒，如马威尔和奥利弗所言，共同去争取自身的权益，不能让劳动法成为摆设，对那些漠视劳动者正当权益的用工单位，就是一种压力。而这需要的是地方政府和相关机构排除利益链关系，维护劳工权益，进行强有力的社会保障监督执法。

其三，错误观念与医疗行为的利益驱动促使了社会保险成本的上扬。

在错误观念的潜意识中，对社会保障经济的影响也是巨大的。如中国剖宫产比率世界第一，欧美国家剖宫产比率仅仅在 10%—15%，最低的控制在 3%，我国一些大城市的剖宫产比率已高达 50%—60%，剖宫产似乎日益流行。① 怕痛、追赶流行、错误地认为剖宫产更好、小学 9 月 1 日前年满 6 周岁而择日生产等都是催热剖宫产的因素。中国剖宫产比率之高有医生追求利益的不良诱导，有家庭成员不良生育观念的影响，医生过度宣扬阴式分娩的众多不好是主因，其目的还是为了更多的医疗收益。而在欧美国家看来，如果非医学原因，选择剖宫产，那女性的形象就会大打折扣，性格弱点和医学知识、人文知识的盲点就会被放大。按照中国城市剖宫产 55% 的比率和欧美国家城市剖宫产 13% 的比率计算，全国生育保险多付出的经济成本几乎是天文数字。

再以医疗行为为例，灰色利益不仅是对经济利益的掠夺，更是对人类健康的冷漠。如输液相比口服药更多的回扣让不少医院和医生铤而走险，20 世纪 90 年代初，我国公立医院就开始实行"全额管理、定额补助、超支不补、结余留用"政策，由于政府所拨经费难以维持医院的正常运行，药品收入便成为除服务收费和政府补助医院外的主要收入之一，流通环节过多，层层加码与回扣使输液成为医疗行为的

---

① 黄晓春：《剖腹产宝宝常见的三大的后遗症》，全球医院网，2011 年 1 月 10 日。

一个盈利渠道。在医生的一定"诱导"之下,不少乡县医院甚至是城市医院都一度把输液当成了快速祛病的良方。有公开数据显示:2011年我国大输液市场容量在100亿瓶(袋)以上,相当于13亿人口每人每年输了8瓶液,远高于国际上人均2.5—3.3瓶的水平。据中国安全注射联盟的统计数据显示,我国每年因不安全注射导致死亡的人数在39万以上,其中,每年约有20万人死于药物不良反应,保守估计,每年我国最少有10万人在输液后丧命。①

输液相比口服药物有着相当程度的危险性,在国外医疗管理中,输液比率被严格控制,医生会对症开药,并且在开药的同时不少医生也不主张病人过多服用药物。国外医院有着一套较为完善的医疗质量考核体系:一是如果某位医生的输液量过高,就立刻会有人与其交谈,让该医生做出合理的解释;二是医疗保险机构也会介入调查,一旦医生不能做出符合医疗原则的解释,该医生很可能面临吊销医疗执照或者其处方不能得到医保报销的窘境,在严格的制度监管之下,医生必须收敛自己的非理性行为。

2.3.6 社会保险经办管理效率低下与管理松懈易引发非常态型风险

社会保险机构需要为应对突发重大事件而保持组织弹性,如企业倒闭会伴生债权人讨要欠款、工人讨要工资以及失业工人就业甚至社会稳定等问题,需要政府出面处理解决。社会保障重大政策的合法性、合理性、可行性、可控性评估需要多重程序进行。社会保障风险管理工作主要包括三个方面:(1)风险评估——存在什么样的风险、威胁或危险,它们来自何处。(2)风险评价——各种风险、威胁和危险的大小、发生频率与可能性对社会保险的影响有多大。据此排出优先级。(3)风险管理。建立有效的风险管理机制,减少和控制社会保障风险是有效治理的另一个重点所在,政府部门需要建立一套有效的风险监测与管理以及内部控制体系,并将之与社会保障政策和社会保障规划的实施有机整合,以消除一些障碍性因素。

对社会保险的危机或危机管理在管理层次上高于日常管理,是管理的最高层次。我国社会保险经办过程中面临着各种各样的社会问题,表现为社会保险应急管理的薄弱。社会保险财政危机管理要服从于建设和谐社会的发展需要,必须与整个国民经济和社会发展规划结合起来,也必须与国家、地区和部门的危机管理体系相适应。在上述社会保险公共风险防范中,失业问题借助于公共财政与劳动社会保险部门共同应对;重大自然灾害通过年度财政预算由民政部门实行常规管理

---

① 曹晟源:《我国人均输液量超国际水平 每年10万人输液丧命》,《21世纪报道》2013年9月8日。

与应急管理,并辅之以动态调控机制;养老金的社会化发放有"两个确保"政策作背景,近十多年来已走上了正常发展的轨道,未来应对人口老龄化的养老金支付危机,需要政府做出长期的预算安排与风险防范;社会保险政策不当引发的危机需要进行政策调整,以符合国民心态与现实诉求;医疗保险与公共卫生问题是最复杂的社会层面,具有公共危机普遍存在性、较强的突发性与扩散性、高频发生、社会影响力大等特点,不确定性因素复杂,如中小企业倒闭潮引发的工人集体讨薪风险,大地震引发的各种次生灾害对灾民的基本生存保障等风险,需要做出特别的应急预案。生存保障是社会稳定的逻辑起点,这是社会管理和社会伦理价值判断的共同结果,社会保险系统需要选择反映民生生存状况的硬性指标来综合考虑社会保险财政危机管理配套能力。

2.4 建立社会保障应急预案工作滞后,导致盲目应对

中国经济社会转型过程中,劳资群体性事件已成为影响社会稳定及构建和谐社会的重大障碍。从个体劳资争议到群体性劳资冲突事件,呈现"井喷式"发展趋势。人力资源和社会保障部发布的年度统计公报显示:2002年全国劳动争议仲裁委员会受理劳动争议案件为18.4万件,到2007年已达到50万件,2008年受劳动法实施和金融危机影响,案件激增至96.4万件,2009年后仍处于高位运行态势,争议案件比重上升较快,劳资冲突程度加剧,且群体性事件中的暴力性和非理性成分增加,暴露出我国政府社会管理失灵、企业社会责任缺失和工会参与的缺位。这一现象值得高度关注。

劳资群体性事件是社会保障管理风险管理中最棘手的事件,按照风险管理或应急管理的要求,政府要将社会保障可能面临的各种风险、威胁、危险进行管理。我们要转变群体性事件的处置手法,慎用警力,提高应急处置与应对的艺术,同时加强社会控制的技巧与能力。

在社会保险基金管理领域,一部分人利用政策管理漏洞,虚增参保数,截留社保金,屡次出现违规管理问题,这事件本身是常规管理出现的体制问题,但一经查出便成为突发事件,这与单位社会保障管理中缺乏应急预案有关。

我国传染病防治不力直接引起了医疗领域的应急问题,国家卫生和计生委主任李斌认为,我国传染病防治仍面临三大严峻挑战:一是防治工作面临来自传统传染病和新发传染病的双重压力。许多新发传染病起病急,早期发现及诊断较为困难,缺乏特异性防治手段,早期病死率较高。二是人口大规模流动增加了防治难度,预防接种等防控措施难于落实。频繁的国际商贸往来加剧了传染病跨国界传

播风险。三是环境和生产生活方式的变化增加了传染病防治工作的复杂性。一些地区令人担忧的城乡环境卫生状况,以及传统的生产生活方式,使一些人畜共患病持续发生,2014 年以来,已有浙江、江苏、上海、广东、福建等五省市出现人感染 H7N9 病例共计 93 例,其中死亡 20 例。① 传染病防治不力,引发大规模性传染疾病,地方的传染病防控领导机构和联防联控等工作机制,主要是针对重大传染病、新发传染病和传染病疫情暴发而成立的,许多工作机制具有临时性,具有严重的应急色彩,各部门传染病防控措施的落实情况也不平衡。

国家社会保障"十二五"规划要求,设立失业动态监测预警项目,即发挥失业保险预防失业的作用,依托基层人力资源和社会保障平台,建立健全统一的失业动态监测预警指标体系,配置必要设备,开发实用软件,加强人员培训和能力建设。争取到"十二五"期末,在所有省级单位和设区市及部分县(市),设立失业动态监测点,跟踪了解监测企业岗位变化、失业人员就业需求等动态情况,适时发布失业预警信息,并相应采取措施,预防和减少失业。美国在四个应急失业保险补偿法案中,联邦政府向经济不景气时期的长期失业者,提供全部应急失业补偿。即依据各州的失业率状况,在支付职工 26 周失业保险的基础上,再延长支付 13—52 周不等的失业保险金。我国的"失业"概念与国际社会不一致,用登记失业率作为政府的失业率控制指标,实际上还是计划经济的思维与传统社会主义政治经济学的理论使然。国家统计局、人力资源和社会保障部计划在"十二五"期间正式实施调查失业率,但至今还没有实质上的内容,不利于国家的宏观经济调控。

我国一些省市社保部门相继出台了一些社会保险工作应急预案,主要局限于社会保险信息系统应急预案、社会保险基金管理应急预案、社会保险公共业务应急预案等,整体来看还是零碎不全。建立社会保险应急预案可以明确要面对的情景和客体,即要应对的事故、背景以及预案实施的对象。如聚众冲击或围堵各级社会保险部门经办服务场所、金融危机或是特大自然灾害引发的大范围失业、拖欠农民工工资引发的自杀或暴力行为、社保定点医院突发的伤害事件和大面积医患灾难等,这些情景有助于我们有效地辨识出潜在与显性的风险,及时了解突发事件的相关信息,有针对性地着手准备调用应急保障资源,同时也可以避免或者防止在非常规状态下突发事件不断扩大、升级,最大限度地减少突发事件给民众带来的生命健康和财产方面的损失。

建立社会保险应急预案可以明确突发事件中的主体,即确定预案实施过程中

---

① 《1月5省市报93例H7N9死亡20人 浙江现"有限非持续"人传人》,《东方早报》2014年1月10日。

的决策者、组织者和执行者等组织或个人。这样我们就可以落实在非常规状态下的应急管理的责任人和参与者,明确其责任范围和角色分工。通过社会保险预案的执行,可以迅速将应急管理角色落实到位,具体到个人,保证在非常规状态下各个相关主体不会发生角色冲突或者推卸责任,耽误应急管理的最佳时间。见图2-3:

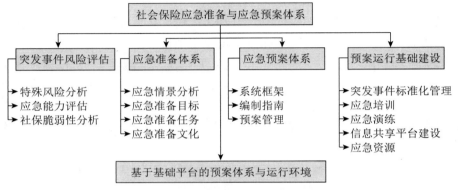

图2-3 社会保险应急建设框图

建立社会保险应急预案可以通过明确预案实施所要达成的目的或效果来确定应急管理的措施和方法。应急预案的初衷目标是预防社会保障突发事件的发生,并尽可能地减少突发事件造成的各种损失。因为目标具有比较强的关联性,所以在非常规状态下对应急管理目标的选定必须因时、因地而定。有时对某些民众有利的目标未必会对其他民众有利,有时为了保证全局目标的实现必须牺牲局部利益。在目标确立之后,必须选择预案实施过程中所采取的方式、方法和手段,例如应急决策的程序、突发事件现场处置的方法、应急保障各项资源的管理与调用方法、应急管理人力资源迅速调配的方法等。

2.5 社会保障体制内部风险的综合研判

社会保障风险包括内部风险与外部风险,内部风险包括政策风险、制度风险、财政风险等各种元素,外部风险包括经济风险,政治风险、投资风险和社会风险等。现代风险的高度不确定性和巨大危害性,使广大公众对公共产品的需求比以往更为广泛和迫切,"不仅在缩小收入差距、实行社会再分配的基本需求方面,而且在医疗、教育、养老、环境保护等方面,都提出了质和量的强烈需求"。社会风险从物理时空转入心理时空,从实体影响转入虚拟影响,从显性影响转入隐性影响,从社会经济指标转入社会预期指标。

2.5.1 养老保险政策与制度的内在风险问题

社会保障内部风险包括政策风险、制度风险、财政风险等因素,这些风险因素集聚在一起,难免影响社会保障事业的推进与社会保障的可持续发展。社会保障政策的风险性与可逆性主要是指政策实施过程中失败的概率有多大、进行政策修订或替代的难度有多大。如20世纪90年代初期农村养老保险试点失败可归结为对政策失败的风险评估不足。而社会保障政策缺乏可逆性则表现得更严重,第一,政策评估往往带有评估人的政治性色彩,直接负责者更关心政治联盟和利益集团的支持,公共政策过程是封闭和控制于政府系统内部的,行政权力过于集中,强化了政府的信息特权和决策的倾向性,如2009年广东等五省市事业单位养老保险改革试点,因政策设计的风险因素考虑不周,一开始就遭遇高校教师的激烈回应,使试水性改革无法进行。第二,执政者对已经开始执行的政策因沉没成本的发生往往倾向于继续进行,很难发生变化,高层决策者对有争议的问题虽然持有更加开放的态度,其权威和地位足以影响政策的进程,但其更关心特定项目的费用和效果。如到2020年实施社会保障全覆盖国家战略,其风险程度多大、可持续性难度多大就缺乏有效的论证和可行性分析,借助于对未来财政的乐观预期(非确定性因素),是一种不负责任的表现,忽略了社会保障的制度刚性问题。企业退休职工"十连调"隐含着对工资体制、公平体制的多种纠错,但何时终止谁也把握不定,民意的力量推动着调整制度持续前行。第三,对于政策失败的补救措施匮乏,在社会保障政策研究中,政策制定者常常不愿意考虑政策失败的可能,所以也缺乏社会保障政策万一失败的"接口"。我们提出了养老保险政策"一体化""城乡统筹"等改革口号,但真正什么叫"一体化"、什么叫"城乡统筹"的内涵并不清晰,而一旦政策走入死胡同时,就可能形成比较严重的政策风险。

有专家提出,事业单位养老保险改革触动当事人的利益体制,必然遭遇抵触,可以设立职业年金制度进行差距弥补。试想,相当部分事业单位工资养老支出由财政拨款,职业年金的钱又从何而来?假设事业单位参与了城镇职工养老保险制度,尝受同样待遇,却有一大块职业年金添加到养老收入中,同样会引来社会诟病,移花接木的政策显然不合时宜。

社会稳定作为社会保障政策的终极价值追求,其风险蕴藏于社会保障政策的各个环节,我们必须要有系统、全面、战略性的思维,高度重视社会保障政策过程,才能制定出科学合理的社会保障政策,弥合公众的心理落差,实现社会的稳定与和谐。

2006年开始的试图做实个人账户的养老保险新政却不可避免地带来政策风

险。一是个人账户"空账"反而越来越大，2012年个人账户"空账"达到2.6万亿元；二是多缴多得制挑战公平，不合理的工资制度与工资双轨制带来的阵痛蔓延到了退休待遇，但多缴多得制与缴费期限联系在一起，又彰显其公平性的一面，这是一个复杂的综合体制；三是个人账户大小并没有一定规律可循，而只能参考一国老龄化的程度和趋势、财政状况、宏观经济情况、人口增长速度、制度目标替代率等一些因素予以确定。

养老金的改革已经成为欧洲国家一触即发的敏感问题。对比2011年年底英国社会骚乱，罢工的主要目的是为了反对英国政府的养老金改革计划，英国政府要求将公务员的退休年龄延长到66岁，增加需要缴纳的养老金额度，同时也减少最终养老金的支付水平。很多英国人感觉这是欺骗，因为在老龄化程度的逐渐加深、寿命延长的情况下，囊中羞涩的欧洲国家政府希望通过延长工作时间来削减养老成本，并解决日益沉重的福利负担。整个欧元区几乎都笼罩在欧债危机的阴影下，人们越来越清晰地看到这场危机的罪魁，那就是欧洲各国政府力推的高福利制度，英国人这次罢工的症结也正是在于高福利的萎缩，政府一出台缩紧计划，接着就是全国大罢工并引起其他欧元区国家的大罢工。目前我国养老保险政策面临的改革是延迟退休年龄，以避免财政支付风险，却惨遭90%以上网民的强烈反对。我国城镇职工养老保险、城镇居民养老保险制度覆盖面越来越大，随着不断推高的养老福利，应警惕英国的状况在我国的重演。

我国农村养老金保险待遇太低。2012年8月27日央视《经济半小时》披露：黑龙江双城市久援村农民赵申71岁，每年都会到外面打工赚些钱贴补家用，和赵申同住一个村的张海亭，《养老金领取证》上写着，他每个月领的养老金是3角钱，从2005年到2007年，他先后领过三次，拿到手里的养老金一共是21.6元。据《2010年中国城乡老年人口状况追踪调查主要数据报告》，农村社会养老保障的覆盖率仅为34.6%，月均养老金74元，不足城市老年人平均月退休金（1527元）的5%。如此低的保障额度对于农村老人，徒具象征性，其所产生的保障作用甚至可以忽略不计。44.3%的农村老人仍在干农活，务工做生意的占8.6%。一方面，农村养老保障基金财政补贴基金越来越大，另一方面却是，在通货膨胀越来越明显的情况下农村养老保险待遇更寒酸，致使农民对政府养老保险的期望一降再降。

在经济发达地区，农民工转移到其他地区后遗留的统筹账户基金数额巨大。实施农民工个人账户可携带转移政策后，企业为农民工缴纳的统筹账户基金仍有8%留在原地区不能转出到新务工城市。中国养老保险滚存积累基金达三万多亿元（其中大量属于发达省份农民工遗留在务工城市的统筹基金，农民工贡献份额最大），第一代农民工暂时作为一个没有养老负担的独立群体，个人账户可转续，其遗留在原工作城市的统筹基金财产权归属问题值得研究。当第一代农民工大量进入退休年龄,而不能享有他们在务工城市遗留的统筹账户基金的共有财产权益时,这在法理上是对他们权益的侵犯,在制度上将农民工强制性纳入城镇养老保险制度,在待遇上又剥夺他们享有共有财产权益的权利,这是极大的社会不公,甚至可能成为一个重大的社会问题。坚持让包括农民工在内的退休者享受社会经济的发展成果的政策,应成为一项永久的政策固定下来,这是使不同代参保者的财产权利实现待遇公平的先决条件。

当第一代农民工面临退休大潮之时,他们需要稳定的退休生活,政府有必要检讨自己的制度设计是否公平,农民工和城镇职工的共有产权资源不能人为地、无代价地要农民工让渡给城镇职工。

2.5.2 医疗保险政策与制度的内在风险问题

我国医疗保险覆盖面实现了国际大超越,覆盖率达到90%以上,"看病贵、看病难"的问题有所缓解。各地看病报销比率有所上升,医疗救济项目走上了正轨,医药分离体制改革正在探索之中,公立医院的财政补贴机制正随着民生财政的建立加大了步伐。由于疾病谱系的日益复杂化、人口老龄化与高龄化的压力俱增、社会伦理与道德观念进一步沦丧,医疗保险政策面临着多重施政风险:

其一,医院管理体制、药品流通体制、医疗保险体制三者改革仍不配套,医疗服务缺乏公平与公正性、政府资金使用效率低下。医院、药品和医疗设备分销商、生产厂商联手向消费者抬高药品价格,城乡居民无力支付过多的流通环节层层加价导致价格虚高的医疗费用,公众不满情绪因此不断上升。

其二,套取医保基金形成灰色产业链,彰显医疗费用结算制度弊端。一是根据国家有关规定,医保卡里的钱,只能在定点医院看病或在定点药店买药时才能使用。然而"医保卡兑换现金"的小广告却在全国各地到处可见,形成了一条灰色产业链;电话诈骗医保基金电话触及许多家庭,套取医保卡个人信息,诈骗者声称参保人的社保卡(医保卡)已被冻结或有异常需处理,以此骗取参保人的身份证号、社保卡(医保卡)号、密码等个人信息,甚至骗取参保人银行卡号并要求汇款转账到其指定的所谓"基金安全账号"。二是一些定点医疗机构存在欺诈、骗取医疗保险基金等违法违规行为,影响了医疗保险基金使用的合法性与合规性,包括冒名顶替、挂床住院、虚记费用、串换药品或诊疗项目、伪造证明或凭据等手段骗取基本医疗保险基金的行为;存在将基本医疗保险不予支付的医药项目变通记入基本医疗保险基金支付的行为;存在为不符合条件的参保人员办理特殊疾病的行为或是利用门诊特殊疾病的患者超量购药、搭车开药、从中牟利的行为。医疗费用监管是我国一大突出问题,在我国医疗保险管理中急需要建立多元监管体系,防止上述事件的发生。三是"以药养医"体制促使医疗费用高居不下。世界卫生组织驻中国首席代表贝汉卫博士指出:中国的公立医院要通过病人付费拿到医务人员工资的50%至90%,导致医院增加临床服务量,而提供的预防和基本服务不足。同时,导致不必要的过度开药和诊断服务,而且难以实施成本控制。

其三,政府采购指的是公立医院的药品需要集中招投标,由政府采购,医院药房零售,基本药物实行遴查率。政府的药品集中采购一般来说是采取市场经济方式,由买卖双方进行,根据价格、质量等,谁也没有意见,现在是政府代表医院进行招标,在商业活动里,政府的高度集中与垄断只能导致腐败现象丛生。

坚持药品采购公开招标制度,要求大力规范政府招标行为,消除医疗机构与医药工商企业之间不公正的购销关系,矫正不正之风和腐败行为,进一步理顺医药产业的结构性矛盾与产品开发的低水平重复,减小招标过程中的过高收费现象。同时推行价格听证会制度,打破行业垄断,引入竞争机制,促使药品生产企业不断提高企业管理水平,对医院药品价格实行公开亮牌,增强医院市场竞争意识,保护患者的公共利益。一是通过药品批发企业的兼并与重组,构建以医药电子商务为手段的现代化药品流通体系形成由药品生产企业、流通企业、零售药店数据库组成的药品电子监控系统,实时对药品集中指标、采购配送与销售全过程的动态管理。二是在国家制定最高零售限价的情况下积极发挥社会零售药店的作用,通过竞争减少流通环节,降低药品的价格。三是加大财政对医院的投入,减少"以药养医"体制带来的副作用,有效地防止寻租现象的发生,通过财政购买特别是低价药和廉价药,政府财政应当参与或委托相关机构参加药品采购。

其四,医患纠纷不断引发众多的群体性事件。医患纠纷包括基于医疗过错争议产生的医疗纠纷,也包括与医疗过错无关的其他医患纠纷(如欠付医疗费的纠纷等等)。医疗纠纷是一个世界性问题,美国医学研究所1999年发布的报告透露,美国每年约有9.8万人死于可预防的医疗差错,远超过工伤交通事故和艾滋病死亡人数,造成损失高达290亿美元。① 这一报告曾震惊当时的美国克林顿政府,但此后的小布什政府和奥巴马政府,依然未能降低美国的医疗事故。近年来,我国由医患纠纷处置不当引发的群体性事件日益增多,严重影响正常的医疗秩序,其中不乏医疗服务质量与药品质量引发的问题。卫生部《关于〈医疗事故处理办法〉若干问题的说明》等相关政策法规不配套,医疗事故定性与医疗赔偿标准不统一,导致众多高额索赔案例,引发群体性事件。

---

① 伯通:《从诉讼走向调解与仲裁——美国如何对治医患矛盾》,《南方周末》2014年4月7日。

其五,卫生资源的需求与现状仍严重脱节。近五年来,我国老年人患病率比过去五年增加了18%,主要包括老年人慢性非传染性疾病,老龄化、高龄化带来的是老年医疗保健服务需求的快速增长与老年医疗资源不足的双重挑战,基层社区老年医务人员短缺,医疗资源利用率相对低下,高度专业化的单病种诊疗模式与老年患者多系统疾病并存的现状严重不匹配。农村老年人的诊疗与城市老年人相比,不管是医疗资源匹配还是医务人员的诊治质量存有相当大的差距。

其六,新农合实施财政补贴、个人缴费与集体缴费三者作支撑,在一些不发达地区,财政补贴比例过高,各级财政补贴大大多于个人和集体缴费,新农合对财政补贴的依赖预期加大了地方财政压力,对新农合可持续性发展提出了挑战,新农合缴费出现了严重的体制依赖和财政依赖。

2.5.3 失业保险政策与制度的内在风险问题

金融危机或是经济危机会带来大范围的失业。2008年由美国次贷危机引发的全球性金融危机,加速从虚拟经济向实体经济、从发达国家向新兴经济体和发展中国家蔓延,使中国经济面临严峻挑战,首当其冲的是就业风险进一步扩大,劳资关系更为紧张,严重冲击了社会稳定的政治基础,全球经济发生重大波动时,很多企业因无法承受冲击而倒闭或破产不再是个案,这需要引起地方政府的重视,并应有处理预案。地方政府应担当起破产倒闭企业清算的责任、化解社会矛盾的责任、采取特殊手段维护经济和社会稳定的责任。

企业裁员分为经济性裁员、结构性裁员和优化性裁员,根据企业的决策性行为又可分为主动裁员行为和被动裁员行为。随着欧债危机冲击世界金融体系,全球需求减弱,企业裁员在2012年国内外曾成风潮,诺基亚西门子2012年1月31日在德国裁员2900人,2013年前全球裁员1.7万人。美国航空公司2012年2月3日宣布裁员1.3万人,裁员人数占总员工的16%。日本NEC集团计划2012财年上半年在全球裁员1万人。① 上述多家跨国公司在中国的机构也被列在裁员名单内,中国不少分公司订单骤减,过去繁忙的生产线有的已经停产,上千工人无事可做。除了经济下行外,劳动力成本上升与技术更新换代都是大规模裁员的重要原因。国内企业如东北地区最大的煤炭企业——黑龙江龙煤矿业控股集团已经开始了总计1.2万人的减员计划。而中国第二大煤炭企业中煤能源,则通过连续的降薪来延迟裁员。2012年中国企业密集性地出现裁员风波,美的最新的年报显示,员工人数相比2010年减少近3万人。2011年12月14日,3个用以抗争美的裁员的

---

① 郭英鸽:《全球裁员潮来袭 多个跨国企业大幅裁员》,中国经营网,2013年2月27日。

QQ 群组建,至今还有上百名抗议者活跃在群内。①

波士顿咨询集团(BCG)的一项最新调查显示,总部设在美国的制造业高管有超过 1/3 的人计划将生产从中国转回美国,而埃森哲(Accenture)咨询公司的报告显示,受访的制造业经理人有约 61% 表示,正在考虑将制造产能迁回美国,以便更好地匹配供应地和需求地。美国宣称中国不再是全球最佳投资国,无法再和美国争夺世界制造业霸主的地位,对中国的就业构成了严重威胁。

世界经济与中国经济下行对失业保险带来的支付压力剧增,中国的失业保险政策覆盖范围也在不断扩大,农民工在一些省市也被纳入覆盖范围。失业预警制度由失业预警监测指标、失业动态监测、失业信息统计调查、失业预警线及警报级别设定、失业应急预案等部分组成。建立失业预警制度,是对可能出现的较大规模经济恶化造成的失业,采取预防、调节和控制的重要措施。这对于政府从宏观上把握失业波动状况,制定相应的宏观调控政策,保证社会保障体系的良性运行以及社会经济的可持续发展具有重要的现实意义。建立失业预警制度的目的,使各地能够对失业调控目标进行有效监控,以确保各级政府失业调控目标的实现,保持就业局势稳定和社会经济的发展。建立失业预警机制,当失业率等指标达到或超过一定幅度影响就业局势稳定和社会经济协调发展时,即发出预警报告,并启动应急预案;当应急政策措施生效,失业率等指标回归调控范围内时,警报解除。

2.5.4　工伤保险政策与制度面临的风险问题

在工业化过程中,工伤纠纷属于纠纷最多、矛盾最集中、处理难度最大、诉讼时间最长的劳动保险纠纷。判案从过错责任原则发展到无过错责任原则,职业伤害从雇主赔偿发展到雇主责任保险直到政府举办社会工伤补偿,从私法跨越到社会法,其中不乏进入法律诉讼的漫长程序。工伤保险法是典型的、以生存权保障为理念并付诸实践的社会保障法,集中体现了对受害人生存权利与健康权利的保障,使之不因劳动能力的丧失而被社会所遗弃。

在社会分层理论中,受地缘文化的影响,本为农村精英的年轻的农民工一族,沦为城市中的弱势群体或受损群体,遭遇不公正社会排斥。农民工工伤与职业伤害问题尤为突出,一个重要的方面是社会身份所带来的种种歧视与偏见。尘肺病被称为中国头号职业病。截至 2011 年年底,全国累计报告尘肺病突破 70 万例。病人广泛分布于煤炭、冶金、坑道建设等与粉尘相关的行业。尘肺病是以肺脏为主的全身性职业病,目前医学水平尚无法治愈。病人肺脏纤维化,导致呼吸功能衰

---

① 《解决就业与社会保障的新思路》,《证券时报》2009 年 6 月 24 日。

竭、心功能衰竭。最后肺脏会像石头一样坚硬。公开报道显示,这种病,每年杀死万名在粉尘中工作过的中国民工。① 正视农民工的生存权利、健康权利与劳动权益,建立农民工社会保障与社会保护机制,是摆在我们面前的一项重要任务。

有统计表明,发达国家灾难事故致伤后的死亡率为5%,而中国高达20%。中国目前交通事故致死率（交通事故死亡人数与交通事故伤亡总人数之比）平均为27.3%,远高于国际平均水平的5%,平均年死亡人数多达10万人。② 重大生产事故、重大交通事故、环境污染事故等,可能造成大量的人员伤亡,都可能给工伤保险制度带来重大影响。

据国家安监总局报告:在我国在较大事故当中,由于非法、违法造成的较大以上事故占总量的71.6%。如果加上违规违章,比率高达95%以上。工伤保险制度在我国小、微型企业和民营企业的覆盖率不高,一旦发生工伤事故,企业难以赔付。根据国家统计局2013年5月27日发布的《2012年全国农民工监测调查报告》,雇主或单位为农民工缴纳养老保险、工伤保险、医疗保险、失业保险和生育保险的比例分别为14.3%、24%、16.9%、8.4%和6.1%。③ 工伤保险在"五险"中虽然参保率相对较高,但五年来参保率始终徘徊不前。我国工业生产的高风险对工伤保险制度提出了严峻的挑战,农民工作为工伤事故的最大受害者群体,他们的生命健康权益不容践踏。

2.5.5 社会救济政策与制度的内在风险问题

一、农村贫困问题有所减弱,留守妇女、老人和儿童成为社会问题

落后的农村总是难以赶上快速发展的城市,城乡差别拉大不仅仅体现在城乡居民收入差距的持续拉大,还突出表现为城乡二元结构矛盾越发明显,农民安全感系数逐年下降,青壮年劳动力几乎大部分离开了农村,留在农村的都是老弱妇幼人员,农业中因生产要素过度流失而出现了凋敝和萎缩的现象。

在中国农村青壮年劳动力流出后逐渐形成了大批"留守妻子"群体。她们承担着生产劳作与家庭负担的重任,又有着情感眷恋与经济依附的双重特征。媒体的报道中,有69.8%的留守妇女经常感到烦躁,50.6%的留守妇女经常感到焦虑,39.0%的妇女经常感到压抑。④ 2011年,全国妇联的报告显示,我国留守妇女的人数已经超过了5000万。而农村留守妇女在道德上还比较保守,在情感与性的需求

---

① 《湖南一乡百名打工者患尘肺病　多人不堪病痛自杀》,《新京报》2013年9月5日。
② 《个体自救是减灾的第一道防线》,《浙江日报》2009年5月21日。
③ 姚冬琴:《吉林火灾企业未缴工伤保险　需6千万赔偿》,《中国经济周刊》2013年6月17日。
④ 陈晓辉:《洛阳留守妇女:家的港湾,期待丈夫永远停靠》,《大河报》2014年6月5日。

方面,心理上要承受很大的压力。究其留守家庭的夫妻关系,务工丈夫和留守妻子两方都不可忽略。留守妇女的各种负面情绪,例如孤单、害怕、烦躁、焦虑等,较之丈夫务工之前都有明显的变化。高强度的劳动,留守的孤单,安全感的降低,长期的性压抑等,都使得留守妇女抱有沉重的生理和心理压力,身心处于亚健康状态。

目前全国1.85亿老年人口中,有超过六成生活在农村,农村老年人口超过了一亿人。随着老龄化形势的日益严峻,农村老人养老问题不能再忽略。留守老人凸现的社会问题是老人们仍承担着繁重的体力劳动,身体健康状况堪忧;经济拮据,物质生活窘迫;精神生活空虚,孤独寂寞,严重的导致自杀。农村传统的养儿防老不复存在,无助的老年生活给许多老人留下了无奈和创伤。

全国妇联发布的《全国农村留守儿童、城乡流动儿童状况研究报告》显示,根据2010年全国第六次人口普查资料推算,全国有农村留守儿童6102.6万人,占所有农村儿童比重达37.7%,占全国儿童的比例为21.9%。与2005年全国1%抽样的调查估算数据相比,5年间全国农村留守儿童增加约242万人,增幅为4.1%。除了溺水、中毒、交通事故、火灾等意外事故之外,留守儿童还面临来自其他多方面的安全威胁。据报载:农村留守儿童中,父母仅一人外出的占53.3%;父母都外出的占46.7%。在后者中,与祖父母一起居住的孩子最多,占留守儿童总数的32.7%;与其他人一起居住的占留守儿童总数的10.7%;单独居住的占留守儿童总数的3.4%,人数高达205.7万。① 城市对农民工的市民待遇无法落实,造成这种局面,又何谈城镇化?

二、城市贫困问题不亚于农村,无土地的难就业人群生存空间更为狭小

中国不仅要付诸巨大努力解决农村领域的不同类型贫困问题,也需要密切地关注并实施有效政策解决城市领域不同类型贫困问题。这样一个庞大的贫困群体来自于国有企业改革和调整导致下岗失业的群体;资源枯竭型城市中大量具有正常劳动能力的城市居民;退休较早、仅依赖退休金生活的老年人;流入城市、成为城市新贫困阶层的大量农村人口。城市残疾人群的就业十分不稳定、收入不稳定、社会保险也不稳定。社会福利企业中残疾职工增长率较多年份呈下降趋势。截至2012年年底,全国共有福利企业20,232个,比上年减少1275个;福利企业增加值为703.4亿元,比上年下降4.7%,占第三产业的比重为0.30%;吸纳残疾职工59.7万人就业;实现利润118.4亿元,比上年下降15.5%;年末固定资产为1815.1亿元,比上年下降0.2%。② "劣币驱除良币"是市场规则,但相对于残疾人而言,由于现

---

① 《中国独居留守儿童高达205万 人身安全隐患严重》,《中国青年报》2013年8月8日。
② 参见民政部:《2012年社会服务发展统计公报》。

行社会福利企业被异化现象严重,相应对真正的社会福利企业的业务经营范围进行一定程度的保护是必要的。

三、城乡低保制度发展不平衡

农村最低生活保障资金来源主要是地方政府,中央仅占其中小部分。将农村最低生活保障资金的支出责任逐级下压,越往基层,财政负担越大。所以,农村最低生活保障资金负担机制是典型的"中央请客、基层政府埋单"的机制。经济较好的省份,市级财政基本不负担最低生活保障金支出,区镇两级成为最低生活保障资金支出的主要承担者。一些地方可能从减少地方财政负担的角度考虑,采取各种措施来尽可能地减轻农村低保资金的负担,例如实行比较高的保障线标准,人为地通过各种办法减少保障人数等,从而影响"应保尽保"低保政策目标的实现。农村有相当部分农民成为农民工,几乎每一户农民家庭都有外出务工人员,其每户家庭的工资性收入难以判断,受保家庭的隐性收入难以跟踪测算,部分家庭没有如实提供其收入状况,给低保工作开展造成一定的影响。

农村最低生活保障制度导致"福利依赖"现象,同样造成最低生活保障对象"退保难"的问题。在救助资源"叠加"现象比较严重的情况下,最低生活保障对象实际所得已经超过了其参加劳动可能带来的所得,形成了新的不公平。

我国城市最低生活保障制度覆盖人数从2003年到2012年没有太大变化,歧视性条款有失公正。各地形形色色的排除性条款直接剥夺了低保户享受现代生活的权利,只能说,一些条款合理,一些条款却有失人性化或公允。城市低保人数多年来未有多大变化预示执行"应保尽保"政策存在问题。城市绝对贫困标准多年来未有国家层面的提高,地方政府出于财政原因有可能在"应保尽保"上打折扣,或是控制低保标准,难敌CPI的影响。从近几年来的统计数据或是民调资料看,由于通货膨胀等原因,居民的生活水平较几年前下降了,尤其是2010年到2012年期间,理所当然,城市低保人口应该增加。北欧一些福利国家全国五分之一的人口享受低保,提高低保标准,是这些国家经济实力的表现,而不是贫困的象征。

2.5.6 社会保障资金供血机制不健全,影响社会保障事业发展

我国之所以出现地理分层、行业分层、城乡分离的社会保障二元化现象,与之对应的经济与财力的二元化现象是分不开的,社会保障资源配置的结构性因素除了政府政策的制导性因素以外,与地区、城乡的经济发展状况对社会保障的支撑程度是分不开的。社会保障发展的两个前提条件是政治上的可持续与财政上的可持续,从2012年"两会"发布的预算报告来看,2011年中央国有资本经营收入中,有

40 亿元被调入财政用于社会保障支出,但国资委早前公布的央企 2011 年净利润是 9173 亿元,前者所占比重仅为 0.4%。央企利润仅划转社保 20 亿元人民币,相对庞大的社会保障支出而言,显然只是杯水车薪。① 不免引起中国公民对央企性质的质疑,与全国社保基金理事会党组书记戴相龙在出席社会保障国际论坛暨"中国养老金发展报告 2012"提出将国务院国资委监管的国有企业上缴利润,按不低于 20%的比例(1834.6 亿元)划拨全国社保基金的要求,相差太远。

在 2009—2012 年度人力资源和社会保障事业发展统计公报中,连年的表达都是:"在山西、上海、浙江、广东、重庆等 5 个省市开展的事业单位工作人员养老保险制度改革试点工作稳步推进。"这种公文式的表达带来更多的质疑是,连续 4 年的试点工作稳步推进,这是自 2009 年该试点启动以来一贯的统计公报表达,统计公报不客观、不真实,给社会留下的政府形象是负面的。事业单位养老保险要实现从"退休养老制度"到"社会养老保险制度"的转变,与企业养老保险改革一体化,必然需要一定的"并轨"成本,并轨成本的支付主要靠中央和地方财政资金补足。从 20 世纪 90 年代企业实施养老保险改革以来,事业单位要照付的巨额统筹基金,还需要个人账户的巨额补缴,才可能与企业养老保险制度并轨,而中国财政根本就没有做好这一改革准备。

2.6 社会保障体制外部风险的综合研判

2.6.1 经济与社会发展的不和谐因素对社会保障的反作用

以往对于社会保障政策或制度的解读更多是将其放在一个隔绝和静态的环境中,对于风险范围更多地强调"内控",即其风险来自于内部,但随着风险社会的到来,社会保障的外在影响日益表现出一种脱域性,即在空间上不断拓展和延伸,超越了地理边界的限制,以一种整体性的方式影响着社会保障外部世界。社会腐败与道德下滑问题在侵袭着社会保障事业,每年各地发生的侵吞社保基金的现象屡见不鲜。

我国经济长期处于高投入、高消耗、低效益的外延粗放型增长形态中,为了营造地方政府官员的政绩工程与形象工程,许多地方的招商引资一度演变为"让利竞赛",比地价谁低,拼税收减免。资本利用率不足、不良借款大量增加,GDP 增长的表面繁荣背后是社会成本的剧增。生态被破坏的背后事实上也是社会保障成本的

---

① 王小乔:《2011 年央企利润仅 0.4%补充社保,国有企业如何让人相信它们真是全民的》,《南方周末》2012 年 3 月 16 日。

增加。美国经济学家萨缪尔森(Samuelson)提出过"纯经济福利"的概念,他认为,福利更多地取决于消费而不是生产,纯经济福利是在 GDP 的基础上,减去那些不能对福利做出贡献的项目,减去对福利有负作用的项目,同时加上那些对福利有贡献而没有计入的项目以及闲暇的价值。我国应该计量 GDP 增长对社会保障所产生的负面成本,我国国民经济始终未能进入良性循环,社会贫富不均程度增加,重视可带动 GDP 大量增加的资本密集型项目,忽视劳动密集型项目,致使城镇实际失业率多年来居高不下。

大搞开发区的跑马圈地造成失地农民与少地农民的大量增加与土地养老保障功能的日渐衰减,进城务工农民为城市建设创造了大量的 GDP,而他们的养老、生病、子女入学、劳动保护等社会保障相对处于边缘化状态。流动工人没有得到应有的职业健康医学检查,造成职业病患者得不到及时的诊断与治疗,更有甚者,一些个体业主甚至让工人从事没有任何保护措施的有毒、有害作业,又在发病前辞退他们,致使这些打工者的健康受到严重伤害。农村务工人员工作的流动性、不稳定性以及接触职业危害的多样性、复杂性,造成职业危害的不可预见性明显增加,对务工人员健康的影响难以估计且难以控制。

我国目前群体性事件高发,如土地征用、房屋拆迁、拖欠工资、劳资纠纷、城乡居民贫困问题、特大自然灾害问题等,尽管作用于社会保障领域外部,但需要借助社会保障减压器的作用,进行社会减压。2004 年起,中央政府决定不再以 GDP 作为衡量政府官员政绩与业绩的核心指标,努力降低牵涉到 GDP 高增长背后的社会公平、工业伤害、公共卫生、大众教育、养老与医疗保障、就业增长等社会保障问题的难以计量的隐性成本。中国经济安全专家江涌指出:在中国西部、落后的农村地区,未来老龄化、性别失衡、空巢和类空巢等问题会更加严重,或将成为社会不稳定的重要源头。农村经济发展带来的社会问题将直接需要社会保障埋单,真正从体制外减少对社会保障造成的成本灾害,才能使社会保障可持续发展走上与 GDP 增长良性发展的轨道。

2.6.2 财政政策既可以驱动也可以影响社会保障制度的运行

我国在 GDP 增长的同时,收入差距却在进一步扩大,政府在农村降低贫困的努力取得了实质性的效果,而城市贫困人口却有因居住成本过高而扩大化的趋势;而我国城市居民低保对象十多年来一直维持在两千多万人左右,可能与"应保尽保"政策有差距。相比于农民而言,解决城市贫困问题要比农村脱贫难度大得多:首先,城市贫困居民没有土地等生产资料,不存在"增收和减负"的可能;其次,城市贫困家庭也很少有向其他城市转移的机会和能力,他们没有土地作为最后的生活保障,很难承担迁移的风险;最后,政府利用有限的财富再分配政策在缓解城市贫困方面所起的作用收效不大。

财政是社会保障活动的财力总后台和根本支柱,财政自身收支不平衡引发的财政支付风险可能导致社会保障制度风险,致使社会保障体系因缺乏必要资金无法进行必要的保障供给,社会保障的功能无法实现并引发社会不稳定。反过来,社会保障由于自身内部与外部的不确定性,如基金收缴不利、基金投资损失等导致的收支缺口引发的制度无法正常运行,并由此导致贫困加剧、社会不稳定或者群体性事件等问题,最终也会转化成财政责任,由此可能引发财政风险。

从1998年中央实施"两个确保"政策以来,中央与地方财政对养老保险基金缺口补贴规模越来越大,各级财政补贴基本养老保险基金从2006年的971亿元到2012年达到2648亿元。财政补贴在一定程度上弥补了部分省市的当期养老金缺口,从另一个层面解读,这也意味着养老保险对财政的依赖程度越来越高。个人账户"空账"问题已经成为我国养老保险的心腹之患,2012年个人账户"空账"已经达到2.6万亿元人民币,做实个人账户,从现收现付式过渡到部分积累式以及实现做实个人账户的养老保险基金最大程度的保值增值,需要落实一系列的财政与金融政策。从财政收入增量中固定性地拿出一定比例用于个人账户的做实,以及更多地考虑民生问题这一执政理念,中国的社会保障难题才能得到实质性的解决。

2.6.3 社保税收政策普遭参保者诟病并激发社会矛盾

对社会保障而言,税收政策通过增税(费)和减税(费)两个方面来扩大或减少社会保障基金,对于政府来说减税容易增税难,增加社会保障税(费)率易遭到参保人的反对,政府以增加社会保障税收的办法来弥补社会保障赤字,实质是将资金从个人或企业手中转移到政府手中。北京个人"五险一金"缴费和单位缴费占税前工资比例为66.48%,上海个人和单位缴费比例之和约为62%[1],如此高的缴费比例,要再在体制内提高缴费比例(或称社会保险税率),已不可能还有多大的上升空间。全国工商联在与125个国家的社保费率对比分析后表示,我国社保费率偏高,只有11个国家的社保费率超过40%,而且主要是发达的福利国家。[2]

社会保障制度运行,必须建立强有力的征缴机制,中国目前主要以社会统筹的方式征集社保基金,由于近几年来社保基金在一些地区的征缴率连年下降,出现了企业不交、少交、拖欠社保基金的情况。社会保障税是一个具有最高限额的税种,

---

[1] 《社保个人缴费排行北京最高 万元月薪到手仅7454元》,中国新闻网,2012年7月22日。
[2] 同上。

不对纳税人的资本所得、利息所得、红利所得等非工薪收入征税,收入越高,社会保障税占其收入的比例就越小,边际税率递减,表现出明显的累退性,有利于高收入者,不利于低收入者。新一届政府加大反腐力度,这一现象得以缓解。为了达到加强养老保险费征缴的目的,人力资源和社会保障部采取了对欠费大户实行媒体曝光的办法,如2011年,全国共核查五项社会保险待遇享受情况8436万人项,查出6万人冒领待遇9475万元,已追回9084万元。清理收回企业欠缴养老保险费468亿元。① "五险"税收并轨改革有利于降低应税(费)成本,但牵涉到人保、税务、劳动、财政、卫生等多部门的信息交互问题,建立信息互通平台还有很长的路要走。

2.6.4 社保基金缩水严重影响社会保障的可持续发展

2010年,有专家曾对17省市的社保基金投资情况做过调研,发现其中竟有58%的省份社保基金是按活期利率存放的。2010年一年期定存利率为3.5%,而国家统计局公布的2010年7月份CPI增幅已经达到了6.5%,几乎是一年期利率的两倍。②

据世界银行预测,中国社保基金总额2030年可以达到1.8万亿元,成为世界第三大养老基金。事实上2011年年底仅城镇职工养老保险基金就超过了2万亿元。随着社会保障基金积累的增加,我国在基金运营方面缺乏有效的投资渠道和手段,基金保值增值问题越来越突出。社会保障基金以前多采取银行协议存款,但随着老百姓储蓄率不断提高,银行对协议存款已缺乏热情。买国债的回报率不到2%。时任全国社会保障基金理事会理事长戴相龙曾表示:"截止到2010年12月底,地方管理的基金养老保险基金结存1.5万亿元,按照规定这笔钱目前只能存银行或买国债,其中90%都用于银行存款,十年来年均投资收益率不到2%。"③只有1400亿元的零头以债券、委托等方式进行运营,其中只有366亿元委托全国社保基金理事会运营,其余则用于购买国债或者协议存款。④ 经过多年的发展,全国社保基金不断发展壮大,投资领域涵盖股票、债券、产业基金、未上市公司股权和ABS(即资产支持证券)等,其收益率尚达不到理想状态。在资本市场尚不完善的情况下,中国政府需要探索社保基金如何介入交通、电力、石油等高利润行业,或者一些大型基础设施建设项目等领域,使社会保障基金的投放与可持续发展的国家优势产业相对应,实现社会保障基金最大限度的长期增值。

---

① 张维:《去年6万人冒领社保9475万》,《法制日报》2012年6月27日。
② 韩宇明:《2万亿社保基金面临高负利率风险》,《新京报》2011年8月11日。
③ 《社保基金保值增值面临难题 是否该入市引发争议》,央视网,2011年12月22日。
④ 韩宇明:《社保基金投资方式单一 2万亿面临高负利率风险》。

2.6.5 企业社会保障管理与政府社保经办管理脱节影响社保费征收

我国产业结构的调整,加之科技进步对就业的冲击一度造成了结构性失业、体制性失业、磨擦性失业的三种主要失业形态,相当部分下岗失业一族因此成为城市弱势群体。社会保障制度设计对不同所有制企业的广泛覆盖,有利于劳动力就业市场多元化机制的形成,但广覆盖体制也会因为削弱了企业竞争力致使一些非公有制企业对社会保险制度的建立心存抵触情绪。《2012中国企业社保白皮书》认为:中国企业社保管理现状不容乐观,仍处于混沌与风险并存的初级阶段。白皮书从参保面、合规比、准确率和成熟度四个维度来描述中国企业社保管理现状。从参保面来看,目前1/3的单位仍然存在未及时参保缴费甚至漏缴的问题,27%的受访单位在试用期结束后办理,3%的单位视领导安排,还有3%的单位尚未实现全员参保。从合规比来看,缴费基数合规问题堪忧,风险巨大,只有31%的单位做到了合规缴纳,统一按最低基数缴纳的占到近1/3;而民营企业和50人以下小规模企业的问题尤为严重,合规缴纳占比不到20%。从准确率来看,社保缴费核算复杂,1/3企业存在错账或对账混乱不清问题。从成熟度来看,在企业社保管理四级成熟度模型中,企业社会保障管理整体而言仍偏向于事务层面,数据分析、成本筹划、战略规划等深层次业务涉足较少。①

企业社会保险管理薄弱,将直接动摇中国社会保险制度的经济基础,企业与政府的博弈,说明了企业尤其是非公有制企业对社会保险制度的支持度不足与认可度偏低的问题,企业的社保成本过高无疑是催化剂。工资内涵的不一致与福利概念的混淆,加之我国社会保险制度中对养老、医疗保险费(税)等征收以工资为基准,就会导致非公有部门对参与社会保险的抵触情绪。

2.7 结 论

中国政府要求2020年实现"基本建立覆盖城乡居民的社会保障体系"的国家发展战略目标,是实现中国梦的具体体现,体现了极高的民众诉求,也激励着政府砥砺前行的决心。然而,改革步入深水区,面临许多不可预计的政治、经济与社会因素,每一项政策的设计,每一个细节的成败都可能影响社会保障的发展进程。

社会保障风险正呈放大趋势,建立社会保险风险管理矩阵,运用公共危机管理理论与方法,对社会保障风险进行积极的风险防范、管理与控制,是政府面临的重

---

① 代丽丽:《首部企业社保白皮书发布 仅3成单位按规定缴社保》,《北京晚报》2013年1月15日。

大任务,不论是从完善社会保障公共危机管理理论还是从根本上减少或防止社会保障实质性风险来讲,实现国人2020年人人都有基本社会保障的中国梦,均有重大的研究价值与实践价值。

做好社会保障的顶层设计工作迫在眉睫。尼古拉斯·巴尔针对中国社会保障问题指出:如果有各种数据,许多政策问题都可以解决,而采集数据的成本是巨大的,如果没有可靠的数据采集,就不可能制定有效的政策。顶层设计需要从定性思维到定量思维的转变,需要定性与定量研究相结合,更需要客观真实的统计数据、信息资料与社会保障精算予以支持,中国社会保障的宏观调控与整体布局有必要建立风险评估机制,尤其需要树立财政与政治可持续发展理念,客观评价是非常重要的。如中华人民共和国人力资源和社会保障部《2012年度人力资源和社会保障事业发展统计公报》称:"全国31个省份和新疆生产建设兵团已建立养老保险省级统筹制度。在山西、上海、浙江、广东、重庆等5个省市开展的事业单位工作人员养老保险制度改革试点工作稳步推进。"是不是真正的省级统筹?是不是五省市事业单位养老保险制度稳步推进?政府对自身工作的评价客观标准、真实可靠,充分掌握各类数据与信息,做好统计预测与社会保障精算工作,才有利于科学的宏观决策与民主参与,有利于社会保障的顶层设计。

社会保障制度运行政策矩阵体现着政府主体的价值判断,即社会保障目标的选择与地位取决于一定时期政府对社会保障功能与作用的认同,取决于政府对社会保障发展过程所存风险的客观评估、对社会保障道德风险与制度负激励问题的客观评价,取决于政府对社会保障制度运行的支持力度。在构造社会保障政策矩阵时,这些政策目标也往往存在此消彼长的关系。但实际生活中更多地应该偏重于社会价值判断,提高民众对社会保障的预期,才能使民众理解并关注与之休戚相关的社会保障制度的建设和发展。

3 中国养老金便携性改革研究*

刘昌平　殷宝明

3.1 养老金便携性障碍：中国现实

3.1.1 养老金便携性问题源起

一、社会养老保障在城镇内部出现分立

中国社会养老保障体制改革始于1951年政务院颁布的第一部全国性社会保障法规——《劳动保险条例》(下文简称《劳保条例》)。该条例是新中国成立后第一个内容完整的社会保险法规，其中包括退休养老、疾病医疗、工伤康复、生育保险等多项社会保险项目实施和管理规范等重要内容。但是劳保条例的规范范围局限于企业职工，并不涵盖机关事业单位工作人员，后者主要以单行法规和条例的形式确定。早在1950年，政务院就颁布了适用于党政机关、海关、铁路、邮电等单位实行工资制退休人员的《中央人民政府政务院财政经济委员会关于退休人员处理办法的通知》。1955年12月，国务院又颁发了《国家机关工作人员退休处理暂行办法》和《国家机关工作人员退职处理暂行办法》，对国家机关工作人员的退休条件和退休待遇作了进一步的规定。在随后的改革进程中企业职工养老保险制度与机关事业单位养老保障制度呈现出分合的特点。①改革初期，尽管机关事业单位工作人员与企业职工实行不同的管理形式，但二者的制度模式和待遇标准没有太大差别。1958年2月，国务院颁布施行的《国务院关于工人、职员退职处理的暂行规

---

* 本文系刘昌平教授主持的2010年教育部人文社会科学重点研究基地重大项目"城乡社会养老保险转续机制研究"(项目号：10JJD630010)的主要研究成果。

① 郑秉文、孙守纪、齐传君：《公务员参加养老保险统一改革的思路——"混合型"统账结合制度下的测算》，《公共管理学报》2009年第1期。

定》和《国务院关于工人、职工退休处理的暂行规定》统一了机关事业单位职员与普通职工的养老退休制度,二者的退休条件和养老金支付标准得到统一。城镇职工基本养老保险制度也由此在全国范围内建立起来。改革开放以后,机关事业单位职工和企业职工的社会养老保险制度重新走向分立。1978年6月,国务院颁布了《国务院关于安置老弱病残干部的暂行办法》和《国务院关于工人退休、退职的暂行办法》,尽管是基于1958年颁布的两个暂行规定进行的修改,但是其最大的变化是将机关、事业单位和企业三者分开,将三者的退休办法分开拟定,打破了原来统一的退休退职制度,在待遇核发上也体现出差别来。1991年6月,《国务院关于企业职工养老保险制度改革的决定》发布,标志性地提出了城镇企业职工基本养老保险制度改革的三支柱模式和养老保险费用三方负担的原则,但同时规定国家机关工作人员不执行此规定,其养老保险制度改革由人事部负责,具体办法另行制定。至此城镇社会养老保障内部分立的格局最终确定。

二、社会养老保险在城乡之间呈现分割

在20世纪80年代末到90年代初之前,中国社会养老保障体制改革主要在城镇有正式工作单位的职工中间展开。1951年的《劳保条例》并没有将占全国绝大多数的农民囊括在内。农村最早的社会养老保障是五保供养制度。1956年1月颁布的《农业四十条发展纲要》中规定:"农业合作社对于社内缺少劳动力、生产没有依靠的鳏寡孤独社员,应当统一筹划,指定生产队或生产小组在生产上给予适当的安排,使他们能参加力所能及的劳动;在生活上给以适当的照顾,做到保吃、保穿、保烧、保教、保葬,使他们的生养死葬都有依靠。"五保供养制度实质上是一种较低层次的社会救助制度,覆盖面极为有限。但农村五保供养制度开创了我国农村社会养老的先河。① 直到1992年,在经过先期试点和城镇企业职工基本养老保险制度改革的推动下,民政部在全国范围内下发了《县级农村社会养老保险基本方案(试行)》(以下简称《基本方案》),以此为指导,农村养老保险逐步在全国广泛开展。然而农村社会养老保险制度出现了参保人数下降,基金筹集困难,部分地区的农村社会养老保险制度甚至陷入停滞状态。1999年开始,国务院开始对农村社会养老保险工作进行清理整顿。《国务院批转整顿保险业工作小组保险业整顿与改革方案的通知》(国发〔1999〕14号)中指出,我国农村尚不具备普遍实行社会保险的条件,要求停止接受新业务,有条件的过渡为商业保险。至此,我国农村社会养老保险事业作为一项统一的制度安排已基本处于停滞状态,只是在个别的经济发

---

① 孙树菡:《社会保险学》,中国人民大学出版社2007年版,第179页。

达地区和大城市的郊区农村有所开展。随着经济社会发展，从2002年开始农村社会养老保险工作进入了探索建立新型农村社会养老保险制度的新阶段。直到2009年9月1日《国务院关于开展新型农村社会养老保险试点的指导意见》（国发〔2009〕32号）发布，我国农村社会养老保险制度得以最终确定。至此社会养老保险在城乡之间的分割也最终形成。

三、城镇基本养老保险制度针对正规就业和固定用人单位劳动关系设计

中国社会养老保障体制改革是围绕着经济体制改革而进行的。中华人民共和国成立初，在高度统一的计划经济体制下，社会养老保障体制内在的要求适应产品经济特点，从而仿效苏联建立了"国家保险"模式。1951年的《劳保条例》规定职工不缴纳任何保险费，社会保险费全部由企业负担，缴费率为企业工资总额的3%，其中的30%上缴中华全国总工会，作为社会保险统筹基金，对各地和各企业进行调剂，实际上实行了全国统筹；另外70%留存于各企业工会基层委员会，作为劳动保险基金，用于支付本企业职工个人养老保险待遇。这种保障模式形成了就业—福利—保障三位一体的制度结构，国家承担所有风险，从而隐含了计划经济体制下特有的隐性社会契约：个人获得低工资并将应得的养老金受益权转化为国有或集体资产的一部分，政府为职工收入和退休养老提供保障。随着改革的推进，这种依赖正规就业和固定用人单位劳动关系设计的特点不断凸显。1969年2月，财政部发布了《关于国营企业财务工作中几项制度的改革意见（草案）》，要求"国营企业一律停止提取劳动保险金，企业的退休职工、长期病号工资和其他劳保开支，改在营业外列支"，从而取消了全国统筹的养老保险制度，使之倒退为企业保险，职工的养老保险以企业为单位管理。1984年，以党的十二届三中全会通过的《关于经济体制改革的决定》为标志，中国经济体制改革在城市进入以城市为重点、以国营企业为中心的时代，适应经济体制改革需要，城镇养老保险制度开始进行改革探索。1986年，国务院发布了77号文件，要求建立全国县、市一级的退休费统筹机制，参加社会统筹的企业规定一定的缴费率（或公式）来建立统筹基金。社会养老保障体制开始由"企业保障"向社会保险转变。1991年，国务院发布了《关于企业职工养老保险制度改革的决定》，确定开展城镇企业职工基本养老保险费社会统筹。从1993年中共中央十四届三中全会所做的《关于建立社会主义市场经济体制若干问题的决定》这一关于社会保障制度改革的纲领性文件开始，到2005年国务院颁布的《国务院关于完善企业职工基本养老保险制度的决定》（国发〔2005〕38号）最终确定城镇企业职工基本养老保险制度为止，尽管改革的主要任务之一就是使制度适用于城镇各类企业职工的个体劳动者，但是伴随国企改革而生的"统账结合"

的制度模式、以企业为中心筹集费用的特点,以个人缴费记录和在岗职工平均工资形成待遇计发基数的设计都阻碍了城镇基本养老保险制度在灵活就业人员中的扩面。

3.1.2 养老金不具携带性的原因

一、社会养老保障体系碎片化困境

自20世纪90年代以来,中国社会养老保障体制改革进入了最为活跃的阶段。1991年6月,国务院发布《关于企业职工养老保险制度改革的决定》,确定了养老保障体系发展的三支柱模式和国家、企业与个人三方共同筹资的原则。1997年《国务院关于建立统一的企业职工基本养老保险制度的决定》(国发〔1997〕26号)的颁布,正式确定了我国城镇企业职工基本养老保险制度的基本框架,统一了具体实施方案。城镇基本养老保险制度自1997年确定实行"统账结合"的制度模式和多方筹资的基本制度框架后,历经"辽宁试点",2005年国务院颁布《国务院关于完善企业职工基本养老保险制度的决定》(国发〔2005〕38号)将城镇企业职工基本养老保险的制度模式和框架最终确定。而几乎与此同时,农村社会养老保险制度也历经了1992年由民政部《县级农村社会养老保险基本方案(试行)》所形成的传统农村社会养老保险探索,新型农村社会养老保险在各地的分散探索,到2009年《国务院关于开展新型农村社会养老保险试点的指导意见》(国发〔2009〕32号)之后走向统一的历程。社会养老保障体系三大块中的最后一块——机关事业单位养老保险制度改革也在同步展开。1992年,《人事部关于机关、事业单位养老保险制度改革有关问题的通知》(人退发〔1992〕2号)提出了改革建立机关事业单位社会养老保险制度。2008年2月,国务院常务会议讨论并原则通过了《事业单位工作人员养老保险制度改革试点方案》,确定在山东、浙江、上海、广东、重庆五省市先期开展事业单位养老保险试点工作,与事业单位分类改革配套推进。社会养老保障体系呈现出按照职业就业分割的碎片化特征。为了适应大规模流动人口的现实和建立统一劳动力市场的需求,城乡社会养老保险制度已经开始了整合的初步探索。2011年《国务院关于开展城镇居民社会养老保险试点的指导意见》(国发〔2011〕18号)发布,城镇居民社会养老保险开始实施,从而补上了我国社会养老保险制度人员全覆盖的最后一个缺口。2014年《国务院关于建立统一的城乡居民基本养老保险制度的意见》(国发〔2014〕8号)发布,在总结新型农村社会养老保险和城镇居民社会养老保险试点经验的基础上,将新型农村社会养老保险和城镇居民社会养老保险两项制度合并实施,在全国范围内建立统一的城乡居民基本养老保险制度。由此,社会养老保障体系的"三国"——城镇企业职工基本养老保险、机关事业单位养老金制度和城乡居民基本养老保险最终形成。

二、单项制度之间存在本质区别

城镇企业职工基本养老保险和城乡居民基本养老保险都实行 DB 型基础养老金和 DC 型个人账户养老金相结合的"统账结合"模式,机关事业单位养老金制度则属于国家保障模式。三者在制度设计、资金来源和待遇标准上存在本质区别。

(一)制度设计不统一

首先,机关事业单位退休金以个人退休前最后一个月的工资为基准,其中基础工资和工龄工资全额发放,职级工资和级别工资两项之和根据工作年限长短按照相应比例计发。根据规定,工作年限满 35 年的按 88% 计发,满 30 年而不满 35 年的按 82% 计发,满 20 年不满 30 年的按 72% 计发;事业单位工作人员退休后,按本人职务工资和津贴之和的一定比例计发,即工作年限满 35 年的按 90% 计发,满 20 年不满 30 年的按 80% 计发。① 这与城镇企业职工基本养老保险和城乡居民基本养老保险由基础养老金和个人账户养老金组成的计发方式存在很大不同。其次,城乡居民基本养老保险和城镇企业职工基本养老保险二者的个人账户养老金在制度模式和待遇计发办法上保持一致,但二者的基础养老金却存在很大不同,尽管都属于 DB 型,但城镇企业职工基础养老金在计发方式上实行待遇水平与缴费关联的统一比率计发,参保者退休后个人月基础养老金=(参保人员退休时全省上年度在岗职工月平均工资+本人指数化月平均缴费工资)/2×缴费年限×1%,计发办法在保证公平的同时强调权利和义务相统一,具有代际间收入的再分配功能;而城乡居民基本养老保险基础养老金的计发实行非缴费和统一额度,目前新型农村社会养老保险个人缴费标准为每年 100 元至 500 元 5 个档次,城镇居民社会养老保险个人缴费标准为每年 100 元至 1000 元 10 个档次。月基础养老金=中央确定的最低基础养老金标准+地方财政提高和加发的部分基础养老金(或有选项,取决于地方的经济发展水平、财政能力以及地方政府的意愿,具有较强的不确定性和随意性)。强调权利,与缴费无关,不具有代际收入再分配特征。最后,在享受待遇资格上,机关事业单位退休金没有最低缴费年限限制,而城镇企业职工基本养老保险有累计缴费最低 15 年的硬性规定,城乡居民基本养老保险则允许补缴来满足最低缴费年限的要求。从本质上看,城镇企业职工基础养老金属于典型月缴终身生存年金保险,城乡居民基本养老保险基础养老金更接近于具有普惠的非缴费型老年津贴福利,而机关事业单位退休金则属于专属职业福利。制度设计上的不合理,也导

---

① 于宁:《基本养老保障替代率水平研究——基于上海的实证分析》,上海人民出版社 2007 年版,第 267 页。

致基础养老金受益权不具便携性。①

（二）资金来源不相同

尽管城镇企业职工基本养老保险制度和城乡居民基本养老保险的基础养老金都属于公共养老金制度，但前者的基础养老金来源于企业缴费，后者的基础养老金则来源于财政的专项预算支出。而机关事业单位退休保障制度采取政府财政预算安排或单位单方筹集资金机制。对于城镇企业职工基本养老保险社会统筹基金，企业每月按时以企业职工上个月工资总额的 20% 向社会保险经办机构进行缴费，所缴纳的费用全部列入社会统筹账户，用于支付当期基础养老金账户的支出，以支定收，专款专用，其财务平衡机制是典型的现收现付制。而城乡居民基本养老保险基础养老金则类似于以税收筹资的国民养老金制度，完全由财政支付，属于非缴费型的国民养老金制度，具有财政保证、最低保障、享受养老金的年龄与法定退休年龄相关的特点，没有基金缴费收入，养老金的支出列入公共财政支出。其中最低基础养老金由中央财政对中、西部地区实行全额划拨，对东部地区给予 50% 的补贴。各地区根据自身情况适时加发的部分则由地方财政承担。机关事业单位退休保障制度虽然也属于现收现付制，但是个人不需要供款缴费，资金全部来源于公共财政，具有国家保障型职业福利制特点。

（三）待遇标准差距大

由于机关事业单位退休金以本人退休前的工资为基数，基础工资和工龄工资全额发放，职级工资和级别工资根据工龄按照相应比例计发，因此其退休金的工资替代率保持在较高水平。同时，退休金标准与在职人员工资同步调整，且幅度一般不低于机关在职人员工资增长率。原则上离休人员退休金按同职级在职人员平均增资额增加，退休人员按同职级在职人员平均增资额的一定比例增加。因此，机关事业单位退休金的工资替代率会保持在一个相对稳定的水平。城镇企业职工基本养老保险和城乡居民基本养老保险的基础养老金在保障水平上都遵循"保基本"原则，但由于城乡生活水平和消费水平差距、商品经济的发育程度不同以及养老金待遇计发与缴费相关性的差别，导致基础养老金待遇水平存在很大差距。从静态水平来看，即使按照最低 15% 的工资替代率计算，2013 年城镇职工人均基础养老

---

① 唐钧：《让农民工社保异地转移接续》，《瞭望》2007 年第 36 期；刘传江、程建林：《养老保险"便携性损失"与农民工养老保障制度研究》，《中国人口科学》2008 年第 4 期；郑秉文：《改革开放 30 年中国流动人口社会保障的发展与挑战》，《中国人口科学》2008 年第 5 期。

金标准应约为 7139 元/年①，而城乡居民基础养老金的国家最低标准仅为 660 元/年，前者约为后者的 11 倍，远远高于城乡居民家庭人均收入比 3.10∶1。② 从动态水平来看，城镇职工基础养老金的待遇标准与统筹地区上年度社会平均工资相关联，这就将基础养老金的水平与地区经济发展水平和消费水平部分地关联起来，从而较好地化解了基础养老金保障水平因经济发展、物价水平的提高而降低的风险。而城乡居民基本养老保险基础养老金的标准则是国家规定固定额度的全国统一的最低基础养老金水平，地方财政适时加发和提高基础养老金水平，目前还缺乏制度化的调待机制。图 3-1 统计比较了 1999—2012 年机关事业单位职工与城镇企业职工人均离退休费用。1999 年城镇企业职工人均离退休费用约为 6451 元，高于机关事业单位职工人均离退休费用的 5150 元。从 2000 年开始，机关事业单位职工人均离退休费用超过城镇企业职工人均离退休费用，并呈现出快速增长的态势，年均复合增长率接近 16%，后者的年均复合增长率只有 9.5%，到 2012 年机关事业单位人均离退休费用超过 29,000 元，而城镇企业职工人均离退休费用约为 20,900 元。

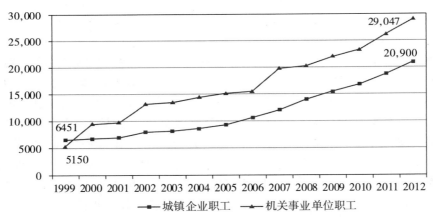

图 3-1 1999—2012 年机关事业单位职工与城镇企业职工人均离退休费（元）

数据来源：《中国劳动统计年鉴 2013》，中国统计出版社 2014 年版，第 357 页。

---

① 2012 年全国城镇在岗职工社会平均工资 47,593 元，数据来源于国家统计局：《中国统计年鉴 2013》，http://www.stats.gov.cn/tjsj/ndsj/2013/indexch.htm。目前城镇企业退休职工的退休金标准由国家统一规定和调整，此处的基础养老金数据仅是按照制度规定按上一年度城镇在岗职工月平均工资的 20% 计算的理论值。

② 2012 年我国城镇居民人均可支配收入 24,565 元，农村居民纯收入 7917 元，城乡居民收入比为 3.10∶1，数据来源于国家统计局：《2012 年国民经济和社会发展统计公报》，http://www.stats.gov.cn/tjsj/ndtjgb/qgndtjgb/201302/t20130221_30027.html，2013 年 2 月 22 日。

从养老金的替代率水平来看,城镇企业职工基本养老保险工资替代率在最近的十多年从 70%—80% 下降为 50%—60%,而机关事业单位退休金工资替代率一般都在 80% 以上。① 城乡居民基本养老保险基础养老金采取的是统一额度的计发方式,按照 55 元/月/人的标准由财政全额补贴。由图 3-2 给出了新型农村社会养老保险基础养老金的年收入替代率②,2012 年基础养老金在全国的收入替代率约为 9.5%,基础养老金收入替代水平在各地之间相差很大,甘肃收入替代率最高,达到 16.9%,上海收入替代率最低,仅为 4.1%,前者约为后者的 4.1 倍。由于城市居民的人均纯收入要高于农村居民,所以相同标准的城乡居民基本养老保险基础养老金的收入替代率还将进一步拉低,与机关事业单位退休金和城镇企业职工基本养老保险基础养老金的收入替代率水平的差距还将进一步拉大。

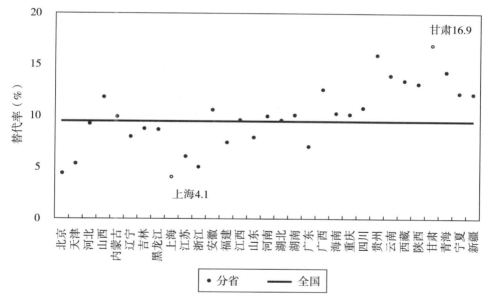

图 3-2 "新农保"基础养老金的收入替代率

数据来源:2012 年农民人均纯收入数据来源于《2012 年国民经济和社会发展统计公报》,http://www.stats.gov.cn/tjsj/tjgb/ndtjgb/qgndtjgb/201302/t20130221_30027.html,2013 年 2 月 22 日。

事实上,按照城乡居民基本养老保险基础养老金的计发办法和待遇调节机制,其收入替代水平将呈现出不断下降的趋势。《国务院关于开展城镇居民社会养老

---

① 潘锦棠:《公务员社会保险制度改革要稳步推进》,《学习时报》2011 年 3 月 28 日第 001 版。
② 基础养老金收入替代率=基础养老金年标准/上一年当地农民人均纯收入。

保险试点的指导意见》(国发〔2011〕18号)规定"国家根据经济发展和物价变动等情况,适时调整全国基础养老金的最低标准",假设其与城镇企业职工基本养老保险基础养老金的调整办法相同,通过比较2000—2010年历年城镇企业退休人员人均退休金调整幅度和城镇在岗职工社会平均工资增长幅度,可计算出养老金调整系数约为0.6。以分别满足城镇企业职工基本养老保险和新型农村社会养老保险最低缴费年限15年的两个参保者为例,为方便对比,将他们的工资收入分别标准化为城镇在岗职工社会平均工资和农民人均纯收入且假设二者增长率相同,均为6%,同时参照城保基础养老金每多参保一年替代率增加1%的规定,进一步假设新型农村社会养老保险基础养老金每多参保一年替代水平增加1/15。①

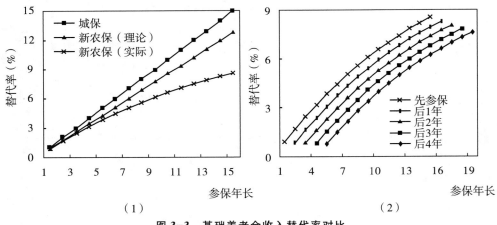

图3-3 基础养老金收入替代率对比

图3-3(1)对比了城镇企业职工基本养老保险(城保)与新型农村社会养老保险(新农保)基础养老金收入替代率以及新型农村社会养老保险基础养老金制度设计的理论替代率与实际替代率;图3-3(2)对比了新型农村社会养老保险参保先后的基础养老金实际替代率。由图3-3(1)可见,一方面,新型农村社会养老保险基础养老金设计的12.8%的收入替代率(在2009年全国农民人均纯收入水平下)低于城镇企业职工基本养老保险基础养老金设计的15%的目标工资替代率;另一方面,新型农村社会养老保险基础养老金8.6%的实际替代率低于12.8%的理论替代率。由图3-3(2)可见,一方面,新型农村社会养老保险先参保者的基础养老金

---

① 将城镇企业职工基本养老保险基础养老金和新型农村社会养老保险基础养老金的目标替代率和替代水平,同时按照15年的最低缴费年限平均到每一年利于进行对比。另外,城镇企业职工基本养老保险和新型农村社会养老保险基础养老金调整系数,社会平均工资和人均纯收入增长率只要保持一致,其具体数值对二者的比较结论不产生实质影响。

实际收入替代率高于后参保者的实际收入替代率,参保者在养老金权益累积满15年后,先参保的基础养老金实际替代率为8.6%,后参保1年的下降为8.3%,后参保2年的为8.1%,后参保3年的7.9%,后参保4年的7.6%,可见参保时间越晚,基础养老金实际替代率越低;另一方面,如果参保时间长于15年基础养老金待遇不增加①,则退休前参保时间长的参保者的基础养老金收入替代率可能反而低于参保时间短的参保者的收入替代率,甚至会出现先参保且参保时间长的参保者的基础养老金收入替代率低于后参保且参保时间短的参保者这种极不公平的现象。结合图3-3(1)和图3-3(2),只要养老金调整系数小于1,新型农村社会养老保险基础养老金增长幅度小于农民人均纯收入增长率,其固定标准的实际收入替代率将不断下降。

三、社会统筹层次不高的现实制约

养老金实现便携性的关键在于转出地与转入地之间对于转移的养老金受益权的互认。而社会统筹层次的不高,一方面缩小了各统筹地区的风险调剂范围,从而增加了转移的养老金受益权的不确定性,另一方面又增加了各地之间的协调难度,增大了管理成本。由于机关事业单位退休金制度目前尚不存在社会统筹的问题,因此当前社会养老保障统筹层次不高主要体现在城镇企业职工基本养老保险的统筹层次不高和由于农村社会养老保险的地方试点和属地管理所产生的不规范。

(一)城镇企业职工基本养老保险统筹层次不高

提高城镇基本养老保险统筹层次的改革可以追溯到1991年《国务院关于企业职工养老保险制度改革的决定》(国发〔1991〕33号),按照国民经济和社会发展十年规划与第八个五年计划纲要的要求,在总结各地经验的基础上,国务院提出了对"尚未实行基本养老保险基金省级统筹的地区,要积极创造条件,由目前的市、县统筹逐步过渡到省级统筹"。1997年,《国务院关于建立统一的企业职工基本养老保险制度的决定》(国发〔1997〕26号)中提出"为有利于提高基本养老保险基金的统筹层次和加强宏观调控,要逐步由县级统筹向省或省授权的地区统筹过渡。待全国基本实现省级统筹后,原经国务院批准由有关部门和单位组织统筹的企业,参加所在地区的社会统筹"。1998年颁发的《国务院关于实行企业职工基本养老保险省级统筹和行业统筹移交地方管理有关问题的通知》(国发〔1998〕28号),决定加快实行企业职工基本养老保险省级统筹,并将原实行行业统筹的11个部门和行业

---

① 由于目前的制度设计并未强制规定对参保时间长于15年的参保者加发基础养老金,且提高和加发部分由地方政府支出,因此大量存在财政困难的地方"新农保"实施办法基本照搬《关于开展城镇居民社会养老保险试点的指导意见》,没有加发补贴。

移交地方管理。1999 年党的十五届四中全会通过的《中共中央关于国有企业改革和发展若干重大问题的决定》提出,要"进一步完善基本养老保险省级统筹制度,增强基金调剂能力"。同年原劳动和社会保障部与财政部发布了《关于建立基本养老保险省级统筹制度有关问题的通知》(劳社部发〔1999〕37 号),明确提出"加快建立省级统筹制度,在省、区、市范围内统一治理和调度使用基本养老保险基金,统一企业和职工个人缴纳基本养老保险费的缴费基数和缴费比例,统一基本养老金的支付项目、计发办法和调整制度。尚未实现省级统筹的省份,须建立健全省级调剂金办法,并积极采取切实有效措施,逐步建立省级统筹制度"。但此后这项工作进展速度一直不均衡,只有少数省市如北京、上海等实现了真正意义上的省级统筹,大部分省份仍是市、县一级统筹。

2007 年原劳动和社会保障部部长田成平在中国社会保障论坛第二次年会上表示,力争用两年左右的时间在全国基本实现养老保险省级统筹。这是劳动和社会保障部首次明确公布这项工作的时间表。2007 年,原劳动和保障部会同财政部联合发布了《关于推进企业职工基本养老保险省级统筹有关问题的通知》(劳社部发〔2007〕3 号),具体提出了实现省级统筹的六个条件,包括:(1)全省执行统一的企业职工基本养老保险制度和政策。(2)全省统一企业和职工缴纳基本养老保险费的比例,缴费基数全省统一规定。城镇个体工商户和灵活就业人员缴纳基本养老保险费的比例和基数全省统一规定。(3)基本养老金计发办法和统筹项目全省统一,基本养老金调整由省级人民政府按照国家规定部署实施,全省统一调整办法。(4)基本养老保险基金由省级统一调度使用,实行统收统支,由省级直接管理。现阶段,也可采取省级统一核算、省和地(市)两级调剂,结余基金由省级授权地(市)、县管理的方式,其中,中央财政、省级财政补助资金和上解的调剂金由省级统一调剂使用。省级统一按国家规定组织实施基本养老保险基金投资运营。(5)全省统一编制和实施基本养老保险基金预算,明确省、地(市)、县各级政府的责任。各地(市)、县严格按照批准的基金收支预算执行。预算调整按规定的程序进行。(6)基本养老保险业务经办规程和管理制度全省统一;全省执行统一的数据标准、使用统一的应用系统。同年底,《中华人民共和国社会保险法(草案)》首次提请全国人大常委会会议审议。"广覆盖、保基本、多层次、可持续"被该草案确定为中国社会保险制度的方针。草案还授权国务院规定除基本养老保险基金以外的其他社会保险基金实行省级统筹的时间和步骤,个人跨地区流动或者发生职业转换如何转移接续社会保险关系等。

2011 年《国民经济和社会发展第十二个五年规划纲要》和 2012 年《社会保障"十二五"规划纲要》更进一步提出:"全面落实城镇职工基本养老保险省级统筹,

实现基础养老金全国统筹";2013年2月国务院批转发改委等部门《关于深化收入分配制度改革若干意见的通知》也强调:"全面落实城镇职工基本养老保险省级统筹,'十二五'期末实现基础养老金全国统筹";2013年5月国务院同意发改委制定的《关于2013年深化经济体制改革重点工作意见》则进一步明确"研究制定基础养老金全国统筹方案"。2013年5月28日,人力资源和社会保障部发布的《2012年度人力资源和社会保障事业发展统计公报》显示,全国31个省份和新疆生产建设兵团已建立养老保险省级统筹制度。但是如果按照原劳动和社会保障部与财政部联合发布的《关于推进企业职工基本养老保险省级统筹有关问题的通知》所提出的实现省级统筹的六个标准,根据国家审计署2012年第34号公告,截至2011年年底,全国有17个省未完全达到省级统筹的"六统一"标准。①

即使是目前实现省级统筹的地区,所谓"省级统筹"也并非真正意义上的省级统筹,而是省级统筹调剂基金的形式。其结果是各地根据不同的实际情况和自身利益制定出各种不同的政策。养老保险的属地化管理原则和分割的管理体制导致不同地区社会保险基金筹集、管理、支付的方式不同,地区性特征显著,难以协调统一。各地养老保险的相关信息在不同地方之间也不能共享,无法很好地实行跨地区对接。过低的社会保险统筹层次造成社会保险制度的人为分割,由于各地在经济发展水平、养老保障负担方面存在差异,社会保险统筹层次过低不利于社会保险风险在更大的区域内分散,与其"保险属性"相违背,也不利于地区间收入再分配,甚至拉大了地区间的收入差距。在统筹层次不高的现实下,养老保险省区间存在的巨大差距必然阻碍不同地区养老保险关系接续的进程。

(二)农村社会养老保险地方试点和属地管理产生的不规范

以湖北省为例,由于各地区单独试点,出台各种社会养老保险的"土政策"和地方政府因地制宜对新型农村社会养老保险进行差异化补贴,导致了制度之间的巨大差异,和制度内部的管理失范,直接影响了新型农村社会养老保险统筹层次的提高。

首先,被征地农民养老保障"一地一策"甚至"一地多策"。目前,湖北省各地被征地农民社会养老保障实行的情况非常复杂,以首批13个新型农村社会养老保险试点县(市、区)为例,城市化发展较快、前期有大型工矿企业搬迁和大型项目建设的地区基本上都建立了被征地农民养老保障制度,但各地情况存在很大不同,"一地一策"甚至"一地多策",见表3-1。

---

① 郑秉文:《养老保险全国尚有17个省份未实现省级统筹》,人民网,http://theory.people.com.cn/n/2013/0621/c49154-21924331.html,2013年6月21日。

表 3-1　湖北省"新农保"首批试点地区被征地农民养老保障情况

主要类型	主要内容	实施地区
纳入城镇职工基本养老保险	被企业招用人员直接参加城保;有一定经济能力人员以灵活就业人员身份参加城保,政府给予缴费补贴	宜都市、竹溪县
单独的被征地农民养老保险制度	按照当地城镇职工人均收入的一定比例以固定的缴费率一次性缴费15年,由个人、村集体和地方政府按一定比例分担	竹溪县、南漳县、宜都市、黄陂区
纳入基本生活保障制度	被征地农民女年满55周岁、男年满60周岁的农村老人,每人每月几十到几百元的基本生活补助费	黄陂区、宜都市、石首市
参加"新农保"	有的加发标准不等的基础养老金,有的对个人账户缴费实行标准不等的补贴	赤壁市、宜都市、西塞山区、安陆市

资料来源:根据各地法规或政策总结得出。

如表 3-1 所示,除了部分地区还没有被征地农民社会养老保障制度外,其他地区主要存在四种模式:直接纳入城镇职工基本养老保险、建立单独的被征地农民养老保险、纳入被征地农民基本生活保障制度和参加新型农村社会养老保险。竹溪县参照城镇灵活就业人员基本养老保险办法,结合被征地农民的意愿,制定了《被征地农民基本养老保险参保办法》,南漳县专门制定了《被征地农民参加基本养老保险实施细则》。宜都市发布了《宜都市被征地农民基本养老社会保险试行办法》。黄陂区对被征地农民女年满 55 周岁、男年满 60 周岁的农村老人,每人每年发放 800 元基本生活补助费,宜都市则每月发放 90 元。西塞山区对于 60 岁以上的被征地农民每月加发 10 元基础养老金,安陆市则由市政府和村集体分担提高被征地农民的补贴标准,赤壁市对被征地农民缴费每年给予 100—200 元的补贴且同时提高数额不等的基础养老金标准。

其次,村主职干部养老保险与新型农村社会养老保险形同实异。湖北省村主职干部养老保险与新型农村社会养老保险表面上制度模式一致,但实质上有很大不同。尽管两项制度都实行"社会统筹+个人账户"相结合,但新型农村社会统筹账户资金由中央财政负担且是一个虚账户,而村主职干部养老保险社会统筹账户由省级财政以参保者所在市(州)上年度城镇在岗职工平均工资的 40% 为基数按 20% 的比率补贴且是一个实账户。在缴费方式和待遇标准上二者也有很大不同,新型农村社会养老保险个人账户实行分档定额缴费的形式,基数养老金待遇定额发放,而村主职干部养老保险个人账户由参保者按基数的 8% 缴纳,基础养老金待遇以村干部本人达到规定领取养老金年龄时所在市(州)上年度在岗职工月平均工资和本人指数化月平均缴费工资的平均值为基数,缴费每满1年发给1%,完全参照城镇职工基本养老保险的计发办法。此外,县级地方政府根据本地的实际情况执行政策时在参保对象、缴费基础、缴费比例、缴费额度、补缴规定和待遇标准上与鄂政办发〔2008〕88号文件的规定并不一致,这也增加了村主职干部养老保险与新型农村社会养老保险衔接的困难,见表3-2。

表3-2 竹溪县村主职干部养老保险政策与鄂政办发〔2008〕88号文的比较

条目	竹溪县政策	鄂政办发〔2008〕88号文规定
参保对象	村支部书记、村委会主任、村文书	村支部书记、村委会主任
缴费基础和缴费比例	缴费基数为所在市上年度在岗职工平均工资的60%,缴费比例为20%	缴费基数为所在市上年度在岗职工平均工资的40%,缴费比例为28%
保费补缴	按参保时缴费基数和比例补缴,所任职年限补缴费用由乡(镇)村和个人共同承担,向前补缴时间最长不能超过1996年1月1日	对自1996年1月1日至参保前进行补缴,基数按历年统筹地区社平工资或在岗职工平均工资的40%计算,由个人和省财政承担
待遇享受	达到法定退休年龄且缴费满15年退休后,2011年养老金的月标准为443.73元	达到法定退休年龄且缴费满15年退休后,2011年养老金的月标准为317.25元

资料来源:根据《竹溪县村主职干部基本养老保险试行办法》(溪政发〔2008〕46号)整理得出。

再次,计划生育家庭奖励扶助政策与新型农村社会养老保险衔接不彻底。在新型农村社会养老保险试点之前,部分地区依照城镇企业灵活就业人员基本养老保险参保政策建立了农村部分计划生育家庭社会养老保险制度。① 按照《关于做好新型农村社会养老保险制度与人口和计划生育政策衔接的通知》(鄂人口委〔2010〕3号)的要求,湖北省首批试点县(市、区)中很多地方都将农村计划生育家庭奖励扶助政策与新型农村社会养老保险合并实施,其做法是对农村计划生育人员按不同类别加法不等的基础养老金,但由于鄂人口委〔2010〕3号文并没有给出具体的方案,各地在补贴类别和待遇标准的划分上并不一致,造成县与县之间的执行政策不平衡,也成为新型农村社会养老保险制度整合中的难题,见表3-3。

---

① 陈军等:《对湖北省郧西县农村部分计划生育家庭社会养老保险的调查》,《人口与发展》2010年第4期。

表 3-3　湖北省部分"新农保"试点地区计划生育人员参加"新农保"情况

地区	划分类别	补贴标准
西塞山区	农村计划生育"六类"人员	加发 20%—100% 的基础养老金
曾都区	农村计划生育"六类"人员	加发基础养老金的 20%—50%
团风县	分为五类：独生子女伤残或死亡；计划生育并发症；独女户；计划生育"两女绝育户"；独生子女户	分别加发 50 元、50 元、40 元、20 元、10 元的基础养老金
来凤县	分为四类：独生子女伤残或死亡；"独女户"；"两女户"和"独子户"；计划生育并发症家庭	分别加发 50 元、40 元、30 元、20 元的基础养老金
钟祥市	分为三类："独子户"；"独女户"；独生子女伤残或死亡家庭	分别加发 20 元、40 元、50 元的基础养老金

资料来源：根据各地法规和政策整理得出。

最后，地方政府对于新型农村社会养老保险财政补贴不规范。国发〔2009〕32 号文对于地方财政的补贴责任并没有完全明确，存在诸多模糊之处：其一，没有明确地方政府对个人账户补贴的责任分担机制；其二，没有明确地方政府对选择较高缴费档次增加的补贴水平；其三，没有明确地方政府提高的基础养老金标准；其四，没有明确地方政府对长期缴费的农村居民加发的基础养老金标准。固然，保证政策适当的灵活性对于试点阶段的新型农村社会养老保险是必要的，但因地制宜的结果在实践中则异化为补贴责任的层级分担不清、补贴标准混乱，见表 3-4。

表 3-4　湖北省首批 13 个"新农保"试点县（市、区）各种补贴项目比较

试点地区	个人账户补贴责任分担	对选择较高缴费档次增加的补贴	提高的基础养老金标准	对长期缴费加发的基础养老金
武汉黄陂区	市、区财政	无	+45 元	无
黄石西塞山区	区财政	+5 元/缴费档次（≥1000 元）+1①	+5 元	无
襄阳南漳县	县财政	无	无	无
荆州石首市	市财政	+5 元/缴费档次（≥500 元）+1	无	+2 元/缴费年限（≥15）+1③

续表

试点地区	个人账户补贴责任分担	对选择较高缴费档次增加的补贴	提高的基础养老金标准	对长期缴费加发的基础养老金
宜昌宜都市	市财政	无	+5元	+2元/缴费年限（≥15）+1
十堰竹溪县	县财政	+5元/缴费档次（≥200元）+1	无	+2元/缴费年限（≥15）+1
孝感安陆市	市财政	+2%×（缴费档次−600元）②	无	+1元/缴费年限（≥15）+1
荆门钟祥市	市财政	+3元（800元）、+6元（1000元）、+10元（1200元）	无	+2元/缴费年限（≥15）+1
鄂州梁子湖区	区财政	+20元/缴费档次≥600元	无	+2元/缴费年限（≥15）+1（区、镇各担1元）
黄冈团风县	县财政	无	无	无
咸宁赤壁市	市财政	无	无	+2元/缴费年限（≥15）+1
随州曾都区	区财政	+5元/缴费档次+1，≤20元	无	+2元/缴费年限（≥15）+1
恩施来凤县	县财政	无	无	+1元/缴费年限（≥15）+1

资料来源与说明：作者根据各地的政策法规整理而得；①表示以1000元的缴费档次起步，每增加1档，增加5元补贴；②表示缴费600元以上的部分补贴2%；③表示缴费15年及以上的，每增加1年，增加1元补贴。

个人账户补贴20元，但也没有明确剩下10元在基层地方政府之间的分担机制。这项补贴最大的差别体现在各省份之间，与湖北省相比，辽宁省规定"按中央确定的基础养老金标准，省级以上财政补助80%，市、县两级财政补助20%，其中市级财政至少补助10%。市、县两级政府应当对参保人缴费给予补贴，补贴标准不低于每人每年30元"。① 此外，在提高的基础养老金标准和对于缴费档次选择及长

---

① 资料来源：《辽宁省人民政府关于开展新型农村社会养老保险试点的实施意见》（辽政发〔2009〕31号）。

期缴费的激励性补贴上,13个试点地区也存在不同。尤其是在对选择较高缴费档次增加的补贴上,一方面公共财政资金进入具有私人产权的个人账户违背了其公共属性,另一方面缴费越多补贴越多的政策设计容易产生"保富不保穷"的不公平。当前,这种财政补贴不规范的现状不仅模糊了待遇调整的责任主体,"一地一策"的碎片化补贴机制,也不利于养老保险关系在各地农村之间以及城乡之间的转移接续。

3.1.3 养老金便携性障碍的表现

一、农村社会养老保障碎片化

我国农村社会养老保险发展历经了三个阶段:第一阶段以1992年民政部出台《县级农村社会养老保险基本方案(试行)》为起点,以1999年《国务院批转整顿保险业工作小组保险业整顿与改革方案的通知》(国发〔1999〕14号)为终点,为传统农村社会养老保险发展的初步探索阶段;第二阶段从2002年党的十六大提出"有条件的地方要建立农村养老保险制度",2009年《国务院关于开展新型农村社会养老保险试点的指导意见》(国发〔2009〕32号)发布,为新型农村社会养老保险在各地分散探索阶段;第三阶段为2009年政府工作报告提出"新型农村社会养老保险试点要覆盖全国10%左右的县(市)"之后,农村社会养老保险进入统一实施新阶段。由于改革周期较长,中央和地方以及地方之间步调不一、政策各异,新旧制度混合,导致农村社会养老保障陷入碎片化困境。

(一)各地探索的农村社会养老保险制度存在很大不同

1999年国务院对农村社会养老保险进行清理整顿之前,全国31个省、自治区、直辖市76%的乡镇开展了农村社会养老保险工作,参保的农村人口达8000万人。[1] 从2002年开始,许多地区按照"因地制宜、分类指导、重点突破、逐步推进"的方针积极探索建立与本地农村经济社会发展水平相适应、与其他保障措施相配套的新型农村社会养老保险制度。在各地单独进行探索的过程中,由于一方面要兼顾传统农村社会养老保险的历史遗留问题,另一方面又缺乏统一具体的规范指导,这些地区自行组织的试点方案,在具体的制度模式、资金筹集、待遇计发等方面存在较大差异。全国31个省(自治区、直辖市)的新型农村社会养老保险试点地区共有1900多个县级统筹单位,标准大多是"一地一策",甚至"一地多策"。[2] 见表3-5。

---

[1] 劳动和社会保障部:《1999年劳动和社会保障统计公报》,《劳动保障通讯》2000年7月29日。
[2] 陈圣莉、王汝堂:《农村养老保障改革"碎片化"日趋严重》,《山东劳动保障》2009年第1期。

表 3-5 典型地区新型农村社会养老保险试点方案比较

地区	制度模式	资金筹集	待遇计发	相关法规
北京	基础养老金+个人账户	个人账户:个人缴费和集体补助;基础养老金:市、区财政负担	280元/人/月+个人账户存储额/国家规定的城镇基本养老保险计发月数	《北京市新型农村社会养老保险试行办法》(京政发〔2007〕34号)
广东东莞	社会统筹+个人账户	个人账户:个人缴费和集体(市、区、村)补助的50%;其余集体补助纳入统筹账户	150元/人/月+个人账户存储额/120	《东莞市农民基本养老保险暂行办法》(东府〔2002〕44号)
四川通江	个人账户+专项调剂金	个人缴费、集体补助、政府补贴80%建立个人账户,政府补贴20%纳入专项调剂金	个人账户存储额/160,提前一年(≤5)减发1.5%,推迟一年增发1.5%	《通江县农村社会养老保险制度创新与规范管理试点工作实施方案》
陕西宝鸡	个人账户完全积累制	年缴费标准为农民人均纯收入10%—30%;市县财政每人每年补贴≥30元	60元/人/月+个人账户存储额/139	《宝鸡市新型农村社会养老保险试行办法》(宝政发〔2007〕36号)

(二) 同一个地方针对不同对象的参保政策不统一

在探索农村社会养老保险的过程中,一些地方根据自身经济社会发展的实际情况,对辖区农村居民实行分类参保,区别对待,尤其是在部分乡镇企业发达的东部地区,生产方式的革新和经济的发展打破了农村单一的社会阶层结构,促使居民身份分化,使得单一的参保政策难以适应实际需要。以苏州市为例,2003年苏州市颁布了《苏州市农村基本养老保险管理暂行办法》(苏府〔2003〕65号),将所有农村居民分为两类:各类企业从业人员参加城镇企业职工基本养老保险;从事农业生产为主的农村劳动力参加农村社会养老保险。同时在农村社会养老保险内部针对一般务农居民、享受农村最低生活保障或者丧失劳动能力的农民和老年农民等三类人员实行不同的补贴标准。

表 3-6 苏州市各类农民参加农村社会养老保险财政补贴比例和标准比较

参保人员	第一类	第二类	第三类
常熟市	40%+30%+30% 2/3+1/6+1/6	50%(市)+50%(镇/村)全额补贴	1000元/人/年(70+) 800元/人/年(70-)
张家港市	40%+18%+42% 60%+12%+28%	同常熟市规定	80元/人/月
昆山市	40%+30%+30%	(2.5%+11.25%+11.25%)×缴费基数	130元/人/月(70+) 100元/人/月(70-)
吴江市	同昆山市规定	同常熟市规定	同张家港市规定
太仓市	50%+30%+20%	28%+72%(市、镇)	85元/人/月

注：表中第二列和第三列相加百分比的顺序表示依次为个人、市、镇(村)三级的负担比例，常熟市第一类中上下两行分别是对男45+(女40+)和男45-(女40-)年龄人员的补贴办法，张家港第一类中上下两行分别是对男46+(女41+)和男46-(女41-)年龄人员的补贴标准；第二类一列中百分比后加括号表明具体的财政补贴主体；第三类一列中括号内的70+、70-指年龄限制条件，未加括号表明男60+(女55+)的老年农民，且对他们补贴资格各市还规定了其他限制条件。

(三)不同地方存在针对不同特殊群体的独立制度

在传统农村社会养老保险制度和各地试点的新型农村社会养老保险制度并存的状况下，为适应社会经济发展需要，满足农村计划生育户、村主职干部、失地农民、从事农业生产的农场职工等特殊群体的养老保障意愿和需求，部分政府部门出台了单独的具有身份化的养老保障政策，这些政策的管理主体、保障模式、补贴标准和养老金待遇水平存在很大差异。此外，广泛存在的由民政部门负责实施的农村五保供养制度和最低生活保障制度以及单独参加城镇基本养老保险的农民工养老保险制度加剧了农村养老保障体系的碎片化割据。

表 3-7 针对不同对象单独的养老保险制度特征比较

面向对象	实施的主要部门	典型地区	资金筹集	养老待遇水平
传统农村社会养老保险制度的参保农民	民政部门	黑龙江省	完全基金积累，农民自筹	1/4的参保农民每月几毛钱，平均5.5元/每人/月①
新型农村社会养老保险制度的参保农民	人力资源和社会保障部门	山西省	基础养老金全部由财政负担	30+(30×1%×缴费年限)/每人/月②

续表

面向对象	实施的主要部门	典型地区	资金筹集	养老待遇水平
农村计划生育户	人口计生部门	14个中西部省份及试点地区	财政负担	不低于600元/每人/年③
村主职干部	组织部门	湖北省	统账结合,社会统筹由省级财政负担	参照所在市(州)城镇基本养老保险办法计发④
失地农民	国土资源部门	海南省	个人承担30%,集体承担20%,政府承担50%	每人每月不低于当地城镇或农村最低生活保障标准的120%⑤
从事农业生产的农场职工	人力资源和社会保障部门	新疆维吾尔自治区	统账结合;需补缴年份,每人每年200元,企业补贴300元并进入个人账户	参照企业职工基本养老保险办法计发,基础养老金按上年度本地农场职工月平均工资的20%计发⑥

注:

① 王建威:《养老金难养老,黑龙江农村养老保险破冰谋变》,《经济参考报》2007年1月19日;

② 2008年山西省劳动保障厅《关于开展新型农村社会养老保险试点工作的指导意见》;

③ 2004年国家人口计生委《农村部分计划生育家庭奖励扶助制度试点工作宣传提纲》;

④ 2008年湖北省《省人民政府办公厅关于印发湖北省村主职干部参加基本养老保险实施办法(试行)的通知》(鄂政办发〔2008〕88号);

⑤ 2007年《海南省人民政府办公厅关于做好被征地农民就业培训和社会保障工作的通知》(琼府办〔2007〕20号);

⑥ 2003年《中共新疆维吾尔自治区委员会办公厅、新疆维吾尔自治区人民政府办公厅关于印发〈新疆维吾尔自治区地方国有农场参加基本养老保险社会统筹实施办法〉的通知》(新党办〔2003〕19号)。

二、城镇企业职工基本养老保险内部转续不畅

(一)制度设计不适应流动人口的参保要求

基于国企改革产生的基本养老保险制度对城镇流动人口具有不可及性,"碎片化"的制度安排导致便携性差。① 尽管《国务院关于完善企业职工基本养老保险制

---

① 郑秉文:《改革开放30年中国流动人口社会保障的发展与挑战》。

度的决定》(国发〔2005〕38号)中明确提出"扩大基本养老保险覆盖范围;城镇各类企业职工、个体工商户和灵活就业人员都要参加企业职工基本养老保险",同时对于灵活就业的参保者的具体参保政策做了明确规定。但制度本身针对正规就业和固定劳动关系设计的特点,导致难以适应当前大量非正规灵活就业的流动人口的参保要求。由于存在最低15年的缴费年限限制和养老保险关系在各地之间的转续不畅,导致无论从资格登记、费用征缴、关系转续手续办理,还是待遇发放等方面都不适宜大量非正规就业人员,尤其是农民工的参保。一方面,农民工流动性大,变换工作频率高,与用人单位之间雇佣关系不稳定,本应作为养老保险缴费主体的用人单位存在缺位,而如果强行扩面征缴,基本养老保险较高的缴费率将增加用人单位负担,既可能会削弱农民工劳动力成本低廉的优势,不利于其就业,又会造成用人单位消极抵制。而如果农民工以灵活就业人员身份参保,按照国发〔2005〕38号文件的规定,不仅要承担自身8%的个人账户缴费,还要负担12%的统筹账户缴费,将极大增加农民工的负担。另一方面,由于管理太分散,统筹层次低,各地参保政策不统一。① 候鸟式迁移的农民工难以适应不同的政策,频繁返乡也很有可能导致难以满足制度规定的最低缴费年限限制,从而致使农民工退保率居高不下。根据人力资源和社会保障部的统计数据,自2006年开始统计农民工参加城镇基本养老保险数据以来,农民工参保人数从2006年的1417万人增加到2013年的4895万人,7年间增加了3478万人,增长3倍多。② 目前,我国已有农民工2.3亿人,但参加城镇基本养老保险的农民工只有2000多万,仅占城镇就业农民工的17%左右。③

(二)现行转续方案依然存在政策缺陷

2009年人力资源和社会保障部与财政部发布了《城镇企业职工基本养老保险关系转移接续暂行办法》(国办发〔2009〕66号),并于2010年1月1日起施行。国办发〔2009〕66号文规定参保人员未达到退休年龄,除出国定居和到中国香港、澳门、台湾地区定居外,不得提前终止养老保险关系并办理退保手续,并明确了资金转移、退休地确定、缴费工资指数计算和转移接续程序等方面的内容和规范。国办发〔2009〕66号文的政策出发点是"核算参保职工缴费积累规模",这种方案存在非常明显的政策缺陷。其一,违背了社会保险的基本原则。基本养老保险社会统筹

---

① 何平:《让农民工"退保"成为历史》,《中国报道》2008年第3期;崔沙沙:《城镇职工基本养老保险关系转移接续问题探讨》,《社会保障研究》2008年第1期。

② 人力资源和社会保障部:2006—2013年各年度《人力资源和社会保障事业发展统计公报》,人力资源和社会保障部网站,http://www.mohrss.gov.cn/SYrlzyhshbzb/zwgk/szrs/ndtjsj/tjgb/。

③ 陈圣莉:《养老保险转续新办法即将实施》,《经济参考报》2009年12月24日。

账户是典型的月缴终生年金保险方案,按照保险原则,参保职工在履行了参保缴费义务之后,享有在符合规定条件和保险风险发生时获得基础养老金给付的权利。因此,除非参保职工退保,在任何情况下,发生转移的只能是保险保障权利而非参保缴费义务。国办发〔2009〕66号文以转移社会统筹账户缴费积累为政策出发点明显违背了社会保险的保险保障原则。其二,侵蚀了参保职工养老金权益。国办发〔2009〕66号文规定"按各年度实际缴费工资总和的12%转移养老保险资金",这个标准比国发〔1997〕26号文规定的13%—17%的缴费率明显要低,比《关于印发完善城镇社会保障体系试点方案的通知》(国发〔2000〕42号)和国发〔2005〕38号文规定的20%的缴费率减少40%,这还不包括养老保险资金在参保期内可能获得的利息或投资收益。因此,该暂行办法的计算方法将直接导致参保职工缴费损失。而且跨区转续办法还存在其他问题:一是立法层次低、政府责任缺失[①];二是没有统一的IT平台、社会保障卡至今未全面推开[②];三是养老金待遇计算与发放复杂,参保人员不易理解;户籍制度制约了转续设计,使得转续办法难以根本解决"社保漫游"问题。[③] 新政策还存在财务不平衡风险。[④] 参保地和退休地不一导致养老金待遇享受不公平问题。[⑤] 还有人从实际部门的角度指出关系接续不顺畅,统筹协调难度大并举例新政策实施两年来江苏省太仓市基金转移率不到40%。[⑥]

此外,以上暂行办法并没有摆脱社会保障的制度陷阱、不公平陷阱和低水平陷阱,反而又延伸出了社会保障的流动陷阱和"踢皮球"陷阱。[⑦] 由于我国长期实行财政"分灶吃饭"的财政体制,必然导致在社会保险关系跨地区转移时地方政府利益博弈。[⑧] 由于各地社会经济发展状况的巨大差异,基本养老保险改革时所产生的转制成本在各地区之间分布极不均衡以及偿债压力大小不均,社会统筹基金缺口不一。在利益驱动下,流动人口净流入多、流入基金大的东部省份难有提高统筹

---

① 陈仰东:《保障合法权益,兼顾各方利益——评"养老保险关系转移接续办法"》,《中国社会保障》2009年第3期。
② 朗朗:《转续办法的实施需要持续的努力》,《中国劳动保障报》2010年1月26日第003版。
③ 郑秉文:《养老保险转续办法带来新挑战与新思考》,《上海证券报》2010年1月30日第010版。
④ 刘昌平、殷宝明:《基本养老保险关系城乡转续方案研究及政策选择》,《中国人口科学》2010年第6期。
⑤ 邢瑞莱:《养老保险关系异地转移几个亟待解决的问题》,《中国劳动》2010年第5期。
⑥ 陆俊:《落实好养老保险关系转移接续的几点建议》,《中国劳动》2012年第5期。
⑦ 黄匡时:《流动人口的社会保障陷阱和社会保障的流动陷阱》,《社会保障研究》2012年第1期。
⑧ 何文炯:《养老保险转移,平衡利益是关键》,《中国社会保障》2008年第5期;刘彦忠等:《社会保险关系转续接续问题研究》,《社会保障研究》2008年第1期;徐秋花、侯仲华:《养老保险关系转移难点与对策》,《中国社会保障》2008年第9期;杨风寿:《我国社会保险关系转移和接续问题研究》,《中国人口·资源与环境》2010年第1期。

层次的意愿和推动养老保险关系转续的动力(见表3-8)。

表3-8 2005年跨省流动人口对社保基金财务状况的影响

	流入人口			流出人口			基金平衡状况(亿元)
	比例(%)	数量(万人)	流入基金(亿元)	比例(%)	数量(万人)	流出基金(亿元)	
全国	100.00	4779.00	217.0	100.00	4779.00	-217.0	0.0
北京	6.78	324.02	14.7	0.83	39.67	-1.8	12.9
天津	2.36	112.78	5.0	0.52	24.85	-1.1	3.9
河北	1.74	83.15	3.8	2.42	115.65	-5.3	-1.5
山西	0.82	39.19	1.8	1.19	56.87	-2.6	-0.8
内蒙古	1.40	66.91	3.0	1.98	94.62	-4.3	-1.3
辽宁	2.21	105.62	4.5	2.31	110.39	-5.0	-0.5
吉林	0.60	28.67	1.3	0.73	34.89	-1.6	-0.3
黑龙江	0.79	37.75	1.7	1.32	63.08	-2.9	-1.2
上海	9.26	442.54	20.1	1.16	55.44	-3.5	16.6
江苏	8.48	405.26	18.4	5.52	263.80	-12.0	6.4
浙江	12.39	592.12	26.9	4.93	235.60	-10.1	16.8
安徽	0.69	32.96	1.5	7.73	369.42	-16.8	-15.3
福建	5.66	270.49	12.3	4.22	201.67	-9.2	3.1
江西	0.50	23.90	1.1	4.86	232.26	-10.5	-9.4
山东	2.53	120.91	5.5	4.39	209.80	-9.5	-4.0
河南	0.55	26.28	1.2	6.23	297.73	-13.5	-12.3
湖北	0.91	43.49	2.0	5.72	273.36	-12.4	-10.4
湖南	0.64	30.59	1.4	4.77	227.96	-10.4	-9.0
广东	32.64	1559.87	70.8	7.88	376.59	-17.1	53.7
广西	0.73	34.89	1.6	5.28	252.33	-11.5	-9.9
海南	0.58	27.72	1.3	0.47	22.46	-1.0	0.3
重庆	0.70	33.45	1.5	3.56	170.13	-7.7	-6.2
四川	1.00	47.79	2.2	11.27	538.59	-24.5	-22.3
贵州	0.76	36.32	1.6	3.44	164.40	-7.5	-5.9

续表

	流入人口			流出人口			基金平衡状况（亿元）
	比例（%）	数量（万人）	流入基金（亿元）	比例（%）	数量（万人）	流出基金（亿元）	
云南	1.61	76.94	3.5	1.95	76.94	-4.2	-0.7
西藏	0.08	3.82	1.7	0.07	3.35	-1.5	0.2
陕西	0.75	35.84	1.6	2.78	132.86	-6.0	-4.4
甘肃	0.32	15.29	0.7	1.33	63.56	-2.9	-2.2
青海	0.25	11.95	0.5	0.21	10.04	-0.6	-0.1
宁夏	0.23	10.99	0.5	0.32	15.29	-0.7	-0.2
新疆	2.05	97.97	4.3	0.61	30.59	-1.3	-1.3

数据来源：郑秉文：《改革开放30年中国流动人口社会保障的发展与挑战》，《中国人口科学》2008年第9期。

国办发〔2009〕66号文颁布施行之前，原有政策规定城镇基本养老保险参保人员跨地区转移接续养老保险关系时只转个人账户储存额，不转社会统筹账户缴费。新政策实施后，社会统筹账户按缴费基数的12%转移资金，这就意味着大约60%的社会统筹账户缴费流入转入地，其余约40%留在转出地。如表3-8所示，这一政策并没有完全消除地区间的对于养老保险关系跨地区转移的利益纷争：流入该地的劳动者参保意味着该地区要承担其退休后几十年的养老金支付责任，而流出该地的劳动者不但可以减轻该地的养老金支付负担，而且该地可以额外获得迁出者一部分社会统筹账户积累的基金。转出就是转嫁了责任，转入就意味着将来要承担责任。① 在对待流动人口社会保障问题上，事实上存在一种"竞争性倾销"的现象：流入地为了提高其经济竞争力，吸引更多资金和企业来投资，而故意降低流动人口社会保障水平，从而降低企业的劳动力成本。② 因此，地方政府出台的转续政策一般是"愿意转出，不愿转入"，人为地设置一些妨碍外来的农民工参加城镇社会养老保险的政策壁垒。③ 参保职工只要出现跨统筹区域转换工作，必将面临养老保险关系难以转续。

---

① 杨宜勇、谭永生：《全国统一社保关系转续办法的基本思路》，《宏观经济管理》2008年第8期。
② 黄匡时：《社会保障的全球化困境及其治理》，《社会保障研究》2011年第1期。
③ 杨宜勇、谭永生：《全国统一社会保险关系接续研究》。

三、社会养老保险关系在城乡之间存在转续难题

城乡二元经济结构矛盾和地区经济发展不平衡决定了社会养老保险制度设计的巨大差异,进而产生了社会养老保险关系在城乡之间的转续难题。[1] 农村生产关系和小农经济的特点,意味着社会养老保险关系中的雇主责任的缺位,从而导致了雇主主导型的强制性现收现付制养老保险模式在现阶段中国农村实行还不太现实。农业的弱质性和农民资源禀赋的弱势地位,又决定了政府支持的公共财政补贴农村社会养老保险制度建立过程中的不可或缺。而农业收入的非季节性和非稳定性也决定了农村社会养老保险的缴费筹资模式与城镇社会养老保险存在一定的区别。因此,20世纪90年代初在我国农村实践的农村社会养老保险制度采取了农民个人缴费、集体选择性给予补助和政府提供政策支持的完全基金积累模式,在大部分地区农村集体经济难以提供补助的现实条件下,传统农村养老保险制度演变成了"个人储蓄保障"。[2] 而农村社会养老保险的个人账户模式"保富不保穷"的制度缺陷使穷人的福利进一步恶化。[3] 这种制度模式与我国城镇企业职工基本养老保险所实行的"统账结合"的制度模式存在本质区别。2009年,《国务院关于开展新型农村社会养老保险试点的指导意见》(国发〔2009〕32号)所形成的新型农村社会养老保险制度尽管强调了政府的补贴责任,明确了新型农村社会养老保险制度采取与城镇企业职工基本养老保险制度相同的"统账结合"模式,但是由于新型农村社会养老保险的社会统筹账户实质上是一个悬浮的虚账户,仅仅是一个记账工具,而城镇企业职工基本养老保险社会统筹账户是用于归集企业缴费的实账户,因此二者仍然存在重要区别,而社会统筹账户转续又是养老保险关系转续的难点所在,养老保险关系在城乡之间转续必然存在制度性障碍和操作困难。随着"新农保"政策的出台,有关城镇基本养老保险与新型农村社会养老保险关系转续问题就凸显出来,例如,如何解决待遇计发公式的公平与效率问题[4],即不能使农民工由于回乡不能进行社会保险关系转移接续,而使在异地缴纳的养老保险待遇立刻归零。[5]

由于新型农村社会养老保险与城镇居民社会养老保险在制度模式上完全一

---

[1] 尹庆双、杨英强:《农民工养老保险关系转移接续机制问题探讨》,《农村经济》2007年第12期;郑功成:《中国社会保障制度改革的新思考》,《山东社会科学》2007年第6期;李顺明、杨清源:《构建和谐社会进程中社会保险关系接续转移问题研究》,《社会保障研究》2008年第1期。

[2] 刘峰:《农村养老保障制度建设路径探索》,《求索》2007年第2期。

[3] 陈志国:《发展中国家农村养老保障构架与我国农村养老保险模式选择》,《改革》2005年第1期。

[4] 郑秉文:《职工养老保险跨区转续意义重大》,《经济日报》2010年1月14日。

[5] 金志奇:《农民工社保关系跨地区转移接续难在何处》,《领导之友》2009年第5期。

致,仅仅存在个人账户缴费档次设计的不同,二者之间不存在整合和转续障碍。2014 年 2 月 21 日《国务院关于建立统一的城乡居民基本养老保险制度的意见》(国发〔2014〕8 号)发布,将两项制度合并实施,在全国范围内建立统一的城乡居民基本养老保险制度。从开展的情况来看,截至 2011 年年底,全国有 2273 个县实施了新型农村社会养老保险,2101 个县实施了城镇居民社会养老保险,其中 683 个县合并实施了城乡居民基本养老保险,新型农村社会养老保险参保人数达 21,100.28 万人,城镇居民社会养老保险参保人数达 625.01 万人,城乡居民基本养老保险参保人数 14,390.60 万人。① 2014 年,参加城乡居民基本养老保险人数达到 50,107 万人。② 但是,城镇企业职工基本养老保险与城乡居民基本养老保险之间仍然存在转续难题。部分地区单独开展了城乡养老保险关系转续试点。龚秀全考察了采取年限折算法的《天津市城乡居民基本养老保障规定实施细则》,尽管该方案实现了城镇企业职工基本养老保险与城乡居民基本养老保险的相互转换,但是存在道德风险和产生了新的不公平,主要总结为三个方面:一是待遇衔接存在不公平,参保者从城乡居民基本养老保险转换为城镇企业职工基本养老保险所需要的缴费年限过长,对于低收入居民事实上难以实现转换,导致转换条件事实上的不公平;二是存在套利空间;三是待遇衔接政策没有平衡各利益主体的利益。③ 而对于城乡养老保险待遇衔接,刘颖和赵萌提出了"折算加补缴"和"待遇加权分别享受"两种思路。④

2014 年 2 月 24 日,《城乡养老保险制度衔接暂行办法》(人社部发〔2014〕17 号)发布,规定参加城镇职工养老保险和城乡居民养老保险人员,达到城镇职工养老保险法定退休年龄后,城镇职工养老保险缴费年限满 15 年(含延长缴费至 15 年)的,可以申请从城乡居民养老保险转入城镇职工养老保险,按照城镇职工养老保险办法计发相应待遇;城镇职工养老保险缴费年限不足 15 年的,可以申请从城镇职工养老保险转入城乡居民养老保险,待达到城乡居民养老保险规定的领取条件时,按照城乡居民养老保险办法计发相应待遇。人社部发〔2014〕17 号文是养老保险关系城乡转移接续的重要突破,但是显而易见,该方案意在考虑到已参加企业

---

① 中华人民共和国审计署:《2012 年第 34 号公告:全国社会保障资金审计结果》,http://www.audit.gov.cn/n1992130/index.html,2012 年 8 月 2 日。
② 《2014 年国民经济和社会发展统计公报》,http://www.stats.gov.cn/tjsj/zxfb/201502/t20150226_685799.html,2015 年 2 月 26 日。
③ 龚秀全:《城乡基本养老保险待遇衔接政策优化研究——以天津市城乡居民基本养老保险为例》,《人口与经济》2011 年第 6 期。
④ 刘颖、赵萌:《浅析养老保险的跨城乡衔接》,《中国社会保障》2011 年第 1 期。

职工基本养老保险群体的既得利益,避免参保者投机行为,保障统筹账户资金的收支平衡,因此对不同转移方向和原有缴费年限的计算采用差别化办法。对参保人员从城镇基本养老保险转入城乡居民养老保险时,之前的参保缴费年限可合并累加计算为城乡居民养老保险的缴费年限。但当参保人员从城乡居民基本养老保险转入城镇基本养老保险时,其参加城乡居民养老保险的缴费年限则不折算为职保缴费年限。同时,当从城镇基本养老保险向城乡居民基本养老保险转续时,该暂行办法没有转移社会统筹账户基金的规定。固然,由于城镇基本养老保险与城乡居民基本养老保险的缴费水平差异很大,如果将后者的缴费年限简单地认同为前者的缴费年限,会造成权利与义务不对等,可能导致资金不平衡和道德风险。但由于城镇基本养老保险在缴费上不能趸缴,对于中途从城乡居民基本养老保险转入,且其累计缴费年限仍不满城职保保险待遇领取条件缴费必须满 15 年的参保群体而言,只能再次回到城乡居民养老保险制度,无法享受职保相对较高的待遇水平,损害了其应有的养老金权益,也同样违背了权利与义务对等原则。因此,该政策只是单向的转续解决方案。此外,17 号文中规定城乡三类养老保险可进行衔接转换,"职保""新农保"和"城居保"中,参加过两种或两种以上的人员,可衔接转换养老保险。但是就制度设计、保障水平来讲,"职保"的保障水平和制度设计明显高过"新农保"和"城居保",这是由于城乡两类制度在统筹账户的制度设计和缴费水平上存在巨大差异。城镇基本养老保险社会统筹账户按在岗职工工资总额的 8% 进行筹集,用于支付当期养老金领取者的基础养老金;而新型农村社会养老保险严格意义上在缴费环节没有统筹账户的设置,基础养老金由财政负担。另外,从缴费水平来看,2012 年城乡居民人均缴费水平只有 169 元①,同年企业职工的人均缴费 7200 元②,二者的缴费水平存在很大差距。与之相对应的是城乡居民基本养老保险的保障水平要远远低于城镇企业职工基本养老保险,这既是转续的最大障碍,也是在转续过程中需要解决的重要问题。但从目前的城乡社会养老保险转续政策来看,这一点尚未得到解决。

---

① 根据《2012 年度人力资源和社会保障事业发展统计公报》公布的城乡居民参保人数减去待遇领取人数计算出缴费人数,再用个人缴费总额除以缴费人数得出人均缴费水平。2012 年年末城乡居民参保 48,370 万人,其中实际领取待遇人数 13,075 万人,个人缴费 594 亿元。数据来源于《2012 年度人力资源和社会保障事业发展统计公报》,人社部网站,http://www.mohrss.gov.cn/SYrlzyhshbzb/zwgk/szrs/ndtjsj/tjgb/201306/t20130603_104411.htm,2013 年 6 月 3 日。

② 由征缴收入 16,467 亿元除以参保职工数 22,981 万人得出。

3.2 养老保险关系转续：中国实证

3.2.1 研究设计与方法

一、问题界定

表面上看，养老保险关系转续在中国现阶段存在三种情况：城镇企业职工基本养老保险与机关事业单位退休金制度之间；城镇企业职工基本养老保险与城乡居民基本养老保险之间；机关事业单位退休金制度与城乡居民基本养老保险制度之间。实际上，由于机关事业单位退休金制度仍然延续单位保障模式，不属于社会保险，在资金筹集、待遇计发、管理体制等方面与其他两种社会养老保险存在本质区别且完全独立，因此，机关事业单位退休金制度不存在转续的问题，只存在与城镇企业职工基本养老保险并轨的问题，这也是机关事业单位养老保险制度改革的中心思想。① 现实中，机关事业单位工作人员工作流动性低，向外流动比较少见。同时，考虑到机关事业单位退休金制度由于单位管理体制而出现的现实复杂性，很多参数参量难以模型化表达和确定，本部分不考虑机关事业单位退休金制度与其他两种社会养老保险制度之间的养老保险关系转续问题。从上文对于养老金便携性障碍的分析和现实针对性来看，中国当前的养老保险关系转续主要存在于城镇企业职工基本养老保险内部的转续，和城镇企业职工基本养老保险与城乡居民基本养老保险之间的转续。

城镇基本养老保险制度实行"统账结合"的制度模式，由 DB 型现收现付制的基础养老金和 DC 型基金积累制的个人账户养老金组成。DB 型基础养老金基于养老金受益承诺，在职者当期缴费用于退休者的养老金待遇发放，没有基金积累；DC 型个人账户养老金基于养老金缴费积累，在职者当期缴费进入具有个人产权性质的专属账户，形成累积基金。当参保职工在退休前流动就业变换工作时，一方面，基础养老金待遇计算公式的参保年限、工资水平等参数发生了变化，而个人账户养老金累积的方式不变；另一方面，参保职工可以转移个人账户养老金累积的养老金资产，但只能转续基础养老金既得受益权。另外，参保职工还要承担在退休之前去世而完全丧失基础养老金待遇的风险，尽管政策规定参保者对个人账户养老金没有处置权，即不能提前支取、没有投资决策权和退休后采取定期化发放，但由

---

① 2015年《国务院关于机关事业单位工作人员养老保险制度改革的决定》（国发〔2015〕2号）颁布，确定机关事业单位工作人员养老保险制度与城镇企业职工基本养老保险制度并轨。

于一方面个人账户养老金存于参保者个人名下且允许资金随同转移,另一方面账户余额可继承,因此,在便携性上个人账户养老金优于基础养老金。基本养老保险关系转续难的关键在于实行 DB 型现收现付制的基础养老金不具便携性。

城乡居民基本养老保险实行与城镇企业职工基本养老保险相同的"统账结合"模式,其中 DC 型个人账户养老金实行完全基金积累,属于个人产权所有,且计发方式与城镇企业职工个人账户养老金相同,因此具有完全的便携性,不存在转续问题;DB 型基础养老金尽管也实行现收现付制,但与城镇企业职工基本养老保险社会统筹账户不同的是,城乡居民基本养老保险社会统筹账户是一个虚账户,没有资金积累,这也是城乡居民基本养老保险内部养老保险关系转续障碍小的原因。由于没有资金积累,基础养老金完全由政府财政负担,因此在养老保险关系转续时不存在资金转移问题,只有受益资格认同问题。也正是由于社会统筹账户的差异化设计,导致养老保险关系在城乡之间存在转续难题。首先,在权利义务对等关系上,城镇企业职工基本养老保险实行缴费关联型,权利和义务关系明确,而城乡居民基本养老保险基础养老金实行非缴费型,强调与身份、年龄等特征相伴生的权利,从而使两类养老保险关系在衔接时面临平衡参保劳动者的权利与义务关系的难题;其次,在资金来源上,城镇企业职工基本养老保险基础养老金来源于企业缴费,而城乡居民基本养老保险基础养老金来源于公共财政专项预算支出,从而使两类制度在衔接时面临处理缴费地和退休地的责任划分的问题;最后,在待遇标准设计上,城镇企业职工基本养老保险基础养老金实行统一比率,城乡居民基本养老保险基础养老金实行统一额度,且前者的待遇水平远远高于后者,从而使两类制度在衔接时必须面对缴费年限视同与养老金权益换算的矛盾。

二、研究设计

关于城镇企业职工基本养老保险内部的转续和城镇企业职工基本养老保险与城乡居民基本养老保险之间的转续,截至目前分别出台了两项政策,分别是 2009 年的《城镇企业职工基本养老保险关系转移接续暂行办法》(国办发〔2009〕66 号)和 2014 年的《城乡养老保险制度衔接暂行办法》(人社部发〔2014〕17 号)。本部分将以这两部暂行办法为界,首先讨论政策出台前养老保险关系转续问题,然后评估两项转续政策的有效性,最后给出研究结论。研究设计框架如图 3-4:

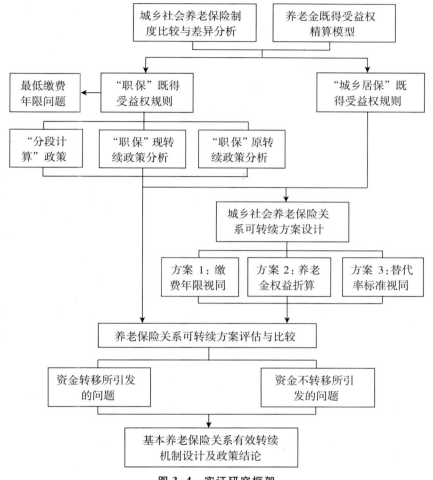

图 3-4　实证研究框架

从图 3-4 的研究框架看,研究内容主要分为三大块:一是城镇企业职工基本养老保险转续方案的原政策、现政策和"分段计算"政策的对比研究;二是养老保险关系城乡转续的三个方案的对比研究;三是最后养老保险关系转续方案的评估。此外,还包括影响实证分析全局的城镇企业职工基本养老保险最低缴费年限问题的分析,和最后基本养老保险关系有效转续机制的设计。

三、研究方法

(一) 一个标准人方法

从个人的角度,参加养老保险的目的是为未来不确定性老年长寿风险提供保障,衡量制度公平性的标准是生命周期内对制度的供款积累总额与所获得的养老金受益的精算现值相等。养老保险通过风险共担、互助共济来化解参保者个人的不确定性风险,与商业养老保险不同,社会养老保险对参保目标群体没有选择性,难以规避逆向选择、道德风险等不利因素,从而增加了从某一个时刻特定人口群去评估制度的困难。

基于养老保险的原则,养老保险生命周期的精算平衡式可表示为:

$$\sum_{n=0}^{e-1}\prod_{m=1}^{n} {}_1p_m N_0 \alpha W(n) \varepsilon^n = \prod_{n=1}^{e-1} {}_1p_n N_0 \varepsilon^{e-1} \sum_{n=e}^{\omega} \prod_{m=e}^{n} {}_1p_m P(n) \varepsilon^{n-e} \quad (3.1)$$

式(3.1)中 $_1p_m$ 表示 m 岁的人活到 $m+1$ 岁的存活率,N_0 为参保人群的初始值,α 表示工薪供款比率,$W(n)$ 表示参保人群工资水平关于年龄 n 的分布函数,e 为退休年龄,ω 为最高死亡年龄,$P(n)$ 为参保人群的养老金关于年龄 n 的分布函数,ε 为折现因子($\varepsilon = 1/r$,r 表示折现率)。在稳态人口的假设条件下,人口增长率、年龄别死亡率保持不变,人口的年龄结构将保持稳定,那么人口群的纵向剖面的人口构成与横向截面的人口构成将保持一致,则式(3.1)通过同期群(cohort)①将横向的保险效应通过纵向等价表出。

式(3.1)两边同时除以同期群初始人口数 N_0,将人口群关于年龄 n 的数量分布转化为单个人关于年龄 n 的死亡风险分布,两边恒等的充分必要条件是单个人为生存概率完全符合生命表的标准人。养老保险遵循大数法则,参保者越多,计划的偿付能力和保障能力越强,由于生命表不受参保人数多少的影响,标准人克服了实际覆盖面大小对计划保险效应的误估。式(3.1)中年龄别工资分布 $W(n)$ 由于受人力资本、年资禀赋、工种和行业等因素的影响,同一年龄不同人之间差别很大,即使同一人不同年龄的工资水平也不相同。通过积分中值定理将 $\int W(n)$ 转化为社会平均工资进行标准化,将同期群人口的年龄工资矩阵表示为标准人可度量的递增工资函数 W_n。同理,年龄别养老金分布 $P(n)$ 可用标准人的平均养老金 P_n 表示出来。因此,式(3.1)可以等价转化为一个标准人的形式:

$$\alpha W_0 \sum_{n=0}^{e-1} l_n (1+g)^n \varepsilon^n = \varepsilon^{e-1} P_e \sum_{n=e}^{\omega} l_n (1+\lambda)^{n-e} \varepsilon^{n-e} \quad (3.2)$$

其中 l_n 为生命表中的表示从出生存活到 n 岁的生存函数,g 为社会平均工资增长率,λ 为平均养老金调整系数,$W_n = W_0(1+g)^n$,$P_n = P_e(1+\lambda)^{n-e}$,表示社会平均工资和平均养老金保持稳定增长。

---

① 同期群是指在相同时间内经历同种事件的人口群,在人口统计学中,利用同期群假设,能够通过研究人口纵向发展状态反映人口的横截面状况,通常应用于生命表、生育率以及婚姻状况等人口研究中。

（二）便携性损失测度方法

缺乏便携性的养老金计划将导致参保者的养老金受益在养老保险关系变化后相比于养老保险关系不变时减少。衡量养老保险关系转续有效性的量化指标就是便携性损失是否存在。对于不同类型的养老保险关系转续，便携性损失的测度方法也有区别。对于养老保险关系在同种类型的养老金计划之间的转续，其便携性损失的测算方法是对比养老保险关系变化前后的养老金受益的变化，而对于养老保险关系在不同类型的养老金计划之间的转续，便携性损失的测算方法则是考察养老保险关系转续方向对养老金受益的影响。因此，本部分在测度养老保险关系在城镇企业职工基本养老保险内部转续的便携性损失时，将计算和对比一个标准参保者养老保险关系转续后的养老金总受益和在原参保地连续参保的养老金总受益。而在测度养老保险关系在城镇企业职工基本养老保险与城乡居民基本养老保险之间转续的便携性损失时，将计算和对比一个标准参保者在相同的参保经历和达到受益年限资格条件下，从城镇企业职工基本养老保险转移到城乡居民基本养老保险和从城乡居民基本养老保险转移到城镇企业职工基本养老保险所获得的养老金受益的差值。如果这种对称转续时养老金权益相等，则能够规避参保者追求低缴费高受益的逆向选择和道德风险，合理划分转入地和转出地的责任。

（三）政策模拟仿真方法

本文在测度养老保险关系转续的便携性损失时将采用政策模拟仿真方法。具体来说，在考察养老保险关系在城镇企业职工基本养老保险内部转续时，设计了三种养老保险关系转续方案：(1)社会统筹账户资金不能转移政策。该政策即为《城镇企业职工基本养老保险关系转移接续暂行办法》出台前的原转续政策，该政策下基本养老保险缴费年限在养老保险关系转续时不能累积和视同，社会统筹账户不能转移。(2)"分段计算"政策。该政策的特点是"各地单独参保、待遇分段计算、退休统一支付"，没有最低缴费年限限制，养老保险待遇在退休后由各地单独计发，此为国内很多学者支持的欧盟经验。(3)社会统筹账户资金能转续政策。该政策即为《城镇企业职工基本养老保险关系转移接续暂行办法》所形成的现行转续政策，社会统筹账户资金部分转移，最低缴费年限仍然存在，但在转续养老保险关系时各地缴费年限可视同累积，待遇在最后退休地计发。

对于养老保险关系在城乡之间的转续，本文也设计了三种转续方案：(1)缴费年限视同方案。在此方案下，参保者在两类制度下的参保缴费年限互相认同并可累积，以缴费年限为标准确定参保者在两类制度中的养老金权益，养老金待遇按照最后退休地标准计发。(2)养老金权益折算方案。此方案按照两类制度不同的养老金待遇标准，通过参保者在各个制度下所获得的养老金权益互相折算为对方的缴费年限并合并计算,养老金权益累积计算。(3)替代率标准视同方案。此方案以工资(收入)替代率为标准视同两类制度的缴费年限,缴费年限可合并计算,待遇维持在各自既定的替代率标准。

四、假设前提

第一,在测度城镇企业职工基本养老保险关系在内部转续的便携性损失时,假设一名标准的男性参保者从 25 岁开始在 a、b、c 三个不同统筹地区分别参保 6 年、9 年、20 年,即参保 35 年后 60 岁在 c 地退休。同时,假设养老保险关系的转续不影响这名参保者的工资水平且不考虑办理转续时可能产生的交易成本,即将这名男性参保者的缴费工资标准化为 a、b、c 三地的在岗职工社会平均工资且进一步假设三地工资水平相同且增速一致,从而排除工资变化不确定性带来的干扰。《城镇企业职工基本养老保险关系转移接续暂行办法》2010 年 1 月 1 日开始实行,由于参保者的缴费工资核定和退休时的待遇计发均参考上一年度的工资水平,因此将这名参保者的起始工资设定为 2009 年全国城镇非私营单位在岗职工年平均工资。此外,这名标准人的存活率与生命表标准存活率相同。

第二,在测度养老保险关系在城镇企业职工基本养老保险和城乡居民基本养老保险之间转续的便携性损失时,同样假设一名标准的男性参保者从 45 岁开始,在城镇企业职工基本养老保险和城乡居民基本养老保险分别参保 10 年和 5 年,即参保 15 年后在最后退休地退休。与第一条假设类似,为排除工资变化的干扰,将这名参保者在城乡之间转移的收入水平标准化为城镇在岗职工社会平均工资和城乡居民人均纯收入且假设二者的增长率保持一致。《城乡养老保险制度衔接暂行办法》2014 年开始实行,则将这名参保者在城镇的起始工资设定为 2013 年全国城镇在岗职工年平均工资。由于目前统计数据中并没有对应于基本养老保险中的城乡居民和城镇居民的相关数据①,同时鉴于新型农村社会养老保险与城乡居民基本养老保险在基础养老金政策设计上完全一致,本部分在测算时使用农村居民的相关数据。因此,将这名参保者参加城乡居民基本养老保险的起始收入设定为 2013 年农村居民人均可支配收入。

假设这名标准人的存活率与生命表标准存活率相同且不受其在城乡之间迁移的影响。假设参保者不能同时参加两个制度,两个制度的基础养老金的待遇调整机制保持一致。此外,假设以立即获取型既得受益权规则为标准,这名参保者根据参保缴费的年限分别按照城镇企业职工基本养老保险和城乡居民基本养老保险的

---

① 基本养老保险中的城乡居民和城镇居民是指没有参加城镇企业职工基本养老保险和机关事业单位退休金制度的人群。

最低缴费年限所对应的养老金权益折算为相应的养老金待遇①,则该参保者将获得工资替代率为10%的城镇企业职工基本养老保险基础养老金权益,和获得1/3的城乡居民基本养老保险基础养老金折算权益。② 根据上文设计的养老保险关系城乡转续的三种方案以及此处对于参保者城镇企业职工基本养老保险基础养老金和城乡居民基本养老保险基础养老金假设的折算标准,该参保者将可能获得六种不同的基础养老金累积权益(VP):

(1) 缴费年限视同方案

从"职保"转续到"城乡居保":

$$VP_1^{ur\to ru} = VP^{ru}, h = 15 \tag{3.3}$$

从"城乡居保"转续到"职保":

$$VP_1^{ru\to ur} = VP^{ur}|_{h=15}, h = 15 \tag{3.4}$$

(2) 养老金权益折算方案

从"职保"转续到"城乡居保":

$$VP_2^{ur\to ru} = \begin{cases} 0, & \dfrac{VP^{ur}|_{h=10}}{(VP^{ru}/15)} < 10 \\[2mm] VP^{ur}|_{h=10} + \dfrac{VP^{ru}}{3}, & \dfrac{VP^{ur}|_{h=10}}{(VP^{ru}/15)} \geq 10 \end{cases} \tag{3.5}$$

从"城乡居保"转续到"职保":

$$VP_2^{ru\to ur} = \begin{cases} 0, & \dfrac{(VP^{ru}/3)}{VP^{ur}|_{h=1}} < 5 \\[2mm] \dfrac{VP^{ru}}{3} + VP^{ur}|_{h=10}, & \dfrac{(VP^{ru}/3)}{VP^{ur}|_{h=1}} \geq 5 \end{cases} \tag{3.6}$$

该方案下参保年限不确定,参保总年限为退休地参保年限加上转出地按养老金权益折算的参保年限,满足15年最低缴费年限限制则获得累积的养老金权益,低于15年的最低缴费年限的参保者的养老金权益为0。

---

① 后文实证部分将进行必要的证明。
② 根据城镇企业职工基本养老保险的政策规定,参保人参保缴费满15年的基础养老金替代率为15%。而城乡居民基本养老保险制度规定,参保人参保缴费满15年则获得政府全额负担的定额基础养老金。二者的待遇计发方式存在区别。

(3) 替代率标准视同方案

从"职保"转续到"城乡居保":

$$VP_3^{ur\to ru} = VP^{ru}\big|_{P_{e^*}=\alpha\overline{W}_{e^*-1}}, h=15 \tag{3.7}$$

从"城乡居保"转续到"职保":

$$VP_3^{ru\to ur} = VP^{ur}\big|_{h=15}, h=15 \tag{3.8}$$

式(3.7)中 $\overline{W}_{e^*-1}$ 表示 e^* 前一年城乡居民人均纯收入,α 表示"城乡居保"基础养老金收入替代率,$P_{e^*}=\alpha\overline{W}_{e^*-1}$ 表示用收入替代率方式替代固定额度的基础养老金。该方案与方案一类似,参保缴费年限都视同为 15 年,即均达到了两类制度的最低缴费年限标准,且基础养老金均按最后退休地标准计发,所不同的是方案一"城乡居保"基础养老金待遇按照固定额度计发,方案三"城乡居保"基础养老金待遇按照替代率标准计发。

3.2.2 研究模型与参数

一、模型构建

(一)城镇企业职工基本养老保险基础养老金既得受益权规则

养老金的既得受益权规则由养老金计划的待遇确定公式和受益资格条件决定。根据《国务院关于完善企业职工基本养老保险制度的决定》(国发〔2005〕38号)和《劳动和社会保障部关于印发完善企业职工基本养老保险制度宣传提纲的通知》(劳社部发〔2005〕32 号)中关于城镇基本养老保险基础养老金的规定,x 岁开始参保且缴费不中断的正常退休职工未来的基础养老金累积权益在退休时的现值计算公式可表示为:

$$VP^{ur}=h\%\times\frac{W_{e-1}}{2}\left[\frac{1}{e-x}\sum_{n=x}^{e-1}\left(\frac{w_n}{W_n}\right)+1\right]\sum_{n=e}^{\omega}\left(\frac{1+kg}{1+i}\right)^{n-e}\prod_{m=e}{}_1p_m \quad 15\le h\le 35; x+h\le e \tag{3.9}$$

式(3.9)中 h 表示缴费年长,e 为退休年龄,W_n 表示参保职工 n 岁时社会平均工资,w_n 表示参保职工 n 岁时的缴费工资,ω 为最高死亡年龄,${}_1p_m$ 表示 m 岁的人活到 $m+1$ 岁的存活率,k 为养老金关于工资增长率的调整系数,i 为利率,g 为社会平均工资增长率。从待遇确定公式(3.9)可以看出,城镇企业职工基本养老保险基础养老金是以缴费年长形成工资替代率系数,综合关联参保者工作期指数化平均缴费工资和退休前一年社会平均工资的典型 DB 型终身生存年金保险计划。此外,基础养老金还设置有 15 年的最低缴费年限限制,待遇计发基数为参保者退休

前一年退休地在岗职工平均工资和本人工作期间的指数化平均缴费工资的平均值。则其既得受益权规则可表示为:

$$\varepsilon^{ur} = \begin{cases} 0, h < 15 \\ 15\% \times \dfrac{W_{e-1}}{2}\left[\dfrac{1}{e-x}\sum_{n=x}^{e}\left(\dfrac{w_n}{W_n}\right)+1\right], h = 15 \\ h\% \times \dfrac{W_{e-1}}{2}\left[\dfrac{1}{e-x}\sum_{n=x}^{e}\left(\dfrac{w_n}{W_n}\right)+1\right], 15 < h \leq 35 \end{cases} \quad (3.10)$$

从式(3.10)可以看出,参保未达到15年最低缴费年限的参保者不具有基础养老金权益享受资格,获得初始养老金权益的参保缴费年限为15年,参保满15年到35年之间实行累积型既得受益权规则,每多参保1年,基础养老金的工资替代率增加1%。

(二)城乡居民基本养老保险基础养老金既得受益权规则

按照《关于建立统一的城乡居民基本养老保险制度的意见》(国发〔2014〕8号)中关于城乡居民基本养老保险基础养老金的规定,x 岁开始参保的城乡居民在达到领取待遇起始年龄时未来的基础养老金累积权益的现值公式可表示为:

$$VP^{ru} = P_{e^*}\sum_{n=e^*}^{\omega}\dfrac{1}{(1+i)^{n-e^*}}K(g,\lambda)^{n-e^*}\prod_{m=e^*}^{n}{}_1p_m h \geq 15 \quad (3.11)$$

式(3.11)中 e^* 表示城乡居民基本养老保险领取待遇起始年龄,P_{e^*} 表示领取待遇起始年龄时点的基础养老金待遇标准,λ 表示物价指数,$K(g,\lambda)$ 表示基础养老金关联农民人均纯收入增长率和物价指数的综合调整函数,$K(g,\lambda)^{n-e^*}$ 则意味着待遇实行年度调整。从待遇确定公式(3.11)可以看出,城乡居民基本养老保险基础养老金是采取统一额度计发的DB型终身生存年金和最低养老金计划。尽管与城镇企业职工基本养老保险一样,存在最低缴费年限限制,但政策允许趸缴以满足受益资格条件。因此,城乡居民基本养老保险基础养老金标准不受缴费额度大小和达到最低缴费年限后参保时间长短的影响,则其既得受益权规则可表示为:

$$\varepsilon^{ru} = \begin{cases} 0, h < 15 \\ P_{e^*}, h \geq 15 \end{cases} \quad (3.12)$$

从式(3.12)可知,参保未达到15年最低缴费年限的参保者不具有基础养老金权益享受资格,参保达到和超过15年则实行一次性获取型既得受益权规则。

(三)城镇企业职工基本养老保险基础养老金的平衡方程式

由式(3.9)关于城镇企业职工基本养老保险基础养老金权益累积公式,可以进一步得到基础养老金的平衡方程式：

$$\alpha W N \sum_{n=d}^{e} \prod_{m=d}^{n} {}_1p_m (1+i)^{e-n}(1+g)^{n-d} = \beta W (1+g)^{h-1} N \prod_{m=d}^{e} {}_1p_m \sum_{n=e}^{\omega} \prod_{m=e}^{n} {}_1p_m \left(\frac{1+kg}{1+i}\right)^{n-e} \quad (3.13)$$

式中α表示社会统筹账户缴费率，β表示基础养老金工资替代率($\beta = h\%$)，W表示同期群的参保人的社会平均工资，h表示参保年长($15 \leq h \leq 35$)，d表示参保起始年龄($25 \leq d \leq 45$)，i表示利率，g表示工资年增长率，k表示基础养老金关于工资增长率的调整系数，ω表示同期群的最大死亡年龄。从式(3.13)左右两边可以看出W与N的具体值对平衡方程式没有影响。根据上文的标准人方法，则可以将式(3.13)简化为一个标准人形式：

$$\alpha \sum_{n=d}^{e} \prod_{m=d}^{n} {}_1p_m (1+i)^{e-n}(1+g)^{n-d} = \beta (1+g)^{h-1} \prod_{m=d}^{e} {}_1p_m \sum_{n=e}^{\omega} \prod_{m=e}^{n} {}_1p_m \left(\frac{1+kg}{1+i}\right)^{n-e} \quad (3.14)$$

（四）参保人在多个统筹地参保的城镇企业职工基本养老保险基础养老金的平衡方程式

与上文的研究假设保持一致，假设参保者（数量为M，简称M）从t_1年开始，$[t_1, t_2]$、$[t_2, t_3]$、$[t_3, t_4]$分别在a、b、c三地连续参保并于在t_4年在c地正常退休，按照《城镇企业职工基本养老保险关系转移接续暂行办法》所确定的养老保险关系转续办法，基础养老金的平衡方程式为：

$$\delta \alpha M \left[\sum_{n=t_1}^{t_2} \prod_{m=t_1}^{n} {}_1p_m w_n^a (1+i)^{t_4-n} + \sum_{n=t_2}^{t_3} \prod_{m=t_2}^{n} {}_1p_m w_n^b (1+i)^{t_4-n} \right] + \alpha M \sum_{n=t_3}^{t_4} \prod_{m=t_3}^{n} {}_1p_m w_n^c (1+i)^{t_4-n} = \beta M \prod_{m=t_1}^{t_4-t_1} {}_1p_m \frac{W_{t_4}^c}{2} \left\{ \frac{1}{t_4-t_1} \left[\sum_{n=t_1}^{t_2} \left(\frac{w_n^a}{W_n^c}\right) + \sum_{n=t_2}^{t_3} \left(\frac{w_n^b}{W_n^c}\right) + \sum_{n=t_3}^{t_4} \left(\frac{w_n^c}{W_n^c}\right) \right] + 1 \right\}$$

$$\sum_{n=t_4}^{\omega} \prod_{m=t_4}^{n} {}_1p_m \left(\frac{1+kg^c}{1+i}\right)^{n-t_4} \quad (3.15)$$

式中δ表示M在a、b两地的社会统筹账户资金转移到c地的比例，w_n^a、w_n^b、w_n^c分别表示参保者n年在a、b、c三地的缴费工资，W_n^a、W_n^b、W_n^c分别表示n年a、b、c三地在岗职工社会平均工资，此处与上文假设所不同的是${}_1p_m$表示M在m年活到$m+1$年的存活率。同样的，按照标准人方法，假设参保者的缴费工资为各地的在岗职工社会平均工资且$W_n^a = W_n^b = W_n^c$，则式(3.15)可以进一步简化为一个标准人形式：

$$\delta\alpha[\sum_{n=t_1}^{t_2}\prod_{m=t_1}^{n}{}_1p_m w_n^a(1+i)^{t_4-n} + \sum_{n=t_2}^{t_3}\prod_{m=t_2}^{n}{}_1p_m w_n^b(1+i)^{t_4-n}] + \alpha\sum_{n=t_3}^{t_4}\prod_{m=t_3}^{n}{}_1$$
$$p_m w_n^c(1+i)^{t_4-n} = \beta\prod_{m=t_1}^{t_4-t_1}{}_1p_m W_{t_4}^c \sum_{n=t_4}^{\omega}\prod_{m=t_4}^{n}{}_1p_m\left(\frac{1+kg^c}{1+i}\right)^{n-t_4} \tag{3.16}$$

（五）养老保险关系城乡转续方案的便携性损失测度公式

1. 缴费年限视同方案

从"职保"转续到"城乡居保"：

$$VP_1^{ur\to ru} = P_{e^*}\sum_{n=e^*}^{\omega}\left(\frac{1+kg}{1+i}\right)^{n-e^*}\prod_{m=e^*}^{n}{}_1p_m \tag{3.17}$$

从"城乡居保"转续到"职保"：

$$VP_1^{ru\to ur} = 0.15 W_{e-1}\sum_{n=e}^{\omega}\left(\frac{1+kg}{1+i}\right)^{n-e}\prod_{m=e}^{n}{}_1p_m \tag{3.18}$$

便携性损失：$\overline{VP}_1 = |VP_1^{ur-ru} - VP_1^{ru-ur}|$ \qquad (3.19)

2. 养老金权益折算方案

从"职保"转续到"城乡居保"：

$$VP_2^{ur\to ru} = \begin{cases} 0, & \dfrac{VP^{ur}|_{h=10}}{(VP^{ru}/15)} < 10 \\ \left(0.1W_{e-1} + \dfrac{P_{e^*}}{3}\right)\sum_{n=e/e^*}^{\omega}\left(\dfrac{1+kg}{1+i}\right)^{n-e/e^*}\prod_{m=e/e^*}^{n}{}_1p_m, & \dfrac{VP^{ur}|_{h=10}}{(VP^{ru}/15)} \geq 10 \end{cases} \tag{3.20}$$

从"城乡居保"转续到"职保"：

$$VP_2^{ru\to ur} = \begin{cases} 0, & \dfrac{(VP^{ru}/3)}{VP^{ur}|_{h=1}} < 5 \\ \left(\dfrac{P_{e^*}}{3} + 0.1 W_{e-1}\right)\sum_{n=e^*/e}^{\omega}\left(\dfrac{1+kg}{1+i}\right)^{n-e^*/e}\prod_{m=e^*/e}^{n}{}_1p_m, & \dfrac{(VP^{ru}/3)}{VP^{ur}|_{h=1}} \geq 5 \end{cases} \tag{3.21}$$

便携性损失：$\overline{VP}_2 = |VP_2^{ur-ru} - VP_2^{ru-ur}|$ \qquad (3.22)

3. 替代率标准视同方案

从"职保"转续到"城乡居保"：

$$VP_3^{ur\to ru} = \alpha \overline{W}_{e^*-1}\sum_{n=e^*}^{\omega}\left(\frac{1+kg}{1+i}\right)^{n-e^*}\prod_{m=e^*}^{n}{}_1p_m \tag{3.23}$$

从"城乡居保"转续到"职保":

$$VP_3^{ru \to ur} = 0.15 W_{e-1} \sum_{n=e}^{\omega} \left(\frac{1+kg}{1+i} \right)^{n-e} \prod_{m=e}^{n} {}_1P_m \qquad (3.24)$$

便携性损失:$\overline{VP}_3 = | \overline{VP}_3^{ur-ru} - \overline{VP}_3^{ru-ur} | \qquad (3.25)$

二、参数选取

(一) 城镇在岗职工平均工资和农民人均纯收入数据

改革开放以来,随着国民经济的快速发展,国民收入水平不断提高。图3-5统计了1995年以来城镇单位在岗职工年平均工资和实际工资增长率,可以发现虽然工资水平维持不断增长的势头,但是工资增长率经历了快速增长到逐渐下降的过程。2000年左右,城镇单位在岗职工的实际工资年增长率超过了15%。这种非正常的快速增长是由于从计划经济时代"低工资高福利"向市场经济转轨而出现的补偿性增长。随着中国经济不断发展成熟和转型升级,高速度的经济增长将难以维持。随着整体经济发展的成熟,城镇在岗职工平均工资水平也将趋于下降。2010年以后,实际工资的年增长率已经下降到10%以下,到2013年已经下降到7%。考虑到长期增长的可持续性,参考成熟经济体的发展经验,本部分假设城镇在岗职工平均工资年增长率保持在5%。其中在测算中所使用到的基年数据为2013年城镇在岗职工平均工资52,388元。

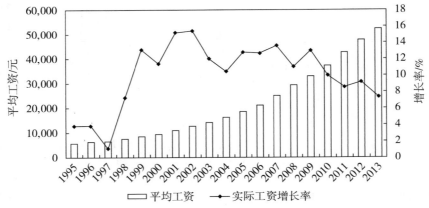

图3-5 城镇单位在岗职工平均工资及实际工资增长率

数据来源:《中国统计年鉴2014》,国家统计局,http://www.stats.gov.cn/tjsj/ndsj/2014/indexch.htm。

图 3-6 统计了 1978 年以来农村居民人均纯收入和年增长率,同样可以发现收入水平维持持续增长的趋势,但相比城镇在岗职工平均工资变化更具波动性,年平均增长率达到了 13%,比城镇在岗职工平均工资的年增长率高了 3 个百分点。尤其是 1992—1997 年之间,纯水平年增长最高超过了 30%。2000 年以后,农村人均纯收入增长情况逐渐趋于稳定,但大部分时间依然维持在 10% 以上。考虑到城乡收入差距和农村居民收入增长相比城镇更快的实际情况,本部分假设农村居民人均纯收入增长率维持在 6%。其中在测算中所使用到的基年数据为 2013 年农村居民人均纯收入 18,311 元。①

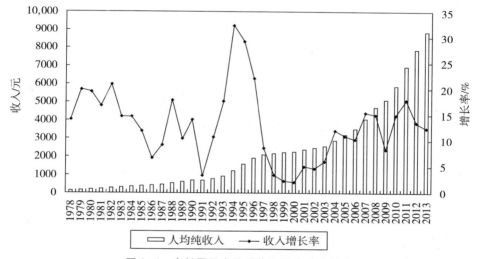

图 3-6　农村居民人均纯收入及收入增长率

数据来源:1978—2008 年的数据来源于国家统计局国民经济综合统计司:《新中国 60 年统计资料汇编》,中国统计出版社 2010 年版;2009 年的数据来源于《2009 年国民经济和社会发展统计公报》,国家统计局,http://www.stats.gov.cn/tjsj/tjgb/ndtjgb/qgndtjgb/201002/t20100225_30024.html,2010 年 2 月 25 日;2010—2013 年的数据来源于《中国统计年鉴 2014》,国家统计局,http://www.stats.gov.cn/tjsj/ndsj/2014/indexch.htm。

(二) 利率

由于改革开放二十年中国经济高速增长以及财政政策和货币政策的作用,我国的法定存款利率进行过若干次调整,特别是 1997 年中国经济"软着陆"之前,金融机构一直实行较高的法定存款利率。图 3-7 统计了 1990 年 4 月到 2012 年 7 月

---

① 《2013 年国民经济和社会发展统计公报》,http://www.stats.gov.cn/tjsj/zxfb/201402/t20140224_514970.html,2014 年 2 月 24 日。

不同日期的一年期定期存款利率,可以发现1990年到1996年之间利率水平很高,平均水平超过8%,最高超过10%,1997年以后,利率水平保持相对稳定,一般维持在3%左右。本部分假设采用一年期定期存款利率,且水平保持在3%。

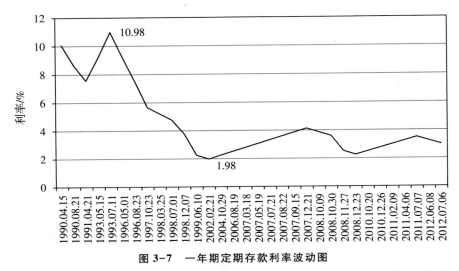

图3-7 一年期定期存款利率波动图

数据来源:1990—2008年的数据来源于国家统计局国民经济综合统计司:《新中国60年统计资料汇编》;2010—2013年的数据来源于《中国统计年鉴2014》,国家统计局,http://www.stats.gov.cn/tjsj/ndsj/2014/indexch.htm。

(三)养老金调整系数

建立养老金的正常调整机制事关养老金计划参保者退休后生活水平的稳定。根据我国目前关于城镇企业职工基本养老保险和城乡居民基础养老保险的政策规定,基础养老金标准根据经济发展、职工工资和物价变动等情况进行调整。首先明确调整是2004年9月30日劳动和社会保障部与财政部联合下发《关于从2004年7月1日起增加企业退休人员基本养老金的通知》(劳社部发〔2004〕24号),文件规定:"从2004年7月1日起,为2003年12月31日前已按规定办理退休手续的企业退休人员提高基本养老金水平。此次调整基本养老金的水平,按照当地上年企业在岗职工平均工资增长率的45%左右确定。"事实上,从2005年开始,国务院每年都在提高企业退休人员的基本养老金标准,提高幅度为上年标准的10%,2015年还将继续提高。① 因此,企业退休人员基础养老金的实际增长幅度高于企业在

---

① 数据来源于《关于2014年中央和地方预算执行情况与2015年中央和地方预算草案的报告》,财政部网站,http://www.mof.gov.cn/zhengwuxinxi/caizhengxinwen/201503/t20150317_1203481.html,2015年3月17日。

岗职工平均工资增长率的45%。图3-8统计了1985年以来的全国居民消费价格指数(CPI)波动情况,可以发现1986—1989年和1992—1996年这两个时间段出现了比较严重的通货膨胀,其后CPI保持了一定程度上的稳定,最近两三年CPI都维持在3%以下,2014年继续下降到2%。综合参考国务院对于企业退休人员基本养老金标准的调整幅度和CPI的水平以及城镇企业在岗职工平均工资增长情况,同时考虑到长期的可持续性,本部分假设城镇企业职工基本养老保险基础养老金的待遇调整幅度为在岗职工平均工资增长率的70%,即待遇调整系数为0.7。由于目前城乡居民基本养老保险基础养老金还没有明确的待遇调整机制,本部分假设其与城镇基础养老金的待遇调整机制保持一致。

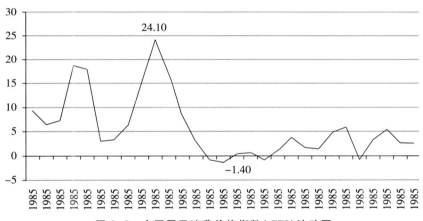

图3-8 全国居民消费价格指数(CPI)波动图

数据来源:1985—1994年的数据来源于国家统计局国民经济综合统计司:《新中国60年统计资料汇编》;1995—2013年的数据来源于《中国统计年鉴2014》,国家统计局,http://www.stats.gov.cn/tjsj/ndsj/2014/indexch.htm。

(四)存活率和退休年龄

在测算中所使用到的存活率数据来源于《中国人寿保险业经验生命表(2000—2003)》的非养老金业务生命表(表3-9)。① 根据城镇企业职工基本养老保险的政策规定,男性职工的退休年龄是60周岁,女性职工的退休年龄是50周岁,而城乡居民基本养老保险关于待遇领取起始年龄的政策规定中并没有区分男女,统一为60岁。本部分在测算时统一使用60岁的退休年龄且假设不考虑提前和推迟退休的情况。

---

① 非养老金业务表与养老金业务表相比减小了逆向选择和道德风险,与实际死亡概率的误差更小。

表 3-9　中国人寿保险业经验生命表（2000—2003 年）

非养老金业务生命表			非养老金业务生命表		
年龄	男（CL1）	女（CL2）	年龄	男（CL1）	女（CL2）
0	0.000722	0.000661	27	0.000795	0.000362
1	0.000603	0.000536	28	0.000815	0.000372
2	0.000499	0.000424	29	0.000842	0.000386
3	0.000416	0.000333	30	0.000881	0.000406
4	0.000358	0.000267	31	0.000932	0.000432
5	0.000323	0.000224	32	0.000994	0.000465
6	0.000309	0.000201	33	0.001055	0.000496
7	0.000308	0.000189	34	0.001121	0.000528
8	0.000311	0.000181	35	0.001194	0.000563
9	0.000312	0.000175	36	0.001275	0.000601
10	0.000312	0.000169	37	0.001367	0.000646
11	0.000312	0.000165	38	0.001472	0.000699
12	0.000313	0.000165	39	0.001589	0.000761
13	0.000320	0.000169	40	0.001715	0.000828
14	0.000336	0.000179	41	0.001845	0.000897
15	0.000364	0.000192	42	0.001978	0.000966
16	0.000404	0.000208	43	0.002113	0.001033
17	0.000455	0.000226	44	0.002255	0.001103
18	0.000513	0.000245	45	0.002413	0.001181
19	0.000572	0.000264	46	0.002595	0.001274
20	0.000621	0.000283	47	0.002805	0.001389
21	0.000661	0.000300	48	0.003042	0.001527
22	0.000692	0.000315	49	0.003299	0.001690
23	0.000716	0.000328	50	0.003570	0.001873
24	0.000738	0.000338	51	0.003847	0.002074
25	0.000759	0.000347	52	0.004132	0.002295
26	0.000779	0.000355	53	0.004434	0.002546

续表

年龄	非养老金业务生命表		年龄	非养老金业务生命表	
	男（CL1）	女（CL2）		男（CL1）	女（CL2）
54	0.004778	0.002836	80	0.076187	0.055774
55	0.005203	0.003178	81	0.084224	0.062253
56	0.005744	0.003577	82	0.093071	0.069494
57	0.006427	0.004036	83	0.102800	0.077511
58	0.007260	0.004556	84	0.113489	0.086415
59	0.008229	0.005133	85	0.125221	0.096294
60	0.009313	0.005768	86	0.138080	0.107243
61	0.010490	0.006465	87	0.152157	0.119364
62	0.011747	0.007235	88	0.167543	0.132763
63	0.013091	0.008094	89	0.184333	0.147553
64	0.014542	0.009059	90	0.202621	0.163850
65	0.016134	0.010148	91	0.222500	0.181775
66	0.017905	0.011376	92	0.244059	0.201447
67	0.019886	0.012760	93	0.267383	0.222987
68	0.022103	0.014316	94	0.292544	0.246507
69	0.024571	0.016066	95	0.319604	0.272115
70	0.027309	0.018033	96	0.348606	0.299903
71	0.030340	0.020241	97	0.379572	0.329942
72	0.033684	0.022715	98	0.412495	0.362281
73	0.037371	0.025479	99	0.447334	0.396933
74	0.041430	0.028561	100	0.484010	0.433869
75	0.045902	0.031989	101	0.522397	0.473008
76	0.050829	0.035796	102	0.562317	0.514211
77	0.056262	0.040026	103	0.603539	0.557269
78	0.062257	0.044726	104	0.645770	0.601896
79	0.068871	0.049954	105	1.000000	1.000000

数据来源：中国保险监督管理委员会网站，http://www.circ.gov.cn/web/site0/tab5225/info107393.htm。

3.2.3 实证结果

一、最低缴费年限政策评估结果

（一）最低缴费年限政策产生养老金沉淀成本

根据《国务院关于完善企业职工基本养老保险制度的决定》（国发〔2005〕38号）和《国务院关于建立统一的城乡居民基本养老保险制度的意见》（国发〔2014〕8号）所形成的城镇企业职工基本养老保险和城乡居民基本养老保险的政策规定,二者都设置了 15 年的最低缴费年限。由二者的既得受益权规则公式(3.10)、(3.12)可知,参保者缴费未满 15 年将失去基础养老金受益资格,既得受益权期限是导致制度内部养老金既得受益权损失的主要因素。由于城镇企业职工基本养老保险与城乡居民基本养老保险在基础养老金政策上的差别,这种养老金既得受益权损失在二者之间存在不同。对于城乡居民基本养老保险,由于实行非缴费型且允许补缴,参保者没有社会统筹账户缴费积累,养老金既得受益权表现为基础养老金受益资格,且这种资格并没有严格的限制性规定,因此实际上最低缴费年限限制并不会导致城乡居民基本养老保险基础养老金既得受益权损失。而城镇企业职工基本养老保险设置了严格的最低缴费年限限制且不允许补缴,基础养老金又实行缴费关联型,因此其基础养老金受益损失表现为社会统筹账户缴费及其利息损失,即在获得受益权资格之前的养老金沉淀成本。图 3-9 给出了不同年龄参保者在 15 年缴费年限限制下的养老金沉淀成本。

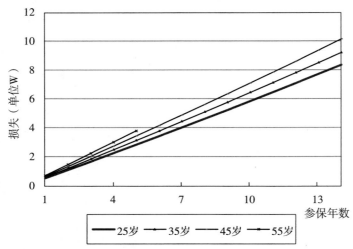

图 3-9　不同年龄参保者在最低缴费年限限制下的养老金沉淀成本

注：W 表示参保起始年的缴费工资。

在参保者缴费未满15年以前,由于断保、退保、转续等原因而终止养老保险关系的将失去获得基础养老金的资格。对于同一年龄的参保者来说,参保年数越长,养老金沉淀成本越大,25岁的标准参保者在达到15年的最低缴费年限之前的养老金沉淀成本相当于8个以上的初始年工资水平。对于不同年龄的参保者来说,在相同的参保年长下,年龄越大的参保者养老金沉淀成本越高。图3-10给出了不同年龄参保者在15年缴费年限限制下的养老金总沉淀成本。

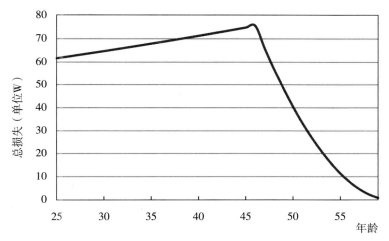

图3-10 不同年龄参保者在最低缴费年限限制下的养老金总沉淀成本

注:W表示参保起始年的缴费工资。

在参保者参保起始年龄不超过45岁时,养老金总沉淀成本随起始年龄的增大而增加;当参保者参保起始年龄超过45岁后,在60岁的法定退休年龄限制下,参保者的有效参保时间将不断减少,养老金沉淀总成本将呈现出不断下降的趋势。事实上,当参保起始年龄超过45岁后,在15年的最低缴费年限限制下,参保者在法定退休年龄下将不能获得基础养老金受益资格,理性的参保者将选择不参保。养老金沉淀成本是养老金便携性损失的直接表现形式。在养老保险关系不能有效转续或者变换工作所获得的额外收益不足以弥补养老金沉淀成本的情形下,在未达到最低缴费年限之前,参保时间越长、缴费工资水平越高的参保者越不愿意流动;在失去满足最低缴费年限限制之前,年龄越大的参保者越不愿意流动。

(二)最低缴费年限存在改进空间

城镇企业职工基本养老保险的最低缴费年限限制是导致养老金便携性损失和养老保险关系转续障碍的主要制度内在因素。2014年《城乡养老保险制度衔接暂行办法》(人社部发〔2014〕17号)关于养老保险关系城乡转续的政策规定也凸显了在最低缴费年限限制下,由于城乡居民基本养老保险缴费年限不同视同为城镇企业职工基本养老保险缴费年限而产生的转续不畅问题。

城镇企业职工基本养老保险基础养老金属于强制性社会保险,遵循大数法则和风险共担原则。公式(3.13)和公式(3.14)分别给出了同期群和一个标准人的基础养老金平衡模式,该平衡式反映了基础养老金的内在平衡关系。由式(3.14)变形,可以得到一个标准人的基础养老金实际替代率计算公式:

$$\beta = \frac{\alpha \sum_{n=d}^{e} \prod_{m=d}^{n} {}_1 p_m (1+i)^{e-n} (1+g)^{n-d}}{(1+g)^{h-1} \prod_{m=d}^{e} {}_1 p_m \sum_{n=e}^{\omega} \prod_{m=e}^{n} {}_1 p_m \left(\frac{1+kg}{1+i}\right)^{n-e}} \quad (3.26)$$

以一个 25 岁开始参保的标准人为例,代入相关参数,可以得到标准人的基础养老金实际替代率(图 3-11)。

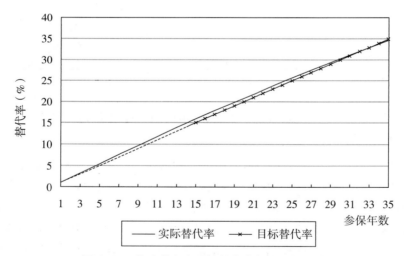

图 3-11 基础养老金目标替代率与实际替代率

注:图中虚线表示最低缴费年限限制。

从图 3-11 可以发现,基础养老金目标工资替代率与实际工资替代率基本一致,即在 $15 \leq h \leq 35$ 时,都有 $\beta \approx h\%$,这就意味着城镇企业职工基本养老保险现行政策达到了制度设计的替代率目标。同时,也反映出从制度精算平衡的角度考察,15 年的最低缴费年限设计并不具有特殊的节点含义。进一步考察目标替代率与实际替代率的关系,可以发现,在 $1 \leq h \leq 32$ 时,$\beta > h\%$,在 $33 \leq h \leq 35$ 时,$\beta < h\%$,这就意味着在 32 年这一节点年份之前,参保者为制度的净贡献为正。因此,15 年的最低

缴费年限限制对基金平衡性并没有产生影响。尽管相关参数假设的变化,包括工资增长率、利率、养老金调整系数、存活率等,会对实际工资替代率的具体数据产生影响。但是仍然可以通过验证得出,城镇企业职工基本养老保险基础养老金满足递减型既得受益权规则,即实际工资替代率与参保年限的关系满足 $Q=f(t)$,$f'(t)>0$ 但 $f''(t)<0$。这就意味着在目标工资替代率的设计下,对缴费时间越长的参保者越有利。因此,从精算公平的角度考察,15年的最低缴费年限限制并不会给制度带来净收益,其设置缺乏合理性。

二、城镇企业职工基本养老保险关系转续方案比较结果

(一)方案一:社会统筹账户资金不能转移政策

根据该男性标准人在 a、b、c 三地的参保经历,由城镇企业职工基本养老保险基础养老金既得受益权规则公式(3.10),可以得到该参保者在 a、b、c 三地的基础养老金标准的分段计算公式:

$$P_1 = \begin{cases} a \to 0, 25 \leq x \leq 30 \\ b \to 0, 31 \leq x \leq 39 \\ c_1 \to 0, 40 \leq x \leq 53 \\ c_2 \to (x-39)\% \frac{W_{59}^c}{2} \left[\frac{1}{x-39} \sum_{n=40}^{x} \left(\frac{w_n^c}{W_n^c} \right) + 1 \right], 54 \leq x \leq 59 \end{cases} \quad (3.27)$$

该参保者先后在 a、b 两地参保 6 年、9 年,但由于存在 15 年的最低缴费年限限制,其在 a、b 两地没有获得基础养老金受益资格。尽管该参保者在 a、b 两地参保的累积年长达到了 15 年,满足了最低缴费年限限制,但由于该参保者在 a、b、c 三地的缴费年数不能累积和视同,其在 a、b 两地获得的基础养老金受益仍然为 0,且在 c 地参保的前 14 年(c_1)也没有获得基础养老金受益权。该参保者在 c 地从第 15 年开始,才开始获得基础养老金受益资格。按照城镇企业职工基本养老保险的待遇确定方法,该参保者在 c 地参保 20 年将获得工资替代率为 20% 的基础养老金待遇(c_2)。在标准人假设下,根据式(3.9),可以得到其基础养老金累积受益在退休时的现值计算公式:

$$VP_1 = 0.2 W_{e-1}^c \sum_{n=e}^{\omega} \prod_{m=e}^{n} p_m \left(\frac{1+kg}{1+i} \right)^{n-e} \quad (3.28)$$

代入相关参数取值,该参保者方案一下的基础养老金累积受益分布表如表3-10所示。

表3-10 方案一下基础养老金累积受益分布表

参保地区	年龄段/岁	参保累积时间/年	工资水平/元	计发基数/元	工资替代率/%	养老金受益/元
a	25—30	6	37,147—49,711	0	0	0
b	31—39	9	52,694—83,986	0	0	0
c	40—59	20	89,025—269,354	269,354	20	594,004
养老金累积总受益						594,004

(二)方案二:"分段计算"政策

该方案下,参保者在a、b、c三地单独参保,没有最低缴费年限限制,待遇分段计算,每参保1年养老金工资替代率增加1%。① 该方案下,由城镇企业职工基本养老保险基础养老金既得受益权规则公式(3.10),可以得到该参保者在a、b、c三地的基础养老金标准的分段计算公式:

$$P_2 = \begin{cases} a \to (x-24)\% \dfrac{W_x^a}{2}\left[\dfrac{1}{x-24}\sum_{n=25}^{x}\left(\dfrac{w_n^a}{W_n^A}\right)+1\right], 25 \leq x \leq 30 \\ b \to 0.06\dfrac{W_{30}^a}{2}\left[\dfrac{1}{6}\sum_{n=25}^{30}\left(\dfrac{w_n^a}{W_n^A}\right)+1\right]+(x-30)\%\dfrac{W_x^b}{2} \\ \quad \left[\dfrac{1}{x-30}\sum_{n=35}^{x}\left(\dfrac{w_n^b}{W_n^b}\right)+1\right], 31 \leq x \leq 39 \\ c \to 0.06\dfrac{W_{30}^a}{2}\left[\dfrac{1}{6}\sum_{n=25}^{30}\left(\dfrac{w_n^a}{W_n^A}\right)+1\right]+0.09\dfrac{W_{39}^b}{2}\left[\dfrac{1}{9}\sum_{n=31}^{39}\left(\dfrac{w_n^b}{W_n^b}\right)+1\right]+ \\ \quad (x-39)\%\dfrac{W_x^c}{2}\left[\dfrac{1}{x-39}\sum_{n=40}^{x}\left(\dfrac{w_n^c}{W_n^c}\right)+1\right], 40 \leq x \leq 59 \end{cases} \quad (3.28)$$

按照该方案的待遇形成标准,参保者在a、b、c三地获得的基础养老金待遇的工资替代率分别为6%、9%、20%。由于参保者与各地形成相互独立的养老保险关系,参保年限也不能累积,养老金既得受益权也互不认同,其退休后养老金待遇由

---

① 事实上,在分段计算政策下各个地方的养老金待遇形成公式可能会存在差别,此处设定"每参保1年养老金工资替代率增加1%"只是为了计算方便。

三地单独计发。在标准人假设下,根据式(3.9),可以得到其基础养老金累积受益在退休时的现值计算公式:

$$VP_2 = (0.06W_{e-30}^a + 0.09W_{e-21}^b + 0.2W_{e-1}^c) \sum_{n=e}^{\omega} \prod_{m=e}^{n} {}_1p_m \left(\frac{1+kg}{1+i}\right)^{n-e} \quad (3.29)$$

代入相关参数取值,该参保者方案二下的基础养老金累积受益分布表如表3-11所示。

表3-11 "分段计算"政策下养老金累积受益分布表

参保地区	年龄段/岁	参保累积时间/年	工资水平/元	计发基数/元	工资替代率/%	养老金受益/元
a	25—30	6	37,147—49,711	49,711	6	32,888
b	31—39	9	52,694—83,986	83,986	9	83,346
c	40—59	20	89,025—269,354	269,354	20	594,004
养老金累积总受益						747,060

(三)方案三:社会统筹账户资金能转续政策

该政策即为《城镇企业职工基本养老保险关系转移接续暂行办法》(国发〔2009〕66号)所形成的现行转续政策,最低缴费年限仍然存在,但在转续养老保险关系时参保者在a、b、c三地的缴费年限可累积计算。该号文件关于缴费工资指数的规定,由城镇企业职工基本养老保险基础养老金既得受益权规则公式(3.10),可以得到该参保者在a、b、c三地的基础养老金标准的分段计算公式:

$$P_3 = \begin{cases} a \to 0, 25 \leq x \leq 30 \\ b_1 \to 0, 31 \leq x \leq 38 \\ b_2 \to 0.15 \frac{W_{39}^b}{2}\left[\frac{1}{15}\left(\sum_{n=25}^{30}\frac{w_n^a}{W_n^B} + \sum_{n=31}^{39}\frac{w_n^b}{W_n^b}\right)+1\right], x=39 \\ c \to (x-24)\% \frac{W_x^c}{2}\left[\frac{1}{x-24}\left(\sum_{n=25}^{30}\frac{w_n^a}{W_n^c} + \sum_{n=31}^{39}\frac{w_n^b}{W_n^c} + \sum_{n=40}^{x}\frac{w_n^c}{W_n^c}\right)+1\right], 40 \leq x \leq 59 \end{cases} \quad (3.30)$$

虽然参保者在a、b、c三地的缴费年限可以视同累积,但由于最低缴费年限限制仍然存在,其在a地参保6年的基础养老金权益为0,且转移到b地参保的前8年(b_1),由于累积的参保缴费时间仍然不足15年,其仍然不具有基础养老金受益资格。该参保者获得基础养老金受益权的起始时间是在b地参保的第9年(b_2)。该参保者转移到c地后,参保者在a、b两地的缴费时间继续累积,在c地退休时的累积参保时间达到 35 年。养老金待遇合并计算,工资替代率达到 35%,待遇由 c 地计发。在标准人假设下,根据式(3.9),可以得到其基础养老金累积受益在退休时的现值计算公式:

$$VP_3 = 0.35 W_{e-1}^c \sum_{n=em}^{\omega} \prod_{m=e}^{n} {}_1 P_m \left(\frac{1+kg}{1+i} \right)^{n-e} \tag{3.31}$$

代入相关参数取值,该参保者方案二下的基础养老金累积受益分布表如表 3-12 所示。

表 3-12 现行政策下基础养老金累积受益分布表

参保地区	年龄段/岁	参保累积年限/年	工资水平/元	计发基数/元	工资替代率/%	养老金受益/元
a	25—30	6	37,147—49,711	0	0	0
b	31—39	15	52,694—83,986	83,986	15	138,910
c	40—59	35	89,025—269,354	269,354	35	900,597
养老金累积总受益						1,039,506

(四) 转续政策评估

由表 3-10、3-11、3-12 的比较可知,该男性标准参保者在三个转续方案下的基础养老金累积受益分别为 594,004 元、747,060 元和 1,039,506 元。现行政策所形成的转续方案下的基础养老金累积受益要明显高于原转续政策和"分段计算"政策。按照上文设计的便携性损失测度方法,将该参保者在 a 地连续参保 35 年所形成的基础养老金累积受益作为便携性损失对比的参照系,在标准人假设下,根据式(3.9),可以得到其基础养老金累积受益在退休时的现值计算公式:

$$VP = 0.35 W_{e-1}^a \sum_{n=e}^{\omega} \prod_{m=e}^{n} {}_1 P_m \left(\frac{1+kg}{1+i} \right)^{n-e} \tag{3.32}$$

代入相关参数取值,可计算出参保者在 a 地连续参保 35 年所获得的基础养老金累积受益在退休时的现值总额 $VP = 1,039,506$ 元。比较 VP 与 VP_1、VP_2、VP_3,可计算出在参保缴费累积时间和工资水平都完全相同的情况下,方案一、方案二和方案三的基础养老金便携性损失分别为 445,502 元、292,446 元和 0 元,占比依次为 43%、28% 和 0。因此,从便携性损失的角度看,相比原转续政策和"分段计算"政策,现行转续政策下参保者不存在养老金便携性损失,从而实现了参保者基础养老金受益的最大化。

三、养老保险关系城乡转续方案比较结果

式(3.17)和式(3.18)分别给出了这名 45 岁的男性参保者在缴费年限视同方案下在城镇企业职工基本养老保险参保 10 年后转移到新型农村社会养老保险,然后继续参保 5 年后在新型农村社会养老保险参保地退休后的基础养老金累积权益的现值公式,和在新型农村社会养老保险参保 5 年然后转移到城镇企业职工基本养老保险参保 10 年后退休的基础养老金累积权益的现值公式。① 式(3.19)则给出了缴费年限视同方案下的便携性损失。同理,方案二(养老金权益折算方案)和方案三(替代率标准视同方案)下的基础养老金累积权益现值公式和便携性损失分别由式(3.20)、(3.21)和式(3.22)以及式(3.23)、(3.25)和式(3.25)得到。在标准人假设下,三个方案下的便携性损失计算公式可以进一步简化为:

$$\overline{VP}_1 = \left| (P_e - 0.15 W_{e-1}) \sum_{n=e}^{\omega} \left(\frac{1+kg}{1+i} \right)^{n-e} \prod_{m=e}^{n} {}_1 p_m \right| \qquad (3.33)$$

$$\overline{VP}_2 = \left| \left(0.1 W_{e-1} + \frac{P_e}{3} \right) \sum_{n=e}^{\omega} \left(\frac{1+kg}{1+i} \right)^{n-e} \prod_{m=e}^{n} {}_1 p_m \right| ② \qquad (3.34)$$

$$\overline{VP}_3 = \left| (\alpha W_{e-1} - 0.15 W_{e-1}) \sum_{n=e}^{\omega} \left(\frac{1+kg}{1+i} \right)^{n-e} \prod_{m=e}^{n} {}_1 p_m \right| \qquad (3.35)$$

代入相关参数,三个方案的养老金权益和便携性损失计算结果如表 3-13 所示。

表 3-13 三个方案下养老金权益与便携性损失

方案	"职保"→"新农保"			"新农保"→"职保"			便携性损失 /元
	参保时间/年	替代率/%	养老金权益/元	参保时间/年	替代率/%	养老金权益/元	
方案一	15	9.6①	9660	15	15	93,129	83,469
方案二	>15	>13.9	65,306	<15	0	0	65,306
方案三	15	13.9②	14,057	15	15	93,129	79,072

注:①为按固定额度计发方式计算的该参保者 60 岁时"新农保"基础养老金实际收入替代率;②为按固定标准所计算的收入替代率。

由测算结果可知,在缴费年限视同方案下,尽管基础养老金待遇调整机制完全一致,城镇企业职工基本养老保险基础养老金的工资替代率保持不变,而新型农村

---

① 此处在便携性损失实际测算中使用新型农村社会养老保险替代城乡居民基本养老保险,具体解释见假设前提第 2 项。

② 由于方案二在权益折算时会出现不同的情况组合,此处仅仅给出便携性损失最大时的情况。

社会养老保险基础养老金实际收入替代率由 13.9% 下降到 9.6%。虽然在该方案下,该参保者都能满足 15 年的最低缴费年限要求,但如果在"职保"退休,其累积的养老金权益为 93,129 元,而如果在"新农保"退休,其累积的养老金权益只有 9660 元,前者几乎是后者的 10 倍。其结果是该方案下的养老金便携性损失高达 83,469 元。因此,即使是在相同的参保经历下,理性参保者将竭力从"新农保"转入"城保"。

在养老金权益折算方案下,当参保者从"职保"转移到"新农保"时,实际参保时间将大于 15 年,满足了最低缴费年限限制,且在新型农村社会养老保险中退休时,其基础养老金实际替代率将高于 13.9%,总共累积的养老金权益达到 65,306 元。但当参保者从"新农保"转移到"职保"时,由于参保者在新型农村社会养老保险中累积的养老金权益折算为城镇企业职工基本养老保险缴费时间时,并不足以达到视同缴费年限的标准,因此二者合计的参保累积时间小于 15 年,未能满足 15 年的最低缴费年限限制,将不具有城镇企业职工基本养老保险基础养老金受益资格,其最终的养老金累积权益为 0。该方案下的养老金便携性损失达到 65,306 元。因此,即使是在相同的参保经历下,理性参保者在预期难以达到城镇企业职工基本养老保险最低缴费年限要求的情况下,将竭力从"职保"转入"新农保"。

在替代率标准视同方案下,尽管参保者都能满足 15 年的最低缴费年限要求,且新型农村社会养老保险和城镇企业职工基本养老保险二者的基础养老金收入或工资替代水平保持稳定,但是当参保者从"职保"转移到"新农保"时,基础养老金累积权益只有 14,057 元,当参保者从"新农保"转移到"职保"时,基础养老金累积权益则高达 93,129 元。养老金计发基数差距造成了基础养老金待遇水平的巨大差异。在此方案下,参保者将竭力从"新农保"转入"城保"。

综合比较三个转续方案,尽管三个方案分别试图从保护参保者平等的养老金受益权、平衡转入地与转出地的利益和维持养老金替代水平不下降等养老保险关系城乡转续的三个关键点出发,但三个转续方案都存在巨大的便携性损失。在现行的新型农村社会养老保险基础养老金和城镇企业职工基本养老保险基础养老金所形成的既得受益权规则约束下,养老保险关系难以在城乡之间有效转续,参保者的基础养老金权益也无法得到充分保障。

四、城镇企业职工基本养老保险关系现行转续方案的进一步评估

(一)最后退休地存在财务不平衡风险

2009 年《城镇企业职工基本养老保险关系转移接续暂行办法》(国办发〔2009〕66 号)规定"参保者转移养老保险关系时,按各年度实际缴费工资总和的 12% 转移

养老保险资金"。这就意味着大约60%的社会统筹账户缴费流入转入地,其余约40%留在转出地。同时国办发〔2009〕66号文件还对参保者最后退休地的确定方法设置了两个原则:其一,养老保险关系在户籍所在地的和养老保险关系不在户籍所在地但没有参保缴费满10年以上的参保地的,最后退休地都是户籍所在地;其二,养老保险关系不在户籍所在地的,且有参保地参保缴费满10年以上的,该参保地为最后退休地。直观上来看,由于养老保险关系所在地截留了约40%的社会统筹账户缴费,而最后退休地又承担了养老待遇支付责任,因此该转续政策对最后退休地不利。

比较上文中参保者在多地参保的基础养老金基金平衡式(3.15)和在一地参保的基金平衡式(3.13),尽管式(3.15)相比式(3.13)看起来更复杂,但是二者所内含的保险原则是一致的,都是按照社会保险属性设计,利用大数法则和风险共担实现养老金再分配和平衡。但是按照国办发〔2009〕66号文件所确定的提前明确保险资产的办法,式(3.15)将变化为以下形式:

$$\delta\left[\sum_{n=t_1}^{t_2} N_n w_n^a (1+i)^{t_4-n} + \sum_{n=t_2}^{t_3} N_n w_n^b (1+i)^{t_4-n}\right] + \alpha \sum_{n=t_3}^{t_4} N_n w_n^c (1+i)^{t_4-n} =$$
$$\beta \frac{W_{t_4}^c}{2} \left\{ \frac{1}{t_4-t_1} \left[\sum_{n=t_1}^{t_2} \left(\frac{w_n^a}{W_n^c}\right) + \sum_{n=t_2}^{t_3} \left(\frac{w_n^b}{W_n^c}\right) + \sum_{n=t_3}^{t_4} \left(\frac{w_n^c}{W_n^c}\right) \right] + 1 \right\} \sum_{m=1}^{\omega} N_{t_4+m} \left(\frac{1+kg^c}{1+i}\right)^{m-1} \quad (3.36)$$

式中δ表示社会统筹账户资金按缴费工资总和转移的比例。进一步比较式(3.13)和式(3.36),可以发现基础养老金的保险原则出现了重要变化,前者是纯保险计划,而后者是缴费关联方案(contribution-related)。在纯保险方案下,养老保险缴费与待遇平衡关系由计划内收入与养老待遇相对水平、制度覆盖率、人口存活率等因素决定并通过精算方法确定。在现行转续政策下,参保者在最后退休地之外参保地的缴费将面临两种情况:其一,参保者在最后退休地退休,则部分缴费被截留;其二,参保者在最后退休地退休之前退保或死亡,则缴费完全留在原参保地。这就意味在,在保险原则设计下的部分"可再分配"风险准备金未能发挥应有的作用。因此,按照精算平衡原则设计的保险计划在最后退休金将会出现财务不平衡风险。

假设某标准参保人在最后退休地参保缴费10年,达到了现行转续政策所确定的最后退休地的最低缴费年限规定,则式(3.36)可以简化为:

$$\delta \sum_{n=0}^{h-10} (1+g)^n (1+i)^{h-n} + \alpha \sum_{n=h-10}^{h} (1+g)^n (1+i)^{h-n} =$$
$$\beta (1+g)^{h-1} \sum_{n=1}^{\omega} \left(\frac{1+kg}{1+i}\right)^{n-1} \quad (3.37)$$

以一个 25 岁开始参保的城市男性标准参保者为例,将相关参数带入,其中 ω 为 60 岁城市男性平均预期余命,计算出该参保者在此平衡条件下的实际养老金工资替代率。

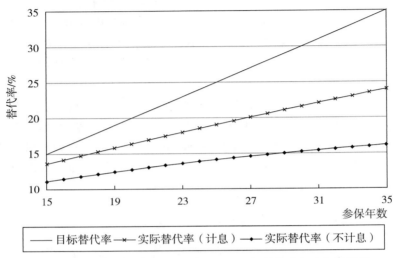

图 3-12　现行转续政策下的基础养老金目标替代率与实际替代率

如图 3-12 所示,按照式(3.37)所确定的理论上的平衡模式,该参保者的实际替代率小于政策设计的目标替代率,参保 35 年后的实际替代率不到 25%,而且其参保时间越长,其实际替代率与目标替代率的差距越大。事实上,实际政策执行中在转移社会统筹账户缴费资产时并不包括缴费所产生的利息,因此在不计息的情况下,实际转移的缴费资产将更低,其结果是不计息情形下该参保者的实际替代率与目标替代率最高相差约 19%,比计息情形下还高 8%。反过来说,最后退休地按照制度设计的目标替代率计发养老金待遇,将会出现财务不平衡风险,且参保者在外地参保时间越长,其承受的风险越大。尤其是对于参保者养老保险关系留在户籍所在地而又在外地没有参保缴费满 10 年的参保地,其承受的财务不平衡风险更大。

(二)参保者对待遇"趋高避低"的逆向选择风险

根据国发[2005]38 号文件的规定,参保者退休时基础养老金的计发基数为退休地上年度在岗职工社会平均工资和本人指数化平均缴费工资的平均值。针对转移养老保险关系的参保者,国发[2009]66 号文件规定:"在核定养老保险待遇时,以本人在各参保地的各年度缴费工资和最后办理退休地对应的各年度在岗职工平均工资计算其缴费工资指数"。综合起来,由式(3.15),一个在 a、b、c 三地连续参

保并在 c 地退休的参保者的基础养老金计发基数为:

$$\bar{W} = \frac{W_{t_4}^c}{2}\left\{\frac{1}{t_4-t_1}\left[\sum_{n=t_1}^{t_2}\left(\frac{w_n^a}{W_n^c}\right)+\sum_{n=t_2}^{t_3}\left(\frac{w_n^b}{W_n^c}\right)+\sum_{n=t_3}^{t_4}\left(\frac{w_n^c}{W_n^c}\right)\right]+1\right\} \quad (3.38)$$

在标准人假设下,参保者的工资水平与各地在岗职工社会平均工资水平相同且增速一致,则其在 c 地退休的基础养老金计发基数就是 c 地的在岗职工社会平均工资,即标准人假设的参保者的缴费工资指数为 1,对参保者的养老金待遇水平不产生影响。但在现实情况下,最后退休地工资水平的高低将通过影响缴费工资指数的大小来决定参保者养老金待遇水平的高低。

如图 3-13 所示,假设所有的工资水平都是线性增长。参保者缴费工资水平以斜线 w_n 表示,最后退休地在岗职工平均工资水平在图右边自下而上分为六种情况,分别以斜线 W^{c_1}、W^{c_2}、W^{c_3}、W^{c_4}、W^{c_5}、W^{c_6} 表示。W^{c_1}、W^{c_3} 和 W^{c_5} 的起始工资水平都为 w_1,W^{c_2}、W^{c_4} 和 W^{c_6} 的起始工资水平都为 w_4,W^{c_1} 和 W^{c_2} 的退休前工资水平都为 w_3,W^{c_3} 和 W^{c_4} 与 w_n 的退休前工资水平都为 w_5,W^{c_5} 和 W^{c_6} 的退休前工资水平都为 w_6。

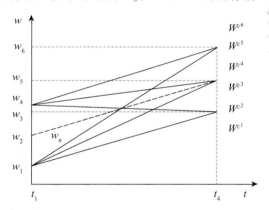

图 3-13 参保者工资水平与退休地工资水平多组合示意图

下面分析五种有代表性的情形:

情形一:w_n 与 W^{c_1} 和 W^{c_6} 的组合。有 $W^{c_1}=\varphi w_n(\varphi<1)$ 和 $W^{c_6}=\varphi w_n(\varphi>1)$。

根据缴费工资指数的计算方法,由(3.38),很显然 c_1 的基础养老金计发基数为 $\bar{W}^{c_1}=\frac{(1+\varphi)}{2\varphi}w_3$,$c_6$ 下的基础养老金计发基数为 $\bar{W}^{c_6}=\frac{(1+\varphi)}{2\varphi}w_6$。

证明:由于 $w_6=\varphi w_5$,$w_3=\varphi w_5$,则 $\bar{W}^{c_1}=\frac{(1+\varphi)}{2}w_5$,$\bar{W}^{c_6}=\frac{(1+\varphi)}{2}w_5$。

又由于 $\varphi<1,\varphi>1$,则显然 $\bar{W}^{c_1}<\bar{W}^{c_6}$,因此 $W_{t_4}^{c_1}<\bar{W}^{c_1}<w_{t_4}<\bar{W}^{c_6}<W_{t_4}^{c_6}$。

该情形反映了现行转续政策对于缴费工资指数设计的目标,即既通过关联参保者基础养老金待遇与最后退休地工资水平,保证参保者实际的养老保障水平,又通过缴费工资指数实现养老金待遇的缴费关联,实现权利与义务的相对统一。从参保者的角度来考虑,该情形下最后退休地的工资水平将抬高或拉低养老金待遇水平。但是,这种效应是相对的,其抬高或拉低的幅度为其本人缴费工资与最后退休地工资水平差值绝对值的一个比例。

情形二:w_n 与 W^{c_3} 和 W^{c_4} 的组合。有 $W_{t_1}^{c_3} < w_{t_1} < W_{t_1}^{c_4}$,$w_{t_4} = W_{t_4}^{c_3} = W_{t_4}^{c_4}$。

根据缴费工资指数的计算方法,由(3.38),c_3 的基础养老金计发基数为 $\overline{W}^{c_3} = \frac{w_5}{2} \left(\frac{1}{t_4 - t_1} \int_{t_1}^{t_4} \frac{w_n}{W_n^{c_3}} + 1 \right)$,$c_4$ 的基础养老金计发基数为 $\overline{W}^{c_4} = \frac{w_5}{2} \left(\frac{1}{t_4 - t_1} \int_{t_1}^{t_4} \frac{w_n}{W_n^{c_4}} + 1 \right)$。

证明:由于 $W^{c_3} < w < W^{c_4}$,则有 $\frac{w_n}{W_n^{c_3}} > 1$,$\frac{w_n}{W_n^{c_4}} < 1$,故 $\frac{1}{t_4 - t_1} \int_{t_1}^{t_4} \frac{w_n}{W_n^{c_4}} < 1$,$\frac{1}{t_4 - t_1} \int_{t_1}^{t_4} \frac{w_n}{W_n^{c_3}} > 1$,因此 $\overline{W}^{c_3} > \overline{W}^{c_4}$。

该情形下,尽管参保者退休前一年缴费工资与最后退休地 c_3 和 c_4 的在岗职工平均工资相同,但是由于缴费工资指数的差别,导致参保者计算出来的基础养老金计发系数存在差别。如果最后退休地过去工资水平高于参保者过去缴费工资水平,参保者的基础养老金待遇水平将被拉低,反之,则被抬高。这反映的一个现实是,如果参保者缴费工资水平与最后退休地在岗职工平均工资差不多,参保者最好的选择是过去工资水平更低的最后退休地。

情形三:w_n 与 W^{c_1} 和 W^{c_2} 以及 W^{c_5} 和 W^{c_6} 的组合。有 $W_{t_1}^{c_1} < W_{t_1}^{c_2} < w_{t_1} < W_{t_1}^{c_5} < W_{t_1}^{c_6}$,$W_{t_4}^{c_1} = W_{t_4}^{c_2}$,$w_{t_4} < W_{t_4}^{c_5} = W_{t_4}^{c_6}$。

根据缴费工资指数的计算方法,由(3.38),c_2 的基础养老金计发基数为 $\overline{W}^{c_2} = \frac{w_3}{2} \left(\frac{1}{t_4 - t_1} \int_{t_1}^{t_4} \frac{w_n}{W_n^{c_2}} + 1 \right)$,$c_5$ 的基础养老金计发基数为 $\overline{W}^{c_5} = \frac{w_6}{2} \left(\frac{1}{t_4 - t_1} \int_{t_1}^{t_4} \frac{w_n}{W_n^{c_5}} + 1 \right)$。另外,根据情形一的条件,$\overline{W}^{c_1} = \frac{(1+\varphi)}{2\varphi} w_3$,$\overline{W}^{c_6} = \frac{(1+\varphi)}{2\varphi} w_6$。

证明:由于有 $W^{c_6} = \varphi w_n$,则 $w_4 = \varphi w_2$,故 $\frac{w_{t_1}}{W_{t_1}^{c_6}} = \frac{1}{\varphi}$,又因为 $\varphi > 1$,则 $\frac{w_{t_1}}{W_{t_1}^{c_2}} < 1$。又由于 $W^{c_1} = \varphi w_n$,则有 $w_3 = \varphi w_5$,故 $\frac{w_{t_4}}{W_{t_4}^{c_2}} = \frac{1}{\varphi}$,又因为 $\varphi < 1$,则 $\frac{w_{t_4}}{W_{t_4}^{c_2}} > 1$。另外,有 $w_{t_1} < W_{t_1}^{c_2}$ 且 $w_{t_4} >$

$W_{t_4}^{c_2}$，不难证明$\frac{w_n}{W_n^{c_2}}$满足$\frac{1}{\varphi} \leq \frac{w_n}{W_n^{c_2}} \leq \frac{1}{\varphi}$，将其带入$\bar{W}^{c_2}$，不难得到$\frac{(1+\varphi)}{2\varphi}w_3 < \bar{W}^{c_2} < \frac{(1+\varphi)}{2\varphi}w_3$，即$\bar{W}^{c_2} < \bar{W}^{c_1}$。同理可证，$\frac{(1+\varphi)}{2\varphi}w_6 < \bar{W}^{c_5} < \frac{(1+\varphi)}{2\varphi}w_6$，则$\bar{W}^{c_5} > \bar{W}^{c_6}$。

该情形给出了在参保者退休前一年最后退休地在岗职工平均工资相同的情况下，无论该工资水平高于或低于参保者退休前一年的缴费工资，其现实选择是过去平均工资水平比自己过去平均工资水平低的一地。

情形四：w_n与W^{c_2}和W^{c_5}的组合。有$w_4 - w_1 = w_6 - w_3$。

根据缴费工资指数的计算方法，由（3.38），c_2的基础养老金计发基数为$\bar{W}^{c_2} = \frac{w_3}{2}\left(\frac{1}{t_4-t_1}\int_{t_1}^{t_4}\frac{w_n}{W_n^{c_2}}+1\right)$，$c_5$的基础养老金计发基数为$\bar{W}^{c_5} = \frac{w_6}{2}\left(\frac{1}{t_4-t_1}\int_{t_1}^{t_4}\frac{w_n}{W_n^{c_5}}+1\right)$。

证明：由情形三的证明，可知$\frac{1}{\varphi} \leq \frac{w_n}{W_n^{c_2}} \leq \frac{1}{\varphi}$和$\frac{1}{\varphi} \leq \frac{w_n}{W_n^{c_5}} \leq \frac{1}{\varphi}$。因此，假设$\frac{w_n}{W_n^{c_2}} = \frac{w_n}{W_n^{c_5}} = \lambda$，有$\frac{1}{\varphi} \leq \lambda \leq \frac{1}{\varphi}$，则$\bar{W}^{c_2} = \frac{(1+\lambda)}{2\lambda}w_3$，$\bar{W}^{c_5} = \frac{(1+\lambda)}{2\lambda}w_6$。又因为$w_6 > w_3$，则$\bar{W}^{c_2} > \bar{W}^{c_5}$。

该情形给出了在缴费工资指数以及过去平均工资水平都相同的情况下，参保者退休前一年在岗职工平均工资水平更高的退休地，所计算出来的基础养老金计发基数越大。这反映的一个现实是，即使过去平均工资水平相同，理性的参保者也应该选择工资水平增长更快的退休地。

情形五：w_n与W^{c_2}和W^{c_4}以及W^{c_3}和W^{c_5}的组合。

根据缴费工资指数的计算方法，由（3.38），c_2、c_3、c_4、c_5的基础养老金计发基数分别为$\bar{W}^{c_2} = \frac{w_3}{2}\left(\frac{1}{t_4-t_1}\int_{t_1}^{t_4}\frac{w_n}{W_n^{c_3}}+1\right)$、$\bar{W}^{c_3} = \frac{w_5}{2}\left(\frac{1}{t_4-t_1}\int_{t_1}^{t_4}\frac{w_n}{W_n^{c_3}}+1\right)$、$\bar{W}^{c_4} = \frac{w_5}{2}\left(\frac{1}{t_4-t_1}\int_{t_1}^{t_4}\frac{w_n}{W_n^{c_4}}+1\right)$、$\bar{W}^{c_5} = \frac{w_6}{2}\left(\frac{1}{t_4-t_1}\int_{t_1}^{t_4}\frac{w_n}{W_n^{c_5}}+1\right)$。

证明：由于$W_{t_1}^{c_3} = w_1$，$W_{t_4}^{c_3} = w_5$，$w_{t_1} = w_2$，$w_{t_4} = w_5$，且根据$W^{c_1} = \varphi w_n$，有$w_1 = \varphi w_2$，则$\frac{w_{t_1}}{W_{t_1}^{c_3}} = \frac{1}{\varphi}$，$\frac{w_{t_4}}{W_{t_4}^{c_3}} = 1$。因此，不难得到$1 \leq \frac{w_n}{W_n^{c_3}} \leq \frac{1}{\varphi}$，则$w_5 < \bar{W}^{c_3} < \frac{(1+\varphi)}{2\varphi}w_5$。由情形三的证明，可知$\frac{(1+\varphi)}{2\varphi}w_6 < \bar{W}^{c_5} < \frac{(1+\varphi)}{2\varphi}w_6$。又根据$W^{c_6} = \varphi w_n$可以得到$w_6 = \varphi w_5$，将其代入$\bar{W}^{c_5}$

中,可以得到 $\frac{(1+\varphi)}{2}w_5 < \bar{W}^{c5} < \frac{\varphi(1+\varphi)}{2\varphi}w_5$。

比较 $\bar{W}^{c5}$ 与 $\bar{W}^{c3}$。首先比较 $\frac{(1+\varphi)}{2}$ 与 1,$\frac{\varphi(1+\varphi)}{2\varphi}$ 与 $\frac{(1+\varphi)}{2\varphi}$。由于 $\varphi<1,\varphi>1$,则 $\frac{(1+\varphi)}{2}>1$,$\frac{\varphi(1+\varphi)}{2\varphi}>\frac{(1+\varphi)}{2\varphi}$。但是,$\frac{(1+\varphi)}{2\varphi}$ 与 $\frac{(1+\varphi)}{2}$ 之间的大小关系难以判定。如果 $\varphi\varphi=1$,则 $\frac{(1+\varphi)}{2}=\frac{(1+\varphi)}{2\varphi}$;如果 $\varphi\varphi>1$,则 $\frac{(1+\varphi)}{2}>\frac{(1+\varphi)}{2\varphi}$;如果 $\varphi\varphi<1$,则 $\frac{(1+\varphi)}{2}<\frac{(1+\varphi)}{2\varphi}$。这就意味着 $\bar{W}^{c5}$ 与 $\bar{W}^{c3}$ 之间的大小关系不确定。同理可证,$\bar{W}^{c2}$ 与 $\bar{W}^{c4}$ 之间的大小关系也不确定。

该情形反映了一个可能更加难以接受的现实,如果某人最后退休地过去的工资水平以及在参保者退休前一年的在岗职工平均工资都比另外一地要高,并不意味着选择在此退休的参保者的基础养老金计发基数就一定高。

如果参保者的缴费水平不变,在同一养老金计划下不能因为参保者选择不同的待遇领取地而出现待遇水平高低不均的情况,否则将出现参保者追求在更高退休待遇领取地退休的逆向选择风险,这也将危及整个计划的可持续性。

3.2.4 养老保险关系转续的现实难题

一、资金转移所引发的问题

(一)资金转移难以定量

国发〔2009〕66 号文件规定,参保职工转移养老保险关系时社会统筹账户按缴费基数的 12% 转移资金。部分学者进行了正反两个方面的评价,有人认为新政策缓和了养老保险地区利益争端,但可能带来转移资金压力。[①] 但是资金到底应该转移多少,需要根据制度的精算平衡设计来确定。当参保者参加养老保险所形成的养老金资产的净现值(NPV)为 0,即总供款现值(PC)与总养老金收益现值(PP)相等时,养老金制度实现精算公平。由标准人方法、式(3.2)的各参数中,存活率 l_n 既定,供款率 α、退休时的养老金水平 P_e、养老金调整系数 λ 由制度规定,起步工资水平 W_0 和工资增长率 g 由外生经济状况决定,当等式两端 $PC=PP$,由折现率 r 关于 NPV 的函数可求得制度内部收益率(IRR),$IRR=r|_{NPV=0}$。

城镇基本养老保险制度历经国发〔1997〕26 号文件、国发〔2000〕42 号文件和

---

① 罗静、匡敏:《国内外养老保险关系转移接续经验借鉴》,《社会保障研究》2011 年第 4 期。

国发〔2005〕38号文件三次重要改革,对社会统筹账户基础养老金的缴费与待遇计发公式的调整是改革的主要内容,如表3-14所示。

表3-14 国发〔1997〕26号、〔2000〕42号和〔2005〕38号文件对基础养老金的规定

文件	缴费率	计发基数	替代率
〔1997〕26号	13%—17%	退休上年度职工月平均工资	20%
〔2000〕42号	20%	同上	20%+多参保年数×0.6%≈30%
〔2005〕38号	20%	(退休上年度职工月平均工资+指数化月平均缴费工资)/2	15%≤1%×参保年数≤35%

由式(3.2),等式两边同时除以 ε^x,等价于评估时点向后($x>0$)或向前($x<0$)平移 x 年,不影响等式的精算平衡关系,此处以参保者退休年龄或时间作为评估时点。按照政策规定,国发〔1997〕26号、〔2000〕42号和〔2005〕38号文件所形成的制度下 x 岁开始参保且缴费不中断的正常退休职工未来的基础养老金收益的现值公式分别为:

$$PP_{1997}=0.2\times \bar{W}_{e-1}\sum_{n=e}^{\omega}\left(\frac{1+kg}{1+r}\right)^{n-e}\prod_{m=1}^{n}p_m, e-x\geq 15 \quad (3.39)$$

$$PP_{2000}=[0.2+0.006(e-x-15)]\bar{W}_{e-1}\sum_{n=e}^{\omega}\left(\frac{1+kg}{1+r}\right)^{n-e}\prod_{m=1}^{n}p_m, 15\leq e-x\leq 37 \quad (3.40)$$

$$PP_{2005}=h\%\times \frac{\bar{W}_{e-1}}{2}\left[\frac{1}{e-x}\sum_{n=x}^{e-1}\left(\frac{W_n}{\bar{W}_n}\right)+1\right]\sum_{n=e}^{\omega}\left(\frac{1+kg}{1+r}\right)^{n-e}\prod_{m=1}^{n}p_m, 15\leq h\leq 35; x+h\leq e \quad (3.41)$$

式(3.39)、式(3.40)、式(3.41)中的新增参数 $\bar{W}_n$ 表示同期社平工资。由于只存在缴费率的不同,三次改革的基础养老金的缴费积累总额在评估时点的现值可统一表示为:

$$PC_{1997}=PC_{2000}=PC_{2005}=\alpha W_0\sum_{n=x}^{e-1}(1+g)^{n-x}(1+r)^{e-n} \quad (3.42)$$

由式(3.39)、式(3.40)、式(3.41)和式(3.42)分别建立三个基础养老金资产净现值 NPV 公式。利用标准人方法,三次改革 NPV 公式为:

$$NPV_{1997}=\alpha\sum_{n=x}^{e-1}l_n(1+g)^{n-x}(1+r)^{e-n}-0.2(1+g)^{e-x}\sum_{n=e}^{\omega}l_n\left(\frac{1+kg}{1+r}\right)^{n-e} \quad (3.43)$$

$$NPV_{2000}=\alpha\sum_{n=x}^{e-1}l_n(1+g)^{n-x}(1+r)^{e-n}-[0.2+0.006(e-x-15)]$$

$$(1+g)^{e-x}\sum_{n=e}^{\omega}l_{n}\left(\frac{1+kg}{1+r}\right)^{n-e} \qquad (3.44)$$

$$NPV_{2005}=\alpha\sum_{n=x}^{e-1}l_{n}(1+g)^{n-x}(1+r)^{e-n}-h\%\times(1+g)^{e-x}\sum_{n=e}^{\omega}l_{n}\left(\frac{1+kg}{1+r}\right)^{n-e} \qquad (3.45)$$

假设标准的女性和男性参保者的参保起始年龄分别为 20 岁和 25 岁,退休年龄分别为 55 岁和 60 岁。将相关参数代入式(3.43)、式(3.44)、式(3.45),令 $NPV_{1997}=0$, $NPV_{2000}=0$, $NPV_{2000}=0$, 分别计算出三次改革的基础养老金随参保年长变化的内部收益率。

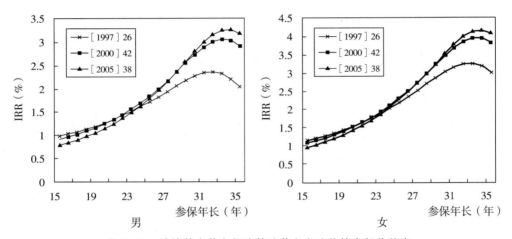

图 3-14 城镇基本养老保险基础养老金改革的内部收益率

如图 3-14,城镇基本养老保险基础养老金的内部收益率在不同的政策下有区别,在同一政策下又会随参保时间的长短产生波动,而且不同性别的参保职工在内部收益率整体水平上也有区别(具体来说,女性比男性更占优势)。此外,如果考虑到资本的边际产出价值,则只有当 $IRR=i$(市场利率)时,养老金制度才是实际的精算公平。因此,考虑到政策、年龄、性别和市场利率等一系列因素的变动情况,如何确定养老保险关系转续时的资金转移量存在技术性难题。

(二)真实的养老金权益损失

上文的养老金权益测算模型是基于参保者存活到退休年龄的假设所构造的确定性模型,事实上参保者的死亡年龄是一个随机变量,在退休前随时面临未能存活到退休而失去所有养老金权益的死亡风险,也正是这种死亡风险的存在使保险计划成为风险分担的工具。因此,参保者在转续时的转移资金必须进行死亡风险贴现还原其真实的养老金权益。

以从城镇企业职工基本养老保险转移到新型农村社会养老保险为例，x 岁开始参保且缴费不中断的参保职工在 t 岁转续时的转移资金确定公式为：

$$TP^{ur \to ru} = (t-x)\% \times \frac{W_{t-1}}{2} \left[\frac{1}{t-x}\sum_{n=x}^{t-1}\left(\frac{w_n}{W_n}\right) + 1 \right] \prod_{m=t}^{e-1} {}_1p_m \sum_{n=e}^{\omega}\left(\frac{1+kg}{1+i}\right)^{n-e} \prod_{m=e}^{n} {}_1p_m \quad x<t<e \quad (3.39)$$

与确定性模型中养老金计发基数为退休时工资不同，实际转移资金时必须对原计划中的养老金权益进行清算，则死亡风险贴现随机模型中计算基数为转移时的工资，即意味着对转续时的养老金权益进行了锁定，而转移养老金权益则维持了原计划的养老金合约，参保者的养老金计发基数随转出地工资水平不断增长。

显然，由于 $\begin{cases} W_{t-1} < W_{e-1} \\ \prod_{m=t}^{e-1} {}_1p_m < 1 \end{cases}$，则 $TP^{ur \to ru} < VP^{ur}$，则资金转移时所代表的养老金权益将小于保留在原养老金计划中所产生的养老金权益。

（三）隐性便携性损失显性化

死亡风险贴现随机模型还原了参保者 t 岁时真实的养老金权益 P_t（P_t 的计算方法与 $TP^{ur \to ru}$ 相同），由于 $\begin{cases} dW_t/dt > 0 \\ d\prod_{t}^{e-1} {}_1p_t/dt > 0 \end{cases}$，则 $dP_t/dt > 0$，即参保者在养老金计划中存续时间越长，其获得的真实养老金权益越高。

对于一个在城乡间转移养老保险关系的参保者来说，两类制度参保先后顺序和转续时间不同都会产生真实养老金权益的差异，进而产生实际的便携性损失。即使在参保经历相同的前提条件下，尽管假定了工资与收入增长同步，但由于城乡工资收入基数的巨大差距，参保者转续时真实的养老金权益 $P^{ru \to ur} > P^{ur \to ru}$，即参保者先参加新农保后转移到职保的养老金权益比先参加职保后转移到新农保的养老金权益大，则实际便携性损失 $\overline{VP} = |\overline{P^{ru \to ur}} - \overline{P^{ur \to ru}}| > 0$。然而，由于在退休之前没有对基础养老金进行处置和变现的权力，参保者并不关心养老保险资金是否转移，只要养老金计算公式不变，参保者的预期就不会变。因此，基于确定性模型的只转移养老金权益政策通过维持原有养老保险关系使这种便携性损失隐性化，而基于随机模型计算的真实养老金权益所确定的资金转移政策则使这种隐性便携性损失显性化，改变了参保者的预期。

二、资金不转移所引发的问题

(一) 降低个人潜在受益

上文在介绍欧盟养老金便携性改革经验和进行城镇企业职工基本养老保险转续方案比较时证明了在资金不转移情况下,待遇由各地单独计算所产生的养老金便携性损失。此处将证明最低缴费年限规则对个人潜在受益的影响。继续假设一名男性参保者 H 先后在 A、B、C 三地不间断参加职保,参保年长分别为 a、b、c。沿用上文关于工资增长的假设,则意味着如果参保者 H 在 A、B、C 三地的基础养老金受益都能满足式(3.10)中当 $15 \leq h \leq 35$ 的既得受益权规则,那么理论上参保者 H 在 A、B、C 三地的受益总和与其在任一地连续参保 35 年所获得的基础养老金受益相同。进而由基础养老金受益计算公式,可以计算出参保者 H 在 A、B、C 任一地参保 35 年的基础养老金受益总额的基准值为

$$P = 0.35 \times \frac{W_{e-1}}{2} \sum_{n=e}^{\omega} (1+\delta)^{n-e} \sigma^{n-e} \prod_{m=e}^{n} {}_1 p_m \qquad (3.46)$$

根据职保基础养老金的既得受益权规则,参保者参保缴费满 15 年才拥有基础养老金既得受益权。按照上文的假设,参保者 H 在 A、B、C 三地先后参保,总参保年长 $a+b+c=35$。可以进一步分以下三种情况讨论:

$$\begin{cases} ① \ [a \quad b \quad c]_{\max} > 20 \\ ② \ 15 \leq [a \quad b \quad c]_{\max} \leq 20 \\ ③ \ [a \quad b \quad c]_{\max} < 15 \end{cases} \qquad (3.47)$$

在 $a+b+c=35$ 的约束条件下,①对应于 a、b、c 中只有一个大于 15,即参保者 H 只在 A、B、C 三地中某一地获得基础养老金受益资格;②对应于 a、b、c 中至少有一个大于 15,即参保者 H 在 A、B、C 中至少一地获得基础养老金受益资格;③对应于 a、b、c 全部小于 15,即参保者在 A、B、C 三地都没有获得基础养老金受益资格。由式(3.10)和式(3.47),可计算出参保者 H 在上述三种情况下的基础养老金的受益损失范围为:

$$\left[0.05 \times \frac{W_{e-1}}{2} \sum_{n=e}^{\omega} (1+\delta)^{n-e} \sigma^{n-e} \prod_{m=e}^{n} {}_1 p_m , \ 0.35 \times \frac{W_{e-1}}{2} \sum_{n=e}^{\omega} (1+\delta)^{n-e} \sigma^{n-e} \prod_{m=e}^{n} {}_1 p_m \right] \qquad (3.48)$$

即在资金不转移时,该参保者的个人受益的最大损失将是在 A、B、C 三地任何一地连续参保 35 年所获得的养老金受益的最大值;最小损失将是在 A、B、C 三地其中一地参保 5 年所获得的养老金受益的最小值。

（二）削弱地区基金调剂能力

资金留在各统筹地，表面上看参保者与各地独立地建立保险关系且避免了各地之间协调沟通的交易成本，但实际上固化了社会养老保险地区分割，从整体上抬高了制度运行成本，而且不利于风险分担和大数法则保险效应的发挥，将大大削弱保险资金调剂能力，可能造成缴费率升高和替代水平下降。

社会保险制度建立的技术基础是"大数法则"，制度的有效运行要求有足够数量的同质风险。假定个人的收入是随机变量 y，均值为 μ，方差（风险）为 $\mathrm{var}(y)$；有 N 个个人，收入分别为 $y_1, y_2, \cdots, y_N$。在没有保险的情况下，第 i 个人的方差是：$\mathrm{var}(y_i)$。假定所有 N 个人把其收入集中在一起，这样每个人将得到：

$$\bar{y} = \frac{1}{N}(y_1 + y_2 + \cdots + y_N) \tag{3.49}$$

这种集中是保险形式的一种，因为所有的收入都是相互独立的，并且方差相同，因此，这一群体的方差是：

$$\mathrm{var}(y_1 + y_2 + \cdots + y_N) = N\mathrm{var}(y) \tag{3.50}$$

但个人的方差小得多，他得到的是上一个等式的平均收入 $\bar{y}$。

$$\begin{aligned}\mathrm{var}(\bar{y}) &= \mathrm{var}\left(\frac{y_1}{N} + \frac{y_2}{N} + \cdots + \frac{y_N}{N}\right)\\ &= N\mathrm{var}\left(\frac{y}{N}\right)\\ &= \frac{\mathrm{var}(y)}{N} \to 0 \,(\text{当 } N \to \infty)\end{aligned} \tag{3.51}$$

这表明，如果对 N 个人进行平均分配，且将独立的收入集中，则当 N 趋向无穷大时，平均收入方差（个人风险）趋近于零。个人通过"交易"（即集中）能够获得确定性。因此，社会养老保险参保人数越多，制度内的风险就会越分散，基金调剂范围也会越广，制度抵御风险的能力就会越强。如果资金不转移，相应的结果就是社会统筹层次较低，基金的互济性就弱，将削弱地区基金调剂能力，也会给财政带来更大压力。

3.2.5 研究结论

一、城镇企业职工基本养老保险关系转续改革路径

（一）近期目标：降低养老金便携性损失

通过对基础养老金既得受益权规则的分析可知：基础养老金参保年数与待遇

之间关联度高且不受最低缴费年限影响。因此，能够将分段计发应用于基础养老金。同时，根据上文对分段计发以及资金转移问题的分析，需要进行针对性的设计以防止最后工资损失所带来的便携性损失。基于此，此处对《城乡养老保险制度衔接暂行办法》进行改进，设计出新的基础养老金既得受益权规则：

$$P = \sum_{x=1}^{n} \frac{(t_n - t_{n-1})\%}{2} \left[\frac{1}{t_n - t_{n-1}} \sum_{m=t_{n-1}}^{t_n} \left(\frac{w_m}{W_m^x} \right) + 1 \right] W^x \tag{3.52}$$

式（3.52）为参保者退休时的养老金待遇计算方法，参保者在 n 个统筹区域流动，每个统筹区域的参保年数为 $t_n - t_{n-1}$，参保者退休时上年度各地在岗职工社会平均工资为 W^x。

相应的基础养老金平衡式为：

$$\alpha \sum_{n=t_1}^{t_n} N_n w_n (1+i)^{t_n - n} = \sum_{x=1}^{n} \frac{(t_n - t_{n-1})\%}{2} \left[\frac{1}{t_n - t_{n-1}} \sum_{m=t_{n-1}}^{t_n} \left(\frac{w_m}{W_m^x} \right) + 1 \right]$$

$$W^x \sum_{m=1}^{\omega} N_{t_n+m} \left(\frac{1+kg}{1+i} \right)^{m-1} \tag{3.53}$$

政策含义：参保者在各统筹地区转续时获得该地的基础养老金既得受益权，但社会统筹账户缴费积累不转移，留在该地的社会统筹基金；基础养老金待遇由各地分段计发，计发基数为参保者最后退休时上年度各地在岗职工社会平均工资和本人在该地的指数化平均缴费工资的平均值，参保缴费每满 1 年发给 1%；基础养老金按照国家规定的养老金调整系数调整，增加部分由各地财政补贴。

比较该方案与基础养老金的既得受益权规则，在参保者缴费工资与社会平均工资相同的假设下，即 $w_n = W_n$，将其代入式（3.53），得到：

$$\alpha W \sum_{n=t_1}^{t_n} N_n (1+g)^{n-t_1} (1+i)^{t_n - t_1 - n} = (t_n - t_1)\% W (1+g)^{t_n - t_1 - 1} \sum_{m=1}^{\omega} N_{t_n+m} \left(\frac{1+kg}{1+i} \right)^{m-1} \tag{3.54}$$

由于 $t_n - t_1 = h$，将式（3.13）除以式（3.54），进一步可得：

$$\frac{N \sum_{n=1}^{h} \prod_{m=1}^{n} {}_m p_{d-1}}{\sum_{n=1}^{h} N_n} = \frac{N \prod_{m=1}^{60-d} {}_m p_{d-1} \sum_{n=1}^{\omega} \prod_{m=1}^{n} {}_m p_{60}}{\sum_{n=h+1}^{\omega} N_n} \tag{3.55}$$

由于既得受益权的明确，最低缴费年限限制下参保者退保、断保的因素将不存在，式（3.55）中 N_n 将主要受参保者存活率影响，而参保者存活率与 N_n 的具体值无关,故式(3.55)恒等。因此,在理论上,设计方案与基础养老金的社会保险基本属性一致且在不同统筹区域能够实现基金的平衡性。

在参保者在三个统筹区域转移的假设下,令 $F=(3.53)-(3.15)$,F 会出现三种结果:

若 $F=0$,则说明在待遇计发相同的情况下,设计方案与《城乡养老保险制度衔接暂行办法》缴费积累相同,二者在缴费与待遇平衡性上无优劣之分;

若 $F>0$,则说明设计方案的缴费积累高于《城乡养老保险制度衔接暂行办法》,前者优于后者;

若 $F<0$,则说明《城乡养老保险制度衔接暂行办法》的缴费积累高于设计方案,后者优于前者。

同理假定 $w_n = W_n$,式(3.53)与式(3.15)右边部分相同,可得:

$$F = (\alpha-\delta) \sum_{n=t_1}^{t_3} N_n W_n (1+i)^{t_4-n} \text{且} \ F' = (\alpha-\delta) \int pWdN + gNdW \tag{3.56}$$

F' 中的积分部分为正,且 $(\alpha-\delta) = (20\% - 12\%) > 0$,则 $F' > 0$。参保者存活率越大即参保者越年轻、流动人口规模越大、工资水平越高、工资增长率越大、流动参保时间越长,F' 越大,进而 F 也越大且 $F>0$,所以设计方案较优。

(二)远期目标:实现全国统筹

在社会统筹层次难以提高的情况下,优化基础养老金既得受益权规则设计和转续政策能够减少参保者的便携性损失,但是由于养老保险关系固化在各个地方,资金不转移政策不利于社会统筹基金调剂作用的发挥。而现行社会统筹账户资金转移政策表面上是兼顾利益的折中做法,实际上更加凸显了地方利益分割的困境。在预期未来大规模青壮年流动就业人口年老后由沿海富裕发达地区向内陆贫穷落后地区回流的背景下,截留部分社会统筹账户缴费的做法极有可能影响最后退休地的财务可持续性。而调整缴费工资指数政策看似是平衡制度设计与参保者选择之间的矛盾,意图在分割的制度下实现统筹调剂的目的,实质上加剧了矛盾对立。结合社会统筹账户资金转移的悖论,可知两项改革具有明确的政策指向性——全国统筹。

从难易迫切程度考虑,实现基本养老保险全国统筹可选择以下改革路径:首先,继续推进省级调剂金制度建设,短期内应对省级以下地方政府可能出现的财务可持续性风险,与此同时,将缴费工资指数中最后办理退休地的参照层级相应提高到省级,与省级调剂金制度相匹配;然后,实现省级统筹,淡化地方利益冲突,与此同时，由于各地统筹调剂范围的进一步扩大和应对财务可持续性风险能力的进一步增强，社会统筹账户缴费可实现全额转移；最后，建立全国统一的经办服务网络和资金结算系统，缴费工资指数的参照层级进一步提高到全国层面，参保者之间将不存在最后退休地的差异，社会统筹账户缴费直接进入全国基本养老保险社会统筹基金，最终实现全国统筹。

二、养老保险关系城乡转续政策选择

由 3.3.3 部分对于养老保险城乡转续方案的比较结果可知，对比三个方案的便携性损失大小，不难发现以方案二为基础结合其他两个方案的转续标准，设计混合型转续方案才能够彻底消除便携性损失：视同缴费年限+累积养老金权益+以替代率标准确定待遇。其一，赋予职保和新农保基础养老金既得受益权，职保基础养老金按照立即获取型既得受益权规则计算权益，新农保基础养老金按参保年限对比最低缴费年限折算权益；其二，视同城乡基本养老保险缴费年限，参保者合计参保满 15 年即可获得养老金权益，在城保和新农保中的养老金权益累积计算；其三，新农保基础养老金按替代率标准计发。具体来说，方案一赋予参保者城乡制度同等的养老金受益权，使参保者在两种制度下只要合计参保满 15 年就能获得养老金权益；方案二则承认城乡制度待遇差别，方案一与方案二结合使参保者对称转续时的养老金权益均为 65,306 元，便携性损失为 0；而方案三在此基础上防止新农保基础养老金实际收入替代率不断下降，保证了其稳定的替代率水平，使参保者的养老金权益增加到 66,771 元，进一步优化了解决方案。

结合三个方案的转续标准和对养老金便携性损失的界定，混合型转续方案一方面保障了在城保和新农保合计参保年限达到最低缴费年限要求的参保者的养老金权益，同时按照两类制度不同的待遇标准累积养老金权益，平衡了参保者在不同制度下的权利与义务关系；另一方面，参保者对称转续时的养老金便携性损失为 0，使转续行为不会对转入地和转出地的养老保险基金平衡性产生影响。因此，混合型转续方案具有三个基本特点：无养老金便携性损失、参保者权利与义务平衡、转入地与转出地责任划分合理。

而从资金转移的角度看，由于新农保社会统筹账户没有基金积累，实现资金转移的可行办法是采取缴费补贴的前端补贴模式以实账化社会统筹账户，但这种办法使各级财政既要承担老人的养老金发放，又要负担年轻人的缴费补贴，增加了财政压力。同时，由于职保目前统筹层次仍较低，各地区资金调剂能力有限，转入地可能难以承担参保者转续后养老金标准调整和给付压力，转出地出于地方利益考虑也不愿意转出资金。另外,与资金转移政策相配套的统一计发待遇政策的结果是退休地需要单独设计转续参保者的基础养老金计发办法,而与只转移养老金权益政策相配套的单独计发待遇政策则只需要维持职保和新农保各自现有的计发系统。因此,采取只转移养老金权益和单独计发待遇的基本养老保险关系城乡转续政策,改革难度较小且操作简单。

4 中国养老服务体系建设研究

赵 曼　邓汉慧　于艳丽

4.1 中国养老服务体系的政策梳理与发展现状

本部分梳理并分析 1993—2014 年关于养老问题的相关政策文件共计 76 份，文件分别有针对性涉及养老服务、养老机构、政府购买养老服务等问题，也有交叉涉及养老问题，其中包括涉及养老服务的 46 份政策文件（1999—2014 年），涉及养老机构等社会组织的 24 份政策文件（1993—2014 年）；涉及社会组织承接政府购买养老服务（2000—2014 年）的 33 份政策文件。政府扶持养老服务体系建设的政策与发展现状呈现如下特点：

4.1.1 政府对三种主要养老模式的支持政策

目前中国主要养老模式，即传统的家庭养老、社区居家养老和机构养老。2000 年中国政府首次提出社会化养老的供养方式以居家为基础、以社区为依托、以社会福利机构为补充的发展方向（见表 4-1），从"以社会福利机构为补充"到"以老年福利服务机构为骨干"到"机构养老为补充"再到"机构为支撑"的转变，社会化养老经历了从依赖机构养老，到逐渐"去机构化"，回归社区居家养老的模式，显示出随着人口老龄化的巨大压力，机构养老难以应对，另一方面在于社区基础建设的不断完善，回归社区居家的社会化养老成为我国主要养老模式。

表 4-1　2000—2014 年中国政府推进养老服务建设的政策文件汇总表

序号	文件颁布时间	政策文件名称及颁布单位	政策文件主要内容
1	2000 年 2 月 27 日	国务院办公厅《关于加快实现社会福利社会化的意见》(国办发〔2000〕19 号)	坚持以居家为基础、以社区为依托、以社会福利机构为补充的发展方向,探索出一条国家倡导资助、社会各方面力量积极兴办社会福利事业的新路子。
2	2005 年 3 月 5 日	民政部《关于开展养老服务社会化示范活动的通知》	养老服务社会化要建立以国家、集体投入为主导,以社会力量投入为新的增长点,以居家养老为基础,以社区老年福利服务为依托,以老年福利服务机构为骨干的老年福利服务体系,为老年人提供生活照料服务。
3	2005 年 11 月 16 日	民政部《关于支持社会力量兴办社会福利机构的意见》(民发〔2005〕170 号)	以居家为基础、社区为依托、福利机构为骨干的社会福利服务体系的建立和完善。
4	2006 年 2 月 9 日	《国务院办公厅转发全国老龄委办公室和发展改革委等部门关于加快发展养老服务业意见的通知》(国办发〔2006〕6 号)	逐步建立和完善以居家养老为基础、社区服务为依托、机构养老为补充的服务体系。
5	2008 年 1 月 29 日	全国老龄委办公室、发展改革委、教育部、民政部等部门《关于全面推进居家养老服务工作的意见》	居家养老服务是指政府和社会力量依托社区,为居家的老年人提供生活照料、家政服务、康复护理和精神慰藉等方面服务的一种服务形式。它是对传统家庭养老模式的补充与更新,是我国发展社区服务,建立养老服务体系的一项重要内容。
6	2011 年 9 月 17 日	国务院《关于印发中国老龄事业发展"十二五"规划的通知》(国发〔2011〕28 号)	建立以居家为基础、社区为依托、机构为支撑的养老服务体系。
7	2011 年 12 月 16 日	国务院办公厅《社会养老服务体系建设规划(2011—2015 年)》(国办发〔2011〕60 号)	未来我国养老服务发展的目标是建立由居家养老、社区养老和机构养老等三个有机部分组成,并以居家为基础、社区为依托、机构为支撑的社会养老服务体系。

续表

序号	文件颁布时间	政策文件名称及颁布单位	政策文件主要内容
8	2012年7月24日	民政部《关于鼓励和引导民间资本进入养老服务领域的实施意见》(民发〔2012〕129号)	指出鼓励和引导民间资本进入养老服务领域,对于实现养老服务投资主体多元化、缓解养老服务供需矛盾,加快推进以居家为基础、社区为依托、机构为支撑的社会养老服务体系建设,具有重要意义。
9	2013年7月1日施行	修订后的《中华人民共和国老年人权益保障法》	国家建立和完善以居家为基础、社区为依托、机构为支撑的社会养老服务体系。

4.1.2 社会化养老服务内容从单一到多元化发展

社会化养老服务内容实现了从单一的生活照料到医疗护理、精神慰藉、社会参与等全方位的服务体系的转变,体现了不断满足老年人日益多元化的养老服务需求。2005年3月5日民政部《关于开展养老服务社会化示范活动的通知》确定开展养老服务社会化示范试点活动,建立以国家、集体投入为主导,以社会力量投入为新的增长点,以居家养老为基础,以社区老年福利服务为依托,以老年福利服务机构为骨干的老年福利服务体系,为老年人提供生活照料服务。建立社区养老服务网络,为广大老年人提供生活照料、文化娱乐、康复医疗、体育健身等多方面的服务。

2011年12月16日国务院办公厅《社会养老服务体系建设规划(2011—2015年)》(国办发〔2011〕60号)指出,社会养老服务体系以满足老年人养老服务需求、提升老年人生活质量为目标,面向所有老年人,提供生活照料、康复护理、精神慰藉、紧急救援和社会参与等服务。

2013年6月28日民政部会议通过《养老机构管理办法》(中华人民共和国民政部令第49号)提出"养老机构按照服务协议为收住的老年人提供生活照料、康复护理、精神慰藉、文化娱乐等服务"。

政府提出发展"医养结合"的养老服务。2013年9月国务院《关于加快发展养老服务业的若干意见》(国发〔2013〕35号)提出"积极推进医疗卫生与养老服务相结合。推动医养结合发展。主要是鼓励医疗资源进入养老服务领域。各地要促进医疗卫生资源进入养老机构、社区和居民家庭。卫生管理部门要支持有条件的养老机构设置医疗机构。医疗机构要积极支持和发展养老服务,有条件的二级以上综合医院应当开设老年病科,增加老年病床数量,做好老年慢病防治和康复护理。要探索医疗机构与养老机构合作新模式,医疗机构、社区卫生服务机构应当为老年人建立健康档案,建立社区医院与老年人家庭医疗契约服务关系,开展上门诊视、健康查体、保健咨询等服务,加快推进面向养老机构的远程医疗服务试点"。对于养老机构内设的医疗机构,符合城镇职工(居民)基本医疗保险和新型农村合作医疗定点条件的,可申请纳入定点范围,入住的参保老年人按规定享受相应待遇。完善医保报销制度,切实解决老年人异地就医结算问题。鼓励老年人投保健康保险、长期护理保险、意外伤害保险等人身保险产品,鼓励和引导商业保险公司开展相关业务。

2013年12月27日民政部办公厅和发展改革委办公厅《关于开展养老服务业综合改革试点工作的通知》(民办发〔2013〕23号)重点推动医养结合发展,促进养老与家政、保险、教育、健身、旅游等相关领域互动发展。

2014年9月12日国家发展改革委、民政部、财政部等《关于加快推进健康与养老服务工程建设的通知》(发改投资〔2014〕2091号)提出了"养老服务体系"的概念,"养老服务体系主要任务包括为老年人提供膳食供应、个人照顾、保健康复、娱乐和交通接送等日间服务的社区老年人日间照料中心,主要为失能、半失能老人提供生活照料、健康护理、康复娱乐等服务的老年养护院等专业养老服务设施,具备餐饮、清洁卫生、文化娱乐等服务的养老院和医养结合服务设施,以及为农村老年人提供养老服务的农村养老服务设施建设"。并指出养老服务体系建设的内容:"养老服务体系建设。包括社区老年人日间照料中心、老年养护院、养老院和医养结合服务设施、农村养老服务设施等4类项目。"

从上述政策,可以看出发展医养结合的养老模式主要存在四种模式:一是在定点医疗机构内部开设老年病科;二是实施居家养老医疗服务,签订医疗服务协议,确定责任医生,定期上门诊视;三是托管养老机构的医疗业务;四是直接举办医养结合机构或护理院。具体的操作方式则包括:独立设置、配套设置与协议合作。配套设置是指养老机构内部采取内设医务室、卫生所(室)等或引入周边医疗机构分支机构等。独立设置是指有条件的养老机构和养老照料中心可采取申请独立设置康复医院、社区卫生服务中心(站)等医疗机构。协议合作是针对周边医疗资源丰富、自身难以独立设置医疗机构的养老机构和养老照料中心,采取与周边医疗机构签订合作协议的方式,开辟绿色就诊通道。①

实施医养结合的养老模式需要解决四大问题:资金短缺问题;获得医疗机构身

---

① 《北京推进医养结合,养老机构将具备医疗条件》,《人民日报》2014年8月20日,第15版。

份的问题;纳入医保定点问题;医保制度并轨与异地报销问题。医养结合养老模式中存在医疗市场的失效问题、信息不对称问题、供给诱导需求问题、医疗市场的进入障碍、医疗过失成本问题及治疗方案的成本—收益难以衡量等问题。

4.1.3 农村地区养老服务建设主要依靠福利彩票公益金的支持,资金来源有限

2013年4月28日财政部和民政部《中央专项彩票公益金支持农村幸福院项目管理办法》(财综〔2013〕56号)提出利用彩票公益金支持农村幸福院建设的资金使用范围与标准、项目申报、资金使用、监督管理、公报报告等,并确定项目资金标准为每个项目补助3万元。

2013年7月19日民政部和财政部《关于做好2013年度中央专项彩票公益金支持农村幸福院项目管理工作的通知》(民函〔2013〕236号)对彩票公益金支持农村幸福院建设的具体任务安排做出了任务部署。2013年中央专项彩票公益金支持农村幸福院项目资金共10亿元,项目资金使用范围是设施修缮和设备用品配备。项目资金标准为每个项目补助3万元。项目资金按因素法进行分配。

农村幸福院,是指由村民委员会进行管理,为农村老年人提供就餐、文化娱乐等照料服务的公益性活动场所。包括农村老年人日间照料中心、托老所、老年灶、老年人活动中心等。① 属于农村集体公共服务设施,实行村民自主、自治,主要依靠老年人互相帮助、互相服务,采取互助养老、抱团养老方式解决生活照料问题。农村幸福院可以看作是公办的农村社区居家养老服务中心。农村的社会养老服务体系主要是以子女赡养等居家养老为基础,幸福院等农村社区照料为依托,农村五保供养服务机构为支撑。

2013年年底全国共建设农村幸福院79,521个,拥有床位70.02万张,省级财政(含福利彩票公益金)共投入5.53亿元,地市以下财政共投入6.59亿元,接受社会捐赠2.53亿元,合计14.65亿元。②

在农村地区养老服务建设中,彩票公益金的支持占有重要地位。中央专项彩票公益金支持农村幸福院项目是加快推进农村社会养老服务体系建设的重要举措。但是,每个农村幸福院的资金扶持仅3万元,金额难以满足幸福院建设的资金需要,另一方面,资金的分配按照东中西部区位因素、上年度各地区60岁以上农村老年人口数量、上年度各地区村民委员会数量、各地区出台支持农村幸福院建设政

---

① 《中央专项彩票公益金支持农村幸福苑项目管理办法》第3条。
② 《推进幸福院建设 加强农村养老服务》,《社会福利》2014年第7期。

策情况等因素,这些都未考虑当地农村老年人的实际需求,而且在服务内容上主要还是以生活照料为主,精神慰藉和医疗护理等方面的服务缺失。

4.1.4 政府对养老机构提供的养老服务实施税收优惠政策

政府对养老机构提供的养老服务实施免征收企业所得税,以及老年服务机构自用房产、土地、车船的房产税、城镇土地使用税、车船使用税。自 2015 年 1 月 1 日起,对非营利性养老和医疗机构建设全额免征行政事业性收费,对营利性养老和医疗机构建设减半收取行政事业性收费。①

表 4-2 1999—2014 年中国政府关于养老服务税收优惠政策汇总表

序号	文件颁布时间	政策文件名称及颁布单位	政策文件主要内容
1	1999 年 4 月 16 日	国家税务总局关于印发《事业单位、社会团体、民办非企业单位企业所得税征收管理办法》的通知(国税发〔1999〕65 号)	根据《中华人民共和国企业所得税暂行条例》及其实施细则和有关税收规定,事业单位、社会团体和民办非企业单位取得的生产、经营所得和其他所得,应当缴纳企业所得税。
2	2000 年 11 月 24 日	财政部、国家税务总局《关于老年服务机构有关税收政策问题的通知》(财税〔2000〕97 号)	对政府部门和企事业单位、社会团体以及个人等社会力量投资兴办的福利性、非营利性的老年服务机构,暂免征收企业所得税,以及老年服务机构自用房产、土地、车船的房产税、城镇土地使用税、车船使用税。
3	2005 年 11 月 16 日	民政部《关于支持社会力量兴办社会福利机构的意见》(民发〔2005〕170 号)	强调社会力量兴办社会福利机构应当坚持非营利的原则,坚持非营利的性质和发展方向。
4	2014 年 11 月 1 日	财政部和国家发展改革委《关于减免养老和医疗机构行政事业性收费有关问题的通知》(财税〔2014〕77 号)	自 2015 年 1 月 1 日起,对非营利性养老和医疗机构建设全额免征行政事业性收费,对营利性养老和医疗机构建设减半收取行政事业性收费。

---

① 《国务院关于加快发展养老服务业的若干意见》(国发〔2013〕35 号)。

续表

序号	文件颁布时间	政策文件名称及颁布单位	政策文件主要内容
5	2014年11月24日	商务部和民政部《关于鼓励外国投资者在华设立营利性养老机构从事养老服务的公告》（公告2014年第81号）	外商投资营利性养老机构与国内资本投资举办的营利性养老机构享有同等的税收等优惠政策和行政事业性收费减免政策。
6	2014年12月30日	财政部和国家税务局《关于支持文化服务出口等营业税政策的通知》（财税〔2014〕118号）	指出对现行养老机构提供的养老服务免征营业税。养老机构是指依照《养老机构设立许可办法》设立并依法办理登记的为老年人提供集中居住和照料服务的机构。

目前，绝大多数养老政策按照"中央出方向、省市出配套、地方出细则"的流程自上而下实施，在地方财政普遍吃紧的局面下，很多政策落实不到位。例如在养老土地供应方面，地方政府缺少积极性，划出的土地要么价格很高，要么位置偏远；再如税收减免政策，先征后返，而返还往往被无限期拖延；又如财政补贴政策，到地方后往往被添加各种限制条件，最后能拿到补贴的机构微乎其微。政策好看不好用、有原则没细则，都是需要破解的大问题。

尽管国家下发免征养老服务营业税的优惠政策来吸引民间投资，但改善养老产业仍不能只靠减免养老服务税收的优惠政策。由于养老服务相比较于其他服务领域的利润薄，还需要政府进一步的调整，这是改善养老服务需解决的根本问题。政府促进养老服务业发展的各项政策呈现碎片化，缺乏系统性和协同性，收效低、到位慢。政策施行缺乏保障。对各项扶持政策，各部门都会在自己的管辖权限内给出一些扶持优惠政策，对降低养老服务机构的投资运营成本效果不明显。

4.1.5　政府向社会组织购买养老服务成为主要举措

政府向社会组织购买养老服务是解决养老服务供给不足等问题的重要举措。政府购买服务的资金保障主要来自财政预算，也可以由民政部门利用福利彩票公益金作为资金保障。中共十八届三中全会指出"推广政府购买服务，凡属事务性管理服务，原则上都要引入竞争机制，通过合同、委托等方式向社会购买"，根据此精神，2014年8月国家财政部、发展改革委、民政部、全国老龄办联合颁布《关于做好政府购买养老服务工作的通知》（财社〔2014〕105号），要求2020年基本建立政府购买养老服务制度，体现养老服务内容的公共性和公益性。包括：政府为符合资助条件老年人购买助餐、助浴、助洁、助急、助医、护理等上门服务；购买社区日间照料、老年康复文体活动等服务;为"三无"(无劳动能力,无生活来源,无赡养人或抚养人)老人、低收入老人、经济困难的失能半失能老人购买机构供养、护理服务。

2014年12月15日财政部和民政部等《关于印发〈政府购买服务管理办法(暂行)〉的通知》(财综〔2014〕96号)指出,《政府购买服务管理办法(暂行)》自2015年1月1日起施行,确定了政府购买服务的指导性目录,将养老服务作为基本公共服务纳入政府购买服务领域。购买程序则是按照《政府采购法》的有关规定。

表4-3 2013—2014年中国政府购买养老服务的政策文件汇总表

序号	政策文件名称及颁布单位	政府购买方式	养老服务承接主体
1	2013年9月26日国务院办公厅《关于政府向社会力量购买服务的指导意见》(国办发〔2013〕96号)	采用项目申报、预算编报、组织采购、项目监管、绩效评价的规范化流程。购买工作应按照政府采购法的有关规定,采用公开招标、邀请招标、竞争性谈判、单一来源、询价等方式确定承接主体,严禁转包行为。	承接政府购买服务的主体包括依法在民政部门登记成立或经国务院批准免予登记的社会组织,以及依法在工商管理或行业主管部门登记成立的企业、机构等社会力量。
2	2014年8月26日财政部、发展改革委、民政部和全国老龄办联合出台《关于做好政府购买养老服务工作的通知》(财社〔2014〕105号)	依据国办发〔2013〕96号文件确定的原则和养老服务的要求,规定承接主体的具体条件。	
3	2014年11月25日财政部和民政部《关于支持和规范社会组织承接政府购买服务的通知》(财综〔2014〕87号)	按照《政府采购法》和国办发〔2013〕96号文件规定,采用公开招标、邀请招标、竞争性谈判、单一来源采购等方式确定承接主体。	同等条件下优先向社会组织购买。在社会治理领域,重点购买社区服务、社会工作、法律援助、特殊群体服务、矛盾调解等服务项目。
4	2014年12月15日财政部和民政部等《关于印发〈政府购买服务管理办法(暂行)〉的通知》(财综〔2014〕96号)	采用公开招标、邀请招标、竞争性谈判、单一来源采购等方式确定承接主体。按规定程序确定承接主体后,购买主体应当与承接主体签订合同,并可根据服务项目的需求特点,采取购买、委托、租赁、特许经营、战略合作等形式。	在登记管理部门登记或经国务院批准免予登记的社会组织、按事业单位分类改革应划入公益二类或转为企业的事业单位,依法在工商管理或行业主管部门登记成立的企业、机构等社会力量。

政府确定承接主体和购买养老服务程序依照《政府采购法》的相关规定实施，忽略了政府购买养老服务的内容并非完全适用《政府采购法》；另一方面，采用"一刀切"的方式，没有针对不同的养老服务内容确定不同的购买程序，政策规定过于笼统。

不同的养老服务内容应当采用不同的购买模式。不同类型服务的服务标准的可衡量程度不同。公共服务划分为硬服务和软服务。硬服务，指有具体的服务质量标准，双方可以事先详细约定权利义务与价格，监管成本较低的服务事项，例如垃圾收集、拖车、道路维护等。针对这一类型的硬服务主要是采用竞争性的招标模式。软服务，指难以进行明确的成本收益衡量，服务质量标准不易量化，监管成本较高的服务事项，包括精神卫生服务、婴幼儿照料、养老服务等。对于这种类型的公共服务，主要是采用协商模式和合作模式。在协商模式中，政府事先联系社会组织，由社会组织提供服务计划书以供政府部门选择。合作模式指政府部门和社会组织建立合作关系，共同研究设计合同内容和服务方式，以满足社会公众的需求。[1] 这种模式主要是旨在建立长期的合作伙伴关系。而对于服务对象的选择究竟是非营利性还是营利性组织，一般认为：营利性机构适宜承担那些以效率为主要目标的服务事项（大部分为硬服务，如街道保洁、高速公路维护）；对那些除了关注效率，还同时关注其他价值的服务事项（大部分为软服务），适宜由非营利性机构承担。[2]

4.1.6 事业单位成为政府购买养老服务的承接主体

事业单位中的公益二类与转为企业的事业单位纳入到政府购买服务的承接主体中，可以看出政府推进政事分开、政社分开，放宽市场准入，政府购买服务与事业单位改革相结合，推动事业单位与主管部门理顺关系和去行政化，推进有条件的事业单位转为企业或社会组织。[3] 见表4-4。

表4-4 政府购买养老服务的具体内容

服务分类	养老服务对象	养老服务内容
购买居家养老服务	符合政府资助条件的老年人	助餐、助浴、助洁、助急、助医、护理等上门服务，以及养老服务网络信息建设

---

[1] 李军鹏：《政府购买公共服务的学理因由、典型模式与推进策略》，《改革》2013年第12期。
[2] 同上。
[3] 《政府购买服务管理办法（暂行）》（财综〔2014〕96号）。

续表

服务分类	养老服务对象	养老服务内容
购买社区养老服务	老年人	社区日间照料、老年康复文体活动等服务
购买机构养老服务	"三无"(无劳动能力,无生活来源,无赡养人和扶养人或者其赡养人和扶养人确无赡养和扶养能力)老人、低收入老人、经济困难的失能半失能老人	机构供养、护理服务
购买养老服务人员培养	养老护理人员	职业培训、职业教育和继续教育等
养老服务评估		老年人能力评估和服务需求评估的组织实施、养老服务评价等

4.1.7 民办养老机构难以获得政策许可

政策规定由民政部负责全国养老机构设立许可工作,养老机构应当取得许可并依法登记。这意味着养老机构除获得民政部门许可外,还须进行民非、事业单位或工商登记。经许可才能进行登记。这种许可登记制度在一定程度上限制了民办养老机构的发展,与公立养老机构相比,民办养老机构享受的政府扶持有限,经营基本处于勉强收支平衡。而且还面临着政府的合法性认可问题,如浙江宁波海曙区的社区照护院难以得到政府的合法认可,只能以居家养老服务员培训基地的形式存在,这种身份的不认可严重限制了其发展。另外专业化的养老服务工作人员缺乏也阻碍了民办养老机构的发展。

《老年人权益保障法》规定了设立养老机构的基本条件,即有名称、住所、章程、相适应的资金,符合资格条件人员和设施设备、场地;民政部的《养老机构设立许可办法》又细化补充了一条:床位数在10张以上。而且申请建立养老机构,需要提交八方面的材料,包括:设立申请书;申请人、拟任法定代表人或者主要负责人的资格证明文件;符合登记规定的机构名称、章程和管理制度;建设单位的竣工验收合格证明,卫生防疫、环境保护部门的验收报告或者审查意见,以及公安消防部门出具的建设工程消防设计审核、消防验收合格意见,或者消防备案凭证;服务场所的自有产权证明或者房屋租赁合同;管理人员、专业技术人员、服务人员的名单、身份证明文件和健康状况证明;资金来源证明文件、验资证明和资产评估报告等。①大部分民办的养老院在建立之初由于场地租赁、消防设施等养老设施不健全等原因,而难以在民政部得到养老院的设立许可,就无法享受养老机构的税费待遇。而这些"先天不足"的原因,反映了我国养老事业层次较低,还存在着大量未达到民政部许可的家庭式养老机构。

4.2 中国养老服务的需求与供给分析

4.2.1 老年人养老服务需求分析

近年来,我国人口老龄化程度不断加深,成为社会关注的热点。据第六次人口普查的情况来看,我国将长期处于老龄化社会,这是 21 世纪我国的一个重要国情。第六次人口普查的结果显示,到 2010 年年底,中国 60 岁及以上人口为 1.78 亿人,占 13.26%,其中 65 岁及以上人口为 1.19 亿人,占 8.87%。我国进行的六次人口普查将我国人口年龄结构变动做了清晰的统计(表 4-5)。

表 4-5 我国六次人口普查中人口年龄结构变动

年份	0-14 岁(%)	15-64 岁(%)	65 岁及以上(%)
1953	36.28	59.31	4.41
1964	40.69	55.75	3.56
1982	33.59	61.50	4.91
1990	27.69	66.74	5.57
2000	22.89	70.15	6.96
2010	16.60	74.53	8.87

资料来源:张敏杰:《新中国 60 年:人口老龄化与养老制度研究》,浙江工商大学出版社 2009 年版。

国际上通常以 60 岁以上老年人口占人口总数的 10%,或 65 岁及以上人口占人口总数的 7%,这两个比例作为衡量一个国家或地区是否进入老龄化社会的标准。按照这个标准,从 2000 年起,我国就已经正式进入老龄化社会的行列。2010 年,我国 60 岁以上老年人口已经达 1.78 亿,是世界上老龄人口唯一超过一亿的国家。我国第一个老年人口增长高峰出现在"十二五"时期,60 岁以上老年人口数量

---

① 2013 年 6 月 28 日民政部会议通过《养老机构设立许可办法》(中华人民共和国民政部令第 48 号)。

将由 1.78 亿增加至 2.21 亿,老年人口占总人口比例将 13.3% 增加 16%;另据全国老龄办的一项抽样调查,截至 2010 年年末,我国城乡需要不同程度专业化护理的部分失能和完全失能老人共计 3300 万。① 据民政部社会福利和慈善事业促进司预测,2050 年,中国老龄人口将达到总人口的 30% 以上。随着老龄人口,尤其是 80 岁以上的高龄人口以及失能老人的快速增加,其年均超过 100 万的增速,对养老服务的需求不断增长。

养老服务需求在外国被概括为"3M",即为"money""medical"和"mental"。这种界定是从物质和精神两个层面来阐述养老保障需求的,具体涵盖了经济、医疗和心理三个方面的需求内容。英国经济学家贝弗里奇在《贝弗里奇报告》②中提到过,老年人有医疗、养老金、工伤和丧葬补助的需求。

根据《老年人权益保障法》的相关内容,很多学者把老年人的养老保障需求分为物质上、精神上和生活上的需求。

宋跃飞指出,老年人在养老需求实现方式的选择上有很强的主动和理性特质,老年人会通过内外环境的互动,在多子女间采取不平衡的博弈战略,分担不同任务给经济地位不同的子女,用来满足自己的养老需求。③ 养老问题是"谁来养""养不养""怎么养""养得怎么样"这样一个综合性的系统的问题,其中"养得怎么样"是养老问题的根本落脚点和目的,依据地方经济发展水平和老人养老实际需求把养老需求层次分为生存型养老、生活型养老、发展型养老三个由低到高的等级,提倡按层次来有针对性地满足老人的养老需求。生存型养老为最低水平,是指老有所居和老有所养;发展型养老为最高水平,包括老有所学和老有所为。

1996 年 10 月 1 日起施行的《中华人民共和国老年人权益保障法》第 10 条和第 11 条指出:"老年人养老主要依靠家庭,家庭成员应当关心和照料老年人。赡养人应当履行对老年人经济上供养、生活上照料和精神上慰藉的义务,照顾老年人的特殊需要。"这不仅是从法律角度保障了老年人的合法权益,更是从主观需求角度直接指明了老年人养老保障的内容。依据"老有所养、老有所居、病有所医、老有所为、老有所乐"的养老理念和《老年人权益保障法》的相关内容,笔者把老年人养老需求的内容分为四个部分,即经济支持、生活照料、精神慰藉和社会参与。

---

① 董陈丽:《长沙市政府购买养老服务中的问题与对策研究》,中南大学硕士论文,2012 年 5 月。
② 威廉·贝弗里奇(William Beveridge)是福利国家的理论建构者之一,他于 1942 年发表《社会保险及相关服务》(Social Insurance and Allied Service),也称《贝弗里奇报告》,提出建立"社会权利"新制度,包括失业及无生活能力之公民权、退休金、教育及健康保障等理念。
③ 宋跃飞:《养老需求满足与养老策略选择——基于一个农村多子女家庭的个案研究》,《人文杂志》2010 年第 3 期。

一、经济支持

经济支持就是指一个人步入老年之际可以得到子女或者社会经济方面的帮助，以保障其最基本的物质生活水平。经济地位决定生活质量和生活状况，所以经济支持是老年人的基本生活能否得以保障的核心因素，是老年人能否安度晚年的先决条件。法律范围内界定的老年人获得经济支持的来源，主要是子女、家庭和社会三个方面。[①] 在我国广大农村地区，老人只要身体健康，即使步入老年仍会从事力所能及的体力劳动来保障生计或为儿女减轻养老负担。子女给予老人的经济支持主要包含提供粮食和住所，缴纳水电、电话、电视费用，逢年过节的"孝顺钱"等，而且在子女间养老的分配上往往是"有力的出力""有钱的出钱"。一般来说，家在当地可以就近照顾老人的子女"出力"，给老人提供生活必需品和缴纳日常费用；而家在城市或者远嫁他乡的子女一般"出钱"，定时或者逢年过节给老人提供赡养费或者"孝顺钱"。目前，我国已经在广大农村地区开展了新型农村养老保险试点工作，国家和社会给农村老人提供的经济支持包括新农保的"养老金"、新农合的"大病赔付"、社会救助的"五保"和"低保"救济金等，但这些从国家和社会获得的物质帮助都需要满足参保或符合一定的救助条件。基于此，我国农村老人最主要的收入来源除了自我劳务所得之外，主要还是依靠子女或者家庭提供经济供养，但是依靠国家和社会提供物质帮助的比例正略有上升。

二、生活照料

生活照料是指一个人步入老年之际可以获得的日常生活中的照料或者突发事件（例如生病）中的照料。生活照料主要来自配偶、子女、孙辈子女、其他亲属、邻居或者村委会，而日常照料的程度与老人的健康状况、居住方式、子女孝顺程度有很大的关系。身体健康状况良好并有配偶的农村老人可以相互扶持，不仅有较强的生活自理能力，还可以通过自己劳动或者帮子女带孙辈来减轻子女的负担。与子女一起居住的老人比独居老人更容易获得一些做饭、洗衣、打扫卫生方面的日常照料。受传统观念和孝文化的影响，儿子、儿媳往往比女儿承担了更多方面的日常照料。随着大量农村青壮年劳动力进城打工，老人和孙辈子女一起生活，虽然加大了老人的负担，但是孙辈子女也承担了父母的那份照顾老人的责任和义务，在老人的日常照料中起到了一定的帮助。同时，由于传统的乡村情缘的存在，因子女不孝

[①] 我国《宪法》第45条规定："中华人民共和国公民在年老、疾病或者丧失劳动能力的情况下，有从国家和社会获得物质帮助的权利。国家发展为公民享受这些权利所需要的社会保险、社会救济和医疗卫生事业。"《老年人权益保障法》规定："赡养人是指老年人的子女以及其他依法负有赡养义务的人。老年人与配偶有相互扶养的义务。"

或者子女未在身边而老人生活无法自理或是遭遇突发事件时，邻居或者乡里乡亲也会提供一定的帮助行为。在我国广大农村，因经济社会发展水平的制约，养老机构的比例和发挥的作用很小，这种日常照料资源依旧处于缺失状态。我国农村老人的日常照料尚处于较低水平，仅仅是一些基本帮助和照料，这与农村经济水平不发达而老人习惯于"活到老干到老"也是分不开的。

三、精神慰藉

精神慰藉是指一个人步入老年之际因生理心理的变化所急需的一种精神上的需求和情感上的寄托。我国目前正处于高速发展期和社会转型期，社会观念的转变对传统孝文化和乡村情缘产生了较大的冲击，导致"实用主义"至上，亲情观念淡薄，这些都进一步加深了农村老人的情感脆弱性，造成农村老人情感孤独和自杀现象的产生。老年人的精神慰藉主要来源于家庭、老年人自己和社会三个方面。来自家庭方面的慰藉主要来源于配偶、子女、孙辈子女或其他亲属的情感上的关怀，例如配偶或子女在日常照料中亲情延续、配偶或子女的陪伴与沟通、与孙辈子女的联络、"走亲戚"等，甚至于言谈中对老人过去的付出和现在地位的认可都可以称作是精神慰藉。来自老年人自己方面的精神慰藉，主要是提高老年人的心理素质和心理承受能力，培养老年人广泛的兴趣和爱好，使之"老有所为""老有所乐"。来自社会方面的精神慰藉主要是指挖掘传统文化精髓，赋予传统孝文化和"乡里村情"文明以新时代的精神，全社会范围内进行尊老、爱老的精神文明建设和道德文化教育，为老年人提供活动设施和娱乐场所，并且通过法律手段保障老年人的合法权益。目前农村老人精神方面的需求尚未得到足够的重视，这严重损害了农村老人的心理健康和晚年幸福。其实，农村老人的精神依靠无非就是家和万事兴，可以享受天伦之乐，感觉自己"被需要"。

四、社会参与

社会参与是指一个人步入老年之际参与社会活动的能力和机会。社会参与的能力受老年人的人力资本、物质资本和社会资本的影响。人力资本主要受老年人身体状况的影响，一般而言，身体健康的老年人社会参与的能力较强，而身体状况差的老人可能会受疾病影响缺失社会参与能力；物质资本是指老年人的经济状况，是老年人社会参与能力的有力支持；社会资本是指老年人的人脉关系和亲友网络，是由血缘关系、地域关系、民族关系、宗教关系构建而成的。家庭活动参与机会和社会活动参与机会统称为社会参与机会。其中，家庭活动参与机会包括配偶直接相互扶持、日常家务参与、照顾孙辈子女等；而社会活动参与主要是继续从事劳务活动和参与休闲娱乐活动。我国农村老人收入来源多是自己的劳动所得或是依赖子女的经济支持,经济独立性较低,因而限制了其社会参与的消费行为,致使其社会参与能力较低。我国农村老人的人际关系比较单一、狭窄和封闭,社会地位不高,参与社会活动的能力有限。继续参与农业生产或者其他劳务活动是大多数农村老人的社会参与方式,在身体允许的前提下,他们尽可能地自力更生,为子女减轻负担。继续劳动或料理家务,导致农村老人闲暇时间不多,而文化程度低和缺乏娱乐设施导致农村老人较少参与休闲娱乐活动,这又进一步导致农村老人精神文化生活贫乏,造成农村老人精神上的孤独和寂寞,缺乏感情寄托和精神支持。

4.2.2 养老服务的供给分析

依据老人的经济来源和养老需求的供给主体,我们把老人的养老方式分为家庭养老、社会养老、社区养老三类。供给主体主要包括家庭、政府、社区、养老机构、社会组织等。

一、养老服务的供给主体

(一)家庭

家庭是人类社会的基本单位,自古以来家庭就承担着繁衍、生产和照料老弱病残的责任。贝克尔的"家庭生产理论"表明,在家庭中老年人和年轻人会进行分工,老年人通过参与家庭生产工作,例如做家务、照顾子女的孩子,与年轻人从事市场生产工作一起带来最终的家庭效用。而且只有当年轻人支付的养老费用等于老年人家庭生产的产出时,才会达到均衡状态,这时的家庭效用会达到最大值。① 这是一种假设,在现实生活中是不可能达到这种理想状态的。虽然不能达到这种理论上的均衡,但不可否认的是家庭是我国老年人养老的主要供给主体,老年人通过参与家庭生产而获得了子女的经济供给、生活照料和精神慰藉。

家庭养老是我国的传统养老方式,在我国农村养老保障体系中占有主体地位。在家庭养老方式中,家庭成员是照料和供养老人的责任者,以血缘和亲属关系形成了赡养老人的经济和社会资源。其中,血缘关系最近、生活在一起的家庭成员担负着家庭养老核心责任,近亲和好友是家庭养老的重要补充力量,远亲近邻、家族成员等仅担负有礼节性帮助的道义约束。我们可以看出家庭养老不仅是家庭成员之间的一种利益交换,更是一种受到伦理道德约束的责任认同感。随着家庭规模的缩小、农村劳动力涌入城市和"孝文化"的式微,家庭养老这种传统模式正遭受着冲击,家庭养老的功能正逐步减弱。即使家庭养老面临着诸多因素的挑战,鉴于农

---

① 吴慧楠:《中国养老金制度研究》,天津财经大学硕士论文,2005年5月。

村社会经济发展水平的制约,家庭养老依然是为农村老人提供经济支持、生活照料、精神慰藉、社会参与的主流方式。

家庭养老作为农村主要的养老方式在解决农村老年人的养老过程中扮演着非常重要的角色。但是,随着人口老龄化的到来和计划生育政策的实施,农村中传统的以家庭养老为主的养老模式面临着巨大挑战。虽然新型农村养老保险制度在一些地区已开始试点并取得了一定的成效,但家庭养老在对老年人提供生活照料和精神慰藉方面的作用是其他养老保障方式所无法替代的。

(二) 政府

政府通过制定社会保障政策,建立养老保障制度等这种集体理性的行为,提高社会的养老福利水平。这是一种公共的正式的养老制度。对城镇老年人来说,参加社会养老保险,退休后每月领取退休工资是他们晚年主要的经济来源和生活保障。政府建立城镇职工基本养老保险,按时足额发放养老金,并考虑物价等因素定期指数化调整养老金是政府的责任和义务。对农村老年人来说,政府已经开始进行新型农村社会养老保险的试点,并且逐步完善新型农村合作医疗保险,虽然目前新农保的保障水平较低,但随着新农保的完善和国家的支持,必然会对农村老年人的养老需求提供较好的经济福利,成为农村老人晚年生活的有力保障。

社会养老是政府以社会的公平和进步为目标,以国家财政资金为后盾,通过制定一定的社会政策,实施一种利益再分配的手段,以期提高老年人的社会福利。社会养老的主要内容是社会保险,还包括社会救济和社会福利等补充手段。目前,在我国农村实行的社会养老保险政策是从2009年开始实行的新型农村养老保险制度,这种社会保险体现了权利和义务的对等性,只有自己或子女履行了缴费义务,才能获得享有养老金的社会福利权利。新型农村养老保险制度在我国农村仅限于试点地区,"采取自愿参保原则,个人、集体、国家三者共担风险,个人缴费和中央、地方政府财政补贴相结合,个人账户与社会统筹相结合,在2020年之前实现对农村适龄居民的全覆盖"。虽然新农保的基础养老金比较低,但结合家庭养老和农民劳动所得,依旧可以起到增强农村老人生活福利的作用。农村老人的社会救济主要体现在"保吃、保穿、保住、保医、保葬"的"五保"供养制度,保障这部分弱势群体可以维持基本生活。农村老人养老方面的社会福利,主要是政府要大力推进公共服务均等化,尤其是在农村养老设施和养老机构的薄弱环节,为农村老人提供老年的福利保障。

(三) 邻里和居委会/村委会

邻里之间提供养老服务多存在于乡情浓厚的村庄,这是一种出于乡情约束和道德制约的"帮助"而不是一种义务,并不具有法律强制性和约束性。在孝文化受到严重冲击的今天,宣传和赞扬这种邻里互助的典型案例对社会范围内形成养老爱老的良好风气有着重要的影响作用。村委会主要通过组织活动,提供服务,增加农村老人的社会参与机会,丰富农村老人的精神文明生活,给老人带来一定的精神慰藉。目前,我国一些经济水平较高的农村地区已建立综合性老年福利服务中心,为农村老人提供文娱活动场所和居家养老服务。

社区养老不同于家庭养老和社会养老,它是以家庭养老为核心,把养老服务引入社区,由专业服务人员提供上门服务或托老服务的新型养老方式。社区养老是集生活照料、精神慰藉、社会参与于一体,依托于社区资源进行的养老服务方式,可以使老人在熟悉的环境里进行养老服务,增加了老人的精神慰藉和社会参与机会。但是,社区养老需要庞大的社区资金和资源设施,受农村地域发展水平的限制。在乡镇企业发达和经济发展水平较好的农村,集体经济发达,农民收入水平较高,才能对社区养老的供给和需求都有良好的经济承受能力。目前我国农村的社区养老,由于缺乏政府的法律约束和政策引导,致使运行过程中出现很多问题,并且因缺乏资金支持,仅存在于少数集体经济发达的农村。

(四)养老机构

从机构养老的现状来看,目前我国现阶段的养老机构性质分为福利性、半福利性、营利性三种,各类养老机构在近年都有整合与完善的过程,床位数和收住人数都有明显增加,但是机构的数量却变化不大;同时,民办机构受到重视,取得较大的发展。① 从机构养老的优势来看,养老机构具有专业化、社会化、市场化的特征,养老机构能够整合社会资源,节约养老成本,使养老资源得到充分的利用。②

(五)社会组织

随着人们生活水平的不断提高,老人对养老服务的需求日益趋于多样化和个性化。党的十六届六中全会对构建社会主义和谐社会作出了全面部署,强调要建设服务型政府,强化社会管理和公共服务职能。③ 在此背景下,政府向社会组织购买养老服务便应运而生。政府购买养老服务是政府购买服务理念在养老服务领域的运用,是政府为了解决社会养老难题而推行的新举措。政府不再直接提供养老服务,而是通过出资购买的形式将这项任务转嫁给社会组织。形成由政府出资,社会组织来提供养老服务的供给机制。这项购买活动是由政府、社会组织和老年人共同参与的,政府出资后需要对所购买的服务进行评估,社会组织则要履行合同要

---

① 姜向群、丁志宏、秦艳艳:《影响我国养老机构发展的多因素分析》,《人口与经济》2011年第4期。
② 张乃仁:《社会化养老服务体系建设研究综述》,《南阳师范学院学报》2013年第4期。
③ 孙波:《服务型政府视域中的公务员教育培训》,《中共浙江省委党校学报》2008年第3期。

求,不断提升服务质量,老年人应享受到政府购买的养老服务并对服务效果提出反馈意见。① 是一种"政府出资购买、社会组织生产、老年人享受"的养老服务供给机制。政府购买养老服务不仅能够促进政府职能的转变,从统包统揽的"全能型政府"转向政社职能分离、政府职责更加明晰的状态;还能够满足在老龄化时代老年人的多样化养老需求。

二、三种养老方式的功能定位

与社会养老和社区养老相比,农村的家庭养老水平较低,大多数人主要针对老人的经济支持和生活照料,鲜少有人注意到老人的精神慰藉和社会参与需求,导致农村老人的心理安全感和承受力较低。由于社会保障制度在农村起步晚、发展慢、水平低,农村社会养老保险制度还存在很多不完善的地方,相比于家庭养老,社会养老在经济支持方面福利水平较低,尚不能满足农村老人的基本物质生活水平,必须辅之以家庭养老。社区养老是一种新的养老方式,与家庭养老和社会养老方式相比,社区养老突显了专业化和服务化的特点,更能注重老人精神慰藉、社会参与等方面的较高层次的养老需求,但因为农村资金和社会经济发展水平的限制,还需要较长的发展时间。总而言之,家庭养老依旧是农村养老的主要方式,但随着经济社会的发展,社会养老和社区养老将成为农村养老保障体系的重要补充手段。

4.2.3 我国养老服务的供需矛盾

我国的养老服务需求总量是相当大的,而且随着人们生活水平的不断提高,老人对养老服务的需求日益趋于多样化和个性化。随着我国人口老龄化和高龄化程度日益加深,高龄、空巢、半自理和完全不能自理的老人数量持续快速增长,同时出现了现有的养老服务设施不足、养老服务护理人员专业水平低、老年人的社会服务和保障及救助体系不完善以及高龄津贴和老年补贴还没有完全覆盖等现实问题。作为一个庞大的社会群体,老年人口的养老质量也已成为衡量一个国家社会公共福利服务水平的重要内容之一。目前,我国养老服务的需求庞大,养老服务的供需现状表现为以下方面:

一、家庭养老功能减弱

一方面,据 2008 年发布的《中国城市居家养老服务研究报告》显示,20 世纪 80 年代后期至 90 年代初,由于计划生育政策的推行,独生子女增多,23 年间家庭平均人口减少了 1.27 人,家庭结构呈小型化趋势明显。"四二一"家庭结构下,第一代

---

① 蒋轶嘉:《浅谈政府购买社会养老服务》,《管理观察》2013 年第 18 期。

独生子女的父母逐渐进入老年后,青年人组成的家庭将会负担四个老人的养老责任。与此同时,该报告指出我国老年人空巢家庭(包括独居)的比例已经达到49.7%。家庭养老的功能正逐渐削弱。

二、机构养老入住困境

目前我国养老机构仍以公办为主,民办养老机构发展滞缓。截至2011年年底,全国各类养老服务机构共4万多家,其中大部分是公办机构,民办机构床位数只占总床位数的1/3左右。公办养老院一般由政府财政资助,设施完善、服务齐全、收费合理、交通便利,便于就医和探望,但是床位紧张,入住门槛较高,很难惠及所有有养老需求的老年人,而数量上不占优势的民办养老机构两极分化严重,一部分地理环境、医疗设施、护工素质、监督管理等基本条件堪忧,一部分条件较好的收费标准却较高,形成"公办养老院住不进,好民办养老院住不起,差民办养老院没人敢住"的养老困境。①

三、养老服务资源供求失衡

随着老龄化呈现高龄化的趋势,一来需要养老服务的老人人口数急剧增加,二来老年人所需养老服务的年限也在增长。在"增数"和"增年"的双重压力之下,我国现有的机构养老资源远远满足不了需求,到2011年年底,全国各类养老机构的养老床位315万张,床位数占老人总数比例仅为1.77%。②社区日间照料床位仅占全部养老床位的1%,既远低于发达国家的3%—5%,也落后于一些发展中国家的1%—3%的水平。在现实中,很多社区缺乏人员配备和资金保障,设备简陋,没有专门的医护人员,原本存在的日间照料室早已废弃,形同虚设。③

4.3 基于社区整合照料的医养结合模式分析

医养结合突破了医疗服务和养老服务的"板块式"分离和分立状态,其优势是集成了医疗服务、护理服务、康复服务和基础养老、生活照料乃至临终关怀等多个环节为一个完整的产业流程,从而对"养老"和"医疗"这两个老年群体的刚性需求进行整合。它既整合了养老服务和医疗服务两个产业,也整合了养老机构和医疗机构两种资源,使老人在养老同时获得便捷、专业的医疗服务。

---

① 郑洁:《老龄化背景下我国养老服务财政供给机制构建》,《地方财政研究》2013年第4期。
② UNDP"促进中国养老服务体系发展的财税政策研究"课题组:《促进中国养老服务体系发展的财税政策研究》,2012年4月。
③ 郑洁:《老龄化背景下我国养老服务财政供给机制构建》。

医养结合起源于欧洲发达国家的"整合照料",亦即将健康医疗和日常照料等其他养老服务相结合,"整合照料"是欧洲老年卫生和日常照料的重要政策。

中国的老龄化正在快速向纵深挺进。据卫生部的调查,老年人患慢性病的比率为71.4%,有42%的老人患有两种以上的疾病。加之第一代独生子女的父母也已经开始进入生理暮年期,家庭结构的变化,空巢比例的持续增加和空巢期的明显延长,独生子女无力、无暇照顾老人的矛盾凸显。然而,由于医疗机构和养老机构分属不同的产业并分别由卫生部门和民政部门管理,老年患者在家庭、养老院和医院之间辗转劳顿,医疗资源和养老资源也随之被耗散和浪费。

医养结合是"中国式养老"的不二选择,也将成为未来养老产业发展的主流趋势。国家层面的医养结合政策出台始于2013年9月,国务院《关于促进健康服务业发展的若干意见》中提出:要加快发展健康养老服务,推进医疗机构与养老机构的合作,建立健全医疗机构、养老机构的业务协作机制,推动二级以上医院、老年护理院、康复疗养机构之间的转诊与合作。然而,上述政策要"落地"必须有"接口"与载体,本文认为,在中国,发展基于社区整合照料的医养结合,有组织基础,可以有效地整合各类资源,并且覆盖面广、成本低、能为绝大多数老年人所接受,颇具发展前景。

医养结合涉及一系列体制与机制的问题,需要对下列问题进行求解:一是"医"与"养"之间倘若是"结合",那么结合的主流模式是什么?换言之,在医患双方都存在道德风险的情况下,是以"医"为主,抑或以"养"为主?二是在老龄化的不同阶段,即低度老龄化阶段、中度老龄化阶段和深度老龄化阶段,何时以"医"为主,何时以"养"为主?在人生的"最后一公里",是终老于家园,还是终老于医院?三是医养结合的"接口"在哪里,医院?养老机构?抑或社区?四是基于社区整合照料的医养结合如何落地运行?对上述四个问题的求解涉及经济的、技术的乃至生命伦理的等多个方面。

4.3.1 现有医养结合模式评析

医养结合涉及养老服务业与医疗服务业两个产业的协调发展,以及医疗、养老两种机构之间业务协作。这涉及"养""护""医"各自盈利模式的定位,也涉及利益相关人之间的利益磨合以及部门之间的博弈。

目前国内医养结合的模式大体可分为以下三种:一是协议合作,即养老服务机构与医疗机构签订合作服务协议;二是配套设置,即医院自行举办托老机构;三是独立设置,即养老机构或医疗机构转型,同时取得养老、托老、康复、疗养的资质。上述三种模式各自还存在许多变种。

一、协议合作模式

协议合作模式的典型做法是养老机构和医疗机构结成"医养联盟"。郑州市第九人民医院在此方面的尝试和探索具有代表性。2012年年底,该院和河南省的36家养老机构成立了"河南省老年医养合作联盟",病人在医院和养老院之间可以双向转诊,并为结盟养老院的老人建立就诊绿色通道,老人一旦在养老院患病需医治,将在第一时间被送往第九人民医院,先诊治,然后再由病人家属和养老机构来办理入、出院手续。按照"小病就地诊治,危急重病人到医院,经医院治疗好转或痊愈者则送回养老院"的原则来对病人进行分诊。郑州市第九人民医院意欲成为当地众多养老机构的"医疗保障基地",并以此拓展服务。

从实际运作过程来看,医养联盟中的"医"与"养"要做到水乳交融并非一朝一夕之事。例如,医院对结盟养老机构进行免费巡诊和义诊的资金从哪里来?如果没有稳定的盈利模式和可持续的利益驱动机制,双方都强调和谋求自身利益最大化,合作则会流于形式,更遑论"深度合作"了。

二、配套设置模式

配套设置模式的典型做法是由公立医院自设养老服务机构。国内开启这种模式先河的是公立的三级甲等医院——重庆医科大学第一附属医院。2012年12月,由该院举办的重庆市青杠老年护养中心正式开始运行,从而成为中国第一家由公立医院开设的养老机构。重庆青杠护养中心设有自理区、照护区、护理院和慢病区等不同区域,依据老年人的身体状况和失能程度,安排其入住不同区域。该中心最大的亮点是建立了一套在养老区、慢病区和重庆医科大学第一附属医院本部之间的循环转区机制。当老人身体健康时,入住在养老区,当老人生病需要治疗时,即可转到慢病区。一旦老人疾病突发或病情加重,则可通过"绿色救治通道"紧急转往医院本部,待老人病情稳定后再转入养老区。这种"循环转区"机制根据老人身体情况对其进行动态管理,既减轻了医院本部床位压力,又高效率地解决了护养中心患病老人的医疗救治问题,堪称国内公立医院自设养老机构的典范。

时至今日,重庆医科大学附属第一医院青杠老年护养中心已经运转了两年。存在的问题主要是,倘若医院将"护"及"养"作为其内生机构,抑或将"护"与"养"都纳入医院统一的财务核算体系,那么其稳定的盈利模式是什么,或者说如何做到"亏中有补"?养老服务本质上是一个劳动密集型的产业,并无太高的技术含量,其照料性服务重在服务的品质,一般处于微利状态,从业人员收入也较低;而医疗服务是一个集资本密集、技术密集、知识密集于一体的产业,其盈利能力和从业人员收入远高于养老服务业。北京市卫生局曾对该市400多家医疗机构的成本核算结果显示,护理收费占医院总收入的比例不到0.5%。① 公立医院的部分医疗服务更是具有福利性质,具体表现在其包括门诊、住院护理、床位费等部分服务项目是不盈利甚至亏损的。相对较低的养老服务收费标准和相对较高的医护运行成本之间的矛盾将会极大程度地考验其财务可持续性。重庆医科大学第一附属医院作为掌握了大量诊疗资源和患者资源的公立三级甲等医院,其改革探索难能可贵,能够实际运行两个年头实属不易。但是,这种模式的可推广性、可复制性往往不被看好,因为医养结合势必要走产业化路子,需要稳定的盈利模式,而绝大多数的医疗机构重医疗,轻护理,认为长期护理和养老服务无法为其带来较大的经济效益,对医养结合缺乏兴趣。更何况,对于失能、半失能和失智老人而言,普通的护理需求与疾病医疗之间没有明显的界定,或者说在临床指征上"医"和"养"的边界模糊。本文认为,重庆医科大学附属第一医院所做的医养结合的改革探索,重在其创新创制的政策价值,对其"护"与"养"环节可能存在的微利乃至亏损是能够承受乃至给予一定的补贴。但是该模式在面上推广时,对于大大小小良莠不齐的医疗机构而言,倘若财务不可持续,届时出现"大处方""高检查"等各种形式过度医疗的可能性很高,从而有可能对社会医疗保险基金的收支平衡构成"不能承受之重"。

三、独立设置模式

独立设置模式大多以养老机构为本位,拓展其医疗功能。例如,在养老机构内部自设医疗站点,以期做到"小病不出养老院"。这一模式的"硬伤"是这种自设医疗机构缺乏行医资质,行医资质背后是资金和技术团队的实力。医疗行业涉及人的生命和健康,获取行医资质的难度较高。医疗产业的投入与运行机制与养老服务完全不是一个概念。前者在医疗设备及器械方面的资金投入巨大,聘用一定规模和结构的医护团队成本甚高。而绝大多数养老机构在医生、护士的配备数量、资质及就诊面积等方面都达不到国家卫生部门规定的执业标准。更何况,即便是达到卫生部门的执业标准,也未必能获得社会医疗保险的定点医疗机构资格,其原因,除了体制的壁垒,无疑也有主管部门控制社会医疗保险费用过快增长的因素。以2013年的北京为例,在全市400家养老机构中,只有62家内设医务室,这62家医务室中又只有36家被纳入医保定点,而全市3700多家托老所和街道、乡镇照料中心只有极少数具备医保定点资格。② 民政部统计的数据也表明,我国各类养老机构已达4万多家,但调查显示,各级、各类养老机构中,有医疗支持的不足20%,

---

① 《护理费最高涨十倍　卫生局称费用不用患者承担》,《北京晨报》2010年10月21日。
② 《医养结合体提案》,百度文库,http://wenku.baidu.com/link?　url＝owmKYZ1_W3AV5gjIyBoPABLijYckhEyik8v3Drn6zRkDPfAjSjxDXYz9dtLNP03wGe9x_ptWnqKaFsb03DgYQIsWqieozFF9pdKEwdq8CLm。

而这20%中的绝大多数并未被纳入医保定点范围。① 在社会医疗保险全覆盖的情况下,如果不能纳入社会医疗保险的报销范围,绝大部分老年人掏不起自己的"腰包",这种模式的适用空间将大打折扣。

上述三种医养结合模式各有利弊,也各有各的运行难处。其共性的原因依然是产业差异。医疗机构和养老机构分属两个特性差异很大的产业,并且互相独立、自成系统。医疗实力强的大医院不愿参与低盈利的养老领域;普通的养老机构也没有资金实力和专业技术团队开展相对正规的医疗养护。②

笔者认为,我国现阶段的医疗机构和养老机构是很难"结合"为一体的,但是,二者作为一条产业链上不同环节进行"有机结合"是有可能的,在此基础上衍生及演化出新的业态也是有可能的,问题的关键在于把握这种结合及其衍生和演化的机理,要解决盈利模式的准确定位及其创新问题。

解决上述问题和回答本文开头的设问,需要引入医养结合模式构建中的重要变量——医患双方的道德风险。

4.3.2 医养结合中的道德风险

医疗卫生是一个市场机制基本失效的领域,主要源于医患之间信息严重不对称及其导致的特殊委托代理关系。医生是医疗服务的提供方(卖方),也是医疗服务的需求方(买方)的代理人,患者的治疗方案最终是由医生做出决定,医生一身二任,供需一体、买卖合一,极易导致"供给诱导需求"和过度医疗。此外,医疗市场的进入障碍、医生对医疗过失风险的规避心理、治疗方案的成本—收益分析难以量度、政府强加给医疗行业的各种质量规制(如处方权)和较高准入门槛等,导致医院治理难、医生行为监管难。

医疗行业市场失效的主要表现形式是医患双方的道德风险。道德风险泛指市场交易中的一方因难以观测或监督另一方的行动而导致的风险,它属于经济学范畴而非伦理学范畴,与道德本身没有多大关系。由于上述医疗领域的市场失效,医疗领域的道德风险发生频率高、分布广,又最难以有效规避。

医养结合中的患者道德风险表现为所谓的"压床",也就是病人已达到医学上规定出院标准,却因为各种医疗和非医疗的原因,病好后仍然"赖"在医院几天、几个星期、几个月甚至几年,这样的病人在各大医院里屡见不鲜,老年人则是医院

---

① 《养老机构因何"老无所医"?》,中国经营网,http://www.cb.com.cn/economy/2014_1016/1088987.html,2014年10月16日。
② 《冰城养老 医养结合之路有多远》,《黑龙江日报》2014年10月24日。

"压床"的主流人群,媒体也多有"医院变成养老院"的新闻报道。"压床"已成为各大型公立医院的"顽症"。不仅法律对"压床"现象无计可施,卫生部门也无明文规定一些慢性病人在临床上达到何种指征时必须出院。

"压床"顽疾固然与病人担心出院后病情反复有关,一个最重要的动因就是"压床"的老人基本都享受社会医疗保险,报销标准可达到住院费用的80%左右,自己只需负担较小部分的费用,而在家请保姆或者住进养老院所需的花费远高于在医院自付部分的费用,而且在医院还可以享受专业护理服务,两相权衡,部分老人自然会选择"把医院当养老院"。"压床"导致医院医疗资源低效率使用,同时也增加了医保基金的支付压力。

医生道德风险的一个重要推手就是医生作为医疗服务的供方会诱导需求,提供过度医疗等。医生诱导需求问题类似于经济学上的"萨伊定理"——供给创造需求。供给能够创造需求的条件是,在委托—代理关系中存在信息不对称和消费者主权的缺失。医疗服务是一种专家服务,具有天生的非同质性和供方信息垄断性。[1]患者由于缺乏必要的医疗知识,往往处于医疗信息的劣势,而医生作为医疗服务的提供者具有天然的信息垄断优势。换言之,医患双方之间存在严重的信息不对称,医生既是患者的代理人,又是医疗服务的供给者,具有双重身份,其拥有的"处方权"决定着患者能否实现医疗消费以及如何医疗消费,患者则缺乏消费者主权。

西方发达国家的医疗领域治理结构发育比较成熟,声誉机制比较完善,医生虽然具有诱导需求的能力,但是,由于医生注重医德,其诱导需求的动力较弱。与西方发达国家迥然不同的是,我国医疗领域医生的道德风险非常突出,这与现有医疗体制不无关系。表现在"管办不分"的医疗卫生体制使医疗供方缺乏自律的动力,医疗卫生行政部门对医疗供方的监督也极易产生"管制俘获""以药养医"的医疗服务价格补偿机制等,造成医疗供方道德风险的滋生和蔓延。

医患双方的道德风险还因医疗保险的"第三方付费制"而放大。我国的社会医疗保险已接近"全覆盖"。医疗保险机构这个"第三方支付"的存在,客观上降低了医疗服务价格,或者说患者的支付能力增强而控制医疗费用的动力降低,患者施加给医方的控制医疗费用的压力也随之降低,患者将比在未投保条件下消费更多的医疗服务。医患双方都存在医疗消费"多多益善"的动机,进而容易演化为"医患共谋"。这在一些养老和医疗机构中已有所表现,医院和养老院达成"默契",即医院给养老院补贴钱,使其将部分不符合住院指征的"假病人"办理虚假住院手

---

[1] 赵翠红:《医疗保险的道德风险控制机制研究》,西南财经大学硕士论文,2005年4月。

续,到医院"挂床"。具体操作办法是,医护人员拿着从养老院借来的老人的医保卡,在住院记录上虚列几种疾病,按医保制度规定开出住院、开药、检查等处方,以假当真地走医疗流程,最后,一套完整的就医资料上报给医保中心。医保中心根据住院手续及药品清单进行报销,医院从中套取国家医保基金,形成医保基金的"黑洞"。① 例如,早在2011年就爆出,重庆市某区某医院勾结敬老院院长骗取医保金的丑闻。

虽然医患双方都存在着道德风险,但是,患者的道德风险是派生的道德风险,而医生的道德风险则是原生的道德风险,因为医生拥有处方权,医生手中开处方的一支笔是一切医疗费用发生的"水龙头"。

医疗机构的道德风险比单个医生的"大处方""高检查"更令人担忧。例如,医院在配套设置养老机构情况下,收治享受社会医疗保险且患有慢性病或中风瘫痪的老人,倘若在达到住院费用的报销封顶线之际,转入养老床位,随后再重新办理住院手续,如此循环,将患者在医院病床和养老床位之间来回腾挪转移,这样的医养结合就成了套取社会医疗保险基金的"油套子"。

对医养结合需求强度高的老人基本上都处于因疾病导致的失能、半失能或失智状态,这一人群在大多数情况下,只需要简单的常规治疗,更多的需要是护理及生活照料。然而,无论是医院还是医疗保险机构,在临床指征方面,对普通的护理与疾病治疗之间没有明显的界定标准,很容易被以疾病治疗的名义进行住院治疗,付出高昂的住院治疗费用并长期占据医院床位。现行社会医疗保险的制度设计中,退休老人是无须缴纳医疗保险费的,这一群体超出实际需要的医疗消费会给基金财务的可持续性带来"不能承受之重"。由此,医养结合模式的设计,一定要充分考虑医疗领域的市场失效,尤其是医生和医疗机构的道德风险。

再看老人在其老年生命周期的不同阶段对"养""护""医"的需求强度或曰需求位序。本文对当下颇为流行"养""护""医"融为一体的理念持有异议,认为这是对医养结合的一种误读。

老年人的生活选择权与其生理功能的维持程度呈正相关。一般而言,在其低度老龄化阶段和中度老龄化前期阶段,老年人的生理功能基本健全,生活能够自理,对护理和医疗的需求并不高,倒是对"养"乃至保健和社会参与的需求较高;在中度老龄化后期阶段和深度老龄化的前期阶段,因其身体功能的渐进性衰退和老年性疾病多发或加重,对"护""医"和亲情关爱的需求强度逐步上升,尤其是对"护"的需求占有绝大部分的权重;在深度老龄化的后期阶段,尤其是进入失能、半

---

① 《为套取医保金医院没病找上门》,《检察日报》2011年5月5日。

失能及失智状态,需要常规的治疗,对医疗性护理需求强度急剧提升。总体上看,由于中国现有这一代老人的消费理念非常传统和保守,只要尚存一部分自理能力,都不会购买个人或家庭之外的护理服务。并且,生命越老越淡然,生命越老越害怕孤独寂寞,在其深度老龄化阶段,对吃、穿、用、住、玩、游等的需求下降,对亲情关爱和精神慰藉的需求强度与日俱增。老人需要生活在熟悉的环境和人群之中。

在老年全生命周期所需的治疗性医疗服务方面,排除急诊和恶病质(恶性肿瘤等)之后,世界上绝大多数老人80%以上的医疗费用是花在临终医疗上,而平时一个普通的全科医院就能够满足其就诊需求。在临终医疗方面,如果确认现代医疗技术回天无力的话,那种带给患者巨大的痛苦,或曰大幅度地降低生命质量为代价的临终抢救,虽然延长了有限的生命长度,但是未必是明智选择,相比之下,施以减少痛苦为目的的治疗以及亲情慰藉的临终关怀可能更为人道。

分析至此,针对本文前面的部分设问,答案已经趋于清晰。

一是医养结合的接口在社区,主流模式是基于社区整合照料的医养结合。社区像一个多物种的"生物群落"更适合养老,这是一种基于人性的选择。"越老越要与丰富多彩热闹多姿的生活为伍,与年轻人为伍,与少年儿童为伍,这样他们才更有活力与激情;即使偶然遇到险情,在人海之中也比在山水之间更容易被发现和被救助,人海中比自然中更安全"。

二是随老龄化的程度的不断加深,老人对"养""护""医"等三者的需求强度与需求位序是变化的,区别不同个体生理机能状态,逐步由生活性护理为主转变为医疗性护理或治疗性医疗服务为主。

三是老人在其人生的"最后一公里",应该终老于家园而非终老于医院。生命的价值是无限的,但是,现代医学也不是万能的。如果将一个人的正常死亡视为一个"灯油耗尽"的自然过程,或者这个人被确认患有不治之症,那么许多给患者带来巨大痛苦并且费用高昂的临终抢救乃至重症监护治疗都是无谓的举措。相比之下,以减轻痛苦为目的的治疗以及施以亲情慰藉的临终关怀更为人性化。

4.3.3 医养结合面临的体制和法律障碍

医养结合在社区整合照料层面上的结合面临诸多体制和法律障碍。养老机构在其自设的医疗所达不到国家规定的技术标准时,往往是与社区卫生服务中心(站)签署服务协议,一旦病人需要看病、吃药、打针等医疗服务,由后者上门提供服务。但"上门服务"面临尴尬。

本文以"上门输液"为例进行剖析。"上门输液"这项最常用的治疗措施一直游走在政策的灰色地带。一方面是行动不便的患病老年人的迫切需要,一方面是卫生部门明令禁止,规定输液等一些医疗服务只能在作为社区医师执业地点的社区卫生服务中心开展,一旦离开这个特定场合,不管是在居民家中,还是在养老院,都被视为"非法行医"。

为什么为行动不便的老年病人上门输液合情合理却不合法?这里所说"法"是指1999年开始实施的《中华人民共和国执业医师法》。该法第14条明确规定:医师经过注册后,可以在医疗、预防、保健机构中按照注册的执业地点,执业类别,执业范围执业,从事相应的医疗、预防和保健业务。对于社区医护人员来说,其"执业范围"就是社区卫生服务中心。哪怕居民或者养老院与社区卫生服务中心只是一墙之隔或者分设在楼上楼下,医护人员也不得上门去输液,否则就会被视为"异地执业",因为养老院是"养老机构"而非"医疗机构"。有舆论将"禁止上门输液"的规定斥为因噎废食,认为有违"救死扶伤"的人道主义精神。

上述政策法规虽然"不近人情"但是也持之有据,那就是即便一层楼板之隔,养老院和居民家中既达不到卫生室的无菌卫生条件,也缺乏医务人员观察病情与应急处理的诊疗设备和药品,倘若上门输液发生过敏事件或其他意外,会引起医疗纠纷。紧擦政策"红线",医生和居民家属或者养老院采取了"变通"的做法,就是在社区医护人员上门为病人输液前,病人家属或者养老院必须和社区卫生服务机构签署免责协议。但实际上,一旦纠纷发生,类似的免责协议是不具备法律效力的。上门服务的方便替代不了安全,万一出现医疗纠纷需要对簿公堂,社区卫生服务中心"必输"无疑。医疗服务业是个高风险行业,尤其是在非医疗机构的场所行医,潜存的风险更大,于是,在"救人"和"护己"的两相纠结中,"理性"的医生及其管理机构选择了后者。目前,主动提供上门输液服务的,要么是少数医护人员及退休从业者的业余"赚外快"行为,要么是无职业资格证的"江湖郎中"的非法行医,潜藏着极大的安全隐患。

至于医生究竟需不需要一定在"执业地点"才能行医,业界争议一直较大。有认为"异地执业"因执业场所达不到国家规定的医疗机构的标准设置,会增添病人的危险系数,并且会助长部分医护人员到病人家里或者黑诊所"走穴";有认为国家应修改《执业医师法》,不限定医师的执业场所。那么,如何打破"上门输液"的制度与法律的纠结,既能让老年病人在家门口或养老院内享受输液等服务,又能确保治疗环境的安全,从而让医护人员干得"安心",规避医疗纠纷的发生,尚属一悬而未决的难题。

与此相类似的政策难题还有"家庭病床"。家庭病床既可以缓解医院病床压力,又可以为老人和国家节省医疗费用,也是以社区为"接口"的医养结合的重要形式。近年来,在北京、上海和广州、深圳、江门、顺德等城市,已陆续将家庭病床产生的医疗和护理费用纳入医保报销范围。各地家庭病床的服务项目有卫生宣传、疾病预防、指导用药、肌肉注射、静脉输液和康复护理等,但是,倘若社区医护人员不得提供上门输液服务,"家庭病床"中原有的注射业务就会被叫停,家庭病床内含的治疗功能也就名存实亡了。

4.3.4 医疗结合模式未来的发展方向

一、医养结合的"接口"在社区

医养结合的主流模式应当是"基于社区整合照料的医养结合"。亦即以社区为载体,将社区内的居家养老以及社区小型养老院、护理院等和社区卫生中心(站)进行功能对接。这里说的社区卫生中心(站)有其特定制度内涵,它应拥有作为"社区守门人"的全科医生,并具有首诊和双向转诊的制度功能。

社区之所以是医养结合的最佳"接口",是基于其"就近、就熟和就便"的优势。一是物理空间上的就地就近,社区居家养老活动中心和社区养老院甚至可以和社区卫生站(中心)毗邻而建;二是社会交往上的就熟就亲,老人依然生活在熟悉的环境乃至家庭亲情之中,社区作为一个"生物群落",更有利于老人的精神健康和生理健康;三是对需求与供给的资源及信息的整合就顺就便。例如,以社区为"接口"的医养结合应当"嵌入"智慧社区的信息平台建设之中,而不能够单打独斗、自成系统,与其他服务需求,合并"同类项",找到"最大公约数",进行打包服务、分摊成本。

老年人在其老年生命周期的不同阶段,对"医""护""养"等方面的需求强度与需求位序是变动的,具有叠加性与继起性,需要进行需求管理。亦即将个性需求与共性需求、物质需求与精神需求、保底性需求与提升性需求、应急性需求与非应急性需求、一次性需求与周期性需求等,放在一个"大盘子"里进行分类分层的梳理,根据事项的轻重缓急、主次先后、繁简难易进行排队,抓住主要矛盾,制定"一揽子"的实施方案。

社区作为一个"底盘",最有条件将承载其上的居家养老、社区小型养老院、护理院和社区卫生中心社区进行资源整合,打通行业壁垒,打造多节点的、流程化的"一站式"整合照料体系。该整合照料体系是一种介于机构养老和家庭养老之间的过渡形态,它既提供以社区为本的服务,例如,助浴、助医、助洁、助行、助餐、助急等"六助"服务;也可以将服务延伸到家庭,针对不能出门的老人及残疾人,提供居家康复指导,或者在通过康复评估之后转介到康复医院进行系统治疗。

医养结合的功能在社区整合照料体系首屈一指,它提供生活自理能力评估,送医送药、体检、康复护理、心理疏导、建立健康档案,进行健康管理等专业性服务,并与社区卫生中心(站)进行功能分工和资源整合,构建流程化服务链。这一模式旨在建立起老年人与社区全科医生、护理人员,社会工作者、社区志愿者以及家人、邻里之间的制度化伙伴关系。社区是一个充满生机的"生物群落",扎根社区的医养结合能够让老人生活得更"正常"。

社区承接医养结合所需要的技术支持之一是建立统一的老年照护需求的评估体系。包括整合现有评估标准和政策,对社区内部及其辐射区域的老年人进行功能分级,以此为基础将养老服务纳入社会管理体系,通过网格化定位,解决各"养老""护理"和"医疗"等服务项目间转介不畅、老年人接受的养老服务和其身体状况不匹配等问题。

二、建立社区守门人制度

国家对养老事业总体规划的大框架是"以居家为基础,以社区为依托,以机构为支撑"。国家相关部门提出了"9073"的养老格局,即90%是家庭养老,7%是社区养老,3%是依托机构养老,其中与社区相关的养老方式占据了97%。如此大的市场体量,决定了现在和将来,发展老年宜居社区是主流趋势。这些社区都需要依托于社区卫生服务中心(站)进行医养结合,其中,社区守门人制度是必不可少的制度安排。

西方国家的医疗体系的结构是金字塔形的正三角,社区守门人制度居于"塔基"地位。社区守门人制度是指所有享受社会医疗保险的参保人必须接受社区全科医生的首诊,再由社区卫生服务中心(站)根据病情,决定是否转诊到大型或者专科的医院,病情稳定期或康复期的病人则转回社区进行治疗或康复。一般来说,大多数病人都是通过自我用药或者在社区医院进行治疗,只有少数病人经过社区全科医生的转诊去大医院、专科医院完成治疗。我国现行医疗体系的结构是倒金字塔形,由于分级医疗和社区守门人制度的缺失,就诊于大医院和专科医院的病人中有60%左右都是普通病症,而大医院为了增加收入,也在尽量盖大楼,增加科室和病床,如此循环,加剧了"看病难""看病贵",而最经不起这种"又贵又难"折腾的就是老年患者。世界卫生组织和世界家庭医生组织曾经指出:"任何国家的医疗卫生系统,如果不是以接受良好训练的全科医生为基础,就注定要付出高昂的代价。"[1]

建立社区守门人制度是社区整合照料体系中的"必选项",其功能具有不可替代性。它不仅承担起预防、医疗、保健、康复、健康教育"五位一体"的综合医疗服

---

[1] 《福建探路"全科医生"》,《福建工商时报》2011年6月30日。

务,并且通过社区首诊制和双向转诊制这样一种制度设计,打造医养结合的"一站式"服务链。此举不仅将医疗机构的重心下拉到社区,使得医疗模式的关口前移,早防早诊早治,防止小病演变成大病和重病,也将包括老年病人在内的各种轻症患者截留在社区卫生服务中心,避免了参保人无论大病和小病都涌向大中型医院的弊端,倒逼医疗资源的有效配置。

在我国,实施社区守门人制度的前提是社区卫生服务中心的医疗水平可以让人放心。目前,大医院人头攒动,社区卫生服务中心门可罗雀,究其原因主要是社区卫生服务中心的诊疗水平不高,达不到全科医生资质所要求的"同质性"。有专家指出:"现在我国卫生界没有统一规范的诊疗办法,是造成社会对卫生院、县医院的医生不信任的重要因素。"①健全社区医疗网络是系统工程,重在人才的培养特别是合格的全科医生的培养。2014年年底,国务院7部门联合印发《关于建立住院医师规范化培训制度的指导意见》,提出2015年在全国全面启动,到2020年全面建立住院医师规范化培训制度,以期各级医疗机构有高质量、同质化的合格医生可用。

社区医疗是分级医疗的基础层次。难题之一是如何使优秀的年轻医生留在最基层的社区卫生服务中心。蓄势待发的医疗卫生体制实质性改革提供了解决难题的契机。改革趋势是医院扩张将被遏制,以药养医政策将被取消,高端医疗将要退出,大型检查价格将要下降,多年来"叫好不叫座"的医师多点执业制度开始"落地"。例如,2015年2月,广东省深圳市人大审议了《深圳经济特区医疗条例(草案)》。该条例规定在深圳注册的医师,可以在深圳范围内任何一家医疗机构执业,市外的医师,经备案后即在深圳范围内的医疗机构多点执业,也就是说打破属地属位(单位)限制,医生可以在全国范围内行医问诊。政策的启示是,医生流动的机制的建立,必须依靠市场、相信演化。"鼓励"不应是市场推动的"口号","吸引"才是资源流动的动力。

三、依托互联网,矫正社会医疗保险领域的"市场失灵"

随着互联网向移动互联网的跨越式发展,智能手机等移动终端的广泛普及和智能硬件等最新的应用技术的进步成为医学发展的最新引擎。一是医院实现大数据管理,可能将彻底改造传统的医疗模式。② 移动互联网医疗通过占据医生入口、医院入口,整合线下医疗资源,然后介入医院对整个医疗服务链进行整合,在互联网医疗上形成完整的闭环和良好的客户体验,患者在就医过程中产生的流量,包括

---

① 《高水平医生如何全面造就?》,《工人日报》2014年9月21日。
② 《移动互联网将颠覆医疗?》,《健康报》2014年12月1日。

病人流、医生流和数据流,将形成医院的大数据。这些数据产生新的价值。① 二是运用互联网的思维和技术矫正社会医疗保险领域的"市场失灵"。在 2014 年,电商医疗、在线问诊、阿里"未来医院"、"春雨医生"成了网络热点,其实质是应用移动互联网等现代技术实现疾病数据的采集、分析、诊断即治疗方案的实时调整,从而产生了新的业态,即面对面就医会大幅度减少,患者选择医院和医生则方便快捷。有医学专家认为这种医疗模式的创新能够激活、重构和整合各级各类医疗卫生服务体系,实现优质医疗资源的无限扩展与覆盖,并覆盖全生命周期、全方位以及全人群。例如,在养老院和医院开设老年人病历数据库和信息平台,诊疗卡实现全国联网,医方诊查手段、治疗方案、药品目录、收费项目等信息互联互通,接诊的患者进入系统后,信息可以自动比对。此外引入"大健康"和"治未病"的概念,对养老人员生活和精神及疾病状态进行电子建档,实时跟踪,从而决定什么时候以"医"为主,什么时候以"养"为主。互联网精神核心是"资源优化、提升效率",移动互联网技术及其应用所产生"择优、降费、分享、方便"的外溢效应,"净化"了医养结合的制度环境,减少了资源的错配,在一定程度上规避了医患双方的道德风险。

四、实施"养""护""医"的动态管理

在现行的医养结合三种模式及其变种中,面临很多共性的问题:如潜在的医、患双方的道德风险,医疗领域的市场失效,医保基金被"滥用"等。医养结合在政策实践中存诸多悖论:许多养老机构的内设医务室因资金与技术实力等原因达不到行医资质标准被拒之在"医保定点"的门外;各级医院一般不愿意涉足低盈利的养老服务,倘若涉足了养老服务又往往因为医疗运行成本高企和医疗领域的市场失效等因素的叠加,极易引发不同程度的套取医保基金行为;社会医疗保险全覆盖及第三方支付情况下,医保患者对医保过度依赖与医生的过度医疗形成利益联盟,老年患者将成为"压床"与"大处方""高检查"主流人群。凡此种种,充分说明如果在"养""护"和"医"之间继续如过往和当下一样没有明确的界限,国家社会医疗保险基金终将难以承受其重。

如上文所述,中国的"养""护""医"目前只能做到相互衔接的"接合"而远未能做到水乳交融的"结合"。由此不难看出,医养结合并不是将"养""护""医"等三个环节"眉毛胡子一把抓",而是要确立"养""护""医"之间的边界,实行动态管理。

实施"养""护""医"的动态管理的技术前提是建立一套病人健康和病情评估

---

① 《移动互联网将颠覆医疗?》,《健康报》2014 年 12 月 1 日。

体系。具体而言,以老人是否失能、半失能和失智作为区分标志,确定以"医"为主抑或以"养""护"为主,使之合理分流。处于低度老龄化、中度老龄化乃至部分高度老龄化阶段的老人,只要具有基本的生活自理能力,均应以"养"或"护"为主。"养"或"护"的场所主要是功能拓展后的社区。社区能够提供整合照料所需要的医疗支持、各类无障碍设施等。经济状况和生活自理能力不同的老人,可以在居家养老、社区养老院、社区护理院之间进行选择。对于失能、半失能和失智的老人,应以"护"和"医"为主,根据其对医疗和护理级别的不同需求,由专业的护理机构、康复机构或临终关怀医院来承接。

对"养""护""医"实行动态管理,建立临床标准并施以人工甄别是必要的,但也是不够的。相信市场的演化力量,力量来自民间。解决机制是让政府的归政府,市场的归市场,社会的归社会。"医"和"养"的边界的形成主要靠市场筛选机制。例如,尊重老人对自己日常生活的决定权;增强老年人与家人以及扎根于地区的社会网络的互动,使老人的归属感得到加强。凡此种种,是基于社区整合照料的医养结合能够凸显优势,将老人留在社区养老,这本身是一个优胜劣汰的市场发育过程,其间也伴随政府的监管与政策导向。

现行政策体系下,医疗机构的设立和业务开展是由卫生部门管理,养老机构则由民政部门管理,应打破这种条块分割状态,对医养结合机构实施卫生部门和民政部门的双重准入,并建立严格的退出机制。这需要国家对现行医保政策进行改革和调适等的顶层设计和法律规范,也需要民政部门、卫生部门、人力资源和社会保障部门等多部门的协同与合作。

医养结合是一条漫长的市场发育之路,然而,道阻且长,行则及之。有理由相信,在消解了各种制度难题和法律困境后,中国的医养"结合"之路会更为深远和辽阔。

4.4 "以房养老":扩充养老资源的有益探索

"以房养老"因将"住房"和"养老"两项民生焦点问题牵连在一起,在经由相关部门推动时,引起社会各界的广泛关注。

2013年,国务院对外发布了《关于加快发展养老服务业的若干意见》。国家发展改革委、民政部联合召开的新闻通气会上透露,作为金融养老、以房养老的方式之一,我国将逐步试点开展老年人住房反向抵押养老保险。

2014年3月9日,国务院以红头文件形式要求开展以房养老试点。同年6月23日,中国保监会发布了《中国保监会关于开展老年人住房反向抵押养老保险试点的指导意见》,决定自该年 7 月 1 日起至 2016 年 6 月 30 日,在北京、上海、广州、武汉四个城市试点实施老年人住房反向抵押养老保险。

然而,政策遭到冷遇。迄今为止,在参与了保监会以房养老前期讨论的七家保险公司里,只有"幸福人寿"向保监会递交了具体的产品申请书。而媒体和相关咨询机构开展的各项调查也显示,拥有房产的绝大多数老人对以房养老持于己无关的淡漠态度,有学者将其归因于"水土不服"。

4.4.1 "以房养老"的起源与发展

"以房养老"起源于 20 世纪 30 年代的荷兰,90 年代开始在美国、加拿大、新加坡、英国和日本活跃。当时很多老人的房贷已基本偿还完毕,房价却还在攀升,老百姓手中所持的房子在不断升值,而所能领取的养老金和手中的积蓄并不多,出现"房子富人,现金穷人"的社会现象,部分老人期望能有更多的现金周转以过上更有品质的老年生活,银行和保险公司等金融机构开始推出称为"住房反向抵押贷款"的金融产品,"以房养老"应时而生,其中,美国的"以房养老"发育得相对成熟。

在国外,以房养老之所以被称为"住房反向抵押贷款"(Reverse Mortgage),是因为按照协议规定,房屋产权拥有者把房子抵押给银行或保险公司等金融机构,金融机构在综合评估借款人年龄、生命期望值、房产现有价值和预计房主去世时房产的价值等因素后,每月给房主发放固定资金。房主保留居住权,一直持续到身故。当房主去世后,其房产由上述金融机构出售,所得用以偿还贷款本息,升值部分归房主继承人所有。"住房反向抵押贷款"的最大特点是分期房贷、一次偿还,这与我们传统的购买新房时的按揭贷款程序刚好相反,故又被称为"倒按揭"。①

从某种程度上来说,国外的以房养老是变即期消费为远期消费,发挥和开掘住房的"居住"和"养老"两项功能,用通俗的话来说就是:"年轻的时候我养房子,年老的时候房子养我。"

"住房反向抵押贷款"的中国首倡者为幸福人寿董事长孟晓苏。2003 年,时任中国房地产开发集团总裁的孟晓苏提议设立"反向抵押贷款",让拥有住宅房产权并愿意投保的老年居民享受"抵押房产,领取年金"的寿险服务。②

这项带有"欧风美雨"色彩的提议并没有立即在民间引起波澜。在 2011 年 9 月 29 日全国政协举办的"大力发展我国养老事业"提案办理会上,"以房养老"的概念再次被提出,这才引发媒体和公众的注意,直到 2013 年和 2014 年国务院和国

---

① 《全国明年试点"以房养老"》,和讯网,2013 年 9 月 14 日。
② 《"以房养老"为何被唾骂》,《新民周刊》2013 年 10 月 20 日。

家相关部门包括发改委、民政部、保监会联手推动,"以房养老"开始频频见诸报端和网络,引起舆论的强烈关注。①

实际上,公众对"以房养老"的关注最深层次的原因在于对自身未来养老的集体焦虑——在全社会的养老保障体系尚未健全和完善,个人利益被裹挟在时代变革的洪流中,老龄化加速使"老之将至奈若何"变得迫近。"未富先老"冲击下,中国养老保障体系能否守住"老有所养"的安全闸?国务院副总理马凯在一次会议上直言:"解决养老难题要及早谋划,谋划晚了再行动,付出的代价更大。"马凯副总理提出的"养老难题"具体"难"在什么地方呢?最难的不仅仅是当下中国养老保险制度的碎片化和多轨制,还有就是养老资源单一,养老责任结构缺乏多元支撑。在养老保险基金入不敷出的重压之下,政府选择连续上调企业职工养老金待遇。从2005年到2015年,连续11次上调,从2005年的月人均700元提升到2015年的2000余元。这种缺乏保险精算机理支撑的连续"调标"在财务上是不可持续的,只能治"标"而不能治"本",甚至连"标"也治不了。例如,近年来城镇企业职工的养老金替代率呈下滑趋势,2002年为72.9%,到2005年下滑到57.7%,及至2011年骤滑为50.3%。② 世界银行组织曾建议,要想基本维持退休前的生活水平,养老金替代率要达到70%,而国际劳工组织则建议,替代率的最低标准为55%③,如果低于这个水平,而退休前后又没有足够的个人储蓄、投资和商业保险等作为养老补充的话,生活将会过得很贫苦。

时至今日,再来反思彼时针对"以房养老"的舆论非议及热炒,不难发现,其正赶上了民众对现行养老制度质疑的风口浪尖,尤其是它与民众积郁多年的因身份所决定的退休待遇悬殊的不满相叠加,背后折射的是弥漫于不同群体间的对未来养老的迷茫和焦虑,甚至包括政府本身的纠结和犹豫。如今有关养老金双轨制"并轨"靴子落地,未来公务员、事业单位人员将和企业职工一样都被放进统一的制度的笼子里。"公平"的回归在相当程度上消解了人们的迷茫和焦虑,"以房养老"也应该回归理性。正如幸福人寿董事长孟晓苏所说:"民众对养老金双轨制有意见,就借以房养老这个题材来抒发怨气,当养老金双轨制问题解决了,人们对以房养老就不会有那么大的怨言了。"

4.4.2 各地的试点情况

中国版"以房养老"在中国酝酿和发酵了十年多的时间,虽然多年来在民间反

---

① 《相关法律尚不完善,以房养老离中国人有多远?》,《羊城晚报》2011年10月22日。
② 《养老金并轨拉锯战》,《保险中介》2013年第11期。
③ 《养老金替代率为何连年下降》,《中国保险报》2014年6月4日。

应平平,但"以房养老"提出伊始就受到官方的重视,被认为是完善现有养老保障体系的新支撑,开辟了养老保障资源的新渠道。早在 2003 年 3 月,孟晓苏将"建立反向抵押贷款的寿险服务"建议报送给国务院总理,总理当天即批示给中国保监会与国家建设部主要负责人。2003 年 8 月中国保监会与国家建设部将《关于开办"反向抵押贷款"有关问题的报告》上报国务院(保监发〔2003〕124 号文件)。之后,"以房养老"陆续获得民政部、原劳动和社会保障部高层及全国人大代表、政协委员的支持。

也许是嗅到了商机,一些城市相继开展了试点工作,包括江苏南京、上海、新疆、香港等地。最先试水的是江苏省南京市,被称为"南京模式"。2006 年,南京汤山留园老年公寓喊出"把住房交给我们,让我们给您养老送终"的口号,承诺拥有本市 60 平方米以上产权房、年满 60 岁的孤残老人,自愿将其房产抵押,经公证后入住老年公寓,终身免交一切费用,房屋产权在老人身故后归养老院所有。① 然而,时至今日,首个喊出"以房养老"的老年公寓汤山留园已无踪影。

2007 年,上海推出了以房养老的具体操作办法,即符合条件的 65 岁以上老人将自有产权房屋出售给上海市公积金管理中心,并选择有生之年仍然居住在原房屋内,出售房屋所得款项扣除房屋租金、保证金及相关交易费用后由老人自由支配使用。② 然而,2009 年这项业务就悄无声息地搁浅了。

2011 年,香港政府推出"安老按揭"(又称"逆向按揭")计划,允许年龄在 55 岁以上的香港居民,将个人名义持有的楼龄在 50 年以下的房屋住宅向银行提出按揭,借款人可以在固定年期内或终生每月取得年金作为生活费,如果确实有急需,借款人还可以提取一笔贷款以应付医疗费用等特别情况。③ 以房养老为港人提供了一种养老方式的新选择,但截至 2013 年年底,总共只受理了 459 起申请。

2011 年 10 月 9 日,中信银行在银行业中率先公布实施以房养老按揭方案。按照该方案,老年人本人或法定赡养人以房产作为抵押向该行申请贷款用于老人的养老用途,银行核定一定贷款额度后按月将老人贷款资金划入他们的账户,用于老年人支付自己的各项养老相关费用。借款人只需按月偿还利息或部分本金,贷款到期后再一次性偿还剩余本金。若到期后不能偿还本金,将所抵押房款处置后的资金偿还银行贷款。④

有学者指出,住房私有化程度是以房养老的物质基础。据了解,中国住房私有

---

① 《以房养老,深圳一年零成交》,南方新闻网,2012 年 10 月 22 日。
② 《全国明年试点"以房养老"》,《每日商报》2013 年 9 月 14 日。
③ 《"以房养老"为何被唾骂》。
④ 《房产可抵押贷款用于个人养老》,《西安晚报》2011 年 10 月 19 日。

化程度排在世界前列。与此同时,中国还存在着大量有房产而没有子女或失独的老人,显然,这是一片尚未开掘的"蓝海"。而仔细研读以上试点城市的以房养老方案,其实也都有可圈可点之处。然而,"看上去很美"的以房养老最终还是没有能在中国"火"起来,作为"探路者"的城市和机构都遇冷,有很大一部分因素是其与中国传统家庭伦理观念的冲突。

"但存方寸地,留与子孙耕"。这是中国农业社会绵延了几千年的家庭伦理观。财富代际传承的观念尽管经历了城市化和家庭小型化的冲击和变革,至今仍根深蒂固地存在于民众心中,以房养老的将房产抵押给银行或保险公司,身故后由银行或保险公司收回的做法与这种财富代际传承的观念相冲突。2013 年 9 月,《中国青年报》报社的社会调查中心进行的一项共计 127,815 人参与的调查中,79.8%的受访者表示一直在关注"以房养老"相关新闻,93.4%的受访者认为"以房养老"不能替代政府养老,而 85%的受访者明确表示"要把房子留给子女"。①

由此看来,以房养老在中国有些"生不逢时",甚至可以说"来得有些早",在现有的 60 岁及以上的老年人群体中推行以房养老难度颇高。有学者预计,要到如今的 70 后、80 后乃至 90 后这三代人成为主流的老人群体后,才有以房养老施展拳脚的土壤。现阶段,中国的以房养老只能在无子女老人或者失独老人中寻找目标客户,因为他们无须面对遗产传承的问题,而且以房养老能让他们的不动产"动"起来,对改善其晚年生活大有裨益。就连以房养老中国首倡者孟晓苏也坦承,以房养老只能是个"小众"产品,"是帮有房子的穷人"。

反观欧美的以房养老之所以能推行开来,与这些国家高额的遗产税有很大的关系。以美国为例,子女要继承包括房产在内的遗产,必须缴纳相当高比例的遗产税,如此一来,房屋产权人在"住房反向抵押贷款"以提升老年生活品质抑或将房产传承给后人之间的抉择就很容易了。在中国,迄今为止有关遗产税的开征还是处于不断地喊着"狼来了"的状态,正常的房产传承并不需要课以任何税收,以房养老因此就缺少了一个重要的推手。

遗产税的主要课税依据是"均富",即均衡社会财富的分配,以防止财富在"点"上积累、贫困在"面"上蔓延。开征遗产税需要考虑的政策变量还包括,如何把握公平与效率的"尺度",以及对当下贫富差距的研判等。当下中国,贫富差距日趋拉大,而财富的无偿传承又造成了越来越多后代人"起点"的不公平,普通民众由此而生的严重心理失衡正"倒逼"着遗产税的开征。

---

① 赵轩:《解析"以房养老"制度的困境——兼及法律移植的现代性反思》,《哈尔滨工业大学学报》2014 年第 3 期。

除了观念之困和遗产税迟迟未能开征之困外,影响以房养老在中国推行的还有房价的高度波动性和利率的不确定性。对于未来的房价走势,官方、业界、学界的看法莫衷一是,共识之处则是房价无法予以准确的预期。未来如果房价上涨,那么抵押的房产就会有"剩余价值",借款人和金融机构均可享受到好处。但是如果房价下跌,金融机构就会面临很大的风险,甚至因此而破产。这也是目前一些金融机构在"以房养老"业务上保持沉默和观望的原因。

美国模式值得借鉴的是,建立了完善的房产价值评估体系和以政府为背景的保险基金,为以房养老的借贷双方风险提供担保,即便在金融机构要破产时,政府或者直接接管相关业务,或者责令接收机构继续开展相关业务。从制度和法律上给借贷双方以保障,这些制度,恰恰是中国还没有搭建起来的。

4.4.3 "以房养老"的未来出路

2010 年,北京师范大学金融研究中心教授钟伟撰文声称:"如果经济增长、居民货币收入增长以及官方的发钞节奏没有根本改变,一个将在 2027 年退休的职工,将需要 300 万到 500 万元才能度过余生。类似于京、沪、广、深这样的一线城市,预备 1000 万元养老也未必够。"①一石激起千层浪,针对到底需要多少钱才能养老的话题,网上展开了"何处安放我们的老年"的大讨论,吸引了大批 60 后、70 后及 80 后的人群参与,因为"2027 年"离他们并不遥远。

有关养老金缺口问题的讨论由来已久。早在 2012 年,由中银国际首席经济学家曹远征和德意志银行大中华区首席经济学家马骏牵头的研究团体联合发布报告,称 2013 年中国养老金的缺口达到 18.3 万亿元。② 2014 年 12 月 28 日举行的第十二届全国人大常委会第十二次会议上,国务院副总理马凯称:从当前看养老保险收支总体平稳,基金收入大于支出,尚有结余。但是马凯副总理同时指出,从未来看,收支平衡问题就比较突出,不确定性质很大,缺口到底多大也难以确定。如果体制不改、机制不转、政策不调整,缺口是必然的,"不是一星半点的缺口,而是巨大的缺口。"③关于养老金的收支平衡问题,最近几年基金支出的速度高于基金收入的增长速度。如 2012 年收入增长了 18.6%,支出增长了 22.9%,支出比增长高出了 4.3%。2013 年收入增长率为 14%,总支出增长率为 20%,支出比增长高出了近 6%。④ "生之者寡、食之者众,用之者疾,为之者舒",上述这组数据印证了马凯副

---

① 《养老,1000 万也许不够》,《北京晚报》2010 年 4 月 11 日。
② 《媒体称内地多省反对中央统筹养老金,因不想补贴穷省》,http://blog.sina.com。
③ 《养老金隐形债务或 86.2 万亿,副总理感叹缺口巨大》,http://www.vccoo.com。
④ 《比空账更可怕的是青年对养老金保险失去信心》,《中国青年报》2015 年 1 月 8 日。

总理上述未来缺口"巨大"之说。

2014年12月28日,中科院发布了《中国养老金发展报告2014——向名义账户转型》,其分报告《现行统账结合模式下隐形债务预测与测算》称:以2012年为基准,社会统筹账户的隐形债务为83.6万亿元,个人账户的隐形债务为2.6万亿元,合计城镇职工基本养老保险统账结合制度下的隐形债务为86.2万亿元,占该年GDP的166%。①

"以房养老"概念提出近十年都没有在民间掀起波澜,而在2013年和2014年由国务院和发改委、民政部、保监会等政府部门联合推动时,就顿时变得如此敏感,舆论和部分民众似乎是反应过度,或者是因政府的"参与"而引致的逆反心理,以为国家在转嫁自己对公民养老的责任,要用"以房养老"来代替政府的基本养老,甚至有人产生"难道以房养老是我们养老的最后救命稻草吗?"的疑问。

其实,上述舆论和部分民众对"以房养老"的看法属于误读和误解。政府推动以房养老的初衷是鼓励老百姓让渡房产获取资金以改善晚年生活品质,其所得收入只是作为基本养老保险的一种有益补充,绝非强制性地要人们拿自己的房子去向银行和保险公司换取基本的养老保险金。也就是说,以房养老对国家现行养老保险体系而言,是一种"补充"而非"替代",仅仅只是为老人提供更多的选择性而已,而非成为主流养老方式,以替代国家的基本养老保险。

对此,2013年10月23日人社部副部长胡晓义做出公开回应,指出以房养老仅仅是给有房产有条件的老年人多一种选择,不会取代基本养老保险的制度设计。国家探索和推动以房养老,目的是想让老人手中的不动产"动"起来,增加收入来源,改善晚年生活。民政部社会福利和慈善事业促进司司长詹成付也表示,"以房养老"对于老年人、保险公司来说都是利好消息,如果试点成功,对于解决老年人的养老资金问题、盘活已有房屋资源、扩大保险公司业务都有积极意义。

以房养老只是作为国家基本养老保险之外的多种养老资源的一种,不能夸大其作用和意义,这在其发展得较为成熟的美国和加拿大等国也是如此。

现在和未来,我国养老保障压力巨大,政府积极探索包括以房养老在内的多种养老筹资方式是十分必要的。以房养老确实可以释放老年群体固化在住房上的资产,将其"动"起来并转化为现金收入,降低老年人对国家养老保险的过度依赖,减轻国家财政负担,有着强大的市场潜力。但是前述种种因素导致以房养老在中国暂时难以推广开来,其成熟和壮大都尚需时日,包括政策法规的配套、民众观念的转变、金融机构的积极践行等。

---

① 《以系统化改革破养老金隐形债务》,《每日经济新闻》2015年1月6日。

我们对于"以房养老"的理解不可太过狭隘，仅仅停留在"住房反向抵押贷款"上。其实用房子来养老，有很多种方式，包括在国外和国内都在流行的售房养老、换房养老、出租房屋养老等。"以房养老"在中国的含义应该是：利用有效、安全的方式盘活老人手中的房产资源，使其产生现金价值，帮助老人过上更好的老年生活，此之谓以房"助"老。而以房"助"老或许比"住房反向抵押贷款"的以房"养"老更符合中国的国情。

"以房养老"是政府和业界对完善养老保障、扩充养老资源的有益探索，暂时的遇冷并不意味着没有生机，适合其生存的土壤和气候也许就潜藏在时间的背后。

参考文献

《孟晓苏谈以房养老，反向抵押贷款寿险试点条件成熟》，《中国经济周刊》2013年9月。

《以房养老，政府有心政策无力》，《快乐老人报》（数字报）2013年8月26日，http://bao.laoren.com/html/2013-08/26/content_2730853.htm。

《香港破解养老难题有新招》，《人民日报（海外版）》2013年11月27日。

《银行"以房养老"产品遭冷遇》，《广州日报》2013年9月24日。

《超九成受访者："以房养老"不能替代政府养老》，《新京报》2013年9月28日。

《中国养老金10年"缩水"6000亿专家：政府失职》，搜狐新闻，2013年5月2日，http://news.sohu.com/20130502/n374611054.shtml。

许晶洁：《浅析人口老龄化对医疗保险的影响》，http://www.xzbu.com/4/view3854623.htm。

《9173养老模式》，养老院网，2013年7月24日，http://www.yanglao120.com/view/1281.html。

官孝熙：《全科医生守门人任重道远》，《中国医疗保险》2011年8月16日。

《中国医院最大问题是医疗行为不规范》，《工人日报》2014年9月21日。

孙文灿：《提升农民养老幸福指数的重要举措——解读〈中央专项彩票公益支持农村幸福苑项目管理办法〉》，《社会福利》2013年第6期。

满海霞：《我国养老公共服务供给分析》，《吉林大学》2012年第3期。

洪艳：《政府购买居家养老服务的模式研究》，《华东师范大学》2010年第5期。

金晶：《论我国医疗市场的供给诱导需求》，《时代金融》2011年第18期。

李金娟：《北京社区养老照顾的发展困境及对策》，《北京社会科》2014年第11期。

中共青羊区委党校课题组：《成都市城区居家养老服务初探》，《中共成都市委党校学报》2008年第5期。

常江：《美国政府购买服务制度及其启示》，《政治与法律》2014年第1期。

5 医疗保障发展报告

杨燕绥

5.1 中国医疗保障发展目标、现状与评估

5.1.1 中国医疗保障发展目标模式选择

医疗保障即指人人享有可及的、费用合理的与安全的基本医疗服务的制度安排,是国家社会保障体系的主要内容之一。

世界上有一百四十多个国家建立了医疗保障制度,谁为国民基本医疗服务买单是个公共伦理问题。主要有公费医疗服务、社会医疗保险、个人储蓄与社会救助三种类型。(1)公费医疗服务模式即指将公民健康保障作为国民权利和公共品,建立政府提供机制,包括政府直接提供(通过公立医疗机构提供)和政府组合提供(政府购买服务后提供)的免费的基本医疗服务,如英国模式,约占34%。(2)社会医疗保险模式即指将医疗保障作为国民权利和准公共品,建立政府主导与社会契约治理相结合的基本医疗服务筹资和提供机制,如德国模式,约占65%。建立政府主导与商业运作和治理相结合的基本医疗服务筹资和提供机制,如美国模式。(3)个人储蓄和社会救助即指将医疗保障作为国民权利和公共与私人结合的物品,建立政府补贴(在个人自付的基础上,补贴穷人)的基本医疗服务筹资和提供机制。总之,每种模式均具有特定的功能,及其相应的管理体制、运行机制和组织结构。

党的十四届三中全会提出"加快社会保险制度改革、建立多层次的社会保障体系"的目标和任务,我国《社会保险法》规范了医疗保险制度,中国选择了医疗保险的支付模式。

医疗保险是医疗风险储蓄和费用分担的互济性制度,属于社会契约范畴,由此形成团购型管理体制和协议型运行机制,具有分担参保患者经济风险保基本、抑制

医患道德风险保持续、促进医疗资源合理配置保可及性、构建医疗服务协议定价机制保效率、促进医疗服务产业保经济的五大功能。医疗保险基金属于准公共品,不能视为公立医院经费、用于救灾和先行支付,应委托第三方管理。在二十多年的时间里,我国医疗保障制度从劳动保险和农村合作医疗,转向社会医疗保险和医疗救助,一个由城镇职工基本医疗保险、新型农村合作医疗制度、城镇居民基本医疗保险制度和城乡居民医疗救助制度组成的,多层次的医疗保障制度体系逐步建立并不断完善(见图5-1)。

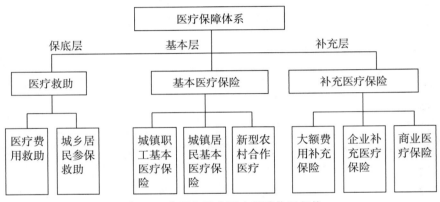

图5-1 中国多层次医疗保障体系架构

2014年,三项基本医疗保险的覆盖人数超过13亿,覆盖率达到95%以上。三项基本医疗保险制度政策范围内住院医疗费用报销的比例已经达到或接近75%,医疗保险基金最高支付限额分别达到职工平均工资或居民人均可支配收入的6倍以上。一些地方还探索建立了社区医疗服务包、门诊统筹和重特大疾病医疗救助制度,进一步扩大和提高医疗保障的范围和保障程度。城乡居民医疗保险逐步实现整合。

与基本医疗保险制度同步建立的医疗保险基金从起步时就明确了"以收定支、收支平衡、略有结余"的原则。医疗保险基金按照单位和个人"可承受"的比例(近5年平均费率9%,其中,统账结合单位费率7.36%、个人费率2.19%,单建统筹费率3.81%)筹集,并按照"保基本"确定的"三个目录"范围内的医疗费用分段按比例报销支付。就城镇职工基本医疗保险来看,2012年,基金总收入6062亿元,基金总支出4868亿元,人均基金收入2347元,人均基金支出1885元。基金当期结存1194亿元,其中统筹基金结存660亿元,结存率17.7%,个人账户结存534亿元。基金累计结存6884亿元,其中,统筹基金结存4187亿元,可支付16.4个月。近5年来,统筹基金结存可支付月数总体是下降趋势,而且,区域之间结存率分布极不平衡。

职工享受医疗保险待遇的总人数是逐年上升的趋势,从2007年的5.5亿人次上升到2012年的12.3亿人次,年递增22.3%,与此相应的职工次均医疗费用也逐年上升,职工次均住院费用由2007年的6460元上升到2012年的9313元,其中由统筹基金支付的费用由2007年的4289元上升到2012年的6522元。尽管就诊人次和次均费用都呈年均增长的趋势,但基金结存仍可保持在较高的支付月数,其原因是:(1)参保人员逐年增长以及在增长人员年轻化;(2)缴费基数的增长,较高的收缴率以及由此产生人均筹资水平不断增长;(3)在基金支付管理上的审慎和严密。

随着医保制度建设的推进,医疗保险管理服务能力也不断加强。以各级医疗保险经办机构为骨干,以定点医疗机构、银行等社会服务机构为依托,以基层劳动保障工作平台为基础,以信息网络和数据库为支撑,以社保卡(医保卡)为载体的医保管理服务构架基本形成;以人为本、为参保者提供快捷高效管理服务理念和经办管理文化初步彰显;培养锻炼了一支专兼职相结合的医保经办管理队伍,医保管理服务的规范和标准正在逐步形成并实施。同时,以计算机网络、信息库数据和社保卡(医保卡)为载体的医保信息化体系在管理服务中发挥了越来越重要的作用,从杭州、苏州、广州等城市开始,进入临床路径实行100%智能审核,大大强化了医疗保险机构的监督能力。但是,随着医保参保覆盖面的迅速扩大,医保管理服务不适应快速发展的政策目标的矛盾和参保人员对医保管理服务需求日益增强的矛盾正逐步显现:2011年医疗保险经办管理经费仅占基金全年收入数的0.64%,参保人年人均服务费用9.38元。相当一部分地区管理经费保障严重不足,难以支撑正常工作运转。城镇和农村基本医保管理体制分割,经办机构对参保者就医和医疗机构的医疗服务行为缺乏有效制约和监督,参保者违规就医、医疗机构提供过度服务或服务不足、骗取基金的情况时有发生;管理服务粗放、基础数据资料不完整一致、标准化程度不足、专业化人员缺失等问题亟待解决。

5.1.2 中国医疗保障发展指数及其评估

一、构建中国医疗保障发展指数的宗旨和原则

医疗保障发展指数是中国老龄社会发展指数和养老保障的指标之一。应当坚持人人享有、可及、买得起、服务合理的基本原则,医疗保险基金的功能在于分担参保人的医疗费用、抑制道德风险、引导合理配置资源、构建协议定价机制和促进医疗服务产业发展。老龄社会的医疗保障支出在不断增加,建立医疗服务治理成为亟待解决的问题。根据世界卫生组织世界卫生观测项目(Global Health Observatory)的系列标准,结合中国国情,建立一套科学、规范、可操作的,具有前瞻性、战略性和指导性的发展指数(非单项分析型或现状描述型),必须坚持科学发

展观和民生理念,指导中国创建医疗服务治理机制,用有限的医疗保险基金购买合理的医疗服务,使人均医疗费用增长与相关经济社会指标挂钩,建立财政支出、社会支出、个人支出的合理比例,确保基本医疗保险基金收支平衡,实现"全覆盖、保基本、可持续"的发展目标。

二、中国医疗保障发展指数和指标体系

清华医疗保障发展指数 1(=100),包括卫生出资合理性、医保政策科学性和医疗服务治理有效性 3 个一级指标,15 个二级指标和 25 个三级指标(见图 5-2)。根据德尔菲法赋权,考虑中国人口老龄化速度和医疗服务治理的必要性,各指标赋权分值为 20%、32% 和 48%,2 级指标多为平均赋值。运用等分法、回归分析法、综合指数等方法进行计算。总评价值在 0.800—1.000 区间为优、在 0.600—0.700 区间为中、<0.600 为差(60 分及格)。2013 年参加评价值为 0.980(补充医疗保险暂不参评,-2 分),总评价值为 0.627(0.168+0.263+0.208=0.640/0.980=0.627),处于中等及格区间内,比 2012 版增加 0.027。

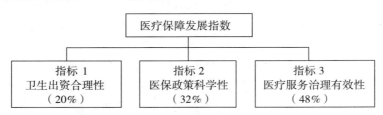

图 5-2 医疗保障发展指数指标体系结构图

三、卫生出资合理性指标

卫生出资合理性指标是医疗保障发展指数的一级指标,是抑制看病贵和因病致贫的宏观指标。按照世界卫生组织世界卫生观测项目的标准,针对国家医疗卫生总费用,运用财政支付、社会支付和个人支付占比三个二级指标进行衡量。① 社会支出占比应当达到 50%,主要用于补偿医务人员按劳务和医疗机构行政;财政预算支出占比为 30%,主要用于公立医院建设等;个人支出占比为 20%,主要用于购置药品和处置性服务费用。该指标赋权值为 0.200,三个二级指标赋权值分别为 0.060、0.060、0.080,控制个人支出的指标赋权高于前二者。总评价值在 0.160—0.200 区间为优、0.120—0.150 区间为中、<0.120 为差(12/20=60 分)。目前,总评价值为 0.842(0.060+0.066+0.043=0.168/0.200=0.842),处于优等区间。主要情况如下:财政支出不断增加、社会支出不断增加但未达标,个人支出占比尚偏高。见表 5-1。

---

① 资料来源:http://www.who.int/gho/en/。

表 5-1　中国医疗保险发展指数（2013 年版）

一级指标	权重	二级指标	权重	三级指标	测量值	指标分数	评价分数
卫生出资合理性	20	政府财政支出占医疗费用比例	060		300.000	060	060
		个人直接支付占医疗费用比例	080		344.000	080	066
		社会支付占医疗费用比例	060		356.000	060	043
医保政策科学性	32	公平性	080	城镇职工基本医疗保险覆盖率	714.000	027	019
				城镇居民基本医疗保险覆盖率	797.000	027	021
				农村居民医疗保险覆盖率	1.253	027	027
		效率性	080	城镇基本医疗保险费用分担率	732.000	027	024
				农村居民医疗保险费用分担率	730.000	027	024
				总分担率	731.000	027	024
		适应性		筹资政策		012	008
				资金配置		012	008
				目录设定		012	008
				分担比例		012	008
				合理设限		012	004
				流动性		018	006
		持续性	081	城镇职工医疗保险基金平衡（亿）	518.300	020	020
				城镇居民医疗保险基金平衡（亿）	201.700	020	020

一级指标	权重	二级指标	权重	三级指标	测量值	指标分数	评价分数
医保政策科学性		持续性		新农合基金平衡（亿）	624.555	020	020
				城镇职工医疗保险基金支付月数	14.902	007	007
				城镇居民医疗保险基金支付月数	13.514	007	007
				新农合基金累计结余支付月数	16.548	007	007
		医患信用管理	060			060	020
		医疗服务协议管理	060			060	020
		药品检查费用占比	045			045	015
		定价和采购机制	045	基金统筹层级		015	010
				统一管理		015	010
医疗服务治理有效性	48	医疗保险管理服务绩效	060	社会保障卡		015	005
		医疗服务支付绩效	060	补偿作用	000	030	020
				制约作用	000	030	020
		医疗保险政策评估	060			020	020
		人均医疗费用合理增长率	090		142.000	090	048

《中国统计年鉴 2012》数据显示(见图 5-3):社会支出占比<35%,财政支出占比为 30%,个人支出占比为>34%。在医疗保险全覆盖的条件下,社会支出未达标值,主要原因在于推诿病人和目录外用药等,加大了个人的医疗负担,按照五等分法计算的评价分数为 0.041;个人支出超标 70%,评价值为 0.024;财政医疗支出基本达标,评价值为 0.036。

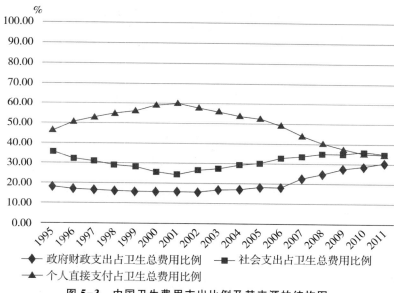

图 5-3 中国卫生费用支出比例及其来源的结构图

数据来源:《中国统计年鉴 2012》。

四、医疗保障政策科学性指标

医疗保障政策科学性是医疗保障发展指数的一级指标。医疗保障政策包括基本医疗保险、补充医疗保险、医疗救助等政策,本指标主要评价基本医疗保险政策。政策评估从公平性、效率性、持续性、适应性四个维度和四个二级指标进行考量。该指标赋权值为 0.32,四个二级指标的赋权值分别为 0.080、0.080、0.081、0.079,达标即满分。总评价值在 0.250—0.320 区间为优、0.188—0.249 区间为中、<0.188 为差(0.188/0.320=60 分)。本报告总评价值为 0.822(0.263/0.320=0.822),处于偏优的区间。主要情况如下:农村居民医疗保险覆盖范围迅速扩大,但出现重复参保和假冒参保人骗取政府补贴等问题;城镇职工和居民尚未做到全覆盖。

五、医疗服务治理目标

医疗服务综合治理目标是提供与经济发展水平相适应的医疗保障。

一要坚持基本医疗服务的公益性。健康是人权的基础,每个人都应当享有获得基本医疗服务的权利。基本医疗服务应当包括大病特病及其常见病种,通过专科诊断分型和全科慢病管理,分级诊疗和分级付费。医疗服务非交易,不能在医患之间形成交易关系;国家要建立基本医疗服务的补偿机制,让医生得到最好的补偿,成为公共服务薪酬市场的标杆;药物非普通商品,不能用市场化营销的方法激励用药并取得公允价,必须导入疗效和成本的价值评估;医疗机构非趋利组织,公益医院应以社会企业为主,由政府和社会资本共同融资,有利润无股东,提供基本医疗服务;民营医院应坚持微利原则,也可以参与基本医疗服务;政府只为数量有限和财政付得起的公民建立真正意义上的公立医院,提供免费医疗;并对贫困人群提供医疗救助。

二要保持医疗费用增长的合理性。基本医疗卫生服务供给水平应当与当地经济水平相适应,保持合理的增长率。1978—2014年间卫生总费用增长率和GDP增长率数据的回归分析结果显示,GDP每增长1%,卫生总费用增长1.16%,医疗费用增长略高于经济增长,已经出现购买健康的消费趋势。基于该数值,2015年GDP增长率为6.9%,卫生总费用增长率应为8.07%,高出部分应当降低、低于部分应当提高,由此建立各级政府的工作目标和考核目标。2015年我国卫生总费用增长率约为14.93%,城镇职工和居民医疗保险基金支出增长率为14.50%,二者增速均偏高。

三要保持医疗费用负担的合理性。卫生总费用综合反映一个地区的卫生事业发展规模与健康消费水平。卫生医疗费用占GDP的比重是衡量医疗技术进步的主要指标,我国卫生费用占GDP的比重持续上升。卫生总费用应当由国家、社会和个人分担,WHO的原则是3∶5∶2,个人负担不能高于20%。我国目前个人负担约占卫生总费用(含医疗)的33%,参保人负担约占基本医疗保险支出的25%。日本在进入深度老龄社会之前,经过全民公决,将个人负担升至30%。中国正在快速进入深度老龄社会,个人负担占医疗总费用的30%左右可能是常态。

5.2 职工基本医疗保险基金运行情况分析

5.2.1 往期职工基本医疗保险基金运行情况分析

从总量上看,城镇职工基本医疗保险基本实现了"收支平衡、略有结余"的目标(见表5-2),确保了国家医疗保险法律和政策的执行。1994—2011年,职工基本医疗保险基金的收入、支出和累计结余(包括统筹基金累计结余和个人账户累计结余)在不断地增加。当年结余除2009年、2010年比上年有所减少之外,其他年份当年结余在不断地增加。1994年城镇职工医疗保险基金的收入是3.2亿元,到

2011 年年底增至 4945 亿元,收入增长了 1544 倍;1994 年城镇职工医疗保险基金的支出是 2.9 亿元,到 2011 年年底增至 4018 亿元,支出增长了 1385 倍。1994 年城镇职工医疗保险基金的当年结余和累计结余分别是 0.2 亿元和 0.7 亿元;到 2011 年年底,分别增至 927 亿元和 5683 亿元。

表 5-2 历年城镇职工医疗保险基金收支情况(1994—2011 年)

单位:亿元

年份	参保城镇职工总人数(万人)	基金收入	基金支出	当年结余	累计结余	统筹基金累计结余	个人账户累计结余
1994	400.3	3.2	2.9	0.2	0.7		
1995	745.9	9.7	7.3	2.4	3.1		
1996	855.7	19.0	16.2	2.8	6.4		
1997	1762.0	52.3	40.5	11.8	16.6		
1998	1877.6	60.6	53.3	7.3	20.0		
1999	2065.3	89.9	69.1	20.8	57.8		
2000	3786.9	170.0	124.5	45.5	109.8		
2001	7285.9	383.6	244.1	139.5	253.0		
2002	9401.2	607.8	409.4	198.4	450.7		
2003	10,901.7	890.0	653.9	236.1	670.6	379.6	291.0
2004	12,403.6	1140.5	862.2	278.3	957.9	552.9	405.0
2005	13,782.9	1405.3	1078.7	326.6	1278.1	750.1	528.0
2006	15,731.8	1747.1	1276.7	470.4	1752.4	1077.4	675.0
2007	18,020.0	2214.2	1551.7	662.5	2440.8	1557.8	883.0
2008	19,995.6	2885.5	2019.7	865.8	3303.6	2161.6	1142.0
2009	21,937.4	3420.3	2630.1	790.2	4055.2	2661.2	1394.0
2010	23,734.7	3955.4	3271.6	683.8	4741.2	3007.2	1734.0
2011	25,227.0	4945.0	4018.0	927.0	5683.0	3518.0	2165.0

资料来源:1993—2006 年历年基金收入、支出和累计结余数据来自《中国统计年鉴 2011》,2007—2010 年基金收入、支出和累计结余数据来自《中国统计年鉴》(2008—2011 年);2003—2010 年城镇职工个人账户累计结余、统筹基金和个人账户的收入、支出以及 2011 年数据来源于人社部历年《人力资源和社会保障事业发展统计公报》和《社会保险情况》;统筹基金累计结余减去了个人账户累计结余。

1994—2011 年医疗保险基金收入、支出和结余均不断增加,且幅度很大,但同期参保职工人数增加了62倍(1994年参保职工人数为400.3万人,2011年上升到25,227万人)。从人均情况来看,1993—2011年,职工医疗保险基金的人均收入、人均支出和人均累计结余(包括统筹基金累计结余和个人账户累计结余)在不断增加。人均当年结余除2009年、2010年比上年有所减少之外,其他年份当年结余在不断增加。1994年城镇职工医疗保险基金的人均收入为79.9元,到2011年年底增至1960.2元,人均收入增长了23.5倍;1994年城镇职工医疗保险基金的支出是72.4元,到2011年年底增至1592.7元,人均支出增长了21倍。1993年城镇职工医疗保险基金的人均当年结余和人均累计结余分别是5元和17.5元,到2011年年底分别增至367.5元和2252.7元。

5.2.2 实证研究:职工基本医疗保险基金运行情况

以某市为例,职工基本医疗保险基金在2010年累计结余额占当年基金收入的137.6%。运用综合测算模型对其进行中长期预测的结果发现,一旦加入人口老龄化因素,将非正常趸交资金分摊10—20年支出,2011年即出现亏损,2014年将用尽累计结余,进入全面亏损状态。

一、计算方法

对某市职工基本医疗保险基金10年经验数据进行分析和预处理,选择对医保基金收支具有直接影响的22项指标(见图5-4),运用时间价值理论和精算原理测算结余额和趸交额的现值,计入利息收入折算分摊进入每个时点的时间价值的折现值,建立"职工医疗保险统筹基金中长期综合因素测算模型"。

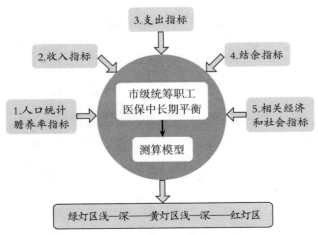

图5-4 职工医保统筹基金中长期平衡测算模型结构图

二、参数设定

根据全民覆盖和城乡统筹的基本原则,以某市全体就业人口作为测算对象,仅测算 2011—2020 年间职工医保统筹基金,不含个人账户,大部分参数是基于某市过去 10 年实际数据的平均值设定。

(1) 人口与经济参数如下:①人口。2012 年后就业人口负增长率为 0.73%,2002—2010 年间,某市在职参保人数/退休参保人数的比例为 1∶2.08—2.44,2010—2020 年间劳动人口下降,2020 年约为 1∶2.22。②参保率。2002—2010 年间数据显示劳动人口/常住人口的比例为 79.35%,从业人口/常住人口的比例约为 50%,假设从业人口 100%参保,连续缴费 15 年,累计缴费 20 年。③平均退休年龄 55 岁,计划内退休职工年龄中位数为 65 岁。④退休人员医疗费用支出约为在职人员的 2.9—3.1 倍。⑤社会平均工资增长率采用清华养老金工作室的回归假设 12.1%—8.2%(见表 5-3)。⑥年均利率为 2.5%。

表 5-3　全国城镇职工年均工资增长率预测

年份	2011	2012	2013	2014	2015	2016	2017	2018	2019	2020
增长率(%)	12.1	11.5	11.0	10.5	10.1	9.63	9.24	8.87	8.52	8.20

(2) 基金收入参数如下:如表 5-4,⑦该市 2002—2010 年平均缴费工资是全体职工平均工资的 0.74。⑧该市 2002—2008 年单位费率为工资总的 7.5%,2010 年调整为 6.5%,个人费率为个人工资的 2%,见表 5-5。⑨从 2007 年趸交缴保费 7.9 亿元到 2010 年趸交缴费为 30.9 亿元,占基金总收入的 36%,考虑该市 2010 年趸交资金量较大的突发性,每年趸交资金在 30 亿元的基础上递减 3%—5%;考虑现行财政补贴政策和当地退休人员年龄中位数为 65 岁(55 岁退休),平均预期寿命 75 岁,趸交资金按照 10 年、15 年、20 年三档计入当年医保基金收入。见表 5-6。⑩个人账户划款比例设为 32%、35%、40%。⑪暂缺财政补贴占基金比例数据。

表 5-4　某市人均缴费费基占全部职工平均工资的比例(2002—2010 年)

年份	2002	2003	2004	2005	2006	2007	2008	2009	2010
缴费费基/在职参保人数(万元)	0.99	1.02	1.16	1.34	1.53	1.90	2.27	2.22	2.40
全部职工年均工资(万元)	1.37	1.53	1.76	2.00	2.26	2.66	2.47	2.73	3.05
人均费基/全部职工年均工资	0.72	0.67	0.66	0.67	0.68	0.71	0.92	0.81	0.79

表 5-5　某市职工单位缴费和个人缴费费率情况（2002—2010 年）

年份	2002	2003	2004	2005	2006	2007	2008	2009	2010
单位缴费费率(%)	7.5	7.5	7.5	7.5	7.5	7.5	7.5	6.5	6.5
个人缴费费率(%)	2.0	2.0	2.0	2.0	2.0	2.0	2.0	2.0	2.0

表 5-6　某市职工基本医疗保险统筹基金趸交资金情况（2007—2010 年）

年份	2007	2008	2009	2010
趸交资金(万元)	30,166.0	50,287.0	77,745.0	309,291.0
趸交占基金收入比例(%)	7.9	10.1	14.4	36.0

（3）基金支出参数如下：⑫支付政策。就诊起付线三级医院为 800 元、二级医院为 400 元、三级医院为 200 元，封顶线为上年职工社会平均工资的 6 倍，2011 年约为 18 万元；报销比例为 85%—100%。⑬结算方式。项目付费和定额付费相结合。⑭住院就医率。平均住院率为 11.69%（参考全国数据）。⑮人均医疗费用。2008 年为 998.4 元，2009 年为 1280.2 元，2010 年为 1484.4 元。⑯人均医疗费用的增长率 2002—2010 年间在职职工约为 20%，退休人员约为 15%。见表 5-7。⑰补充医保分担率。职工补充医疗保险支付范围和分担费用的情况对职工基本医疗保险的影响。⑱方便程度，是指就医的可及性和电子化结算带来的便利性。

表 5-7　某市在职/退休人员人均医保统筹基金年支出增长率
（2003—2010 年）

年份	2003	2004	2005	2006	2007	2008	2009	2010
在职参保人员(%)	25.8	7.7	14.9	15.0	15.2	20.0	41.2	19.9
退休参保人员(%)	31.2	8.7	7.7	8.6	12.0	20.8	24.1	11.1

（4）基金结余参数如下：⑲支出比。2002 年总支出占总收入的 60.8%，2010 年为 94.8%。⑳结余率。2002—2010 年间基金结余率为 20%—40%，至 2010 年年底结余总额达到 118.36 亿元，占当年基金收入的 137.6%。㉑基金结余净值。将趸交资金按 1/10 和 1/20 分摊计入当年基金收入，减去个人账户资金的累计结余净值。㉒结余支付期。累计结余基金可以用于支付的月数。

三、测算结果

某市职工基本医疗保险统筹基金中长期运行情况的测算结果（2011—2020

年)如下:(1)中期表现不佳(2011—2015年"十二五"规划期间)。在此期间,趸交资金按照1/20分摊计入当年基金收入,2011年出现当年基金亏损约1.81亿元;趸交资金按照1/15分摊计入当年基金收入,2011年出现当年基金亏损约0.53亿元;趸交资金按1/10分摊计入当年基金收入,2014年出现当年基金亏损约3.47亿元,2015年达到10.27亿元。(2)长期表现很差(2011—2020年全面实现小康社会目标时点)。在此期间,趸交资金按照1/20分摊计入当年基金收入,在2015年出现当年基金亏损约19.39亿元,用尽累积基金后的亏损额2.86亿元。2020年当年亏损额为142.44亿元,累积亏损额为410.48亿元。趸交资金按照1/10分摊计入当年基金收入,在2017年出现当年基金亏损约40.55亿元,用尽累积基金后的亏损额30.05亿元。2020年当年亏损额为132.74亿元,累积亏损额为319.50亿元。

根据人社部关于"建立基本医疗保险基金运行情况分析和风险预警制度"的要求,统筹基金累计结余原则上应控制在6—9个月平均支付水平,超过15个月平均支付水平的为结余过多状态,累计结余低于3个月平均支付水平的为结余不足状态,分析该市职工医保统筹基金中长期运行情况,中期测算结果显示迅速进入结余不足和全面亏损状况(见表5-8和表5-9)。

表5-8 某市职工基本医保统筹基金累计结余用于支付月数的情况
(2010—2016年)

年份	趸交资金按1/10分摊计入		趸交资金按1/20分摊计入	
	累计结余/当年收入(%)	可支付月数	累计结余/当年收入(%)	可支付月数
2010	127.8	16.6	125.6	15.2
2011	107.8	13.6	98.9	11.3
2012	89.2	11.1	72.1	8.1
2013	72.8	8.8	47.8	5.2
2014	55.5	6.4	23.3	2.4
2015	35.3	3.8	-3.3	-0.3
2016	10.1	1.0	-38.8	-3.4

说明:可支付月数=当年年底统筹基金累计结余/(上年统筹基金总支出/12)。

假设趸交资金分摊15年计入当期收入,2011年该市医疗保险趸交收入30亿元,以后每年趸交递减因数为5%,企业缴费按68%计入统筹基金,32%计入个人账户,预测某市职工基金中长期综合因素运行情况(见图5-5)。其他城市可以根据当地实际数据观察相应结果。

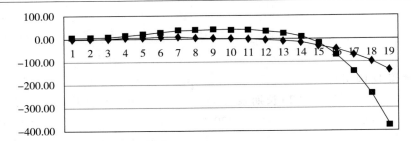

图 5-5 某市职工医保统筹基金中长期综合因素测算结果示意图

表 5-9 某市职工医保统筹基金趸交分摊后当年/累计结余情况（2002—2020 年）

单位：亿元

年份	趸交分摊10年计入		趸交分摊15年计入		趸交分摊20年计入	
	某市职工医保统筹基金当年结余	某市职工医保统筹基金累计结余	某市职工医保统筹基金当年结余	某市职工医保统筹基金累计结余	某市职工医保统筹基金当年结余	某市职工医保统筹基金累计结余
2002	1.63	5.12	1.63	5.12	1.63	5.12
2003	1.13	6.24	1.13	6.24	1.13	6.24
2004	3.15	9.39	3.15	9.39	3.15	9.39
2005	5.19	14.58	5.19	14.58	5.19	14.58
2006	5.88	20.46	5.88	20.46	5.88	20.46
2007	8.21	28.67	8.11	28.57	8.06	28.52
2008	9.24	37.91	8.98	37.55	8.84	37.36
2009	2.46	40.37	1.93	39.48	1.67	39.03
2010	2.55	42.92	0.99	40.46	0.21	39.24
2011	2.03	44.95	−0.53	39.94	−1.81	37.43
2012	1.99	46.94	−1.52	38.42	−3.27	34.16
2013	0.35	47.30	−4.06	34.36	−6.26	27.90
2014	−3.47	43.83	−8.73	25.63	−11.37	16.53
2015	−10.27	33.56	−16.35	9.28	−19.39	−2.86
2016	−23.06	10.50	−29.92	−20.64	−33.34	−36.20
2017	−40.55	−30.05	−47.84	−68.48	−51.64	−87.84

续表

年份	冤交分摊 10 年计入		冤交分摊 15 年计入		冤交分摊 20 年计入	
	某市职工医保统筹基金当年结余	某市职工医保统筹基金累计结余	某市职工医保统筹基金当年结余	某市职工医保统筹基金累计结余	某市职工医保统筹基金当年结余	某市职工医保统筹基金累计结余
2018	-63.54	-93.59	-71.03	-139.51	-75.17	-163.02
2019	-93.17	-186.76	-100.54	-240.05	-105.02	-268.03
2020	-132.74	-319.50	-137.65	-377.70	-142.44	-410.48

说明：假设企业缴费32%计入个人账户,2011年冤交资金为30亿元,冤交递减因数为5%,冤交资金分摊到不同年限计入当期收入。

人口老龄化的影响。退休人员消费医疗保险基金是在职人员的2.9—3.1倍。该市是农民工的流入城市,在近期缓解了人口老龄化的影响,未来的制度内赡养负担将不断加重(见图5-6)。

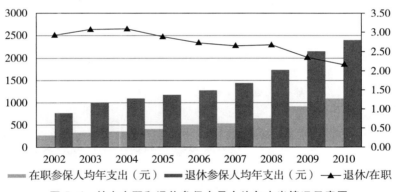

图 5-6 某市在职和退休参保人员人均年支出情况示意图

5.3 老龄社会的医疗服务治理研究

5.3.1 老龄社会及医疗保障政策沿革

按照人口老龄化的时间表,对主要国家医疗费用支出占GDP比例以及财政、社会和个人支出比例进行分析与比较,观察各国医疗保障制度改革的行动和结果,总结其中的逻辑性、规律性问题;再对比和分析中国的情况,总结经验、吸取教训和确立改革目标,尤其值得借鉴的国际经验,应当具有较强的针对性和说服力。

一、进入老龄社会的医疗保障制度安排

以下三国的国民医疗保障制度模式不同,德国实行职工社会医疗保险计划(覆盖参保人家庭被供养成员),美国实行老弱病残医疗保险和雇员商业医疗保险的二元医疗保障计划,英国实行全民覆盖的全额财政预算的国民健康服务计划。不论什么制度模式,在人口老龄化的背景下,其人均医疗费用都呈现出逐年上涨的趋势。

比较三个国家的老龄化进度和人均医疗费用情况的结果[①]显示:英国和德国近 20 年均处于从深度老龄社会向超级老龄社会发展的时期,美国目前尚未进入深度老龄社会,三个国家均约在 20 世纪 50 年代进入老龄社会(65 岁以上人口比例超过 7%),德国和英国在 20 世纪 90 年代进入深度老龄社会(65 岁及以上人口超过总人口的 14%),德国在 2010 年进入了超级老龄社会(65 岁及以上人口超过了总人口的 20%)。中国在 21 世纪才进入老龄化社会,但变化速度是四个国家中最快的。美国人均医疗费用额度最大,增长速度较快;德国和英国约为美国的 50% 以下水平,中国人均医疗费用与这几个国家年均以几千美元进行比较,数额最小,但增长趋势很明显。

二、深度老龄社会的医疗保障制度安排

(一)德国案例

德国于 20 世纪于 70 年代进入了深度老龄化社会,从 20 世纪 80 年代开始社会医疗保险改革活动频繁,不同利益相关人的斗争也十分激烈。1977 年,德国出台《健康保险成本预防法案》(Health Insurance Cost-Containment Act),主要内容是保证缴费率和缴费水平、控制医疗服务成本。1989 年《健康保险法案》(Health Care Reform Act of 1989)引入了医疗保险基金之间的竞争,允许高收入雇员退出社会医疗保险,允许医疗保险基金和不同医院以及目录外医院签约,设定药品价格参考价位,加强了对医院和医生的监管。1993 年法案更加明确地引入了医疗保险基金之间的竞争机制,参保人可以自由地选择医疗保险基金,但是设定了风险补偿计划以补偿不同基金之间的风险差异。1996 年开始实行对医院部分预付制(a partial prospective payment system),病例付费和过程费用相结合,并且引入药品目录。2000 年《法定健康保险改革法案》(Reform Act of Statutory Health Insurance)赋予政府更加严格地限制社会医疗保险基金支付的监管权力,删除无效率或者有争议的诊疗技术与药品目录,为此政府成立了德国药品文件和信息研究所(Deutsches In-

---

① 世界卫生组织统计数据:Global Health Observatory,http://apps.who.int/gho/data。

stitut für medizinische Dokumentation und Information，DIMDI)，全面评估卫生和药品技术,控制了牙医费用。德国医疗保险的行业差别非常明显,2000 年的法案出台目的在于削弱行业间的差距,支持跨行业支付医疗保险费用。2001 德国社会民主党替换了绿党卫生部长的位置,这一年开始建立了圆桌会议机制,政府邀请医师、患者、医疗保险基金、医院和医药行业代表一起搭建了医疗保障改革的平台。2001年出台了《药物预算补偿法案》(Pharmaceutical Budget Redemption Act),取消了药物报销的财政预算封顶线,各地区的成本自行谈判解决,这导致药品费用在 2001年第一季度增长了 11%,为此又出台了《药品费用限制法案》(Pharmaceutical Expenditure Limitation Act),又在医药商和医疗保险基金之间出现了争执,医药商认为医疗保险基金没有权力间接设定专利药品的控制价格。于是,联邦议会通过了《参考价格调整法案》(Reference Price Adjustment Act),把药物定价功能转移到联邦卫生部,执行期两年(2002—2004 年),这期间联邦宪法法院(Federal Constitutional Court)和欧洲司法法院(European Courtof Justice)判定医疗保险基金有权力限定药品参考价格,2004 年这一权力又回到医疗保险基金。2002 年通过的《病例费用法案》(The Case Fees Act)建立了一套实施规划和日程表,准备引入病种分组付费机制(DRGs),日程表分三个阶段：(1)2003—2004 年间,由医院准备和熟悉新制度,DRGs 不是定价机制,而是基于医院和医保基金就医疗服务行为和价格的谈判共识形成标准,以及进行目标预算的动态操作机制；(2)2005—2006 年间,医院预算逐渐向 DRGs 靠拢,从 2007 年全面执行,但遇到医疗保险基金的阻挠,这一个准备期被延长至 2008 年；(3)2007 年全面实行 DRGs 结算制度。实际上德国在 2009 年进入超级老龄社会的前夕,将 DRGs 作为相对有效的医疗保险基金的控制措施,依法强制进行了执行。

　　2003 年,政府联邦政府为强调长期护理保险的重要性,规定有孩子的雇员的社会保险缴费低于没有孩子的雇员,政府建立长期护理的储备基金,长期护理保险设在社会医疗保险计划内,政府为长期护理保险的参保人提供具有最高上限额度的补贴,将患有老年痴呆症的老人纳入长期护理保险支付的范围。

　　(二) 美国案例

　　美国晚于德国和英国于 2015 年进入深度老龄社会。时至今日,美国的人均医疗费用水平仍高居世界第一位,由此证明人口老龄化并不是医疗费用增长的唯一原因,技术进步带动的医疗器械和药物成本,及商业化医疗保险的成本,也是主要原因。①

在此期间,美国医疗保障改革主要在于实现全民医疗保障目标。1993年克林顿政府在《医疗改革草案》中专门强调了老年人医疗服务的可及性。② 截至2010年,美国政府的老年人医疗费用支出达到儿童的五倍。2010年3月,奥巴马政府签发了《病人保护和可负担服务法案》(Patient Protection and Affordable Care Act, Public Law 111-148),同时签发了《卫生服务和教育法案》(Health Care and Education Reconciliation Act of 2010),扩大了Medicaid的可及性,对四口低收入家庭提供医疗补贴,使其医疗费用的自负额度维持在美国年度平均收入的2.0%—9.8%,鼓励企业参加社会医院医疗保险,免除由于事前合格性检查的限制,建立医疗保险交换机制,不允许商业医疗保险限制年度支付上线,鼓励发展医药科研等。针对这些措施的成本实行一系列税收、费用的平衡政策,如针对高收入人群建立新的医疗保险税、加强对医疗器械和药品公司收费、对法定低收入家庭免除购买医疗保险的义务。

(三)英国案例

英国于1975年进入深度老龄社会,预期在2030年进入超级老龄社会。2012—2013年间,国民健康服务体系的年预算为1080亿英镑(约合1.08万亿人民币),约占英国GDP的9.4%。自1975年以来NHS改革非常剧烈,但资金来源主要是财政收入而不是缴费,医疗服务基本上还是免费的,只需要在全科医生GPs的诊断后付6.85磅左右的人头费,65岁以上老人不需要支付。1999年工党政府削减行政成本,在地方组建PCT组织代替地方政府组织,打造NHS的受托人机制。2002年政府组建了国家诊疗绩效研究所(National Institute for Clinical Excellence, NICE),衡量药品和技术是否需要由PCT所提供。在2003年引入结果导向付费体系(Payment by Results, PbR),采用全国统一的价目表来控制医疗费用,同时引入DRGs付费方式,这是政府完全主导的行为。一方面,英国的人均医疗费用低于德国,且2006年以来呈现下降趋势,但老龄化进程没有德国速度快。另一方面,2013年英国政府公布的一份调查报告披露,在2005—2009年间,斯特福德医院因过分削减开支,罔顾住院病人基本护理标准,导致约1200名患者得不到及时治疗而死亡。在其他地区的公立医疗机构和养老院内,也时有虐待患者的情况发生,丑闻震惊了英国朝野和社会,首相卡梅伦在英国议会发表讲话,向死难者家属道歉,并表

---

① Derek Gill, et al.,"Health Care Reforms in the United States: The Implications to the Elderly," *Journal of Aging Studies*, 1997, Vol.11, No.3, pp. 177-194.

② Preliminary Draft, President's Health/Care Reform Proposal 9/7/93, p. 66.

示将全面整改国家健康服务系统。

三、超级老龄社会的医疗保障制度安排

英国、美国均在2030年以后进入超级老龄社会,只有德国于2010年即先行进入了超级老龄社会。

德国在医疗保险基金收入封顶和支出需求不断加大的情况下,主要措施是加强治理结构建设:(1)从2009年开始,全面执行DRGs结算制度,列出全国药品参考价位;(2)为强化社会医疗保险的强制性,改革医疗保险基金自治(原有200多个)模式,为适应中央政府统一费率、统一征缴的管理体制,建立风险储备基金,针对人口数量和年龄结构进行资金调控①,以应对进入深度老龄社会后出现的社会问题;(3)强制全体雇员参加医疗保险计划,允许雇员退出社会医疗保险计划,鼓励雇主建立员工医疗保险福利计划。

综上所述,三个国家的医疗费用支出比例均比较稳定,由于个人支付比例较低(不超过15%),在进入老龄社会之时,"看病贵"尚未构成社会问题。但是,伴随着深度老龄社会的进程,英国的财政压力最大,改革目标在于因控制医疗费用支出,出现了医疗服务质量降低的社会问题。美国人口结构相对合理,但制度碎片化导致重复保障和保障的人群不断增加,改革目标主要在于实现全覆盖目标和适度控制医疗费用增长。德国已经进入超级老龄社会,社会医疗保险费率已经封顶,改革目标在于完善医疗保险基金的结算方式,用有限的医疗保险基金购买合理的基本医疗服务。同时,鼓励部分高收入的雇员退出社会医疗保险计划,购买商业健康保险,以减轻社会医疗保险的财务压力。

中国已在2000年进入老龄社会,预期在2025年进入深度老龄社会,2035年之前进入超级老龄社会。与上述国家截然不同的是,在进入老龄社会时的个人医疗费用支出占比高达60%,看病贵的社会问题日益凸显。

5.3.2 中国老龄人口医疗需求与利用情况

一、中国老龄人口的健康状况

慢性病(如肿瘤、动脉硬化、心脑血管病)、老年病(如视力、听力下降,记忆力减退、反应迟钝,老年性腰腿病、痴呆)等,严重影响老年人的生活质量,老龄人口的医疗服务需求远远大于其他人群。

---

① Sara Thomason, et al., *Financing Health Care in the European Union: Challenges and Policy Response*, this study was requested and financed by the European Parliament's Committee on Employment and Social Affairs (EMPL), World Health Organization 2009, pp.141-144.

全体居民1993—2003年间两周患病率没有大幅变化,介于140‰—150‰之间,此后这一比例有较大幅度的上升。1993年全体居民的两周患病率为140.1‰,2008年该比例增加到188.6‰,增幅达34.6%。65岁以上老龄人口1993—2008年的居民两周患病率则一直呈现快速上升的趋势。两周患病率从250‰增加到465.9‰,增幅达86.4%。1993年,65岁以上老龄人口两周患病率是全体人口两周患病率的1.78倍(其中,城市为1.77倍;农村为1.68倍),2008年该比例上升到2.47倍(其中,城市为2.62倍;农村为2.25倍)。历年65岁以上老龄人口两周患病率远远超出其他年龄组(见表5-10和图5-7)。

表5-10 城乡居民两周患病率

年龄 \ 患病率(‰)	城市				农村				合计			
	1993	1998	2003	2008	1993	1998	2003	2008	1993	1998	2003	2008
0—4岁	216.9	221.4	104.2	146.7	197.0	197.5	139.5	179.8	200.3	201.6	133.0	174.2
5—14岁	157.9	116.2	60.9	63.9	109.9	97.4	74.5	79.8	118.7	100.6	72.2	76.9
15—24岁	104.0	79.6	40.4	50.6	67.2	60.8	52.4	49.5	74.2	64.7	49.8	49.7
25—34岁	86.2	93.3	59.5	63.2	81.0	110.9	90.4	79.6	82.2	106.8	82.5	74.9
35—44岁	126.0	156.2	100.0	101.6	129.6	153.5	135.9	147.6	128.5	154.3	126.2	136.0
45—54岁	188.5	217.3	163.1	213.8	155.3	187.6	202.6	232.6	164.5	196.0	191.5	227.2
55—64岁	263.6	312.1	258.1	355.1	195.3	230.5	249.0	310.0	218.3	259.1	251.8	322.7
65岁及以上	309.5	379.4	396.9	580.9	216.0	242.0	302.1	398.2	250.0	294.1	338.3	465.9
全体	175.2	187.2	153.2	222.0	128.2	137.1	139.5	176.7	140.1	149.8	143.0	188.6

资料来源:中华人民共和国卫生部:《中国卫生统计年鉴2010》,中国协和医科大学出版社2010年版。

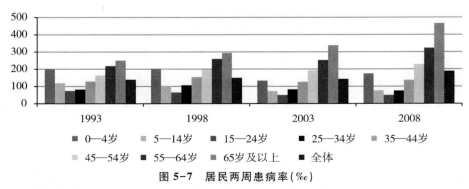

图5-7 居民两周患病率(‰)

资料来源:中华人民共和国卫生部:《中国卫生统计年鉴2010》。

1993—2008年间,65岁以上老龄人口与全体人口慢性病患病率发展趋势基本一致,都呈现先下降后上升的态势。全体人口慢性病患病率2008年较之于1993年有一定程度的下降,65岁以上老龄人口的患病率则大幅攀升。1993—2008年间,全体人口慢性病患病率从169.8‰减少到157.4‰,降幅达7.3%。其中,65岁以上老龄人口患病率从540.3‰增加到645.4‰,增幅达19.5%。1993年,65岁以上人口慢性病患病率是全体人口的3.18倍(其中,城市为2.76倍;农村为3.05倍),2008年这一比例上升到4.10倍(其中,城市为4.15倍;农村为3.73倍)。以上分析表明,65岁以上老年人患有慢性病的越来越多,历年65岁以上老龄人口慢性病患病率远远超出其他年龄组,特别是老年痴呆症患者迅速增加,重症患者有1000多万,中度患者有3000多万。总之,未来老龄人口潜在的医疗需求和费用将会急剧增加。

二、中国老龄人口医疗服务利用情况

本节通过研究实际发生的老龄人口就诊率和住院率,以及某市医疗保险基金的代际支出情况,观察老龄人口的医疗服务利用情况。Berhanu等人利用2004年美国密歇根州数据所做的研究表明,样本群体老年时期消耗的医疗费用占到了一生中医疗费用消耗的一半,85岁以上老年人在余生中消耗的医疗费用占到了一生中医疗费用1/3以上。① Culter和Meara对美国1953—1987年分年龄组的医疗费用的统计分析显示,新出生婴儿和65岁以上老人的医疗费用增长率显著高于其他年龄组医疗费用增长率。② 国内学者饶克勤等利用1993—1998年间的国家卫生服务调查数据的研究结果显示,如果医疗服务价格不变,人口老龄化单独作用将带来年度医疗费用1.54%的增长。③ 肖庆伦和刘兴柱以上海市和九江市的数据为基础,计算了不同年龄组人群的医疗费用,证明老龄化带来年度医疗费用支出增长率为1.94%。④ 宋世斌的数据分析结果显示,中国65岁以上人口与65岁以下人口的年人均医疗费用比例约为3∶1—5∶1。⑤

---

① Berhanu Alemayehu, Kenneth Warner, "The Life Time Distribution of Health Care Costs," *Health Service Research*, 2004, Vol. 39, No. 3, pp.627-643.

② David Culter, Ellan Meara, "The Medical Costs of the Young and Old: A Forty Year Perspective," National Bureau of Economics Research working paper, No. 6114.

③ 饶克勤、尹力、刘远立:《中国居民健康转型,卫生服务需求变化及其对经济、社会发展的影响》,《中国卫生经济》2000年第10期。

④ 肖庆伦、刘兴柱:《社会医疗保险费用的上涨及其成因的定量分析》,《中国医院管理》1994年第1期。

⑤ 宋世斌:《我国医疗保障体系的债务风险及可持续性评估》,经济管理出版社2009年版,第30页。

(一) 就诊率和住院率的基本情况

1993—2008年间,65岁以上老龄人口两周就诊率呈现先升后降再升的变化趋势,全体人口两周就诊率则呈现先降后微弱上升的趋势。65岁以上老龄人口两周就诊率2008年较之于1993年有一定程度的上升;全体人口两周就诊率则有一定程度的下降。1993—2008年,65岁以上老龄人口两周就诊率从279.5‰增加到302.9‰,增幅达8.4%;全体人口两周就诊率从169.5‰减少到145.4‰,降幅达14.2%。1993年,65岁以上老龄人口两周就诊率是全体人口两周就诊率的1.65倍(其中,城市为1.66倍;农村为1.57倍),2008年该比例上升到2.08倍(其中,城市为2.38倍;农村为1.99倍)。除1993—1998年65岁以上老龄人口两周就诊率低于0—4岁年龄组之外,所有年份65岁以上老龄人口两周就诊率远远超出其他年龄组(见表5-11)。

表5-11 城乡居民两周就诊率

就诊率(‰) 年龄	城市				农村				合计			
	1993	1998	2003	2008	1993	1998	2003	2008	1993	1998	2003	2008
0—4岁	343.6	311.7	156.2	191.4	302.9	306.5	212.8	259.8	309.6	307.4	202.4	248.1
5—14岁	206.0	113.3	55.1	68.1	144.8	124.6	82.0	95.6	155.9	122.7	77.4	90.6
15—24岁	103.3	55.2	31.8	32.4	78.8	68.9	51.1	50.5	83.4	66.1	47.0	46.6
25—34岁	101.7	85.4	47.8	45.0	96.0	124.9	88.9	67.2	97.3	115.5	78.3	61.1
35—44岁	134.6	118.4	75.0	69.6	155.5	180.9	126.6	128.4	149.1	162.0	112.6	113.6
45—54岁	215.8	179.2	125.2	109.1	186.6	209.7	196.0	181.2	194.7	201.1	176.3	159.9
55—64岁	288.6	271.2	191.1	183.9	230.2	263.6	243.6	228.6	249.9	266.3	227.5	216.0
65岁及以上	330.1	320.5	287.7	302.7	250.6	286.4	276.2	303.0	279.5	299.3	280.6	302.9
全体	198.8	161.9	118.1	127.2	159.7	164.6	139.2	151.9	169.5	163.9	133.8	145.4

资料来源:中华人民共和国卫生部:《中国卫生统计年鉴2010》。

1993—2008年间,65岁以上人口与总人口住院率发展趋势一致,均呈现上升趋势。1993—2003年间总人口住院率变化不大,2003—2008年间有较大幅度的攀升。1993—2008年间,65岁以上人口住院率从61‰增加到153.2‰,增幅达151.1%;总人口住院率从35.6‰增加到68.4‰,升幅达92.1%。1993年,65岁以上人口住院率是总人口的1.71倍(其中,城市为1.72倍;农村为1.51倍),2008年该比例上升到2.24倍(其中,城市为2.73倍;农村为1.92倍)。历年65岁以上老龄人口住院率远远超出其他年龄组。

研究结论为:中国约在 2000 年进入老龄社会,总人口就诊率和住院率在 2003 年后迅速攀升。1993—2008 年间,65 岁以上人口住院率从 61‰ 增加到 153.2‰,增幅达 151.1%,达到总人口的 2.24 倍。总之,老龄人口的医疗服务利用率显著提高。

(二)代际医疗费用支出比的中观实证分析

在日本进入深度老龄社会后,老龄人口的医疗费用是青年人的 4.6 倍。① 以 C 市职工基本医疗保险基金的实证分析为例②,参保职工的平均退休年龄 55 岁,计划内退休职工年龄中位数为 65 岁,在职职工与退休人员比例是 1∶2.94,该市是劳动人口流入城市,在一定程度上缓解了老年赡养负担。2002—2010 年间在职参保人员的人均统筹基金支出从 134 元增加到 497 元,而退休参保人员从 530 元增加到 1634 元,是在职参保人员人均医保基金支出的 3.2 倍(见图 5-8)。2010 年国家大力推行门诊统筹政策后,退休参保人员个人账户资金结余增加了,社会统筹基金的支出也增加了。退休参保人员年度人均医保基金支出升至在职参保人员的 4.7 倍。

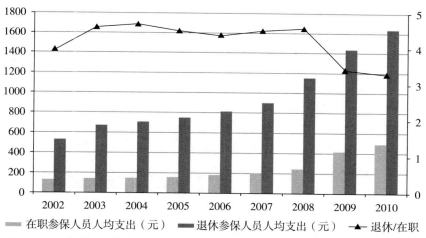

图 5-8 某市在职退休参保人员赡养比和人均支出情况示意图(2002—2010 年)

我国《社会保险法》明确规定,退休人员不再缴纳医疗保险费。如果 C 市每年 65 岁以上人口增加 8 万人,再将各类趸交补缴资金(如关停企业的一次性缴费,个人退休前一次性补交保费等),按照责权发生制分摊 10 年,该市职工医疗保险基金在未来 5 年内将出现全面亏损。

---

① 宋世斌:《我国医疗保障体系的债务风险及可持续性评估》。
② 资料来源:杨燕绥、朱祝霞、王天雨:《C 市职工医疗保险基金收支平衡机制研究报告》,清华大学就业与社会保障研究中心,2012 年,www.thupension.com。

三、老年医疗服务需求测算

医疗服务需求即指在一定时期内、一定价格水平上，人们意愿、有能力支付的医疗服务需求及其供给。本文预测 65 岁以上老龄人口的医疗服务需求在 2020 年（开始进入深度老龄社会）和 2035 年（进入超级老龄社会）的情况，未考虑老年护理需要，是一个较窄口径的医疗服务需求预测。以下根据 2011—2035 年间《世界人口展望》人口预测数据、1990—2010 年间国家统计局发布的城乡居民医疗保健支出历史数据，测算中国 2011—2035 年间的老龄人口医疗服务需求。

根据《中国统计年鉴》公布的数据显示，1990 年中国城市居民人均医疗保健支出为 25.67 元，农村居民人均医疗保健支出为 13.23 元；2010 年中国城市居民人均医疗保健支出为 871.77 元，农村居民人均医疗保健支出为 326.04 元。二十年来，城乡居民医疗保健支出分别增长了 32.96 倍和 24.64 倍，年均增长率分别为 19.3% 和 17.4%。① 按此增长率，可知 2011 年城乡居民人均医疗保健支出分别为 1040.02 元和 382.77 元。

假设：

① 老龄人口。根据联合国《世界人口展望》(2010 年)预测，中国 2011 年总人口数为 13.67 亿人，65 岁以上人口数为 1.32 亿人；2034 年总人口达到峰值 14.38 亿人，之后总人口开始下降；2035 年总人口数为 14.37 亿人，65 以上人口数为 3.34 亿人。65 岁以上老龄人口占总人口的比例从 2011 年的 9.68% 上升到 2035 年的 23.27%。

② 城镇化率。假设 2011—2035 年间 65 以上人口的城镇化率与总体人口的城镇化率相同，即每年城镇化率增加 1 个百分点（未考虑户口因素）。② 事实上，当前农村老龄化比城市更为严重。

③ 65 岁以上人口的医疗费用。目前，官方和相关文献尚未发布分年龄结构医疗费用情况，现有文献只是大致地给出了 65 岁以上人口与 65 岁以下人口的人均医疗费用比例约为 3∶1—5∶1。③ 第六次人口普数据显示，65 岁及以上人口占总人口的比例为 8.87%，计算公式如下：

$3 : 1 \times (3 \times 8.87\% + 1 \times 91.13\%) = 2.5 : 1$ 至

$5 : 1 \times (5 \times 8.87\% + 1 \times 91.13\%) = 3.7 : 1$

---

① 中华人民共和国统计局 1991—2011 年《中国统计年鉴》。

② 2010 年城镇化率根据"六普"数据得出，2011—2035 年城镇化率参考《国家人口发展战略研究报告》P1772 中的中方案。国家人口发展战略研究课题组：《国家人口发展战略研究报告》，中国人口出版社 2007 年版。

③ 宋世斌：《我国医疗保障体系的债务风险及可持续性评估》。

由此可知:2010年城乡65岁以上人口的人均医疗费用支出分别为2179.43(=871.77×2.5)元至3225.55(=871.77×3.7)元和815.10(=326.04×2.5)元至1206.35(=326.04×3.7)元。按照城乡人均医疗费用增长率,2011年城乡65岁以上人口人均医疗保健支出分别为2600(=2179.43×119.3%)元至3848(=3225.55×119.3%)元和957(=815.10×117.4%)元至1416(=1206.35×117.4%)元。

④ 医疗费用增长率。假定城乡65岁及以上人口的医疗费用增长率与城乡全体人口的医疗费用增长率相同,考虑医疗费用增长率有效控制和不能控制两种情况。

在医疗费用增长率无法得到控制的情况下,假设2011—2035年间,农村与城镇居民家庭年均医疗费用支出增长率为1990—2010年历年增长率的几何平均值,即17.4%和19.3%(基准增长率)。

研究结论:

根据中国老龄社会的时间表,在GDP增长率分别为7.5%、6%、5%的三种情况下,看老龄人口医疗费用占同期GDP的比重。2011年国内生产总值为471,564亿元。① 在GDP增长率为7.5%的情况下,如果人均医疗费用增长率不变,2025年进入深度老龄社会时,65岁及以上人口(约占总人口的15.8%)的医疗总费用占当年GDP的4.02%—5.95%;2035年进入超级老龄社会时,65岁及以上人口(约占总人口的23.4%)的医疗总费用占当年GDP的18.19%—26.91%,远远高于劳动报酬、养老金、社会消费支出、GDP的增长率。

5.3.3 中国医疗服务的治理机制研究

治理(governance)是指在利益相关人之间通过善治实现长期合作与共赢的过程。

一、一个"两维五圈治理模型"的构建

医疗卫生体制改革的目标是在医患保等利益相关人之间建立善治,通过相互制约,实现医疗服务供需、医疗保险基金收支的平衡,即一个目标、两个维度的五圈治理模型(见图5-9)。②

---

① 《中华人民共和国2011年国民经济和社会发展统计公报》。
② 杨燕绥等:《医疗服务治理结构和运行机制》,中国劳动社会保障出版社2006年版。该书是国家社会科学基金"管理型医疗问题研究"课题的主要成果。

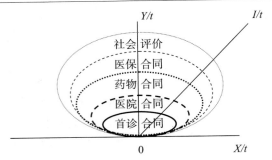

图 5-9 一标两维五圈型医疗服务治理的理论模型

注：X 为诊疗信息要素，Y 为财务信息要素，I 为主体目标，t 为时间。

一个目标 I/t，即人人享有可及、买得起、信得过的基本医疗服务。在医疗资源合理配置的基础上，按照既定的时间表，在宏观上实现卫生费用合理支出（财政支出占 30%、社会支出占 50%、居民支出占 20% 以下）的既定目标；在微观上实现人均医疗费用增长率与经济社会发展水平相适应的目标。目前我国人均医疗费用增长率高达 20%，即使财政的医疗卫生支出占到 GDP 的 6%，也很难达到医疗卫生总费用的 30%，人均医疗费用增长率降低 70%（从 20% 降至 8% 左右），才可以实现前述目标。

两维，即指规范医疗服务行为的诊疗信息流（X/t）和财务信息流（Y/t）两个维度。只要医疗服务行为可以在约束机制内，按照既定目标运行，即可以实现前述目标。

五圈，即指医疗服务领域的利益相关人所处的位置和角色。从医患关系，到医疗机构管理与服务水平、药品耗材检查的使用、医疗保险基金支付和社会评价，是一个循序渐进、相互制约、实现各方利益平衡的善治过程。政府的责任不是替代和包揽其中任何一方，而是通过法律、教育、激励、惩罚等措施，在利益相关人之间建立合作与治理的机制。

在第一圈里的利益相关人是家庭医生和患者，治理目标是医患自律。解铃需要系铃人，要合理补偿医生和调动医生的积极性，财政和医保基金按照 3∶7 的比例分担医生薪酬成本；医生要以患者健康为重、避免趋利倾向，医患双方要能够分享信息、相互信任与合作。

在第二圈里的利益相关人是医疗机构，治理目标是通过合理竞争为患者和医生提供服务。要树立标杆、建立规制。公立医院不盈利是基本原则，其价值就是在诊疗标准、医科研究、人才培养、应急服务等方面产生标杆效应。因此，公立医院不在于数量多，而在于质量好，国家和各级政府应当有计划地、集中财力打造几个优质的公立医院,向医疗服务市场和社会公众发出正能量的信号,向社会输出人才,为培育个体全科医生、民间非营利和营利医疗机构树立榜样。

在第三圈里的利益相关人是药品、医用耗材、医疗器械的生产商和销售商,治理目标是科学定价、规范流通、合理使用,从医疗服务的源头避免"药品、耗材、检查"的过度使用。

在第四圈里的利益相关人是医疗保险基金及参保代理人(经办机构),治理目标是分担参保人医疗费用的经济风险和抑制医患双方的道德风险。作为第三方付费人,具有团购医疗服务的制约能力,但不要将医院和医生视为对立面,避免简单使用总额控制的手段;要勇敢地进入临床路径,引导医生就诊疗标准和补偿水平达成共识,推动中国版 DRGs 的结算方式,用有限的医疗保险基金购买合理的医疗服务。

在第五圈里的利益相关人是第三方评价机构和社会公众,治理目标是有法可依、有标可循、有数据可用,公开、公正地评价医疗机构和医生,评价发生在患者身上的典型案例,为医患自律打造外部环境。

二、运行医疗服务治理机制的重点任务

医疗服务涉及民生质量(社会政策底线)和产业升级(现代服务业龙头之一),是富民强国和拉动需求的重大领域。目前,频发医患纠纷,医务人员流失,源自医疗服务定性和补偿、医疗资源配置、医疗服务定价机制等方面存在的问题,亟待按照党的十八届三中全会关于社会治理的精神,在医疗服务利益相关人之间建立长期的治理机制,实现医、患、保共赢目标。

(一)厘清定义和价值取向

医疗服务包括医、药、护、技,是维护患者健康的服务,每个处方都要经得起终生评估,不能混同于一般商品交易行为,不宜过度商业化。医患是健康管理的合作伙伴,建立在相互了解与信任的基础之上。

医疗保险是通过建立医疗保险基金,克服信息不对称和集合参保人的团购优势,实现以下四大治理功能:

第一,分担患者经济负担和补偿医疗服务;

第二,强化监督功能和抑制医患道德风险;

第三,利用补偿机制引导医疗资源合理配置;

第四,建立信息平台和打造医疗服务协议定价机制。

自1998年以来,中国医疗保险制度覆盖了职工和居民的90%以上,分担了参保患者医疗费用的50%—70%,基本实现了第一个功能,亟待加强能力建设,实现

第二、三、四功能。社会医疗保险属于医患保之间的社会契约范畴,2010 年《社会保险法》第 31 条规范了医疗服务协议制度,是打造医疗服务治理机制的法律依据。

(二)夯实首诊协议制,实现医疗服务可及性和建立医患信任基础

首诊协议制,狭义即指居民和社区医生之间的健康管理和门诊服务的合同,广义是加入医疗保险结算方和医疗信息服务方的社会协议(见图 5-10)。

图 5-10　社区医疗服务首诊制的四方协议

社区医生不是个人行为,是国家医疗服务体系的第一线(占医疗服务的 75% 以上),是居民健康的看门人(占医生的 75% 以上)。正如当年毛主席"六二六"指示:"好医生要下基层,大医院有专家和大学生就可以了。"反之,大医院距离患者半径长,不宜履行门诊职能,应当承担紧急治疗、综合治疗、医学研究和人才培养的职能。

社区医生要看好"两扇门",即签约居民(家庭)的健康档案之门和国家医疗资源之门(医疗信息、专家指导、医药物资、医疗保险、医联体支持等),他们应当具有运用国家医疗资源解决居民健康难题的能力。如今在美国,68% 以上手术是在门诊完成的。

目前,社区医生不被信任和随意转诊的主要原因如下:一是错误地将他们视为个人行为,缺乏制度支持和资源配置,社区医生难以成长;二是将社区医疗视为公共品,实行收支两条线后由政府买单,低水平补偿抑制了医生积极性,留不住人才;基药目录过窄和供给不足,限制了服务能力,留不住患者。一旦病源流向大医院,大医院门诊人满为患,部分大医院极力扩张门诊,不仅造成国家医疗资源倒置,也加大了患者的医疗成本,由此导致"三分钟诊疗"现象,在如此陌生、焦躁和缺乏信任的环境里,医患纠纷必然频繁发生。

国家应当坚持"准公共品"和"公共服务均等化"原则,建设"政府保基本""个人搞改善"的医疗服务首诊制。

第一,在每个社区设定基本医疗服务区(如占地 0.1%),对公立机构和民营机构一律免费用地;政府支付签约人头费,鼓励优秀医生进社区和管理居民健康档案;国家制定标准,患者支付诊疗费;医保基金按服务项目结算,分担 75% 医疗费

用。鼓励社区医疗服务机构兼做公共卫生、计划生育服务,政府支付人头费和部分服务费。社区医疗服务机构建立由基本工资(等于当地社会平均工资)和绩效工资构成的薪酬制度。

第二,允许具有良好资质和个人信誉的医生走出大医院和进入社区,特别是经验丰富的门诊医生,举办民营医疗机构或私人诊所,与商业医疗保险合作,为高收入人群提供特需服务。将特需服务和高消费服务从公共品中剥离出去,避免政府"不帮穷人帮富人"的倾向。

第三,引入具有医疗信息技术研发资质的商业法人,作为首诊制信息服务协议的第四方,提供以下三项服务:一为医疗保险建立智能审核系统,将社区医生处方行为纳入既定知识库内,实现100%的全程监督,确保医疗保险基金安全下沉,分担签约患者社区门诊、慢病治疗和老年病治疗的费用;二为居民建立电子健康档案和提供就诊指导服务;三为社区医生提供医疗信息服务,做好医生助手。

第四,建立以个人智能健康档案为核心,以参保人利益为导向的医疗服务平台及就医管理服务体系,为参保人的预约就医、转诊、异地就医结算等提供服务。

借助新技术,打造实时的、鲜活的、有效的融合电子病历和医保信息的居民健康档案数据库——智能健康档案是形成以患者利益为导向,实现异地养老、就医和结算的基础,是形成分级诊疗、双向转诊,构建科学合理医疗服务秩序的必要支撑。智能健康档案内容包括人口信息、医保信息、健康信息、电子病历、预约记录、用药记录等方面。档案的构建工作可以由第三方服务机构、医保管理部门、卫生管理部门、医疗机构及患者个人多方共同参与。

通过第三方的服务为参保提供全程的就医服务,保障了参保人对医保政策及诊疗过程的知情权,使得参保人真正平等参与到医保活动之中,并发挥参保人监督的积极意义,同时有利于各地医保部门在个人健康档案,以及医保智能审核积累出的"临床知识库"与医疗资源库的基础上,对参保人就医辅助、转诊指导、异地就医指导等方面提供服务,引导参保者去基层医疗机构就诊,形成分级诊疗。

(三)引入智能审核系统,强化医保机构能力和实现四大治理功能

根据我国《社会保险法》的规定,医疗保险经办机构具有法定代理人的地位,即医疗服务协议的甲方,具有代表参保人的利益提出要约的权利。这些权利涉及医疗机构、医药物资和医疗保险等,需要宏观决策体制和三医联动运行机制,不属于哪个部门的职责,长期以来,三医不联动、城乡难整合的症结在于部门职责错位助长了部门利益。医保机构每月要处理几百万甚至上千万条划卡数据,受管理体制政事不分、财政预算、人员编制和专业水平等条件的约束,医保机构能力建设遇到瓶颈。传统的医疗费用审核包括事后审核、事中审核、事前审核。目前各地医保

审核基本停留在为控制总额而进行事后审核的水平上,事中只能进行抽查。这种行政化的管理模式很难调动医生和患者的积极性,漏洞很多,难以抑制过度医疗和欺诈现象。引入智能审核系统可以提高精细化管理水平,强化医疗保险费用审核功能,从简单控费到规范医疗服务行为,抑制过度医疗和欺诈医保基金现象,是中国医疗保险制度持续发展的必要条件。

智能审核系统是针对中国诊疗标准、药品目录和医保政策而研发的具有事前引导和约束、事中协商和监控、事后处理和总结三大能力的审核系统,同时在归集大数据的基础上帮助政府改善决策能力,也称"智能医保",承担如下功能:

第一,分担医疗费用和补偿医疗机构。不断完善诊疗、药品和检查项目三个目录,分担参保患者年内和目录内医疗费用的80%(不宜过高),年总医疗费用的70%。医疗保险必须及时结算,医保基金主要用于补偿医务人员的劳务。

第二,抑制医患道德风险。基于智能审核系统建立智能医保,引导和约束医疗机构提供合理的医疗服务,无论医生在公立医院或私营医院、在大医院或小医院、在本地医院或外地医院,只要用到医疗保险基金,必须使用智能审核系统,接受全程的实时监督并享有相关服务,从而规范诊疗行为,抑制大处方现象和欺诈医保基金的现象,提高医保基金的使用效率。

第三,引导患者合理就医,引导医疗资源合理配置。在数据分析的基础上,引导病源和医疗资源向基层配置,加大医保基金对常见病、慢性病和老年病在基层医疗机构的报销比例,适度降低在大型医疗机构的报销比例(抑制其发展门诊),提高医保基金使用的合理性。

第四,打造协议定价机制。基于智能审核系统建立医疗服务数据库,联合具有相应能力和资质的第三方,基于国家标准和数据分析制作评估报告,培育医疗服务、药品、医疗器械、材料等的市场(协议)定价机制,提高医保基金的购买能力。

在人口迅速老龄化的条件下,医疗保险在职缴费参保人和退休不缴费受益人的平均赡养比仅为3∶1,且在2013年进入50岁退休高峰(源自1963年生育高峰)后急剧下降,在医保费率不变的条件下,医疗保险基金在中长期难以做到收支平衡。如果以人头费和总额控制的手段进行控费,必然出现推诿病人和加大目录外费用,增加患者的医疗费用,最终导致医改目标流失。2014年,中国医疗保险应当进入全功能的治理阶段。

(四)规范公立医院财务制度,发挥其公益职责,树立医疗服务标杆

职责:大型医疗机构包括公立医疗机构、股份医疗机构和私营医疗机构,其主要职能是进行医疗科学研究、处理疑难杂症和培育医务人才,基于社区首诊制提供双向转诊服务,应当弱化门诊服务。此外,公立医疗机构还要承担急诊、急救和救

灾等服务。

财务:规范公立医院的财政预算,停止地方政府征收管理费的做法;建立规范的、透明的财务制度的保障,向社会公布财政投入、收费服务、运营成本、人工费用、收入结余等信息,将医院财务规范和信息披露报告的质量作为提供基本医疗服务和获得医保基金支持的必要条件。公立医院应当成为医疗服务的标杆,大力发展民营医疗机构,在智能审核系统下,可以放宽民营医疗机构开展服务项目和进入医疗保险的准入范围。

薪酬:给医生一份体面的收入是医生社团的职责。医生人力资本最高、职业风险最大,理应成为工薪层收入的标杆,依法赋予医生社团谈判权和决定权。公立医院医生薪酬可以由财政补贴(占30%,基本工资=当地社会平均工资)和医保基金补偿(占70%,绩效工资=医疗保险结算的60%+患者自付收入)构成,即二元结构的医生薪酬制度。依法约束医生远离药品耗材器械的流通领域。

(五)建立医疗保障指数,纳入官员政绩考评

GDP仅是经济指标,不是发展目标,应当关注人均GDP的福利相关性和人类发展指数,将医疗保障纳入官员政绩考评。

目标:基本医疗服务水平(人均医疗费用增长率)与国家经济发展水平(人均GDP、社会平均工资、人均消费值等变量的综合值)相适应。

指标:(1)医疗费用合理负担:国家医疗总费用的出资比例,财政预算占30%、医疗保险基金占50%以上、消费者占20%以下,医疗保险基金分担全体居民年度基本医疗费用的75%左右。(2)医疗保险政策科学:基本医疗保险全覆盖、保基本,对特困人群实行医疗救助,将高消费和特需服务划入自费、商业保险范围,对中华人民共和国成立前的功臣实行特殊津贴;医保费基费率合理、结算科学、控费有效、收入支出与结余合理。(3)医疗服务治理有效:社区医生和居民医疗服务签约率(高)和转诊率(低)达标;医疗保险与合作伙伴共建智能医保(含审核、服务、大数据管理及其应用),大处方和欺诈基金得到遏制;逐渐提高医保基金对基层慢病和老年病服务的支付率,提高医疗服务可及性和信任度,减少医患纠纷;医疗服务协议管理台账健全规范(医保与公立机构、股份机构和私营机构的协议);医疗服务协议定价机制健康发展(含药品材料和设备使用价格等)。

5.4 中国医疗保障公共服务体系建设

医疗保障公共服务狭义仅指引导公民参加医疗保险和保障公民享有基本医疗服务的管理与服务,广义还包括医疗救助、计划生育服务等。医疗保障公共服务体

系是服务型政府的组成部分,由"管办分离体制、协议管理机制、四级信息平台、三级组织机构、服务向下和信息向上两个流程、一体化和一卡通"几个要素构成。

截至2012年,我国医疗保险已覆盖13亿人口,从事医疗保险经办工作的人员约5万人,建立了复合型的经办管理人才队伍,包括经济学、医学、药学、法学、财会和信息技术等专业人才,具有医药知识背景和工作经历的人员超过30%。基本医疗保险定点医疗机构达12万家(含军队医疗机构、门诊部),其中民营医疗机构约1.7万家。定点零售药店15万家。具备条件的医疗机构和零售药店全部纳入了定点。据不完全统计,定点医疗机构医保办工作人员超过18万人。具有中国特色的全民医疗保障体系正在形成。但是,如下问题影响医疗保险的持续发展。第一,重复参保。粗放的统计数据显示,几个医保计划的参保总人数超过了14亿人(大于中国届时人口总数),显然存在重复参保、漏报及以假名单欺诈中央转移支付资金的犯罪行为等问题。第二,监督不力。人均医疗费用增长速度大大快于GDP的增长,普遍存在过度医疗,欺诈医疗保险基金的情况时有发生。第三,流动性差。居民异地就医、转移携带医疗保险关系遇到阻力。上述问题均源自医疗保障服务体系的漏洞。

本研究以狭义医疗保障为主,基于中国社会保险模式选择和《社会保险法》的相关规定,描述了城乡一体化的中国医疗保障公共服务体系的基本理论、顶层设计、实施路径和政策建议。

我国《社会保险法》第72条规定:"统筹地区设立社会保险经办机构。社会保险经办机构根据工作需要,经所在地的社会保险行政部门和机构编制管理机关批准,可以在本统筹地区设立分支机构和服务网点。社会保险经办机构的人员经费和经办社会保险发生的基本运行费用、管理费用,由同级财政按照国家规定予以保障。"目前,全国31个省(自治区、直辖市)实现了部省市三级网络贯通,城域网已覆盖到92%以上的社会保险经办机构,并延伸到街道、社区、乡镇和定点医疗服务机构以及部分有条件的行政村。

在社会医疗保险模式下,医疗保障公共服务体系主要由如下五个部分组成,即管办分离的管理体制、协议联动的运行机制、统筹城乡的管理服务、规范标准的操作流程、整合的信息共享系统。

针对目前城乡分割、不同部门管理导致的信息孤岛和迁徙壁垒现象,具体实现策略为"先整合、后独立"。在"十二五"规划期间,其他部门管理的基本医疗保险管理和服务,向现行社会保险经办机构整合;"十三五"规划期间,制定《公共服务法》,对医疗服务协议和医疗保险基金实行独立的公益受托人制度,具体实现路径如下:

第一，优先整合信息系统。以服务对象为中心，基于社会保障卡和健康档案，整合职工医疗保险、城市居民医疗保险和农村居民合作医疗三个计划的信息，在市级医疗保险经办机构和医疗服务机构之间，建立一档三制的管理服务信息系统（见东莞市"五险、诊疗、健康档案和银行结算"整合案例），在省级和国家社会保障行政机构建立信息共享和数据统计的平台。

第二，跟进整合经办机构。"十二五"规划期间，整合城乡居民医疗保险政策和三个计划的经办机构（见成都市城乡一体化案例），进入社会保障管理服务体系；"十三五"规划期间，实现省级统筹医疗保险基金和统一管理服务，与大病保险和医疗救助对接，在全国建立异地就医联网的管理服务系统，计入综合型社会保障管理服务体系，并在人员编制和配置方面适度保留独立性。

第三，适时整合医保政策。在中国实现全面小康社会后，收入差距、各地经济发展水平缩小、医疗服务成本差异和管理水平接近的条件下，可以整合职工和居民医疗保险政策，完善个人缴费与待遇适度挂钩的，公平与效率结合的、统一的国民医疗保障政策和管理服务体系。

5.4.1 管办分离的管理体制

中国选择了"以社会保险为主，医疗救助为辅，商业保险补充"的医疗保障模式，应当根据《社会保险法》和"十二五"规划的有关规定，构建医疗保障管理体制。

一、医疗保障管理体制的法律特征

"十二五"规划提出"健全覆盖城乡居民的基本医疗保障体系，进一步完善城镇职工基本医疗保险、城镇居民基本医疗保险、新型农村合作医疗和城乡医疗救助制度……做好各项制度间的衔接，整合经办资源，逐步提高统筹层次，加快实现医保关系转移接续和医疗费用异地就医结算。全面推进基本医疗费用即时结算，改革付费方式。积极发展商业健康保险，完善补充医疗保险制度"的公民医疗保障目标，是理顺管理体制和健全运行机制的基本宗旨和指导原则。

（1）主管与分管协同。《社会保险法》第7条第一款规定："国务院社会保险行政部门负责全国的社会保险管理工作，国务院其他有关部门在各自的职责范围内负责有关的社会保险工作。"主管部门即指人力资源和社会保障部（简称"人社部"），负责设计和推动城乡医疗保险管理服务体系建设，农村居民合作医疗计划实属社会保险范畴，应当统一归属人社部管理。"四个直接分管部门"如下：①财政部负责医疗保障的财政预算与资金使用的监督管理；②卫生与计划生育委员会，负责公民健康和生育的知识教育，制定基本医疗服务和计划生育服务供给方案、制定合理医疗服务行为规则,监督医疗服务行为,监督药物质量,管理医疗服务信息和数据;③民政部将医疗救助纳入社会救助体系;④发改委负责构建定价机制。"间接管理部门"还涉及税务机构、立法机构、司法机构、工会组织等。

(2) 中央地方统筹。《社会保险法》第7条第二款规定:"县级以上地方人民政府社会保险行政部门负责本行政区域的社会保险管理工作,县级以上地方人民政府其他有关部门在各自的职责范围内负责有关的社会保险工作。"由此形成中央、省级、市县统筹的、一体化的、网格状的政策制定、执行和监督的管理体制。①中央社会保险行政机构负责医疗保障政策及其执行,医疗服务协议管理、异地就医的顶层政策设计,统计和分析医疗保障信息,审查和备案医疗保险资金预算方案;②省级地方政府负责接收、传递、补充、监督医疗保险政策执行和医疗服务协议管理的情况,从协调到确保医保基金收支平衡,以及信息共享和统计分析上报,审查和批准医疗保险资金预算方案;③市县基层政府负责接收、补充和监督医疗保险政策的执行,监督医疗服务协议管理,指导社会保险经办机构和社区劳动保障服务中心的建设,管理信息和统计上报数据,提供医疗保险资金预算初步方案,确保医疗保险基金的收支平衡。

(3) 行政与经办分离。公共服务需要打破官僚政府层级管理体制,省市县行政第一把手应当直接管理重大公共服务项目,决策机构一般不设立执行机构(有必要设立的除外)。《社会保险法》第8条规定:"社会保险经办机构提供社会保险服务,负责社会保险登记、个人权益记录、社会保险待遇支付等工作。"该法条规定的"经办"即指执行社会保障政策中的管理和服务,体现了管办分离原则,为打破"部门格局""地方割据""多龙治水""信息孤岛"的局面,作为公共服务龙头直接隶属政府,建立第一把手责任制,留下了制度空间。国家应当制定《公共服务法》,依法明确医疗保障经办机构和社会保障经办机构的法定职责、人员资质与编制、经费预算和发展基金、信息披露与社会评价等规定,社会保障行政主管部门对其执行政策的情况实施监督,不干预其日常工作。该法条第一次提出公民的社会保障"权益记录",这是信息时代建立社会化管理的居民档案的基础,是统计和管理居民信息的中心库。该法第72条规范了社会保险经办机构组织体系,并明确了其组织的公共属性,属于服务型政府的组成部分。

(4) 社会参与和监督。国务院办公厅印发的《"十二五"期间深化医药卫生体制改革规划暨实施方案》提出:"在确保基金安全和有效监管的前提下,鼓励以政府购买服务的方式,委托具有资质的商业保险机构经办各类医疗保障管理服务。"《社会保险法》第6条规定:"县级以上人民政府采取措施,鼓励和支持社会各方面参与社会保险基金的监督。"第9条规定:"工会依法维护职工的合法权益,有权参与社会保险重大事项的研究,参加社会保险监督委员会,对与职工社会保险权益有关的事项进行监督。"明确了群众组织(工会)和社会公众参与医疗保障管理和监督的制度安排。

二、决策和监督的管理体制

国务院依法建立主管副总理负责制,分别负责社会保障(含医疗保障)的政策、执行和监督工作,并负责协调不同部门的工作关系。建立主管部门与分管部门的联席会议制,如医疗卫生体制改革办公室,形成主管与分管协作的决策体制和监督体制(见图5-11)。

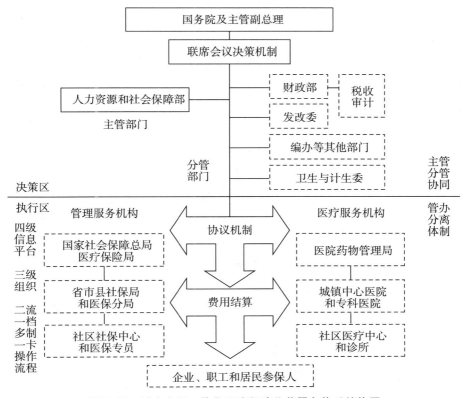

图 5-11 城乡多制一体化医疗保障公共服务体系结构图

医疗保险行政机构为主管部门,目前为人力资源和社会保障部,其主要职责如下:(1)依法制定医疗保障政策和执行方案;(2)指导和监督医疗保障管理服务机构建设,管理和服务体系建设(含各省之间异地就医与结算);(3)建设国家医疗保障信息系统、数据库和统计分析平台,不涉及信息采集和审批等具体工作;(4)协调与分管部门的关系和信息共享问题;(5)国际交流。

分管部门的主要职责如下:(1)卫生与计划生育委员会负责卫生资源配置、医师资格和药品医疗设备监制,其医院管理局负责制定医疗机构发展规划和监督医院管理;(2)发改委主持由卫生、社保、工会等多部门参与的定价机制;(3)财政部门负责执行医疗保障预算和决算,其地税部门代征社会保险费(含医疗保险费、工伤保险费和生育保险费),以及征收今后可能出现的社会保障税;(4)编制部门负责核定编制。

基于医疗保险的社会契约管理模式,在政府管理部门和社会参与者之间应当建立社会对话和服务协议管理的信息系统和操作平台,办公室设在国家社会保障总局的社会服务部或者服务协议管理部内。

三、政策执行的管理体制

制定《公共服务法》,建立主管副总理负责制,设立国家社会保障总局(副部级,借鉴美国社会保障总署的经验),内设立相对独立的医疗保障局(局级,其人员编制和专业技术人员相对多),依据《社会保险法》的有关规定,按照"独立、高效、统一、便民"的原则,以便构建整齐划一的、网格式的国家医疗保障管理组织和服务体系。

社会保障执行机构作为服务型政府的新生组成部分,非行政机构,体现信息时代国家行政的新形态,直接隶属国务院,向主管副总理负责。省级机构向省长负责,市、县机构向市、县长负责。其编制、预算、职责依法确定,工作业绩和社会保障(含医疗保险)基金年度报告直接报送人民代表大会,进入人民代表的议事日程,由此促进社会共识和立法,这是在过去二十年里发达国家进行行政体制改革的必由之路。

主管部门和分管部门对执行机构的执行情况具有指导权和监督权,不再具有人财物的管理权,彻底改变公共服务"部门化、碎片化、多龙治水、信息孤岛、责任人缺位"的被动局面。

5.4.2 协议联动的运行机制

医疗服务、医药流通和医疗保险联动机制,也称"三改并举"(2000年),"三医"分别代表了三个利益群体,联动的意义在于统筹安排、相互制约,在三个利益群体之间建立"以参保人为本、受托人尽责、正向利益传导、合理补偿各方"的利益链,基于医疗服务协议,建立预算规划、四位一体的运行机制,以便整体推进医改,实现国家的医疗保障目标。

一、以参保人为本的利益链

党中央在 2000 年提出"三改并举"方针后,卫生部门和医保部门对话机会增加了,但至今处于"联而不动"的局面,"十五"和"十一五"期间均没有完成预定目标,是不争事实。① 主要原因在于,现行法规政策和政府行动,未根据国家医疗保障目标和《社会保险法》凸显参保人的利益,对参保人的信息披露不充分,参保人参与定价、定标、监督的机制和代言人缺位。可见,推动三医联动的医疗保障运行机制的切入点和利益传导链条应如图 5-12。

图 5-12　医、患、保之间常和博弈的利益传导链条

具体内容:一是坚持参保人利益至上,二是建立医保受托人责任制,三是建立正向的利益传导链,四是合理补偿医患保各方;后三个问题是实现参保人利益至上原则的必要条件,最终形成医、患、保三方的常和博弈机制,以保障参保人利益。

(一) 参保人利益至上

参保人利益即指看病不难(可及性)、看病不贵(买得起),且放心(安全性)。"十二五"规划描述如下:"充分发挥全民基本医保的基础性作用,重点由扩大范围转向提升质量。通过支付制度改革,加大医保经办机构和医疗机构控制医药费用过快增长的责任。在继续提高基本医保参保率基础上,稳步提高基本医疗保障水平,着力加强管理服务能力,切实解决重特大疾病患者医疗费用保障问题。"

三个部门均需要回顾过去十年各项政策和措施是否坚持了参保人利益原则。如下问题要认真思考:卫生资源配置是够有利于医疗服务的可及性与合理性,管理体制可否抑制过度医疗和解决看病贵问题? 医药生产和药价是否合理,药价虚高是否得到抑制,参保患者是否买得起和吃得到放心药? 医保能否代表参保人,费用

---

① 高强在 2005 年全国卫生厅、局长专题培训班上讲话指出:对医改成功不成功不要争论;但"十五"初期确立的"三医联动"(也称三项改革,即基本医疗保险制度改革、医疗机构和药品流通体制改革)的改革目标没有达到,却是不争的事实。

分担是否到位,结算方式是否科学,医疗保险基金可否收支平衡?总之,三个部门的任何一方,如果将部门利益置于高于参保人利益的位置,即维持"官本位"的理念,抵制"民本位"的社会进步,均是建立三医联动机制的阻力,导致一个三方博弈的零和结果。在"十二五"规划期间,需要找到突破部门利益,维护参保人利益的切入点。

(二)医保受托人责任制

根据《社会保险法》第8条的规定,医疗保险经办机构是参保人的法定受托人。参保人利益至上的运行机制应当从这开始,建立医保受托人责任制。

《社会保险》第31条规定:"社会保险经办机构根据管理服务的需要,可以与医疗机构、药品经营单位签订服务协议,规范医疗服务行为。"该法条反映了医患双方非理智的社会现实,明确强调了医保基金的制约作用,规范了医疗保险经办机构的代理权、作为甲方的筛选权、签约权和制约权。

医保受托人责任主要有两个:一是反映参保人医疗服务需求,二是规范医疗服务;即一个服务需求预测报告、一个服务购买协议。

服务需求预测报告,即指由医保受托人(医疗保险经办机构)和专家组织,根据参保人的基本医疗服务需求制定的《基本医疗服务供给建议报告》,这个报告经过主管部门和国务院批准后,作为分管部门、社会组织和教育机构制定发展规划、预算的依据。这既符合买方市场社会的基本特征,也符合参保人的利益需求。

二、医疗服务协议机制

医疗服务购买协议,即指由医保受托人代表参保人制定短名单(经过筛选的定点医疗机构),与医疗服务提供方共同构建对话平台,就基本医疗服务的内容、标准和价格进行协商(已有标准价的服务除外),在平等互惠的基础上达成共识,订立医疗服务协议,互相监督协议的执行,有效使用医保基金(参保人的资金)和购买合理的医疗服务。

"十二五"规划要求:"按照管办分开原则,完善基本医保管理和经办运行机制,明确界定职责,进一步落实医保经办机构的法人自主权,提高经办能力和效率。"

目前,中国医疗服务领域存在一个负向利益传导链条。医生"红包行为"给药品生产商一个错误的信号——并诱导其生产高价药;医生给参保患者一个欺骗性的信号——大处方(多检查、多吃药、多手术)才可以治病;医药两方联合给患者一个信号,药品在流通中不断加码涨价是无法改变的。在这种情况下,职工和居民虽然参加了医疗保险,但医疗服务不规范、医保基金支付不合理,看病自己掏腰包的比例可能更大了,一切都回到看病贵和医疗无保障的原点。医患关系因医疗行为的铜臭气而陷入了尴尬的境地,患者不相信医生,催生了医闹现象;医生不被尊重,医生反对子女再从事医疗服务职业,加重了医务人员短缺的问题。

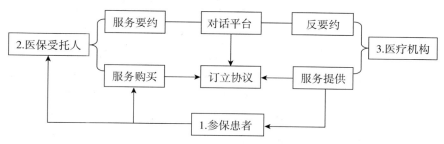

图 5-13　正向利益传导关系下的链条

正向利益传导应当关注和谐患者需求和医生利益的治理过程(见图 5-13),体现"患—保—医"的利益链条关系,颠倒以往的"医—患—保"的关系。首先,保障参保人的权益和满足参保患者的基本需求;其次,强化医保机构作为受托人的权威性和制约能力;最后,保护医务人员的正当利益。

第一步:人民代表大会依法保护参保人的授权制度。目前根据《社会保险法》确定医疗保险经办机构为参保人的受托人,今后可能根据参保人评价决定受托人(在中国目前不可操作),并依法明确受托人的职责、评价机制和资源保障。

第二步:人社部及编办和财政等部门,依法强化医保受托人的治理能力。医保受托人要根据"以收定支、收支平衡、略有结余"的原则,提出《基本医疗服务需求预测报告》和《基本医疗服务购买计划》的要约,作为医疗服务提供机构反要约(发展规划、讨价还价)的基础。

第三步:卫生和计生委等部门支持乙方科学规划和反要约。按照以收定支原则,医疗保险基金的购买能力,医疗服务机构根据买方提出的需求测算报告,制作医疗机构的发展规划和预算(设置床位、聘用医务人员、购置设备等);医生组织(社会组织①、医院代理)据此提出医务人员需求、服务价格、支付方式和补偿要求。医疗机构和医生组织在基本医疗服务之外,可以附加特需医疗服务和自购医疗服务的预算。

第四步:三方合作打造对话平台,订立医疗服务协议,明确患保医三方责权利。

---

①　医生是人力资本最高、最受尊重、最理性和最具有独立性的社会群体,发展中国社会文化、社会组织和社会自治,应当从医生社会组织做起,培育医生群体的代言人。目前卫生部制定《医疗机构从业人员行为规范》,并设立纠风办公室,用行政手段管医生的体制是被动的。

基本医疗服务应当全程进入患保医三方参与的、具有监控效力的信息系统,医保受托人和医疗机构共同建设评价医疗服务合理性的专家组织和信息披露渠道,医保受托人建立参保患者、医疗机构和医师信誉库。在相互信任的基础上,让参保患者得到合理的治疗、让医生得到应有的补偿①(以正当补偿政策抑制"白狼"行为,政府在医疗基金补偿的基础上提供补贴,即先补偿后补贴)、让私营医疗机构具有微利经营的条件(政府不能从医疗机构赚钱、私营医疗机构不能急功暴利)。

合理补偿各方利益。医疗服务的核心生产力来自医务人员,医疗保险基金的用途是购买医疗服务,并非投资医疗机构(参保人永远不是医疗机构的股东)。医疗保险基金的70%应当用于补偿提供基本医疗的医务人员(另外30%由财政补贴),以实现平均50%的社会购买力,另外30%由财政补贴。医疗基金的30%用于购买药品和补偿医疗机构,将药品费用占比逐渐降到15%。在长效解决医务人员补贴资源的基础上,改变以药养医的坏机制。

在城乡整合及全民覆盖的条件下,实现医疗服务购买的合理比例如下:政府占30%、社会占50%、个人占20%(有争议),这是转变发展方式和改善民生的重要指标之一。

公立医院应当成为基本医疗服务的供给平台和医疗服务治理的标杆。为此,亟待健全公立医院的财务制度,使之公开、透明;明确公立医院院长人选标准,首先具有公务人员的素质,其次具有专业经营的能力。

三、五位一体的制约机制

五位一体即指医疗保障利益相关人参与的供给规划、协商定价、服务协议、科学结算、风险共担的制约机制。

(1)供给规划。基于社会保险的医疗保障模式,医保基金购买力决定基本医疗供给和约束居民基本医疗需求,即"以收定支"原则,因此,医疗保险经办机构应当具有供给预算权。根据《社会保险法》第66条规定:"社会保险基金按照统筹层次设立预算。社会保险基金预算按照社会保险项目分别编制。"为此,医保基金运行需要创新机制:第一,医疗保险经办机构和社会保障行政管理机构,应当根据国家和地方经济发展水平和居民基本医疗需求,做出基金收入(含缴费和政府补贴)和年度支出及结余率,以及基本医疗供给(包括床位、检查服务设施、医务人员、医技药剂人员、护理人员、社区全科医生等)的中长期(5—10年)预算报告,作为卫生部、财政部等部门进行预算的基础,最终递交全国人民代表大会讨论和通过,由此

---

① "十二五"医改规划中提出,要使医务人员的劳动价值在改革中得到体现。

反映医保基金的购买能力,制约居民的基本医疗需求。第二,合理规划。财政部门、卫生部门、发改委等相关部门,应当根据《医保购买和需求的预算报告》进行相关预算、制定发展规划和执行方案。

（2）协商定价。根据产权规制原理,要维护医疗保险参保缴费人的作为医疗买方的讨价权利。通过医疗保险经办机构代理、听证、监督的路径,参与基本医疗服务定价过程,引导基本医疗服务包(诊疗项目、检查服务设施、药品)的决策选择趋于合理;依法明确医疗保险基金的70%用于补偿医务人员绩效工资的原则①,即要保证医务人员补偿资金充足,也要根据基本医疗服务的数量和质量(绩效机制)确定医疗服务的价格。

（3）协议管理。根据契约原理维护参保缴费人的协商和相互监督与合作的权利。《社会保险法》第31条第一款规定:"社会保险经办机构根据管理服务的需要,可以与医疗机构、药品经营单位签订服务协议,规范医疗服务行为。"根据该条第二款的规定,发挥医疗保险基金的团购优势,通过医疗服务协议制,约束"医疗机构应当为参保人员提供合理、必要的医疗服务"。为此,需要创新医疗服务协议管理制度:第一,建立对话平台,基于信息共享平台建立利益相关人对话、协商和订立协议的制度;第二,建立医疗服务协议管理的台账制度,对医疗服务协议内容,订立、履行、变更、中止、解除、终止、续订和违约情况进行记录,作为检查和评估医疗机构业绩的内容之一;第三,建立医疗服务协议纠纷处理的调解、仲裁和审判制度。

（4）科学结算。目前,全国所有统筹地区都采用了按病种付费、按人头付费、按项目付费的复合式付费方式,多数使用两种以上,50%以上的统筹地区实现了医疗保险付费的总额控制目标。但是,总额控制具有行政色彩,将医生视为对立面,难以控制医疗服务质量,可能推诿病人;目录外费用,从而加重患者负担,致使医改走回头路。国际经验证明,DRGs-PPS的结算方式可以介入临床路径管理,促进诊疗标准化,实现医患和医保基金的社会共识,并不断推出年度版。

（5）风险共担。医疗保险应当坚持"以收定支"的原则,建立利益相关人对医疗保险基金风险共担的机制,基于"三医联动"提供合理医疗服务,实现30%(政府支付)、50%(社会支付)、20%(个人支付)的合理指标。根据《社会保险法》第29条规定:"参保人员医疗费用中应当由基本医疗保险基金支付的部分,由社会保险经办机构与医疗机构、药品经营单位直接结算。"这里明确了以医疗保险基金管理机构为主导的风险共担机制,为此需要建立医疗服务协议管理制度,不断创新结算

---

① 杨燕绥、胡乃军:《医生人力资本与绩效工资》,《中国卫生经济》2010年第5期。

方式,建立和使用医保患者、医疗服务协议机构、协议药店的信誉库,约束患者合理消费、医生合理服务、医保合理结算,由医、患、保三方共担医保基金的运行风险。有研究证明:人均医疗费用增长率在 8.4% 时才能与 CPI、居民消费等增长率相适应,基于目前的医疗保险费率维持职工医保统筹基金在中长期内保持平衡(至2020 年)。①

5.4.3 统筹城乡的服务系统

"十二五"医改规划提出"加快建立统筹城乡的基本医保管理体制,探索整合职工医保、城镇居民医保和新农合制度管理职能和经办资源"的目标,即"统筹城乡、整合管理服务系统"。

一、网格式的组织体系

20 世纪 90 年代以后,很多国家建立健全了国家社会保障总局,主管公民社会保障权益记录,为建立居民档案、居民征信乃至人口统计分析的基础平台奠定了基础,属于中心数据库,具有国家第二安全部的功能,展示了信息时代国家行政的新形态,是服务型政府的重要组成部分。社会保障总局与税务总局、工商/公安总局等机构并举,体现收税、管制与公务共进的服务型政府形象。

在未来国家社会保障总局内应设立"国家医疗保障局",根据省级统筹的基本模式,适应信息时代的生产和生活方式,借鉴全国铁路一盘棋的网格体系建设模式,负责全国医疗保障管理服务体系的顶层设计,指导全国"垂直属地对接"的网格化医疗保障管理服务的组织体系构建(见图 5-14),支持中央、省、市县(社区派出机构)三级医疗保险经办机构的能力建设,统筹中央、省、市县、社区服务窗口四级医疗保险信息管理和数据库,做到八个统一,即统一名称、统一建制、统一编制、统一预算、统一流程、统一标准、统一信息系统、统一培训指导。在未来省级政府的社会保障局内设立"省/市医疗保障局",负责全省医疗保障管理服务体系构建,支持市县医疗保险局能力建设,统计和上报本省医疗保险信息,建设和管理省级统筹的医疗保险数据库。在未来市县政府的社会保障局内设立"医疗保障处",负责市县医疗保障管理服务体系构建,培养和支持医疗保险服务窗口和医疗保险员的能力建设,统计和上报本市县医疗保险信息。

---

① 杨燕绥主编:《中国老龄社会与养老保障发展报告(2012)》,清华大学出版社 2013 年版。

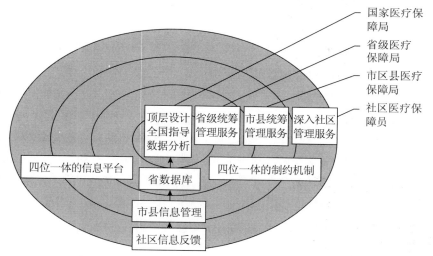

图 5-14 国家医疗保障网格化管理服务的组织体系结构

二、建设相对独立的医疗保障局

相对独立即指在级职设置和专业人员配置等方面应当根据医疗保险管理服务的需要具体设计,适度高于其他机构。

国家医疗保障局(局级),在省市县社会保障局内设立医疗保障分局(副局级、处级和副处级、科级),主管医疗保险和医疗救助(协同民政部门)、工伤保险和生育保险等事务;在社区劳动社会保障服务中心设立医疗保障服务窗口;在医疗机构内设立医疗保障管理办公室;统一名称(医疗保障局,进入国家服务业标准体系,为日后整合农村合作医疗和医疗救助等项目奠定基础)与整合机构(向大社会保障局靠拢,保持相对独立性),由此形成在国家社会保障公共服务体系下的医疗保险和医疗救助(暂略)的管理服务组织体系,信息向上集中和服务向下派送的运行体系。

目前我国行政体系在纵向上,有国家、省(副省)、市、地市、县(市)、乡镇和居委会七级机构,基层机构公共服务压力不断增加,亟待进行体制创新和信息系统建设,减少机构层级(三级机构)和提高机构能力并举。要通过强化中央和省级政府公共服务生产能力,减少基层工作成本,增加资源配置。农村居民居住分散,社会保障信息系统建设等同修公路一样重要,在农村居民熟悉和普及网络生活之前,有必要派出社保专员入户服务;在横向上,五险机构组合情况各地不一,需要在淡化官本位文化的基础上进行整合。

强化功能、改善流程和组织结构。社会保障局(含医保局)具有三大功能,即前端服务、中端管理、后端监控。前端服务包括参保登记、咨询和医疗费用结算等工作；中端管理包括医疗服务协议管理、个人账户管理、财务管理、信息备份、数据统计等信息管理；后端监控包括对支付银行、医疗服务机构的监督监管；在强化三大功能的基础上，改善操作流程、整合机构。

完善两个操作流程，即指参保人信息向上集中、社保服务向下延伸派送的操作过程，要强化市县社保机构信息上传功能，确保信息准确和安全，根据社保基金统筹层级设中间站，不要根据行政层级设置中间站，避免出现人为的信息梗阻现象。信息系统建设要在实现业务经办信息化的基础上支持信息向上集中，人财物资源和组织体制要支持社保服务向下配置延伸派送，形成三角形组织结构，明确分清各级政府和服务机构的职责，强化一线负责人和业务人员的公共服务综合能力的培训，建立网格化的社保服务体系。例如，在瑞典北部小城市，有一批精通公共服务法律政策的非全时公务员，在不同市政府之间流动。

一个窗口对接居民服务中心，即指基于信息化，因地制宜地建设多险种整合的、服务标准统一的、形式多样的社保服务窗口，既包括乡镇根据居民居住状况设置的社会保障中心和服务大厅窗口，更包括规范的信息系统、社会保障网页、触摸机、电话服务、银行窗口、社保专员等多种形式，在农村、山区和牧区，要发挥"马背医生"和"背篓小学"的精神等多种形式，送社保服务进千家万户。居民服务中心建在社区，可以由民政部门主导，社区组织和居民参与建设。

社会保障一卡通，实现社保、医保、低保、救助、计生、就业、居家养老等管理服务一体化进行，方便群众、整合资源、提高效率（见东莞市案例）。

三、医疗保障局的组织建设

在医疗保障局内主要强化医保基金预算与平衡管理、医疗服务协议管理、医疗费用结算管理、医疗服务监督、信息系统建设、信息披露与社会沟通六个功能。其中，医疗保险和医疗服务监督机构应当具有一定的组织独立性（包括人员编制、经费预算、专业培训等），并具有执法功能。2012年，从事医疗保险工作的人员与参保人数比例为1∶10,795，远高于世界一些国家1∶2000左右的水平。亟须建立与工作量挂钩的人员配备和经费保障机制，包括引入政府购买服务的方式。

（1）机构设置。应当考虑管理项目、基本服务量、半径距离和服务对象，形成人员需求加权值计算公式（见公式（5.1）、式（5.2）、式（5.3）），建立科学、动态的社保机构人员定编机制。

前端服务岗人工数量＝负责×人＋登记信息和缴费服务×人（1×项目数目×人头×基本服务量＋复核人员若干）＋结算复核和支付指令×人（1×项目数目×人头×基本

服务量+复核人员若干)+网络维护人×人+综合办公×人(1×事务数目人×人头/每50人)a人+社保专员×人(面积/人口)   (5.1)

中端管理岗人工数量=领导×人+保费收支管理×人(1×项目数目×人头)+医患保关系治理×人(1×项目数目×人头)+财务人员×人(1×项目数目×资金量/每千万元)+网络建设维护×人(1×项目数目×人头人次)+稽核人员×人(1×项目数目×资金量/每千万元)+档案管理×人次+稽核人员×人(1×项目数目×资金量/每千万元)+档案管理×人(1×项目数×人头)+综合办公×人(1×事务数目×人头/每50人)   (5.2)

后端管控岗人工数量=领导×人+合同管理×人(1×项目数目)+医患保关系治理×人(1×项目数目×人头)+财务监督人员×人(1×项目数目×资金量/每千万元)+合作协调×人(1×项目数目×人头人次)+综合办公×人(1×事务数目×人头/每50人)   (5.3)

（2）经费预算制度。《社会保险法》第72条规定:"社会保险经办机构的人员经费和经办社会保险发生的基本运行费用、管理费用,由同级财政按照国家规定予以保障。"医疗保障服务经费应当区分人工费、服务费、基础设施和信息系统建设费。①人工费包括基本工资、绩效奖金、福利费和人均培训费用,按照公务员、技术人员(高级工程师应当按照正处级以上设置岗位)和合同制人员三类人员的相关薪酬政策预算;②服务费包括办公经费、旅差费、政策宣传费、通讯费、现场稽核鉴定费等;③基础设施费包括办公场所、交通工具、信息系统建设费用等,属于专项投资和长期战略投资,应当根据社会保障事业和医疗保障计划的发展规划制定投资计划,分期拨款,包括社会融资和市场融资。

国际上主要有四类预算方法,即基金比例法(如美国)、人头经费法(如澳大利亚)、一次投入法(中国香港地区)、分项预算法。美国政府委托双蓝协会经办医疗保险,按照年度医疗保险基金收入的3%支付一揽子的管理服务费用。2005年澳大利亚《公共服务法》规定的中联机构的法定编制是2.7万人员,年度总经费预算为16万亿澳元。根据《香港强积金法》的规定,政府一次性拨款(500万港币),作为启动经费和日后运营经费。

在分类预算的情况下,人工费和服务费属于年度预算,应当制定预算标准和统一计算方法(见公式(5.4))。如果按照人次年均1元服务费计算,全国社会保险总服务经费需求即198.7亿元;2009年征缴资金量超过15,000亿元,按照1%费率计算年管理费,即150亿元;再考虑征收后的账户管理和待遇核定与支付等工作量,即150×2=300亿元,此外还有信息系统建设费用。应当在测算需求和统计实际情况的基础上,借鉴税务和工商等机构定编和预算的经验,考虑参保人头人次(0.3)、管理基金数量(0.2)、基本服务量(0.2)、地区面积人口比(0.3)等因素,建立权值测算公式(见公式(5.4)),计算全国总服务费预算和各地区的预算,应当包括购买服务的费用。应当加大市县以下社保机构的预算和服务费用占比,为建立社保公共服务体系提供经费保障,困难地区的服务经费应当由中央转移支付。

$$服务费 = 0.3 × 参保总人次 × 每人次服务费 + 0.2 × 基本服务量 × 单次服务费 + 0.2 × 基金总量(万元) × 每万元服务费 + 0.3 × 面积人口比(面积/人口) × 每人口面积服务费 \quad (5.4)$$

基础设施和信息系统属于专项拨款,根据发展规划和预算报告,经过审核批准后拨款。

5.4.4 规范标准的操作流程

一、医疗保险业务流程

医疗保险业务包括参保人基本信息管理(含参保登记、缴费核定、基金征缴、缴费记录、待遇审批、待遇支付、待遇记录)、基金管理(含财务管理、投资管理)、定点医疗服务机构和定点药店管理。以服务对象为中心的操作体现如下流程(见图5-15)。对于医保经办机构而言,医保业务被分为内部业务、外部业务、监督业务三类;对于客户而言,医保业务分为前台服务(参保登记的社保服务大厅)、过程管理(医患管理)和监督管理(基金审核)三类。

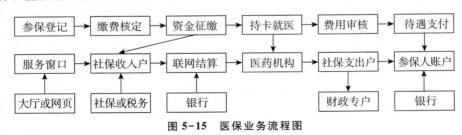

图 5-15 医保业务流程图

在居民医疗保险迅速发展的情况下,与养老保险不同的是,在市县级医保经办机构需要设立流动性的医保业务员岗位,他们不接触资金,但需要熟悉医保政策、客户情况和就医情况,活跃在社区中间。

二、医疗保险管理服务标准化

标准是基于社会经验与共识达成的,共同使用和重复使用的技术条款和行为条款。标准化即指制定、发布、运用和修正特定领域的一系列标准,并作为工作规范和评价工具,从而维持良好的工作秩序和社会关系。

标准编制的水平从低到高,包括国际标准、国家标准、行业标准、地区标准、组织标准。医疗保障管理服务标准涉及如下方方面面:

(1) 参考国际标准,制定国家标准(医保政策法规);
(2) 参考国际标准,制定医疗医药行业标准;
(3) 参考国际标准,根据国家和行业标准,制定地区标准;
(4) 参考国际标准,根据国家标准,制定经办机构组织机构标准。

良好的医疗保障管理服务秩序建立在以下标准体系基础之上[①]:

第一,基础类别标准是制定各类标准的依据。包括医疗保险术语、信息分类、编码、符号、缩写、标志灯;医疗保险基础数据标准;医疗保险财务标准;医疗保险工作标准;医疗保险服务及其评价标准;医疗服务协议法定内容。

第二,医保业务标准是医疗保险政策和法律的具体化,为此国家成立了"社会保险标准化技术委员会",研究分类、编制编码和制定标准,推动国家社会保险业务标准化工作进入规范发展的轨道。医保业务标准包括:

(1)医疗保险政策标准,如缴费基础、费率、划入个人账户比例、医疗费用报销比例(50%—80%)等标准。(2)医保目录库:①医保医师目录,包括具有资格的医师执业信息、科室配置信息等;②协议医疗机构;③协议药店目录;④医疗保险药品目录(治疗用药);⑤诊疗目录,包括诊疗项目、医生劳务、一次性医疗耗材、检查、治疗、化验、手术等;⑥检查(检查治疗仪器设备)服务(病床、护理等)设施目录等。(3)医疗服务诊疗行为标准,即医师治疗的指南,根据国际疾病分类 ICD-10 和中医病症分类目录不断完善。(4)医疗费用结算标准,包括结算方法和标准(如病种付费、项目预付、总额预付、人头人次付费、复合型付费等)、费用支付系统等。(5)医疗保险金预算精算标准。(6)医疗保险服务内容、依据、流程、时效、场地、工作规范、服务人员行为规范、投诉渠道等。

第三,医疗服务协议法定内容:医疗服务协议主要指医疗保险经办机构(法定代理人)与医疗服务机构(医院、医疗中心、诊所)和药店之间,就医保患者提供基本医疗服务和药物供给的社会契约。协议的法定内容如下:(1)订立和履行协议的基本原则;(2)协议主体及其基本资料;(3)基本医疗服务项目、服务水平和标准,含三个目录和相关标准;(4)医保基金补偿内容、结算方式、结算标准和支付方式;(5)中止、变更、解除协议的条件、程序及其补充规定;(6)协商性内容;(7)纠纷处理相关规定;(8)必要附件;(9)其他。

第四,医保信息技术标准:包括医保法规政策信息标准,如基本目录、医疗费用

---

① 姚宏主编:《医疗保险标准化体系概论》,湖北科学技术出版社 2008 年版,第 24—26 页。

分担比例、自付起付线等；参保人医保权益记录标准（申报信息、登记信息、变更和终止信息等）、健康档案管理标准、电子病历标准；医疗保险管理服务机构设置、编制和经费、服务标准、服务评价、协议管理等信息标准；协议医疗机构（含医院、药店等）资质、订立和履行协议、信誉评级信息标准；医疗保险基金财务记录、结算支付、投资收益、预警评估、信息披露、内审审计等信息标准。

医保监督标准包括如下内容：参保单位和参保人监督（申报属实、连续缴费、合理就医等）；医疗保险管理服务机构监督标准；协议医疗服务机构（医疗机构和药店）监督标准；医疗保险基金监督标准；医疗服务系协议监督标准（含纠纷处理）；医保个人、医保机构、医保药店、医保医师信誉库建设和使用监督标准。

在此基础上改革基本医疗服务的支付制度、推进基本医保和医疗救助即时结算，使患者看病只需支付自负费用部分，其余费用由医保经办机构与医疗机构直接结算。建立异地就医结算机制，2015年全面实现统筹区域内和省内医疗费用异地即时结算，初步实现跨省医疗费用异地即时结算；做好基本医保和医疗救助结算衔接。完善医保关系转移接续政策，基本实现职工医保制度内跨区域转移接续，推进各项基本医疗保险制度之间衔接；建立具有基金管理、费用结算与控制、医疗行为管理与监督等复合功能的医保信息系统，实现与定点医疗机构信息系统的对接，积极推广医保就医"一卡通"，方便参保人员就医、提高医疗保障的管理水平、服务质量和反欺诈能力。

5.4.5 安全共享的信息系统

公民和居民（含外国合法就业和缴费人员）的医疗保障信息在社会保障卡（含医疗保险卡）内是实名制下的分类记录和整合管理，包括职工医保和居民医保等不同计划下的医疗保险信息，以及对接的补充医疗保险、健康档案、计划生育、工伤保险、医疗救助等信息。

一、医疗保障信息系统

在社会保障局内设立相对独立的医疗保障局（级别相对高和职数相对多），负责管理职工和城乡居民的基本医疗保险信息，目前为一档多制，分别管理职工医疗保险信息系统、居民医疗保险信息系统；并负责建立医疗保险信息与补充医疗保险、健康档案、计划生育、工伤保险、医疗救助的对接和共享信息系统，负责医疗保障信息统计并报送社会保障信息系统。

医疗保险信息系统涉及参保人权益记录（缴费记录、消费基本医疗服务的报销费用的记录）、医疗保险基金信息，以及对接医疗服务机构财务管理、居民健康档案管理、补充保险(商业健康保险)的信息系统(见图5-16),是医疗保险管理服务的核心业务和操作平台。

前端与公民的社会保障权益记录(社会保险以及其他社会保障,如养老保险、工伤保险、生育保险、住房公积金、老年护理保险、低保、抚恤等,缴费和受益情况)在同一个信息系内,可以共享信息,以便统一缴费基数、一单征收和方便异地转移携带。中端是相对独立的医疗、工伤保险、生育保险政策,统筹基金运行的信息系统;后端与医疗服务机构的财务和诊疗信息系统、社会居民健康档案、公共卫生居民信息系统,以及补充保险(商业健康保险)信息系统对接。

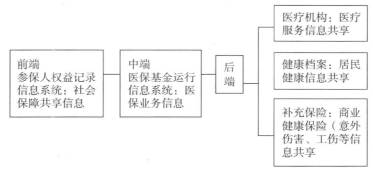

图5-16 医疗保障信息系统结构图

二、社会保障信息系统内的医疗保险信息系统

社会保障信息系统应当由四类信息平台构成,包括参保和个人账户信息管理—统筹基金信息管理数据库—政策统计信息管理分析—信息交换平台管理。医疗保险和医疗保险信息分别计入和发生在这四类信息平台中。

第一,居民社会保障信息管理是社保机构的核心业务,包括市县局通过服务窗口采集管理参保人信息和建立个人账户,保管参保人信息、电子文档和纸版文档(直辖市也可以承担这项功能,上海市社会保险信息库的经验值得借鉴),并在规定时间内上传信息。

第二,省局建立个人账户信息电子文档库,以及管理统筹基金信息并建立数据库(近期可能有市局数据库),并在规定时间内上传规定的信息。

第三,国家社保总局管理计划信息并建立总数据库和电子档案备份库,含中央统筹支付(如基础养老金)和下拨资金(医疗保险缴费补贴)的数据、汇总各险种数据,以及全国社保机构垂直管理系统的人员和物资数据;监督、落实金保工程。

第四,人力资源和社会保障部建立社会保险、劳动力市场和劳动关系等信息归集、统计分析中心,支持部门促进就业、和谐劳动关系和社会保障决策;向国务院报告指定的信息,支持国家相关决策;规划、指导、促进金保工程建设。

建议国务院建立社会保障基础信息、人口基础信息、法人基础信息和宏观经济基础信息的交换平台,支持国家制定社会经济发展规划和党中央的重大决策;避免政事不分、各地方各部门重复建设。

信息共享、保护隐私。自下而上的完善个人账户、数据库、信息交换平台三级操作系统。市县社会保障局负责为居民建立社会保险个人账户和管理居民征信档案;省级社保局和国家社保总局负责建立和管理数据库,向相关部委提供统计信息;部委负责综合统计信息,向国务院汇总,如人力资源和社会保障部负责统计养老、医疗、就业、劳动关系的数据。

国务院应当在社会保障权益记录的基础上,建立社会化管理的居民档案、征信管理体系、社会管理信息共享平台及其密钥管理制度,将居民信息作为社会建设和国家安全的一部分实施管理,为各部委和相关机构使用居民信息提供服务;既要避免政府决策部门分别地、重复地建立数据库,而执行机构却没有数据库的现象[1];也要避免滥用和泄露居民信息。

5.4.6 医疗服务协议管理

协议是体现社会共识和当事人合意的契约之一,通常在竞争机制下操作。在德国、荷兰等欧盟国家,医疗保险基金管理人依法享有权威地位,负责提供医疗服务需求预算,与门诊医生的卡特尔联合会进行谈判和订立协议,协议内容包括医疗服务项目、标准和价格,服务费先付给乙方(医生协会),再由协会按照服务点数付给医生;德国法定允许用1%医保基金直接购买门诊医生服务,以便在一定程度上打破卡特尔联合会的垄断。

在医患双方均不够理智的社会环境中,医疗保险制约道德风险的功能大于分担费用风险的功能。《社会保险法》第31条规定:"社会保险经办机构根据管理服务的需要,可以与医疗机构、药品经营单位签订服务协议,规范医疗服务行为。医疗机构应当为参保人员提供合理、必要的医疗服务。"中国亟待根据社会保险法制定《医疗服务协议条例》,依法明确医疗服务协议的主体、原则和内容,以及订立、变更、解除、终止和续订的程序性规范。

一、医疗服务协议的主要特征

第一,医疗服务协议属于社会契约范畴,不是行政合同,发生在公法与私法之

---

[1] 说明:根据效能政府的公共服务需求,政府的决策部门需要"数",而不是直接管理数据"库";执行机构需要"建档"和管理"数据库"。

间,具有非公非私的第三法域特征,且具有亦公亦私的特征。进入医疗服务协议领域的任何利益相关人均具有平等的法律地位,应当坚持平等协商原则进行对话协商,任何一方均没有行政指令权;但是,一旦涉及执行国家法律政策监督检查事务时,医疗保险经办机构具有行政特征和处罚权;涉及医疗服务质量时,医疗机构和参保患者之间具有民事请求权;涉及医疗服务补偿时,医疗服务机构具有民事请求权。通常,医疗服务协议的主体是机构而非个人(私人诊所除外),医保机构作为法定受托人是甲方,医疗机构和药店是乙方。

第二,发生在参保居民(包括外国居民)与国家之间的社会医疗保险契约关系的基础之上(即参保患者和医保的关系),是履行社会医疗保险契约(即购买合理医疗服务)的续展型协议(即医疗机构和医保的关系),由此构成三方博弈的医、患、保关系;在社会医疗保险契约关系中,参保居民是医保基金的所有人(政府补贴针对个人而言,一旦支付即个人产权化)和受益人,因而具有委托人地位;医保机构是法定受托人。

第三,协议的标的是基本的、合理的医疗服务的提供和补偿的制度安排。何为合理的因病施治是个道德问题,需要患者和医生之间的合作,需要大量的经验数据加以证明,既有共性标准,也有个性案例,这不是甲方单方决定的事情。甲乙双方应当经过要约与承诺的过程,建立信息共享和对话平台,就合理医疗服务的内容、标准和成本,以及实施办法达成共识。长春市通过医疗服务谈判与协议管理,实行"单病种双向定额"(自付和医保定额付费、病种定额治疗)的服务模式,创新和进一步规范了 DRGs 结算方式,使血液透析个人自付年费用从 3 万—4 万元降低至 400 元。①

二、医疗服务协议的运行机制

甲方具有依据法律和参保居民需求进行要约的权利和责任,如界定合理医疗服务的范围、标准和成本,检验和补偿医疗机构和医务人员考核标准和措施,医疗费用结算方式等;具有评价评估医疗机构和医务人员,并制定对话协商短名单的权利,可以拒绝与不符合要约条件的医疗机构和义务人员进行对话与订立协议,如建立医疗机构定点制度和医保医师服务购买制度;例如,吉林省《医疗保险服务医师管理暂行办法》规定"医师具有熟悉医疗保险政策规定,人证相符,因病施治、合理检查、合理治疗、合理用药"的责任;甲方具有做好医疗保险基金预算和风险控制、及时结算医疗费用的义务。建立医师动态管理的积分制,对年度内违规累积积分

---

① 长春市医疗保险管理局:《实行"议价"谈判,解决"看病贵"难题》,中国医疗保险西部论坛(贵州) 2012 年 7 月 6 日。

达到 6 分者,暂停医保医师资格(即提供基本医疗服务的受聘资格)。

医疗服务机构(含医务人员)是乙方,应当对甲方提出的上述要约进行承诺,对不同意的甲方要约具有反要约的权利;一旦承诺即应当认真履行这些承诺,这是医德和院风的问题;应当区分乙方中的医院和医生,医院是提供基本医疗的平台,具有管理和服务于医保医师的责任,并合理使用医疗保险结算基金,补偿医务人员的劳务(社会保险基金属于准公共基金,应当依法明确其的 60% 以上用于购买医疗服务的本质,国家应当为此建立明确的财务制度;这里体现与商业健康保险的本质区别,商业保险的保费可以用于企业发展和利润需求);乙方中的医生是提供合理医疗服务的真正责任人,他们应当参与医疗服务协议的协商过程,并作出明确表示,一旦就合理医疗服务做出承诺,即认真履行相关职责,并获得合理补偿;他们没有为医院发展筹集资金(开具大处方)的义务,没有通过"买药"和"索取红包"补偿自己的权力。

三、医保机构的受托人能力建设

第一,打造法治环境。首先,根据《社会保险法》制定《医疗保险条例》《医疗服务协议管理办法》和《实施细则》,这是一项非常专业且艰巨的工作,发达国家界定合理医疗服务的法规非常详细,且定期修正。其次的挑战是程序法的问题,涉及严肃的要约和承诺的法律程序。再次,在医疗保障局内建立法律服务部门,研究合理医疗服务(含用药)的共性标准和个案处理措施,提供制定相关政策和法规的方案;向医疗服务协议的甲乙双方提供咨询服务;国家医疗保障局需要组织医保法律专家,对地方甲方订立和履行医疗服务协议提供法律援助;建立医疗服务协议管理的信息库(如医保医师管理信息库)和相关争议处理的案例库,为制定医疗服务争议处理的管理办法积累素材。最后,培育医疗服务协议管理的法律工作者队伍,他们是具有医疗服务技术知识、法律政策知识的复合型人才,需要专门的培训与考核过程。

第二,培育需求预算和医疗服务购买能力。根据以收定支原则建立基本医疗服务需求数据库,制定《年度基本医疗服务需求报告》和《年度基本医疗服务购买计划书》,作为基本医疗服务对话和要约的基础素材,通过服务外包提高监督能力,主动出击制约医疗行为,购买合理的医疗服务,控制人均医疗费用支出,实现现行费率下的医保基金在中长期的收支平衡目标。

第三,培育社会沟通和社会动员能力。开展医疗服务协议管理的知识教育和社会宣传。何为合理的医疗服务,谁是可以提供合理医疗服务的医疗机构,谁是可以提供合理医疗服务的医师,需要社会认知和共识,这需要一个教育和宣传的过程。

5.4.7 医保公共服务外包

一、公共服务外包的理论基础

服务供给依赖政府治理和市场资源配置两个功能,这需要处理好政府和市场的关系,有效区分公共品、准公共品和私人品,尽可能地减少政府对微观经济活动的干预。面对无限的服务需求和有限的政府能力,西方国家的实践经历了两个阶段:20世纪70—80年代,以撒切尔为代表的欧美国家执政者尝试了公共服务私有化的实践,继而发现部分公共服务涉及国计民生的基本安全问题,且商业机构难以承担重任,不能实行私有化;20世纪90年代以后,公共服务外包成为很多国家的选择,既可以强化政府的公共服务职能,又可以利用市场机制配置资源,是两全其美的模式。为此,在我国深化行政体制改革和强化政府公共服务职责之际,党中央提出"推广政府购买服务,凡属事务性管理服务,原则上都要引入竞争机制,通过合同、委托等方式向社会购买"的要求。

然而,公共服务外包要确保服务项目的公益目标不变,这需要政府和非政府组织(甚至商业机构)共同制定合作规制和相互监督与合作,即良好的治理机制。第一,明确公共服务外包的目标,在甲乙之间达成共识;第二,建立管理体制,做到政事分离,依法明确委托人和受托人;第三,规范分工协作,依法明确委托方和受托人的工作和责任,规范共建合同内容;第四,分析成本效益,依法明确政府补偿与服务收费标准,实现多方共赢;第五,信息安全,在合作者之间,依法规范居民信息和社会保障基金信息管理;第六,建立合同协商、订立、变更、解除和终止、续订的管理台账。总之,公共服务外包是为了提供更多更好的服务,政府责任非但不能减少,反而要求更高;不仅做厨师,更要做好厨师长。

关于公共服务供给,经历了从强调政府责任,到强调市场功能,再到政府与市场合作的演变。国家行政的理论和实践,从行政管理的体制和学说,到公共管理的体制和学说(进入公共管理时代),再到公共管理与公共服务结合的体制和学说(进入新公共管理时代)。政府、市场、社会和家庭共同建造的多元化的公共服务供给体制,对政府的公共治理能力提出了挑战。

二、公共服务外包的模式

公共服务外包存在购买服务、项目外包、长期合作伙伴等模式。

购买服务是指由社会保障经办机构依法购买非政府组织或商业机构的服务,经办机构为执行机构,与服务商签订服务提供合同,向服务商支付服务费用,并负有监督管理责任。可购买的服务有定点医疗机构的服务、银行记账系统和服务窗口等。

项目外包是指社会保障经办机构依法将社会保障服务项目委托于非政府机构或商业机构执行,双方之间签订项目承包合同,支付项目管理费用,并进行监督管理。

长期合作伙伴是指社会保障经办机构与非政府组织或商业机构之间建立伙伴关系,共同投资和分担风险,长时期合作。主要特征如下:(1)权威性,即一个委托人和一个受托人。应当以省市级政府的主管部门为唯一的委托人,禁止多龙治水的分散外包现象,选择1—2家具有资质和信誉的优质机构作为受托人,并禁止分包。(2)长期性,订立中长期合同,约束双方从长计议,避免短期行为带来的无效投资和成本。(3)全面性,合作内容涉及公共服务项目的方方面面,并非单一项目的购买服务。(4)投资合理性,非政府组织需要对前期技术开发进行投资,政府需要支付项目建设费用和维护费用,补偿合作方的成本,给予商业机构一定的赢利空间。因此,一旦合作甲乙双方即具有较强的相互依赖性。例如,美国政府委托民间组织双蓝协会(蓝盾和蓝十字)经办管理社会医疗保险计划,至今已经有五十多年历史,政府不再设立医疗保险经办机构。目前,苏州、杭州等地与海虹集团中公网联合共建的医保基金智能审核系统,属于长期合作模式与合作伙伴关系,甲乙双方订立的五年期服务协议,不是购买服务的合同,属于建立长期合作伙伴关系的社会协议。首先,企业的职责是向经办机构提供服务,而不是向经办机构出售信息系统;其次,企业承担了医疗服务单据、费用审核等政府职能,协助经办机构履行其控制医疗费用增长、治理医疗行为等职责;最后,企业与政府之间不是一次性合同,而是长期共同合作研发、建设审核系统的相互依赖的伙伴关系。江苏省《医疗保险医疗服务监控及数据挖掘系统建设的指导意见》要求"建立以数据质量为核心,强化医疗保险标准化、精细化管理",并要求"引入精算、概率等科学方法,制定多重数据过滤、统计、分析模型",在此基础上开展数据挖掘,"通过智能仿真手段对历史数据分析,确定审核监控规则和阈值的本地化"。据此意见,医疗保险经办机构与企业之间的合作,在信息系统建设和医疗行为监控的基础上,未来将进一步发展为大数据分析和评价。

总结国内外的相关经验,常用的服务外包补偿方式包括如下六种:

(1)固定费用法(Fixed Price)。固定费用法的支付方法包括固定金额法(如每年100万元)、比例金额法(如医保基金收入的2%)、计件付费法(代发书面通知每份2元)。在固定费用模式下,乙方承担全部费用风险。承包方必须合理地估算预期合同成本,如果预期合同成本过低,承包方的预期利润将减少甚至没有利润;如果预期合同成本较高,则承包方可能难以获得竞标。固定费用法为发包方提供了周延的保障,但缺点在于需要进行长时间的准备和招投标流程。而且,由于存在不确定性风险,合同双方难以预见未来发生的全部情况,这就要求合同具有较强的权变性和适应性。当合同的要求较为明确时,固定费用法具有较好的适用性。

(2)成本加固定费用法(Cost Plus Fixed Price)。当合同价格难以精确定价时,往往采用成本加固定费用法。在成本加固定费用模式下,成本是可变的而费用是固定的。承包机构的工程、材料、劳动力等成本由发包方全部报销,承包方的利润就是固定费用,因此不论承包方的绩效高低,所获得的回报是相同的。其优势在于发包方能够以最低的费用组织招投标,尽快完成外包,并激励承包机构尽快完成工作。但这要求具有良好的审计措施。

(3)成本加成法(Cost Plus Percentage Fee)。成本加成法给予发包方最大的灵活性,同时允许发包方与承包方在技术、商业、融资等方面进行合作。但它不能为最终成本提供任何保险,由于缺乏经济激励,可能导致承包方的成本畸高。

(4)担保最高限价——分享节省费用(Guaranteed Maximum-Shared Saving)。这种模式下,发包方支付给承包方一笔固定费用,同时报销承包方在工程、材料、劳动力等方面实际发生的全部成本,但真实成本不能超过特定的"担保最高限价"。最高限价之下节省的成本,将由发包方和承包方共同分享;而超出最高限价的成本则全部由承包方承担。这种合同结合了固定费用法和成本法的优势,主要适用于谈判性合同,因为即使在非竞争性谈判的情况下,它仍然能够避免发包方支付过高的费用。合同风险由双方共同分担,而且能够激励双方以最低成本完成项目。

(5)固定费用加激励性费用(Fixed Fee Incentive Fee)。固定费用加激励性费用合同由两部分构成:一部分是固定费用合同,另一部分是根据真实成本和特定公式进行调整的费用比例。费用调整方式由双方协商一致。这种合同将激励承包方降低成本,从而提高利润水平。发包方和承包方共同分担风险和收益。

(6)成本加激励性费用(Cost Plus Incentive Fee)。成本加激励性费用合同同样由两部分构成:一部分是成本费用,另一部分是根据目标成本和总成本之间的差额进行调整的费用比例。费用调整方式由双方协商一致。这种合同适用于长期合同或研发合同。这种合同下,承包方需要提前计算成本,并尽量降低成本。

典型案例

广东省居民养老保险管理服务系统共建模式及经验总结[①]

2009年以来,广东省社会保险基金管理局(简称"社保局",甲方)和中国邮储

[①] 资料来源:广东省社会保险管理局。

银行广东分行(简称"邮储行",乙方),坚持改革创新,不断完善社保服务,取得了居民满意、政府满意和邮储银行有信心的多赢结果,这里被称为"广东居保社银合作模式"。截至2014年5月末,参保人数1963万人,累计代收1469.75万人,累计代收46.2亿元;累计代发612.3万人,金额107.3亿。代发服务人次达到7000万,代收服务人次约为1500万,取款服务人次达到3000万人,生存认证人才达到600万,总服务人次达到1.2亿。开创了"社银合作、省级统管、管理上提、服务下沉"的新农保管理经办模式,社保服务由"政府包揽"变为"政府主导,服务外包",使得全省新农保三年全覆盖的任务顺利完成。反之,如果省内向1236个镇增设机构和增加社会保险经办人员,则至少需要3000人,每年基本运行费用和人工成本约达2亿人民币。2013年2月,在评估前期合作情况的基础上,进一步厘清双方的职责权限,签订了新一期三年的共建合作协议。

(一) 主要经验

1. 坚持利益相关人共赢目标

银保合作可以方便参保人、提高政府的公共服务能力、增加银行服务业务和收入。2009年,全国开始实施新型农村养老保险制度,省政府提出了新农保"三年全覆盖"的工作目标,应保人数约为3200万。2011年开始推行城镇居民养老保险,应保人数约为600万。省社保局面临"无机构、无人员、无经费、无系统"的困境。社保机构原有总人数为7017人,城保五险参保达到1.28亿人次,人均经办业务量达到1.82万人次,"小马拉大车"的超负荷问题多年存在。

管理服务承包的原则和目标。为什么邮储银行要参与新农保这样一个工作量大、成本高昂、效益不突出的业务?一是战略上匹配。国务院赋予邮政储蓄银行的定位是"沟通城乡、服务三农、社区、服务大众",坚持走好以"网络联通城乡、服务便民惠民、着力民生建设"为特色的普惠金融发展道路,新农保是改行必须坚定推进的工作。二是理念上契合。邮储银行文化基点是"让农民和城市居民一样享受金融服务的便利",基层员工长期以来也有服务庞大的农民工、老年人等社会基层群体的基础,在理念上契合。三是能力上足够。邮储是全国以及广东网点覆盖面最广的银行,乡镇网点覆盖率为93.6%;在服务软件上,自1999年开始,就独家承接了省级养老金社会化发放工作,具有丰富的经验;还有70万签约邮递员,在广大农村地区也有良好的客户关系,可以做到能力匹配。四是效益上可行。"新农保"在短期内不可能实现经济效益,长期坚持也不可能产生大利润,该行从战略高度认识这个问题,看长远、看全局;一方面,看到养老保险积累到一定规模之后产生的经济效益;另一方面,坚持微利原则,看"新农保"经办工作对全行整体发展带来的推动作用;追求综合效益。

最终,在平等协商的基础上,双方达成如下共识:"视对方为战略合作伙伴,本着精诚合作、互补优势、平等互利、资源共享的原则,开展社会保险服务合作。"

2. 创新联合共建的管理体制

双方订立了三年期共建合同,并约定乙方享有续约权,建立了长期合作伙伴关系。

在管理体制上,借鉴了法国"高效合同"的经验,在省级层面统一操作,坚持一个委托人和一个受托人的制度安排,初创了公共服务外包的治理机制,初步实现了三方共赢的目标。

第一,省级社保局作为唯一的委托人。在管理体制上,坚持了"政事分离""财政与社保合一""全省统一"三个原则;做到三个避免,一是避免行政机构参与招标带来的职责混乱,二是避免社保和财政分别招标和委托导致基金碎片化的优势流失和基金损失,三是避免了分级招标导致委托人碎片化的道德风险和经济成本。由此,培育了责权相匹配的委托人,保持了社会保险基金的规模效应,创新了购买公共服务的对价支付措施,统一和规范了全省居民养老保险管理服务监督体系共建的规则和过程。

第二,省级邮储银行分行作为一个受托人是必要选择,一是符合目前养老保险省级统筹的原则,二是具有全省统一布局、投资和建立服务网络的能力,避免信息系统和服务体系的碎片化问题;三是便于基金的集中管理,产生规模效应(存贷利差),弥补提供公共服务的成本,并获得微利;四是便于参保人流动,在全省内转移社会保险关系和携带个人权益及资金已经没有障碍。

此外,双方建立联席会议制,半年召开一次会议,必要时召开临时联席会议,决定合作重大事宜。建立联络员制,双方各派一名联络员,负责联络、沟通和协调工作。建立专项工作小组,就合作项目制定实施计划和负责执行与汇报。

3. 明确外包服务内容

核心业务自管(类似会计功能),非核心业务外包(类似出纳功能)。广东省社会保险主管部门认为,社会保险服务包括对外窗口服务、信息资源管理服务、行政资源管理服务、财务资源管理服务、信息技术管理服务和审核审批管理服务六项。其中,行政资源管理、信息资源管理、财务资源管理、信息技术管理等业务和对外窗口标准化服务五大项,均可列入政府购买服务的范围。

广东居保社银合作服务外包的具体内容如下:

(1)行政资源管理服务类三项:办公场所物业管理、业务档案数字化加工服务、承办大型会议和培训任务;

(2)信息资源管理服务类五项:个人信息采集业务、个人历史信息整理业务、退休人员移交社会化管理档案清理业务、委托商函邮寄参保个人信息业务；

（3）财务资源管理服务类三项：委托审计师事务所、会计师事务所对基金核算专项业务和对参保单位稽核专项审计检查、委托金融机构开展基金保值增值业务、委托金融机构社会化发放养老金业务。

（4）信息技术管理服务类两项：计算机硬件设备维护、信息系统软件维护；

（5）对外窗口服务类四项：业务窗口标准化服务、业务咨询标准化服务、法律顾问服务。

4. 理清合作双方责任

根据《社会保险法》的规定，社会保险经办机构是全体参保人的法定代理人，其法定职责包括管理、服务和监督。甲方遵循"会计和审计原理"履行管理服务体系设计职责，再委托乙方打造服务平台；乙方遵循"出纳原理"根据甲方的指令履行职责；继而，甲方履行监督职责。

广东省居保社银合作坚持了"公开、公平、公正"的原则。经办机构加强对统筹范围内经办业务的调查研究，因地制宜地确定购买服务的内容、方式、经费和标准等，形成完整的措施和操作方法。同时，严格规范了购买服务的办事流程，规范服务的申请、审批、提供、评估、结算、变更、撤销等程序，增强工作的透明度，使购买服务真正做到政策具体、程序规范、周到细致。

甲方制定了《广东省新型农村社会养老保险试点业务办理规程》《广东省新型农村社会养老保险基金核算试行办法》《广东省新型农村社会养老保险待遇领取人员年度生存认证管理暂行办法》等规范性文件，为统一全省新农保经办业务、提供信息系统支撑、与邮储银行成熟的金融信息管理系统平台合作奠定了基础，开发了"广东省新农保经办业务管理信息系统"并将该系统直接延伸至全省各邮储银行基层服务网点；同时为方便各级社保经办部门加强对新农保业务管理，业务系统在省、市、县三级设立管理服务终端，并统一明确了各级的业务操作管理权限范围。为确保系统数据安全，管理统一，省、市、县三级业务终端不能随意操作和修改业务数据，所有数据维护管理必须统一由省级提出需求，邮储银行据此进行统一维护，并确保留有痕迹。市、县终端可适时查询监督和统计所属参保缴费情况，发现问题按操作权限处理；省级终端用于及时查询全省各地参保缴费情况、对个人账户实施监控维护管理、确认记录个人账户财政补贴资金、汇总审核当月全省符合待遇领取人员数据、信息系统参数维护、系统权限管理。这样既实现了全省数据的省级统管、数据共享，又确保了信息的安全完整。

为切实保障社银合作管理模式的顺利实施，2010 年 1—9 月，省社保局先后会同邮储银行广东省分行两次组织了全省新农保试点市、县社保机构分管领导及经办管理人员、邮储银行广东省分行各市、县（分、支行）部门骨干及网点经办人员参加新农保经办业务管理培训班，分别对国家和省的新农保政策、管理规程、前台操作、资金及信息管理等进行系统培训，共培训人数近1000人，通过培训，确保了试点工作的顺利推进和制度的有效实施。

在不改变政府管理职能，保证居民信息私密性的基础上，邮储银行设立居保专窗和配备专职人员，承担了新农保参保人员原始资料登记、核对、录入，代收个人缴费、代发养老金等简单繁琐的日常性服务工作。为此，省内各级政府减少了大量的机构、人力和经费投入，财政部分负责政府养老补贴预算和账户监督；社会保险行政部门负责完善政策。具体措施如下：

第一，为了应对突发大量参保的情况采取了多种手段：一是前台分散处理和后台集中处理相结合，业务处理批量化；二是网点固定服务和上门流动服务相结合，将服务前移；三是分片分批次地处理，将服务分散平均化，稳步解决突击参保问题。

第二，便民设施进村，开展福农卡小额取款。乙方从2014年起，在部分金融资源相对欠缺的地区铺设电话自助终端，依托农村小商店等，铺设自助取款终端（专为助农取款而铺设的商务通的机具目前已经超过6600台），农民只要手持银行卡或者是存折，就可以方便地进行300元以下的小额取款操作。大大方便了农民日常生活需要。

第三，要求邮储人员持证上岗。在乙方培养了一批又一批熟悉养老保险政策和工作特点的员工，在居民养老保险岗位工作的人员素质得到较大提升。

5. 规范业务流程，方便参保人

双方合作整合社保和银行流程，实行一点接入，一站式综合服务，提升了公共服务水平和效率。

新农保政策落实的关键在于农民对新农保政策的理解、认可程度以参保积极性。调查发现，导致农民参保意识弱的主要因素之一，是社保手续繁琐、流程复杂、收益不直观。为此，广东省深化了社银合作内涵，通过后台信息系统的对接，整合双方的经办流程，消除重复的环节，简化经办手续，将所有服务集中在银行的一个窗口，为农民提供一站式综合服务。使农民只要"跑一趟路、对一个窗口、填一张表"，就能轻松地办理新农保参保手续，这项工作在合作前三年完成。

邮储银行在试点地区的网点内均设立了"新农保"服务专窗。60岁以下人员持身份证、户口本到银行邮储银行网点直接办理参保登记、开设实名账户，完成个人缴费，即办理完参保手续；60岁以上人员不需缴费即可完成参保。客户办理手续的同时，银行后台工作仍在继续，相关信息自动反映到各级社保经办平台，整个过程有条不紊，精确快捷安全。业务办理后，农民持有一张国有银行的存折，可以随时查看,预期利益更加直观,大大提高了农民参保积极性。

三年后,合作进入建立标准化的服务窗口,统一新农保的服务规范的发展阶段。设立了参保高峰期间六个一的标准化网点设置:一个铭牌(新农保服务网点铭牌)、一个岗位(新农保咨询岗)、一个专窗(新农保服务专窗)、一张海报(参保宣传海报)、一个流程(参保流程图)、一批单式(参保表格、参保宣传单张)。

6. 完善信息管理系统

新农保和城居保参保人员多,需要核实和储存的资料量大,需要完善的、覆盖城乡的信息管理网络和系统才能够有效管理信息。三年前,借助邮储银行的信息网络,搭建了新农保和城居保的居民养老保险费信息管理系统,迅速解决了信息化管理的难题。

该系统平台,不仅涵盖了农民从资料录入、资料自动审核、缴费、个人账户管理、利息计算、待遇申请、待遇审核、待遇核发全过程的管理,使每个农民的新农保业务有一个全面、清晰的记录,而且,涵盖了社保对全省的地市的机构管理(市—县—镇—村)、人员管理、报表管理、财政申请、财政到账、待遇发放管理、生存验证等各项具体的管理功能,为社保系统做好新农保的管理提供了精确和强有力的手段,同时网络覆盖到93.6%的乡镇,有效地满足了农村居民参保需求。

今后的主要工作是适应国家城乡居民养老保险整合政策,调整城乡居保的信息管理系统;适应社保卡的发放,建设跨行代发系统;适应职居互转,与职工社保衔接;提升统管范围,统和全省的经办;统合业财一体化系统的建立等。

7. 完善内控机制,保证信息安全和基金安全

充分发挥银行的内控机制,也是广东省社保和邮储银行合作的重要内容。省社保局林白桦局长总结说:"广东新农保经办的信息入口有两把锁,第一把锁是传统的社保经办审核,第二把锁则是银行的风控机制。"在经办过程中,少数人因为个人信息与公安部门联网信息不符,因而在银行窗口就被自动退回了。除了严控数据质量之外,银社的合作也保障了社保基金的安全。客户在前台交完费后,银行的后台工作仍在继续,资金流和信息流都同时向上归集,进入了省社保局的信息系统和账户中,有效保障了资金安全。居民养老保险运营机制呈现n字形,信息向上集中(农民参保、申报业务在基层处理)、基金统一管理(基金省级统管和投资运作,实现安全最大化、效率最大化)、服务向下派送(养老金支付和信息报告在基层)。

(二)广东居保社银合作模式的意义

第一,通过创新经办模式,探索了解决农村公共服务力量不足的长效机制。多年来的发展实践证明,尽管各级社保机构和人员不断增长,但是与迅猛发展的社会保障事业相比,与巨大的社保公共服务需求相比,仍然无法满足。按照广东1236

个镇估计,承接新农保工作,需要在镇、乡一级需要增加2500—3000人,在县一级增加500—600人,每年照广东省人均工资计算,需要增加人力成本至少1.5亿元,还要增加办公场地、设备、网络、线路,每年运行维护费用就1.5亿元左右。其他公共服务也是如此。广东通过社银合作,跳出了经办能力建设困境,找到了一条提升基层经办服务能力的长效机制。

第二,通过探索一站式服务,转变了行政管理方式,降低了服务成本,提高了公共管理和服务效率。在福建等省增加3万人经办的情况下,仅人工成本,在广东,按照社平工资计算,大约需要12亿元,而每年所收的费用仅为15亿元,成本非常高昂。在银行窗口"一站式"办完新农保服务,参保农民只需填写一张表格,在窗口录入就可以了。仅以表格为例,如果一个人减少两张表格,就可以节约7600万张纸,约380万元。其他的费用就更是大大减少。同时,通过窗口整合,减少了各单位分别录入数据等重复劳动和系统间数据核对工作,降低了服务差错率,大大提高了公共服务效率。

第三,通过集中整合商业银行资源,提升了公共服务的专业性。事实证明,涉农商业银行是农村地区信息化程度高、管理最为规范的服务体系,在帮助政府政策落地中具有重要的意义。由于银行的参与,广东新农保工作得以在很短时间内建成了先进的信息管理系统,形成了高效、规范、统一的服务标准和流程,使得公共服务更加专业。

第四,借助银行账户系统,实现了社保资金的全省统管和实账管理,为进一步规范社保基金管理、完善社保体系建设,促进区域统筹、城乡统筹奠定了坚实的基础。

通过银行账户管理系统,广东新农保工作实现了省级统一管理。社保资金的收缴、管理、发放流程清晰,监管到位。在省级统一管理模式下,形成了全省统一的信息系统、服务标准、操作规程,这为下阶段社会保障工作在更大范围内实现区域统筹、城乡统筹奠定了坚实基础。

广东省邮储银行参与新农保经办工作的实践证明,整合商业银行在农村的发展,不仅有助于完善金融服务,而且在提升农村公共服务、社会管理水平等方面都可以发挥重要作用。充分利用商业银行的计算机系统、管理体系和服务网络,对于促进我国统筹城乡、区域发展,推进城乡一体化有着重要的意义。

6　中国工伤保险制度的发展：历程、成就与问题

岳经纶　何伟强

随着现代工业化进程的推进，身体健康问题不再局限于个体对自身的关注，成为一个影响社会效率与社会福祉的公共议题。特别在工业生产社会化的背景下，工伤问题内涵与外延的变化显示出社会对该议题的思考与态度，采取相应的制度设计充分保护劳动者的合法权益是国家社会经济发展的重要方向。本文试图解析我国 1949 年以来的工伤保险制度的演变，工伤保险制度的现行情况，探讨其变化过程和存在的现实问题，并对此提出相关的政策建议。

6.1　计划经济时期的工伤待遇制度

我国的工伤保险体系从新中国劳动保险制度的建立，到"文化大革命"期间工伤保险制度的破坏和停滞不前，以及改革开放以来实行以社会统筹为特征的改革试点和法律法规制度的建立完善，经历了从计划经济时期"企业保险"到市场经济时期"社会保险"的转换过程，并在近年来取得了较大的成就。

6.1.1　工伤待遇制度的创始期（1951—1953 年）

1951 年 2 月 26 日由政务院颁布的《中华人民共和国劳动保险条例》和 1953 年 1 月 26 日由劳动部颁布实施的《中华人民共和国劳动保险条例实施细则修改草案》是新中国成立以后至 1996 年关于工伤保险的主要法律依据。这段时期我国并没有独立的工伤保险制度，工伤保险实际上只是作为劳动保险制度的一个组成部分而存在的"工伤待遇"制度。

《中华人民共和国劳动保险条例》最初的实施范围仅包括：(1) 有工人、职员

100人以上的国营、公私合营、私营及合作社的工厂、矿场及其附属单位；(2)铁路、航运、邮电的各企业单位与附属单位；(3)工、矿、交通事业的基本建设单位；(4)国家建筑公司。《劳动保险条例》中规定的各项待遇支付费用，由参保的企业全额负担。其中一部分待遇由企业资方直接支付，其他部分从企业工会负责组织实施的劳动保险基金中支付。工伤待遇制度的待遇标准分为以下几类：

（1）因工负伤待遇。工人与职员因工负伤，应该在该企业医疗所、医院或特约医院医治。如该企业医疗所、医院或特约医院无法医治时，应由该企业转送其他医院医治。其全部诊疗费、药费、住院费、住院时的膳费与就医路费，均由企业负担，在医疗期间，工资照常发放。

（2）因工致残待遇。工人与职员因工负伤确定为残疾时，按完全丧失劳动能力不能工作、部分丧失劳动能力不能工作、部分丧失劳动能力尚能工作三种情况，从劳动保险基金项下以一定比例按月付给因工残废抚恤费或因工残废补助费。

（3）因工死亡待遇。工人与职员因工死亡时，由该企业发给丧葬费，其数额为该企业全部职工月平均工资的三倍；另从劳动保险基金项下按其供养的遗属人数每月付给供养遗属抚恤费，其数额为死者本人工资的25%—50%，至受供养者失去受供养的条件时为止。职工因工负伤致残完全丧失劳动能力退职后死亡时，应按上述规定支付丧葬费及供养直系亲属抚恤费。

从上述介绍可知，包括工伤待遇制度在内的《劳动保险条例》是新中国成立初期的经济恢复期及此后的计划经济时期保护工人权益的重要法律依据，尽管当时的待遇水准相对较低，但它在中华人民共和国成立初期的经济发展过程中发挥了保障工伤职工或其供养直系亲属的权益、分散工伤事故风险、维护社会稳定等重要作用。

6.1.2 工伤待遇制度的扩充期(1953—1957年)

由于国家财政状况的好转与应对新经济课题的需要，从1953年开始，政府对《劳动保险条例》进行了若干修订，工伤待遇制度也得以不断改善。

1953年，工伤待遇制度进行了第一轮改革。一是适用范围得到了扩大，在1951年规定的基础上，增加了工厂、矿山以及交通运输事业的基建企业和国营建筑企业等对象；二是提高了丧葬费等支付项目的标准。

1956年，随着对农业、手工业和资本主义工商业社会主义改造的完成，国务院宣布对1953年修订过的《劳动保险条例》进行再次完善。工伤待遇制度的适用范围进一步扩大，适用对象又增加了对外贸易、粮食、供销合作社、金融、航空、石油、地质、水产、国营农牧场和林场等十三种行业的职工。

在这一时期,职业病的工伤认定受到了关注。随着国家工业化生产的不断发展,职业病危害也日渐显现和引人关注。为保障职业病患者的合法权益,1957 年 2 月 28 日,卫生部制定并公布了《职业病范围和职业病患者处理办法的规定》,将尘肺病、职业性中毒等十四种疾病规定为"法定职业病",首次将职业病纳入了工伤待遇制度的保障范围。

6.1.3 工伤待遇制度的调整期(1958—1965 年)

1957 年 6 月的《政府工作报告》与当年 9 月召开的中国共产党八届三中全会上周恩来所作的《关于劳动工资和劳保福利问题的报告》,决定了适时调整劳动保险制度的方针,工伤待遇制度进入了调整期。1958 年《国务院关于工人职员退职处理的暂行规定》等一系列文件,在待遇水平、事故范围、死亡及抚恤金、职业病范围及职业病患者的处理等方面都进行了调整。

一、适用范围的调整

(1) 1958 年 2 月 27 日,全国总工会劳动保险部和公安部主管部门针对服役人员明确规定,服役人员不适用《劳动保险条例》。

(2) 1960 年 2 月 23 日,劳动部针对来自贵州省劳动部门有关学徒工因工死亡问题的函回答如下:"学徒因为工作死亡后,企业应当对死亡学徒家属加以慰问并发放一次性的抚恤费,其具体数额由企业酌情决定。"

(3) 1963 年 1 月 24 日,劳动部工资局针对铁路工会对于职工因工伤亡或非因工伤亡如何划分的问题的问函进行回复:属于因工伤亡的有"第一,《劳动保险条例实施细则修正草案》第四章第一项、第三项规定的负伤与死亡;第二,在从事有益于社会的事业时的负伤与死亡"。

二、待遇支付的调整

国务院于 1958 年颁布实施的《国务院关于工人职员退职处理的暂行规定》做出了以下规定:丧失部分劳动能力的工伤职工,在退休后出现伤病复发情况,其医疗费由退休前所在的企业承担。

1963 年,全国总工会颁布了有关上下班交通事故死亡职工的赔付规定。1963 年 5 月 8 日,劳动部工资局在回复关于学徒人员劳动保险待遇问题的文件中(中劳薪字 160 号)明确规定:"学徒人员因工负伤的劳动保险待遇可以比照正式职工的办法办理。……因工或非因工死亡时可以发给丧葬费。对于因工死亡的学徒的直系亲属,可由企业酌情发给一次性抚恤费。除此以外,学徒不享受其他的劳动保险待遇。"

劳动部与全国总工会在 1966 年 4 月联合发布的《关于改进企业职工劳保医疗制度几个问题的通知》规定了职工住院治疗工伤,所需医疗和食宿费用从"企业全额负担"调整至"企业负担 2/3,个人承担 1/3",由此减轻了企业负担。

6.1.4 工伤待遇制度的倒退期(1966—1977 年)

"文化大革命"不仅中断了包括工伤待遇制度在内的劳动保险制度的健康发展,而且还严重破坏了在劳动保险制度、劳动安全管理制度方面已经取得的建设成果。在这个时期,不仅没有出台过任何有关扩大劳动保险制度适用范围、改善劳动保险给付标准等方面的规定;相反,过去十多年里取得改革成果被破坏殆尽,带来的是国家负担的加重、企业员工素质的下降以及国民经济的倒退。时至今日,其负面影响仍未完全消除。

6.2 改革开放后的工伤保险制度

6.2.1 工伤保险制度的恢复期(1978—1987 年)

"文化大革命"结束后不久召开的中国共产党第十一届三中全会,宣告了我国改革开放路线的开始,明确了党的工作重心将转向经济建设上来。以此为契机,我国各个领域开始了真正意义上的恢复与重建,包括工伤待遇制度在内的劳动保险制度的恢复整顿也被迅速提上了议事日程。工伤待遇制度的适用范围在"文化大革命"之前的规定基础上,从国营企业扩大到非国营企业,使其能够参照执行工伤待遇支付的各种规定。

20 世纪 80 年代中期,我国经济体制改革进入了以城市改革为重点,以企业搞活为中心的阶段。企业成为自主经营、自负盈亏,相对独立的商品生产者和经营者。随着经济市场化程度的提高,企业之间工伤费用负担不均衡的矛盾日益显现。新建企业的劳动者普遍年轻、人工成本费用低,又不存在以往工伤造成的经济负担,在竞争中占有优势。同时,随着劳动力正常流动和企业产权变动频率的增加,一部分伤残和患职业病的职工在工作单位变动后,原来享受的工伤待遇是由原单位支付还是由调入单位支付的问题往往争议不休,致使伤残职工权益受损。随着工业化进程加快,企业伤亡事故率及职业病发生率明显上升,职业安全形势严峻,事故多发与工伤保险制度滞后的矛盾,直接影响着企业和社会的稳定。

6.2.2 工伤保险制度的改革期(1988—2003 年)

我国工伤保险制度改革始于 20 世纪 80 年代中期以后,1988 年劳动部主持制定了社会保险制度改革方案,初步形成了工伤保险制度改革框架,提出了以下工伤保险制度改革的主要内容:一是建立工伤保险基金,逐步实行社会化管理。工伤保险基金按照"以支定收,留有储备"的原则,根据不同行业的不同事故率确定企业缴费率,并随着企业工伤事故实际发生情况定期调整。二是调整和完善工伤保险待遇项目和标准。由原来只对重度伤残职工发给退休金,改为对所有因工致残职工依据伤残等级发给定期抚恤金和一次性补助金;适当提高丧葬补助金和供养亲属抚恤金标准,同时增加一次性抚恤金制度;建立工伤保险待遇调整体系。三是加强和规范工伤保险管理。对工伤认定条件、劳动能力鉴定标准以及工伤待遇支付等事项做出了明确的规范。

1987年11月15日,为了保护职工的身体健康,合理解决职工患职业病后的劳动保险问题,卫生部、财政部、劳动人事部、中华全国总工会联合颁发《职业病范围和职业病患者处理办法的规定》,将102种疾病列入职业病范围,从制度上为进一步维护职工的权益提供了保障。

1996年3月,国家技术监督局颁布了《职工工伤与职业病致残程度鉴定》(国家标准GB/T 16180—1996)。该鉴定细则较为详细地对工伤及职业病致残程度进行了分类,并且对鉴定方法及流程进行了规范。

基于1988年以后的改革方案和相关新规、多个工伤保险改革试点经验以及国外成熟做法,原劳动部于1996年8月12日颁布《企业职工工伤保险试行办法》(劳部发〔1996〕266号),该办法从1996年10月1日起开始试行。这一办法对全国各地的工伤保险制度做了统一的规定,从根本上改变了企业自行承担工伤后果的情况。新工伤保险制度着重强调了工伤保险制度要把工伤预防、工伤康复和工伤补偿结合起来的思路,进一步明确了我国工伤保险制度的任务和框架,主要内容包括:

(1)实行工伤保险基金社会统筹,变"企业保险"为"社会保险"。确立了"以支定收、收支基本平衡"的工伤保险基金筹集原则,并在一个统筹地区范围内实行基金统一调剂,大大分散了企业的工伤风险。

(2)扩大工伤保险的覆盖范围。突破了以往工伤保险"全民企业执行、集体企业参照"的局限,把覆盖面扩大到各类企业及全体职工,进一步维护了广大劳动者的合法权益。

(3)建立工伤保险差别费率机制。一是行业差别费率,即根据各行业工伤保险事故风险和职业危害程度,规定不同的费率标准;二是企业浮动费率,即在行业差别费率基础上,根据不同企业工伤事故发生率和职业安全情况,实行企业浮动费率。

（4）规范工伤保险待遇项目和待遇标准。除了对工伤保险保障工人基本生活的定期待遇进行调整提高外，对被鉴定为一至四级的工伤职工增加了一次性赔偿。

（5）明确管理程序，完善了制度体系。统一规范了工伤认定和劳动能力鉴定的标准和程序，首次提出了建立工伤预防、工伤补偿和工伤康复相结合的工伤保险制度体系的要求。①

自 1996 年《企业职工工伤保险试行办法》颁布以后，我国统一了各地区的制度与标准，指明了各地区工伤保险的发展方向，明确要求进行伤残职工劳动能力鉴定的制度化建设。工伤保险形成了初步的资金筹集机制，开始发挥风险分担与互助共济的作用。但是，这一阶段的工伤保险制度依然是部门规定，并没有进入到国家制度的层面。同时，由于改革开放的深入推进，《企业职工工伤保险试行办法》难以应付社会大量新生、复杂多变的工伤情况。因此，国务院在 2003 年 4 月正式颁布了《工伤保险条例》。《企业职工工伤保险试行办法》于 2004 年 1 月 1 日正式废止。

6.3 现行工伤保险制度的主要内容

6.3.1 《工伤保险条例》的基本规定

2003 年 4 月，《工伤保险条例》（以下简称《条例》）颁布，2004 年 1 月 1 日正式实施。这代表着我国工伤保险制度向更为合理公平，覆盖更多群体的方向发展。相较于 1996 年的《企业职工工伤保险试行办法》，《条例》做出了以下改变：

一是优化了工伤医疗的相关标准。工伤医疗期最长时限由不得超过 36 个月改为 24 个月。明确工伤保险诊疗目录、住院服务标准和药品目录，医疗费用由全额保险报销改为根据以上三大目录标准进行报销赔付；同时，对工伤认定程序做出更为具体的规范，进一步明确劳动能力鉴定的流程及主体。

二是调整了工伤保险待遇。工伤伤残抚恤金和供养亲属抚恤金在原来的基础上增加了生活护理费，职工在工伤医疗停工留薪期间，其待遇由职工本人伤前 12 个月内平均工资，改为由所在单位照发原工资福利待遇，同时，更为明确因工死亡的职工的遗属待遇，供养亲属抚恤金由原来的当地职工月平均工资改为职工本人工资进行计发。以上措施都比以往更注重弥补因工伤亡职工本人及其家属的直接损失。此外，工伤保险待遇调整频率由每年调整一次改为"适时调整"，提高了工

---

① 劳动部：《企业职工工伤保险试行办法》（劳部发〔1996〕266 号），1996 年。

伤保险的灵活性与及时性,更加有效地消除通货膨胀对工伤保险待遇的削弱作用。

三是进一步延伸了工伤认定范围。《企业职工工伤保险试行办法》有关工伤认定的条例中规定"在上下班的规定时间和必经路线上,发生无本人责任或非本人主要责任的道路交通机动车事故",现将该条件放宽至"在上下班途中,受到机动车事故伤害的",而且在原基础上增加了三类情况视同工伤:(1)在工作时间和工作岗位,突发疾病死亡或者在 48 小时之内经抢救无效死亡的;(2)在抢险救灾等维护国家利益、公共利益活动中受到伤害的;(3)职工原在军队服役,因战、因公负伤致残,已取得革命伤残军人证,到用人单位后旧伤复发的。

《工伤保险条例》自 2004 年实施以来,参保人数大幅增加,基金规模成倍增长,享受待遇人数不断上升,工伤保险事业取得了巨大成就,但在实践中也暴露出一些问题与不足,比如覆盖范围还不够广,保障水平还不够高,保障功能还不太全等等。随着社会经济的发展,修订条例的必要性和紧迫性凸显。

6.3.2 《工伤保险条例》的修订情况

2010 年 10 月 28 日,全国人民代表大会常务委员会通过《中华人民共和国社会保险法》。为了与《社会保险法》进行对接,12 月 8 日,国务院第 136 次常务会议讨论通过了《国务院关于修改〈工伤保险条例〉的决定》,并于 2011 年 1 月 1 日起正式施行。《工伤保险条例》的修改实施及时回应了法律规定,从流程上符合国家法律高于条例的基本原则,从内容上进一步完善了工伤保险制度,为工伤保险制度更好地保障劳动者合法权益提供了新机遇。

修改后的《工伤保险条例》在以下方面进行了调整:

一是进一步延伸工伤保险的适用范围。在原条例规定适用于各类企业和有雇工的个体工商户的基础上,新《工伤保险条例》适用范围扩大到除参照《公务员法》管理的事业单位以外的所有事业单位,以及民办非企业单位、社会团体、基金会、律师事务所、会计师事务所等组织。

二是进一步调整工伤认定范围。原规定中将上下班途中机动车事故伤害认定为工伤,现调整为上下班途中非本人主要责任的所有交通事故。非机动车事故进入了认定范围,包括城市轨道交通以及火车、客运和轮渡等事故伤害。该规定符合社会发展的需求,也切合现实情况。

三是进一步简化工伤认定程序。修改后的《工伤保险条例》建立了工伤认定的绿色通道,对于双方没有争议、工伤事实清楚、工伤责任明确的工伤认定申请处理时间由原来的 60 天缩短到 15 天,取消工伤认定争议处理当中行政复议前置的规定,缩短了工伤认定的时间,切实保障了工伤劳动者的权益,使劳动者能够更快拿到资金进行治疗。

四是大幅度提高了工伤保险待遇。在原标准中,因工死亡的一次性工作死亡补助金标准为原来的统筹地区上年度职工月平均工资的48个月至60个月。新修改条例将其提升到上年度全国城镇居民人均可支配收入的20倍。另外,调整了伤残职工的一次性伤残补助金,在原来的基础上,七至十级、五至六级和一至四级伤残职工的补助标准分别增加了1个月、2个月和3个月的本人工资。

五是增加了基金支出项目。新修改条例明确将工伤预防培训、宣传等费用纳入工伤保险基金的支付范围,在经费上保障了工伤预防工作。另外一方面,工伤职工的"住院伙食补助费""统筹地区以外就医的交通食宿费"以及"终止或解除劳动关系时的一次性医疗补助金"从原来的用人单位支付改为工伤保险基金统筹支付。增加的基金支出项目保证了工伤保险待遇的及时发放,同时也减轻企业用人单位的负担,有助于提高企业用人单位参加工伤保险的积极性。

六是加大了强制力度。新修改条例中明确规定在行政复议和行政诉讼期间企业不得停止支付工伤职工治疗工伤的医疗费用,从制度层面确保工伤职工的及时医疗,也遏制部分企业用人单位恶意诉讼拖延支付的意图。另外,新条例规定应对拒不协助工伤认定调查核实以及不参加工伤保险的企业用人单位作出行政处罚,更加明确了社会保险的强制属性,有利于保护广大劳动者的权益。

6.3.3 工伤保险制度的司法解释

2014年4月21日,最高人民法院审判委员会第1613次会议通过《最高人民法院关于审理工伤保险行政案件若干问题的规定》(以下简称《规定》),并于2014年9月1日正式生效。最高人民法院以前颁布的司法解释与该《规定》不一致的,以《规定》为准。《规定》完善了《工伤保险条例》不尽详细、容易引起争议的地方,并且在原基础上扩大了覆盖范围,并提高了保险待遇。

(1)明确工伤类型。《规定》第4条明确,社会保险行政部门认定四种情形为工伤的,人民法院应予支持。这四种情况是:①职工在工作时间和工作场所内受到伤害,用人单位或者社会保险行政部门没有证据证明是非工作原因导致的;②职工参加用人单位组织或者受用人单位指派参加其他单位组织的活动受到伤害的;③在工作时间内,职工来往于多个与其工作职责相关的工作场所之间的合理区域因工受到伤害的;④其他与履行工作职责相关,在工作时间及合理区域内受到伤害的。①

(2) 补充解释"上下班途中"。根据现行的《工伤保险条例》,在上下班途中,受到非本人主要责任的交通事故或者城市轨道交通、客运轮渡、火车事故伤害的应当认定为工伤。《规定》对"上下班途中"做出了更具体的解释。

《规定》第 6 条明确:"对社会保险行政部门认定下列情形为'上下班途中'的,人民法院应予支持:(一)在合理时间内往返于工作地与住所地、经常居住地、单位宿舍的合理路线的上下班途中;(二)在合理时间内往返于工作地与配偶、父母、子女居住地的合理路线的上下班途中;(三)从事属于日常工作生活所需要的活动,且在合理时间和合理路线的上下班途中;(四)在合理时间内其他合理路线的上下班途中。"

其中,对"合理时间"的界定,最高法院行政审判庭庭长赵大光表示:"合理时间的概念比较宽泛,具体情况应当考虑案件的正当性。上下班有一个时间区域,可能早一点,可能晚一点,比如下了班以后,还要加一会儿班,或者是等交通的高峰时段过了之后再回家。我们认为这些都属于合理时间。"对于"合理路线",赵大光表示,"比如下班的途中需要到菜市场买一点菜,然后再回家,而且是顺路,我们认为是合理的路线,所以理解这一条规定,我们要抓住一个关键词就是'合理'"②。

(3) 明晰派遣工工伤保险责任。该《规定》专门对双重劳动关系、派遣、指派、转包和挂靠关系等五类比较特殊的工伤保险责任主体做出了规定。社会保险行政部门认定下列单位为承担工伤保险责任单位的,人民法院应予支持:①职工与两个或两个以上单位建立劳动关系,工伤事故发生时,职工为之工作的单位为承担工伤保险责任的单位;②劳务派遣单位派遣的职工在用工单位工作期间因工伤亡的,派遣单位为承担工伤保险责任的单位;③单位指派到其他单位工作的职工因工伤亡的,指派单位为承担工伤保险责任的单位;④用工单位违反法律、法规规定将承包业务转包给不具备用工主体资格的组织或者自然人,该组织或者自然人聘用的职工从事承包业务时因工伤亡的,用工单位为承担工伤保险责任的单位;⑤个人挂靠其他单位对外经营,其聘用的人员因工伤亡的,被挂靠单位为承担工伤保险责任的单位。

《规定》还指出,在上述非法转包和挂靠情形中,"承担工伤保险责任的单位承担赔偿责任或者社会保险经办机构从工伤保险基金支付工伤保险待遇后,有权向

---

① 最高人民法院审判委员会:《最高人民法院关于审理工伤保险行政案件若干问题的规定》(法释〔2014〕9 号)。
② 《下班顺道买菜出事算工伤 规定 9 月 1 日起正式施行》,新华网,http://news.xinhuanet.com/yzyd/local/20140821/c_1112162671.htm。

相关组织、单位和个人追偿"。

（4）明确第三人所致工伤赔付方法。因第三人原因造成伤害的工伤保险责任承担问题是司法解释的一个重点。因第三人原因造成伤害的,受害者既可以向法院提起民事诉讼,请求民事赔偿,由第三人(致害人)承担民事责任,也可以主张享受工伤保险待遇。

《规定》第8条明确了以下三种处理方式:①职工因第三人的原因受到伤害,社会保险行政部门以职工或者其近亲属已经对第三人提起民事诉讼或者获得民事赔偿为由,作出不予受理工伤认定申请或者不予认定工伤决定的,人民法院不予支持。②职工因第三人的原因受到伤害,社会保险行政部门已经作出工伤认定,职工或者其近亲属未对第三人提起民事诉讼或者尚未获得民事赔偿,起诉要求社会保险经办机构支付工伤保险待遇的,人民法院应予支持。③职工因第三人的原因导致工伤,社会保险经办机构以职工或者其近亲属已经对第三人提起民事诉讼为由,拒绝支付工伤保险待遇的,人民法院不予支持,但第三人已经支付的医疗费用除外。

6.4 工伤保险事业的发展成就

6.4.1 覆盖范围不断扩大,参保人数大幅增加

我国的工伤保险制度在《企业职工工伤保险试行办法》实施前,参保对象主要是国有企业及其职工,1995年年底的参保人数仅为2615万人。在1996年《企业职工工伤保险试行办法》实施以后,参保对象扩展到了各类企业及其职工,2003年年底的参保人数达到4575万人。① 在2004年《工伤保险条例》颁布实施以后,参保人数始终保持高速增长态势,我国工伤保险制度的覆盖范围已由各类企业扩展到了事业单位、社会团体、民办非企业单位、基金会、律师事务所、会计师事务所等组织和有雇工的个体工商户。2010年12月,为了配合《社会保险法》和新修订的《工伤保险条例》的贯彻实施,针对建筑施工企业、小型服务企业、小型矿工企业等难以直接按照工资总额计算缴纳工伤保险费的特点,人力资源和社会保障部制定了《部分行业企业工伤保险费缴纳办法》,进一步推进上述类型企业参加工伤保险。

如图6-1所示,在2006年年底,工伤保险参保人数历史性地突破了1亿人,达到10,268万人。截至2010年年底,工伤保险参保人数已达到16,161万人,比

---

① 国家统计局人口和就业统计司、人力资源和社会保障部规划财务编:《中国劳动统计年鉴2012》,中国统计出版社2013年版。

2003年年底净增11,586万人,增长了2.5倍。2004—2010年的5年间参保人数年平均增长率为36%。截至2014年5月底,全国工伤保险参保人数突破2亿人,达到20,011万人,工伤保险制度覆盖人群进一步扩大,工伤保险事业发展迈上新台阶。①

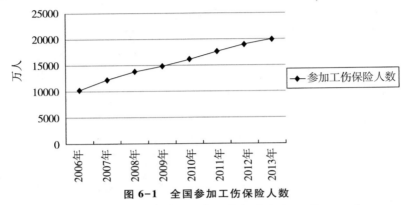

图 6-1　全国参加工伤保险人数

数据来源:中华人民共和国人力资源和社会保障部网站,http://www.mohrss.gov.cn/index1.html。

6.4.2　全面实施"平安计划",切实保障了农民工的工伤保险权益

农民工是我国改革开放和工业化、城镇化进程中涌现的一支新型劳动大军,主要分布在劳动密集型的煤矿、建筑等高风险行业和餐饮、家政等服务行业。农民工群体当中普遍存在较少接受安全培训,劳动工作条件较差,发生工伤事故和职业病概率高等情况,其安全和健康最需要保障。但是,由于其流动性强,往往没有劳动合同,农民工参加工伤保险在制度上一直没有针对性的解决办法。针对农民工的现实情况,原劳动保障部在调查研究的基础上,于2004年发布了《关于农民工参加工伤保险有关问题的通知》(劳社部发〔2004〕18号),明确了相关的具体政策。两年后,国务院在2006年颁发《关于解决农民工问题的若干意见》(国发〔2006〕5号),其中明确要求全国各地区要有效解决农民工的工伤保险问题,将农民工纳入工伤保险的覆盖范围。随后国务院劳动保障部于2006年5月颁布《关于实施农民工"平安计划"加快推进农民工参加工伤保险工作的通知》(劳社部发〔2006〕19号),通知提出在全国范围内组织农民工"平安计划"的工作部署,在三年内,安排全国从事建筑、矿山开采等高风险行业的农民工参加工伤保险。该通知进一步落

---

① 《我国工伤保险参保人数突破2亿元》,《中国劳动保障报》2014年7月10日,http://www.mohrss.gov.cn/gsbxs/GSBXSgongzuodongtai/201407/t20140710_133643.htm。

实了《国务院关于解决农民工问题的若干意见》中的具体要求,进一步推进高风险行业农民工参加工伤保险的工作进程。

根据"平安计划"一期的评估情况,"平安计划"实施三年,农民工成为推动工伤保险参保的主体力量。如图6-2显示,到2008年年底,统计农民工参保人数已经达到了4942万人。2006—2008年三年间农民工参保人数平均增长率为58%[1],特别是煤矿等高风险农民工参保成绩突出。评估情况显示,包括国有重点煤矿和国有地方煤矿在内的国有煤矿企业农民工的参保率已超过了90%,小煤矿和非煤矿山的农民工参保率也都超过了80%。"平安计划"一期圆满完成,取得了显著成效。2009年,人力资源和社会保障部又发布了实施"平安计划"二期的通知,确定用两年左右的时间,将有稳定劳动关系的农民工基本纳入工伤保险。至2013年年底,农民工参加保险人数为7263万,工伤保险进一步覆盖至农民工群体。

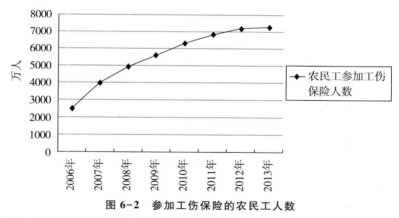

图6-2 参加工伤保险的农民工人数

数据来源:中华人民共和国人力资源和社会保障部网站,http://www.mohrss.gov.cn/index1.html。

6.4.3 基金规模持续扩大

《工伤保险条例》实施以来,全国工伤保险基金收入稳步增长。2004年基金收入为58亿元。随后,基金收入一直保持较快增长(除2012年至2013年基金收入增加速度有所减缓外),截至2013年年底,工伤保险基金收入为615亿元。基金支出同样保持增长态势,2004年基金支出为33亿元,截至2013年年底,基金支出已经达到482亿元,比2003年增长449亿元,十年间平均增长率为136%。

---

[1] 《人力资源社会保障部公布2008年全国社会保险情况》,中央政府门户网站,2009年6月12日,http://www.gov.cn/gzdt/2009-06/12/content_1338252.htm。

另一方面，全国绝大部分统筹地区按照"收支平衡，收入略大于支出"的统筹原则建立了储备金制度，工伤保险基金开始逐步累计。如图6-3所示，2007年当年储备金结存为33亿元，年末基金累计结存262亿元。随后，当年储备金结存与年末基金累计增长速度不断加快。截至2013年年底，当年储备金结存为168亿元，年末基金累计结存996亿元，分别比2007年增加135亿元和734亿元，8年间平均增长率为63.6%和47.5%。

由上可见，工伤保险覆盖面在快速增长的同时，其基金池也得到了进一步扩大，有利于更好地应对突发工伤保险支出和及时保障工伤劳动者的身体健康。

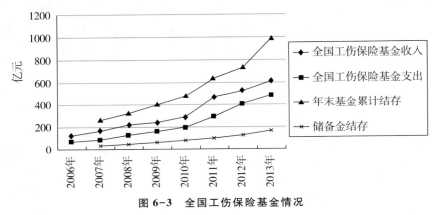

图6-3 全国工伤保险基金情况

数据来源：中华人民共和国人力资源和社会保障部网站，http://www.mohrss.gov.cn/index1.html。

6.4.4 待遇水平不断提高

随着我国工伤保险覆盖面的逐步扩大，享受工伤保险待遇人数也相应有所增长。如图6-4显示，享受工伤保险待遇人数从2003年的30万人增加到了2013年的195万人，增长了161万，平均年增长率为53.6%。全国认定（含视同）工伤人数和评定伤残等级人数从2009年的95.3万人和39.4万人分别增长至2011年的120.1万人和51万人，而最近几年，两方面人数变化不大，比较稳定。

另一方面，全国伤残待遇、工亡待遇、医疗及康复待遇、新增待遇项目不断增加。截至2013年年底，全国一次性工亡补助金标准49万元，伤残职工月人均伤残津贴2019元，月人均生活护理费1191元，供养亲属月人均抚恤金1029元。各统筹地区根据自身条件与情况对工伤保险待遇标准进行不同的调整，平均调整提高频数为四次，各统筹地区工伤保险待遇标准总体上高于全国待遇水平。

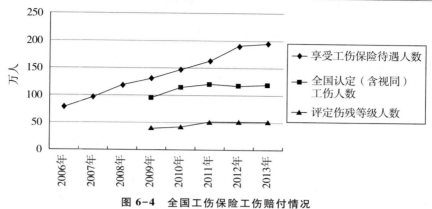

图 6-4 全国工伤保险工伤赔付情况

数据来源：中华人民共和国人力资源和社会保障部网站，http://www.mohrss.gov.cn/index1.html。

6.4.5 工伤保险管理服务体系不断增强

随着《社会保险法》以及其他法规条例的颁布，工伤保险的管理服务架构基本搭建完成，工伤保险的管理服务水平得到明显的改善。"偏重补偿"的工伤保险机制正式向国际通用"预防、补偿和康复相结合"三位一体的保险机制转变；另一方面，工伤保险制度解除了企业在计划经济时期繁重的经办劳动保险事务枷锁，工伤保险及其管理服务的社会化，大大减轻了企事业单位的社会事务职能。

工伤保险制度的发展对其配套服务提出了新的要求。全国各统筹地区在企业事业单位之外开始建立第三方工伤认定、劳动能力鉴定和工伤保险办理的专业队伍，基本能够为劳动者提供较为完整的专业化服务。在 2010 年新修改的《工伤保险条例》规定了将关于工伤认定、劳动能力鉴定和工伤保险经办的培训费用纳入到工伤保险支付范围，推动了工伤保险体系的专业队伍建设。

6.5 现行工伤保险制度存在的问题

6.5.1 工伤保险费率制定仍不合理

我国工伤保险费率主要包括整体费率、差别费率与浮动费率。当前的整体费率较低，没有真正反映出社会职业的风险程度。虽然工伤保险基金整体出现结余，但是各统筹地区结余相差甚远。沿海发达地区的工伤保险基金的结余数额远高于内地省份，并且有部分统筹地区出现赤字情况。特别在老重工业基地，工伤保险的历史包袱重,工伤事故多发。目前,我国工伤保险统筹层次的相关规定为"在直辖市和设区的市实行全市统筹,其他地区的统筹层次由省、自治区人民政府确定"。这种较低的统筹层次削弱了工伤保险基金的互济功能与风险分散功能。

此外,我国对行业风险进行评级,根据不同行业的风险程度征收差别费率。这一制度安排使风险较高的行业承担更高的工伤成本,体现工伤保险的公平属性。但是,在实践当中,工伤保险基准费率仅仅进行了三个级别的划分,风险较小行业采取工资总额的 0.5% 缴费标准,风险中等行业采取工资总额的 1% 缴费标准,风险较大行业采取工资总额的 2% 缴费标准。将广泛而繁杂的行业体系机械粗放性地划分为三个标准,不能精确地衡量各行业风险,也无法保证工伤保险基金的平衡稳定,因此,不同行业并没有真正承担与其风险相匹配的供款责任,这就无法保证差别费率设置背后的公平考虑。

最后,工伤保险费率需要更为精细的统计分析以进行精细的浮动调整来更好地激励企业进行工伤预防以及确保工伤保险基金的平衡运作。然而,我国长期缺乏精细的数据统计,工伤保险制度的管理手段仍显粗放,费率制定所依据的控制标准缺乏客观准确的数据支持,离实现有效率的浮动机制仍有一段距离。

6.5.2 农民工群体保障不足

根据人力资源和社会保障部的统计数据,截至 2013 年年底,农民工参加保险人数为 7263 万,已经远高于"平安计划"于 2008 年实施之初的 4942 万人。但尽管如此,在实际工作中,由于农民工的临时身份,用人单位为农民工缴纳工伤保险的积极性较低。相对于我国 2.63 亿的农民工总数而言,即使 2013 年有 7263 万农民工参保,依然还有 1.9 亿左右的农民工没有参加工伤保险。

2014 年 3 月 1 日,人力资源和社会保障部于 2013 年 12 月 20 日颁布的《劳务派遣暂行规定》正式实施。这一规定明确工伤保险将进一步覆盖从事劳务派遣工作的农民工。尽管《劳务派遣暂行规定》已经出台,但是工伤补偿责任的配置依然不尽合理。《劳务派遣暂行规定》第 10 条规定:"派遣单位作为被派遣劳动者工伤保险的唯一责任主体。"而《劳动合同法》做出连带责任的规定,即用工单位给被派遣劳动者造成损害的,劳务派遣单位与用工单位承担连带赔偿责任。① 所以,劳务派遣过程中的工伤责任主体认定问题一直存在争议。根据一个劳动者只能同时建立一个劳动关系的原则,劳动者与实际用工单位不存在劳动关系,劳动者在履行劳动合同过程中发生劳动争议,只能找与之建立劳动关系的派遣单位解决。但是,在

---

① 《中华人民共和国劳动合同法》第 92 条。

劳动部门制定的劳务派遣合同范本中对工伤进行了特殊的约定,约定工伤事故责任由实际用工单位承担。即使工伤认定按照《劳务派遣暂行规定》进行处理也存在现实问题:一方面使用派遣劳动者的用人单位因为无须承担工伤保险的责任义务可能影响其履行劳动安全的积极性;另一方面,派遣公司的收益全部来自于派遣务的差价,其为劳动者办理工伤保险的动力较强,也导致被派遣劳动者合法的劳动权益无法得到保障。

6.5.3 工伤预防康复功能发挥不足

我国向来重视工伤事故预防工作,先后针对安全生产与劳动者防护制定颁布了多项法律法规,包括20世纪90年代制定的《中华人民共和国矿山安全法》《中华人民共和国劳动法》《重大事故隐患管理规定》,以及2001年制定的《中华人民共和国职业病防治法》、2002年制定的《中华人民共和国安全生产法》和2010年制定的《中华人民共和国社会保险法》等法律文件。尽管有关文件明确规定了用人单位在工伤事故预防方面的主要义务,我国工伤事故数量也在逐年减少,但相比其他国家仍然较高。我国现行的工伤保险制度中既没有对工伤预防的资金来源和保障措施做出明确规定,更没有强有力的政策支持,这使得用人单位缺少工伤预防措施资金投入的现象在我国普遍存在,影响了工伤预防功能的发挥。

此外,在收入补偿的基础上,通过为工伤及职业病患者提供医疗及职业康复,帮助其最大限度地恢复和提高身体机能以及生活处理能力、劳动能力,以缓解工伤职工在事故发生后的身心痛苦,也是工伤保险所应顾及考虑的职能。然而,根据国家卫生部门2010年对我国康复机构的评估数据,我国可提供的工伤康复服务缺口较大。现有康复医院338所(含人保部授予资质的35家工伤预防试点机构),床位5万多张,康复专业人员近4万人。如果将上述康复资源全部有效利用起来,能为30万病人提供两个月左右的康复治疗。然而,我国每年新增工伤病人100多万,其中有康复价值的约30万人,加上旧伤复发的,全国每年需康复的病人超过40万人。① 由于缺乏配套的医疗服务,我国工伤康复服务存在供需严重不平衡的问题,现有的资源供给远不能满足工伤及职业病患者的康复需求。在部分地区,更存在工伤康复服务结构性失衡的现象。很多工伤及职业病患者由于无法负担高昂的康复费用以及对医疗康复缺乏足够的认知而放弃治疗机会,也是造成工伤保险制度康复功能难以实现的原因。

---

① 《中国卫生统计年鉴2011》。

6.6 完善工伤保险制度的若干政策建议

6.6.1 完善工伤保险费率制定体系

我国应该进一步细化工伤保险费率分级。世界上大部分国家在工伤保险制度中采用差别费率的费率厘定方式，而其中运作较为成功的国家都具备比较完善详细的费率分级制度，其分类分级能够达到差别明显的数百种。在美国，所有行业总共划分为 600 种，各个州郡按照自身州郡行业风险水平在国家标准的基础上进行行业分类费率划分。在日本，行业风险较低的渔业从业人员的工伤保险费率不足 2.5%，行业风险较高的运输业从业人员的工伤保险费率则是前者的 6.4 倍，高达 16%。在澳大利亚，工伤保险费率分为 520 个级别。数据处理、办公室文员等风险程度较低的行业工伤保险费率为薪酬总额的 0.31%，而羊毛剪采等职业的工伤保险费率则为薪酬总额的 11.79%。阿根廷根据各行业的生产工艺、事故发生率、配备的安全措施以及个人的工作状况等多种因素将工伤保险费率划分为 572 级。

此外，大部分国家还将基于经验风险统计的浮动费率作为进一步细化费率差别的方法。在日本，对于同一行业的不同企业，会及时根据企业安全生产状况、工人规模等情况在行业费率的基础上作出上下浮动的工伤保险费率调整。在德国，行业工会则被赋予管理工伤保险的权力，工会人员可随时进入企业进行生产安全检查，并根据工伤事故、生产安全设备配置等因素的经验统计调整工伤保险费率。

我国当前的工伤保险费率仅单纯按照国民经济行业分类进行机械划分，无法准确反映行业企业风险的真实水平，也导致部分企业在生产事故预防与安全设备配置方面的不作为。要进一步激发企业在生产事故预防与安全设备配置方面的积极性，就必须要充分发挥工伤保险费率机制的杠杆激励和约束作用。因此，完善我国工伤保险制度，迫切需要借鉴国外经验，结合我国生产发展和职业风险变化的实际情况，细化工伤风险分类与工伤保险费率分级，加大费率浮动幅度。同时，行业风险概率和经验数据的科学统计与保险精算是实现以上目标的重要前提。我国应尽快建立科学严格的行业安全数据统计制度，对行业工伤情况进行细致全面的统计分类，为工伤保险费率精算提供科学基础。

6.6.2 进一步加强农民工群体的工伤保障

农民工大多在采掘业、制造业、建筑业等行业工作，流动性大、事故频发，遭受的职业风险大大高于其他行业的从业人员，是工伤事故和职业病发病的高危群体，而他们往往又没有参加工伤保险,是工伤保险漏保的主要群体。一旦农民工遭遇工伤事故,大部分治疗康复费用由农民工自己承担,容易造成家庭贫困。

进一步加强农民工群体的工伤保障,首先就要继续扩大农民工工伤保险的覆盖面。除了加大对恶意欠缴拖缴农民工工伤保险费的企业的处罚力度以外,还可以针对流动性强的农民工群体及其所属行业设计灵活多样的参保办法,比如建筑行业农民工的工伤保险费用可一次性按照工程总造价的一定比例向工伤保险经办机构缴足,凡是在该工地打工的农民工均可享受工伤保险;餐饮、家政等服务行业可以按照固定数额来缴纳工伤保险费等。其次要进一步提高工伤保险待遇标准。现行工伤保险待遇标准虽然与以前相比有较大提升,但保障水平依然有限。在不影响工伤保险基金可持续性的前提下,政府可以进一步提高工伤保险待遇标准,更好地保障农民工遭遇工伤事故后的生活。

6.6.3 加强工伤保险的预防和康复功能

工伤预防工作的开展需要联合安全生产监督、卫生、工会等多部门共同协作、联动监督,因此可成立综合管理协调委员会,由较高级别官员担任首长,进行资源整合,有效推动工作进展。同时,应该进一步明确工伤保险基金用于工伤预防方面的支出比例,进一步加强安全工程专业技术人员和专业职业病防治人员的配备,以促进工伤预防工作的专业化建设。

此外,我国的工伤职业康复工作正处于起步阶段,虽然发展势头良好,但现实中仍有不少因素制约着该项事业的发展。职能部门可以考虑采取以下措施促进工伤康复事业的发展:一是加快配备配全工伤康复机构的康复床位,确保康复业务用房面积达到标准要求,更新简陋落后的康复设备器材,配全必要的康复设备器材;二是尽快完善工伤康复科室设置,包括独立的言语治疗室、康复评定室和康复支具室;三是加强康复专业技术人员的合理调配,推动康复专业技术人数继续教育工作。

参考文献

刘吉欣:《德国工伤保险制度及启示》,《山东劳动保障》2006 年第 10 期。

刘臻荣:《工伤保险赔付与侵权损害赔偿的冲突与协调》,《山西大学学报(哲学社会科学版)》2012 年第 3 期。

孟繁元、田旭、李晶:《我国农民工工伤保险存在的问题及对策分析》,《农业经济》2006 年第 2 期。

石孝军:《日本工伤保险的经验与启示》,《中国劳动保障》2006 年第 6 期。

孙树菡、朱丽敏:《中国工伤保险制度30年:制度变迁与绩效分析》,《甘肃社会科学》2009年第3期。

于欣华:《农民工工伤保险制度研究》,西北农林科技大学博士论文,2009年。

张开云、许国祥、李倩:《农民工工伤保险现状评价——基于对广州市农民工问卷调查的分析》,《中国社会保障》2010年第12期。

张新宝:《工伤保险赔偿请求权与普通人身损害赔偿请求权的关系》,《中国法学》2007年第2期。

周慧文:《工伤保险风险分类及风险分类表研究》,《中国安全科学学报》2005年第7期。

周慧文:《我国工伤保险基金收支及可持续性分析研究》,《经济问题探索》2008年第2期。

7 中国社会救助事业的发展实践与完善对策

边 恕 王 宁

7.1 社会救助事业的发展理念

社会救助事业的理念与实践发端于贫困问题的深化,贫困是促进社会救助事业产生和不断发展的根源。为克服贫困现象,学者对其产生根源进行了深入分析,一种观点认为"缺乏导致贫困",汤森认为缺乏食物、社会活动及社交资源的个人、家庭和群体就是贫穷的。英国学者朗特利在1899年也对贫困做了定义:如一个家庭的全部收入不足以获得维持自体机能正常运转所需的最低量生活必需品,则该家庭就处于贫穷状态。另一种观点认为"能力导致贫困",如世界银行在《1990年世界发展报告》中将贫困定义为:缺少得到最低生活水平的能力。第三种观点认为"被剥夺或被排斥导致贫困",该观点认为福利被剥夺就会导致贫困状态。欧盟曾将其定义为:因个人、家庭和群体缺乏物质、文化或社会领域的资源,而被排斥在所在国成员可接受的最低限度生活之外的就是贫困问题。阿玛蒂亚·森在1997年的《联合国人类发展报告》中指出,贫困不仅是收入水平低的问题,而且是对人类的发展权利、寿命、知识、尊严和体面生活标准等多方面的剥夺。意味着贫困除低收入和低消费之外,还包括缺少教育机会、营养不良、健康状况差以及没有发言权、脆弱和恐惧等。第四种观点认为"地位导致贫困",艾尔泽认为,穷人位于政治、经济、社会的等级格局最底部,这种贫困状态持续时间越长,则格局就越难以改变。

贫困是一个全球共同面临的问题,为解决人类社会始终存在的贫困问题,"社会救助"的理念逐渐产生并因贫困种类与性质的不同而发生变化,成为社会救助制度建立及实现方式的基本思考方法。人的基本生存权包括生存安全和生活保障两种权利,生存安全指公民维持自身生命存续的最起码权利;而公民生活保障是只因自身或社会风险导致丧失持续生活来源所得到的保障。

社会救助理念的演进趋势是由初期的生存权保障向成熟期的发展权保障方面转变,因为公民具有随社会的进步而要求获得良性发展的需求,人不仅有维持自身生存的需求,同时也有发展的要求,但生存需求是基本前提,当人面临生存调整时,必然首要解决的问题会是生存权。但仅限于关注生存权,则保障水平就会处于一个很低的状态,难以获得发展的能力进而摆脱贫穷状态。随着社会的不断发展变化,生存权的意义出现了多方面不足,其一是重视生理上的需求,忽视精神和人格发展需要;其二重视物质支持,轻视能力与机会的支持;其三专注于当期需求,无法聚焦于未来。生存权的维护越来越表现为仅能维持生存需求,而难以提高生存质量的窘境。贫困的内涵是随着经济和社会发展不断变化的动态指标,不仅仅指经济上的匮乏,也意味着缺少教育机会以及健康状况不良等问题,同时社会公平机制的不足更使社会成果难以得到共享。因此,重视发展权正是由于弥补了生存权的不足,而成为当前备受重视的社会救助新理念。

从生存权到发展权的转变,对社会救助而言具有历史的必然性。需要认识到强调发展权不意味着轻视或否定生存权,而是对传统的生存权理念的提升或扬弃,对应于社会救助制度则应是从单纯生存型救助转为发展型救助。因为只有发展型救助才是帮助受助者摆脱贫困的根本途径。生存型救助只能解决受助者的一时之需,同时易使其产生福利依赖,而发展型救助关注点在于赋予受助者"造血"功能,从培训就业技能、提供就业机会、支持创业及强化社会支持网络等方面入手,增强受助者参与劳动和融入社会的能力。可见,发展型救助是一种治本性的救助,强调"授人以鱼,不如授之以渔",它是向受助者提供持续生存的能力和机会,目的在于实现受助者自食其力而有尊严地生活。从受助者自身看,由于大多数受助者来源于工农群体,他们有劳动热情,但由于知识或技能体系落后于社会需求而被迫接受数额极少的救济金,贫困的根源在于能力和权利上的贫困。从他们本身的愿望而言,更希望通过平等分享就业机会和权利来摆脱贫困,因此发展权就是其自身的迫切要求。

基于以上的理念,社会救助就成为解决贫困(包括绝对贫困和相对贫困)问题的重要手段。社会救助目前在我国社会保障制度中处于基础地位,这一制度是当公民难以维持最低生活水平时,由国家和社会按照法定程序及标准向其提供最低生活需求的援助制度。它包含四方面含义:第一,获取社会救助是公民的一项法定权利。第二,社会救助的目的是克服贫困。第三,社会救助是社会保障制度最低层次的安全网。第四,社会救助是向贫困公民提供的帮助。社会救助的资金来源主要是政府的财政投入,在性质上与社会保险资金、社会福利资金共同构成社会保障资金,是社会消费资金的一部分;其来源于劳动者所创造的剩余价值,是以剩余价值再分配形成出现的消费资金;在去向上是通过社会救助的分配机制转给贫困群体,从而形成由救助对象消费的个人资金。政府财政对社会救助投入资金有三项特点,第一,具有法定性。按照相关法律规定,进行政府预算设计并以财政拨款手段实现,要求依法实施,具有法定来源和保障。第二,具有基础性。无论经济和社会如何发展,社会始终存在一批陷于困境的成员,他们是获得社会救助的对象,其所获保障仅仅是最低层次的。第三,具有制度性。社会救助是国家以财政为主体,进行筹资、预算和拨付的资金转移支付制度,与国民收入再分配的形式紧密相关。

7.2 中国社会救助事业的制度设计与历史沿革

当前我国的社会救助制度包括城市居民最低生活保障制度、农村居民最低生活保障制度、农村五保户供养制度、自然灾害救助制度、城市流浪乞讨人员救助制度、农村特困户救助制度以及其他社会救济等,涉及了生活扶助、灾害救助及其他救济三大领域。其中"生活扶助"主要以最低生活保障制度为主,包括医疗、教育、住房、生育、就业等方面的扶助。"最低生活保障制度"主要针对家庭人均收入低于当地最低生活保障标准的贫困人口而实行的领取生活补助的一项制度。它包括城市居民最低生活保障制度、农村居民最低生活保障制度、农村五保户供养制度、城市流浪乞讨人员救助制度、农村特困户救助制度。"医疗扶助"是指当贫困人口或特殊人群生病或受伤时,在政府指定的医疗机构就医,或因治病造成收入低于当地生活标准时享有减免医疗费用的帮助。"教育扶助"是针对收入低于当地生活标准的家庭和他们的子女,在教材费、学校伙食费、上学交通费等方面予以减免或补助。"住房扶助"是由政府向低收入家庭或特殊人群提供的房屋租金补贴或房屋修理费补贴或以低廉租金配租的方式提供住房。"生育扶助"是指低收入家庭或特殊人群在符合计划生育政策前提下生育时,可享受由政府提供的分娩补贴和育婴补贴。"就业扶助"立足于促使受救济者自立,由国家提供政策、资金、物资、技术、信息等方面的扶助,使受救济者逐渐摆脱贫困。而"灾害救助"是指公民在遭到水、火、旱、风雹、地震等其他自然灾害侵袭,损害重大,造成生活困难时,由政府和社会提供资金和物质的帮助,以度过灾害期。"维权服务"包括"司法援助"和"精神抚慰"。"维权服务"是指低收入家庭或特殊人群在合法权利受侵害时可依法获得法律上和精神上的帮助。其中"司法援助"指低收入家庭在需要从法律上维护自己合法权益时,有权享受包括减免诉讼、代理等相关费用的权利。"精神抚慰"指对需要从精神上进行帮助的特殊人群或低收入家庭所做的心理上的辅导,可以减免相关辅导费用。此外,社会救助还包括互济互助等群众性组织所从事的活动。

从历史的角度看,当前的社会救助制度是传统社会救助的替代产物。我国城市的企事业职工在计划经济时期享有普遍的就业保障,同时农村地区由生产队负责农民的生老病死,大多数成员也能获得相应保障,剩下的一部分社会贫困群体通过家庭以及互助得到支持,少数无依无靠如"三无"人员、"五保户"等,成为传统社会救济的主体对象。在计划经济体制向市场经济体制转变后,以下岗失业人员为主体的城市贫困群体开始大量出现,企事业的单位保障功能不断减弱,城市社会救助任务开始加重,同时农村地区由家庭联产责任制取代了集体经济,农民生活风险开始加大同时五保制度的运行资金也日渐匮乏。在此宏观背景下,迫切需要有新的、符合时代要求的救助制度取代传统救济制度。

在社会救助制度中,最主要的就是最低生活保障制度的进展。城乡最低生活保障制度分为两个发展阶段:第一阶段是1999年到2006年,由中央主导和城市为核心的制度建设时期,城市低保制度通过保障对象和资金投入的快速增长,基本达成了应保尽保和分类施保任务,制度取得了跨越式发展。但同期的农村低保却未受重视,出现了一定程度的停滞或倒退。尽管2004年中共中央、国务院《关于促进农民增加收入若干政策的意见》重申"有条件的地方,要探索建立农民最低生活保障制度",但未引起各地的重视。第二阶段是2007年至今,是由中央主导下的城乡一体的制度建设阶段。随着2007年国务院《关于在全国建立农村最低生活保障制度的通知》的发布,全国性农村低保制度确立,并和城市低保制度一起,向着城乡一体的方向不断迈进。农村低保政策的目标是:"通过在全国范围内建立农村低保制度,将符合条件的农村贫困人口全部纳入保障范围,稳定、持久、有效地解决全国农村贫困人口的温饱问题。"其政策不仅对我国社会保障制度的完善和城乡协调发展产生了积极作用,而且标志着国家开始重视全体公民的生存权,对维护和促进社会公正也意义重大。

城市低保制度由于起步早、资金量大,一直是社会救助制度中的重点。城市低保制度主要是为了妥善解决城市贫困人口生活困难问题。从其发展历程看,可分为五个时期:第一时期是初创时期(1993年6月至1997年8月),该阶段的工作重点是突破原有的社会救助理念,探索能覆盖下岗、失业人员的新救助制度,并在上海、厦门、福州、大连、广州等城市进行新制度的试点,最后总结经验,初步建立了城市低保制度。1993年5月,上海市民政局、劳动局、财政局、人事局、社会保险局、总工会联合下发《关于上海市城镇居民最低生活保障线的通知》,并于1993年6月1

教育部哲学社会科学系列发展报告
MOE Serial Reports on Developments in Humanities and Social Sciences

日开始实行。该通知的下发标志着我国城市社会救助制度改革的序幕正式拉开。在1994年5月召开的第十次全国民政工作会议上,民政部明确提出,把逐步推行城市低保制度列入今后五年的工作目标,并部署在东南沿海地区进行试点。到1995年年底,在上海、厦门、福州、大连、广州、沈阳、本溪、抚顺等11个城市建立了城市低保制度;1996年年底增至116个城市,到1997年8月底,建立该项制度的城市总数达到206个。1997年的中共八届人大五次会议对这一成果进行了充分肯定,同时将建立城市低保制度写进了《中华人民共和国国民经济和社会发展"九五"计划和2010年远景目标纲要》,成为"九五"期间国家重点推进的工作之一。第二时期是全面确立时期(1997年9月至1999年12月)。该阶段的工作重点是正式确立城市低保制度,并在全国范围推广实施。1997年9月2日,《国务院关于在全国建立城市最低生活保障制度的通知》正式下发,标志着城市低保制度在中国的正式确立。中共中央、国务院及民政部和相关部门也下发了一系列文件,如《关于切实做好国有企业下岗职工基本生活保障和再就业工作的通知》《关于做好提高三条社会保障线水平等有关工作意见的通知》《关于加快建立与完善城市居民最低生活保障制度的通知》等,全力推动此项工作的开展。1999年9月28日,国务院正式颁布《城市居民最低生活保障条例》,标志着城市低保工作走上了制度化的轨道。第三时期是应保尽保时期(2000年1月至2002年10月)。该阶段的工作重点是扩大低保覆盖面,确保符合条件的困难群众都能进入低保范围。这一时期由中央财政出资将国有企业下岗职工的基本生活费、失业保险金、居民最低生活保障金水平提高30%,同时中央财政还加强了对中西部贫困地区的资金专项转移支付。从2000年起,城市低保工作的重点开始转向努力扩大低保覆盖面,确保符合条件的贫困人口都能进入低保范围。2001年11月,国务院下发《关于进一步加强城市居民最低生活保障的通知》,明确要求"尽快把所有符合条件的城镇贫困人口纳入最低生活保障范围"。由此,城市低保扩面工作迅速推进,2002年7月实现了应保尽保。第四时期是规范管理时期(2002年10月至2008年8月)。在2002年10月的沈阳会议上,民政部把"完善制度、规范管理"作为低保工作的一项长期工作和新的工作重点。从2003年起,各地政府从当地实际出发,纷纷制定了城市低保的实施办法和操作规程。2003年,全国民政厅局长会议提出城市低保要"分类施保"的要求,低保制度开始了"分类救助"的制度建设。分类救助对"三无"人员、重病重残人员、在读中小学生、优抚对象等采取按一定时限(如按月)上调一定比例待遇的做法,使有特殊困难的低保对象的基本生活得到一定程度的改善。从2007年开始,民政部部署在全国开展基层低保规范化建设活动,并于2008年7月发布了《全国基层低保规范化建设暂行评估标准》。在这一阶段,国家为了缓解贫困人口的特殊困难,还建立了住房、医疗、教育、法律援助等一系列专项救助办法。对低保人群的统计口径也发生了变化,2006年及其以前的统计类别曾为在职人员、下岗人员、退休人员、失业人员、"三无"人员和其他(即上述人员的家属及其他特殊救济人员),从2007年起,民政部对低保对象的分类统计变为"在职人员、灵活就业人员、老年人、登记失业人员、未登记失业人员、在校生、其他未成年人"。第五时期是全面法制化时期(2008年8月至今)。2008年8月15日,国务院法制办公室公布《中华人民共和国社会救助法(征求意见稿)》,标志着这个新阶段的开始。这一阶段也是城市低保工作进一步规范管理、完善制度的时期,尤其在分类救助的完善上、在建立动态管理方面都取得了很大进展。2008年10月,为推进城市低收入家庭住房困难问题的解决,民政部牵头制定发布了《城市低收入家庭认定办法》;2009年6月,民政部下发《关于进一步完善城乡医疗救助制度的意见》;2010年8月,《民政部关于进一步加强城市低保对象认定工作的通知》规范了低保对象的认定条件。2011年5月18日,民政部印发《关于进一步规范城乡居民最低生活保障标准制定和调整工作的指导意见》,要求各地科学确定城乡低保标准制定和调整的方法,强调要随着生活必需品的价格变化和人民生活水平的提高而适时调整低保标准。

除了以上城乡低保制度的快速发展之外,我国的社会救助事业在进入新世纪特别是2003年之后,在解决贫困居民住房、教育、医疗、维权服务等方面相继出台了多项法规,对社会救助制度的进一步完善起到了重要作用。2003年12月31日,建设部、财政部、民政部、国土资源部、国家税务总局联合发布了《城镇最低收入家庭廉租住房管理办法》,2007年12月,建设部、民政部等九部门联合发布了《廉租住房保障办法》,"对城市居民最低生活保障家庭,可以按照当地市场平均租金确定租赁住房补贴标准;对其他城市低收入住房困难家庭,可以根据收入情况等分类确定租赁住房补贴标准"。2004年民政部下发《关于进一步做好城乡特殊困难未成年人教育救助工作的通知》,将城乡"三无"人员的未成年子女、持低保证家庭的未成年子女列为教育救助对象;2003年,民政部、卫生部、财政部联合下发了《关于实施农村医疗救助的意见》,对农村医疗救助的原则、目标、救助对象、基金的筹集和管理等方面做出了进一步细化。2005年,国务院办公厅转发民政部等部门《关于建立城市医疗救助制度试点工作的意见》,标志着城市医疗救助制度开始正式启动。2007年《关于做好城镇困难居民参加城镇居民基本医疗保险有关工作的通知》要求,对困难居民参加城镇居民基本医疗保险实行缴费补助。2003年9月施行的《法律援助条例》规定,经济困难的公民可以申请法律援助,经济困难的具体标准由省级人民政府确定。

社会救助制度当中的农村"五保"制度也是一种特色鲜明,作用显著的救助制度。这一制度也经历了由传统到现代的转变过程,当前的制度设计更加符合现代经济形式和社会发展特点。传统的五保供养制度是以农村无劳动能力、无生活来源、无经济依靠对象的老年人、残疾人和未成年人为主要保障对象,以集体经济下社会成员互助共济为基础,以物质保障和服务保障为主要保障手段,以基本的生活维持为保障水平的小型集体互助制度。经济体制改革启动后,传统五保供养制度的经济来源、组织基础和意识形态支撑都不复存在。2006年3月1日,国务院颁布了新修订的《农村五保供养工作条例》(以下简称《条例》),1994年1月23日颁行的旧制度同日废止,新型农村五保供养制度正式建立。和原有制度框架相比,新的《条例》在机制上进行了大量的创新和重构,使五保供养制度从小型社区共济福利转型为现代意义上的由国家财政支持的社会救助制度。新型五保供养制度具有以下特点:第一,明确了财政的筹资责任,实现了资金的制度化保障。《条例》第11条规定:农村五保供养资金在地方人民政府财政预算中安排。为了确保经济困难地区的五保供养资金足额到位,《条例》明确了中央财政的基本兜底责任,规定:中央财政对财政困难地区的农村五保供养,在资金上给予适当补助。从而实现了五保供养资金供给体制由农村集体内部自筹向现代意义上财政制度保障的转变。第二,完善了五保供养资格确定机制,取消了在旧制度下的经济"惩罚"条件。在1994年的旧制度下,五保对象在获得保障后,只能拥有个人财产的使用权,个人不能自行处分,原有的土地也被集体收回,相当于对五保对象课以了个人财产和生产资料的"惩罚性"税收。《条例》则明确了五保供养是一种基本的公民权利资格型保障,仅考察其个人经济状况和有无经济依靠对象,五保对象可以继续保有个人的私有财产,所承包的土地可以委托给他人代耕,并获得承包收入。第三,优化了五保供养标准确定机制,增强了保障的稳定性和公平性。1994年的旧制度将五保待遇确定权交由乡镇一级政府负责,导致地方自由裁量权过大,同一县域内也无法实现保障力度的统一、均衡。《条例》则规定了市、县级人民政府为五保供养标准的制定主体。提高了五保标准制定的行政层级,减轻了行政裁量、地方财力等其他因素对于标准水平的影响力度,确保五保户可以享受到较为公平、合理的保障。第四,明确了政府管理责任,强化了五保供养制度的公共物品属性。《条例》要求县级和乡镇级政府为五保供养机构提供必要的服务设备、管理资金和工作人员,并对五保供养服务机构的农副业生产给予支持。

7.3 中国社会救助事业的发展现状及成效

7.3.1 社会救助支出的整体状况及成效

随着我国国力的增强、政府财政投入力度的加大及社会救助制度的不断完善，政府社会救助支出呈以下特点：

一、社会救助支出规模不断扩大

1978年通过民政部门发放的社会救助支出为4.62亿元，2013年增长到2053.3亿元，剔除价格上涨因素，2013年民政部门社会救助支出是1978年的73倍之多，占财政支出的比重由1978年的0.41%上升到2013年的1.45%，占GDP的比重从1978年的0.13%上升至2013年的0.36%。从图7-1可看出，1978—2013年我国政府社会救助支出的变动基本可划分为三个阶段：第一阶段是1978—1994年，社会救助支出处于下降态势。主要原因是受同期政府财力急剧下降的影响，同时其他财政支出项目如行政支出的增长也挤占了社会救助支出，导致社会救助支出占财政支出和GDP的比重分别下降到1994年的0.35%和0.04%的历史低点。第二阶段是1995—2000年，社会救助支出处于低水平徘徊阶段。1994年分税制改革后，随着政府财力的逐渐恢复和增长，社会救助支出停止了下滑势头，但由于财政支出结构调整的滞后，这一时期的社会救助支出基本停滞不前，这6年间社会救助支出占财政支出和GDP的比重年均分别为0.36%和0.05%，低于改革开放前的水平。第三阶段是2001年至今，社会救助支出呈大幅快速增长态势。2001—2013年的12年间，社会救助支出剔除物价上涨因素，增长了15倍。2013年的社会救助支出占财政支出和GDP的比重与2001年相比，分别上升了0.99个百分点和0.29个百分点。

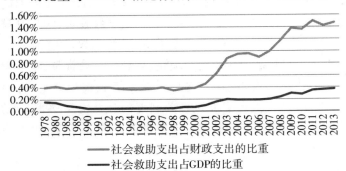

图7-1　1978—2013年民政部门发放的社会救助支出变动趋势

资料来源：依据各年度《中国统计年鉴》《中国民政统计年鉴》和《民政事业发展统计报告》中的相关数据计算整理。

从资金划拨结构看,中央财政对城市低保的补助力度大幅度增加。最初,城市低保的资金支出是由地方财政负担,从1999年下半年开始,中央财政开始补助部分困难地方,补助范围和补助力度逐年增加。2003年全国城市低保支出资金150.5亿元,中央财政支出92亿元,2007年这两个数字分别为277亿元和160亿元,2008年为393.4亿元和266亿元,2013年则为756.7亿元和545.6亿元,中央财政补助占全国城市低保支出金额的72.1%。中央财政补助力度的稳步增加为城市低保制度的持续发展提供了强大的支持。

二、社会救助支出项目不断增多

20世纪90年代中期以前,我国社会救助支出项目较为单一,以民政部门发放的城乡困难户救济和五保户救济支出为主。20世纪90年代中期以后,对传统社会救济制度进行改革,逐渐发展为包括城乡最低生活保障支出、城乡医疗救助支出、农村五保户支出、自然灾害救济支出和其他城乡社会救济支出等多个项目。其他政府部门也会同民政部相继出台针对困难群体的救助项目,并加大了对贫困群体的援助。国家建立了针对突发性自然灾害的应急体系和救助制度。各级政府在财政预算中安排救灾支出,用于救灾物资储备和转移救济灾民。据统计,2003—2013年中央财政共安排自然灾害生活救助资金1334.7亿元。农村医疗救助是农村社会救助中的又一个重大任务,2003—2013年中央财政共安排新型农村合作医疗补助资金518.3亿元,农村医疗救助资金616.4亿元。如果从宽口径的社会救助支出看,将上述各项救助都计算在内,2013年我国政府社会救助总支出达到4276.5亿元,占财政支出和GDP的比重分别为3.1%和0.76%。

三、社会救助支出的受益面不断扩大

随着城乡最低生活保障和医疗救助等各项社会救助制度的建立和不断完善,我国社会救助支出的受益面不断扩大。城市救助总人数从1979年的33.6万人增加到2013年的2064.2万人,占城市人口的比重从1979年的0.18%上升到2013年的2.83%。农村救助总人数从1985年的116.7万人增长到2013年的5925.2万人,占农村人口的比重从1985年的0.14%上升到2013年的9.4%。城乡医疗救助从2004年的673.7万人次上升到2013年的8485.2万人次,其中直接医疗救助从2004年的121.1万人次增加到2013年的2126.4万人次,资助城乡居民参加合作医疗和医疗保险从2004年的552.6万人次增加到2013年的4868.7万人次。

7.3.2 城市低保制度的发展状况及成效

一、城市低保人数在波动中趋于稳定

城市低保人数尽管始终处于波动中，但总体保障人数规模庞大，当前大体稳定在2200万—2350万人之间。1998年城市低保对象为184.1万人，2002年发展到2064.7万人，此后增长速度逐渐加快。2003年城市低保对象为2246.8万人，2007年为2272.1万人，2008年为2334.8万人，2009年达到峰值，为2346万人。2010年年底为2311.1万人，增速减缓，2011年下降到2300万人以下，再次恢复到2007年的水平，2012年年底为2143.5万人，持续降低，2013年年底为2064.2万人，与2002年人数基本持平。

表7-1 1998—2013年城市低保总人数和增长率

年份	1998	1999	2000	2001	2002	2003	2004	2005
保障人数（万人）	184.1	265.9	402.6	1170.7	2064.7	2246.8	2205.0	2234.2
年增长率（%）	109.4	44.4	51.4	190.8	76.4	8.8	-1.9	1.3

年份	2006	2007	2008	2009	2010	2011	2012	2013
保障人数（万人）	2240.1	2272.1	2334.8	2345.6	2311.1	2276.8	2143.5	2064.2
年增长率（%）	0.3	1.4	2.8	0.5	-1.5	-1.5	-6.2	-3.8

资料来源：1998—2013相关数据选自民政部历年《民政事业发展统计报告》，http://www.mca.gov.cn/article/zwgk/tjsj/。

二、城市低保经费持续快速增长

2007年城市低保经费接近300亿，2008年接近400亿，2009年接近500亿，2010年超过500亿，2013年则已经突破了700亿大关，达到756.7亿元。2013年的城市低保经费比2006年增加了238%。2006—2013年8年间，各级财政投入城市低保的经费增长了238%，共计4006.5亿元。其中，中央财政投入城市低保的资金2013年比2009年增加了52%，地方财政则增加了72%，2009—2013年五年间中央财政和地方财政分别投入2211.4亿元和886.3亿元。

表7-2 2006—2013年城市低保制度的保障人数、财政投入

年份	2006	2007	2008	2009	2010	2011	2012	2013
保障人数（万人）	2240	2272	2335	2346	2311	2276	2143	2064
年增长率（%）	——	1.4	2.8	0.5	-1.5	-1.8	5.8	-3.6

续表

年份	2006	2007	2008	2009	2010	2011	2012	2013
财政投入(亿元)	224	277	393	482	525	659	674	756
年增长率(%)	——	24	42	23	9	18	2.2	12
中央财政投入(亿元)	136	161	267	359	366	502	439	545
中央财政占比(%)	61	58	68	74	70	76	65	72
年增长率(%)	——	18	66	35	2	37	-12.5	24
地方财政投入(亿元)	88	116	126	123	159	157	235	211
地方财政占比(%)	39	42	32	26	30	24	35	28
年增长率(%)	——	32	9	-2	29	-0.2	49	-10

资料来源:1998—2013 相关数据选自民政部历年《民政事业发展统计报告》,http://www.mca.gov.cn/article/zwgk/tjsj/。

三、城市低保标准有较大幅度增长

低保标准是衡量城市低保救助水平的一个核心指标,指地方政府制定的维持最低生活水平人均每月所需的金额。2003 年全国平均低保标准为每人每月 149 元,低保平均支出为每人每月 58 元,2006 年分别为 169.6 元和 83.6 元,2008 年增长到 205.3 元和 143.7 元,2010 年则达到 251.2 元和 179 元,分别比 2003 年增长了 68.6% 和 208.6%。城市低保制度救助水平的逐年增长极大缓解了城市贫困人口的生活困难,有助于提高其生活水平和消费水平。

表 7-3　2003—2013 年城市低保平均标准和平均支出

年份	2003	2004	2005	2006	2007	2008	2009	2010	2011	2012	2013
低保平均标准(元/人/月)	149	152	156	170	182	205	228	251	288	330	373
低保平均支出(元/人/月)	58	65	72	84	103	144	172	179	240	239	264

资料来源:数据选自相关年份的民政部《民政事业发展统计报告》及各省上报的季度民政数据,http://www.mca.gov.cn/article/zwgk/tjsj/。

城市低保对象人数基本保持稳定,而城市低保的经费却大幅增加,其结果必然带来城市低保标准的明显提升。就全国而言,2013 年年底,全国城市低保的平均标准是 373 元,比 2006 年年底的 170 元增长了 119%;31 个省(自治区、直辖市)中有 15 个在平均线以上;从 2006—2013 年 6 年间每年的变化看:增长的幅度从 9% 到 15%,基本上是稳定的。

从 2013 年年底低保标准的绝对金额看,上海在 600 元以上,北京、天津在 500 元以上;浙江、江苏、内蒙古、西藏在 400—499 元区间;江西、山东、辽宁、陕西、安徽、甘肃、广东、湖北、河北、福建、山西、重庆、黑龙江、贵州、海南、湖南、青海、吉林、云南和广西,20 个省(自治区、直辖市)标准在 300—399 元;其余河南、四川、宁夏、新疆 4 个省(自治区)在 300 元以下。从低保标准的增长幅度看,2013 年比 2006 年的增长幅度在 100%及以上的有 24 个省(自治区),即北京、内蒙古、江西、黑龙江、山西、湖北、山西、海南、河北、贵州、吉林、湖南、浙江、新疆、辽宁、广西、安徽、甘肃、四川、山东、西藏、福建、河南和江苏;重庆、上海、天津、云南、青海增长幅度在 80%—99%之间;在 60%—79%的有两个省、自治区,即广东和宁夏。北京市的增长幅度最大,2013 年比 2006 年增长了 241%,增长幅度最小的则是宁夏,为 60%。

表 7-4 2006 年与 2013 年城市低保平均标准的比较

地区	2006 年平均标准(元)	2013 年平均标准(元)	增长幅度(%)	地区	2006 年平均标准(元)	2013 年平均标准(元)	增长幅度(%)
北京	170	580	241	湖北	147	360	145
天津	300	576	92	湖南	146	328	125
河北	153	364	138	广东	206	366	78
山西	135	345	156	广西	143	304	112
内蒙古	130	443	240	海南	140	335	139
辽宁	175	389	122	重庆	177	344	95
吉林	138	315	129	四川	142	298	110
黑龙江	124	342	176	贵州	144	340	136
上海	320	623	95	云南	167	311	87
江苏	229	461	101	西藏	206	429	108
浙江	223	497	123	陕西	152	370	143
安徽	174	369	112	甘肃	142	300	111
福建	174	352	102	青海	176	321	82
江西	140	392	180	宁夏	169	271	60
山东	187	392	110	新疆	130	289	123
河南	145	292	101				

资料来源:数据选自相关年份的民政部《民政事业发展统计报告》,http://www.mca.gov.cn/article/zwgk/tjsj/。

四、城市低保标准的提升使人均补差增加

低保补差水平也是衡量城市低保救助水平的一个重要指标,指低保标准扣除收入后低保对象每人每月实际得到的现金救助数量。在低保制度运行过程中,民政部门会将低保群体分为两类:一类给予"差额补贴",等于低保标准减去低保家庭人均收入后的差额,也称"人均补差";另一类给予全额补贴,其对象是无生活来源、无劳动能力、无法定赡养人或抚养人的居民,即"三无"人员。这些人员也可以看作是"补差制"对象,只是其家庭人均收入为0而已。2005年全国平均低保标准为156元,2013年标准达到373元,后者为前者的2.39倍;2005年人均补差为72元,而2013年人均补差达到264元,后者为前者的3.32倍,人均补差的增长幅度明显高于低保标准的增长幅度。

就2006—2013年8年间"人均补差"的增长情况而言:2007年是23%,2008年是40%,然后又进入一个增长幅度稍低的阶段,2009年和2011年都是19%,夹在中间的2010年则是10%,2012年为-0.5%,出现了负增长的情况。2013年为10.5%,人均补差的增长幅度又逐渐回升。

五、对城市失业人员的救助作用日益重要

城市低保人群按照是否有劳动能力分为两种情况,一种是"三无"人员,另一种是有劳动能力但处于失业状态或收入较低的贫困者。近年来后一种情况的低保对象所占比例日益突出,2006年城市低保对象中在职人员97.6万人,占总人数的4.3%;下岗人员350万人,占总人数的15.6%;退休人员53.2万人,占总人数的2.4%;失业人员420.8万人,占总人数的18.8%;"三无"人员93.1万人,占总人数的4.2%;上述人员的家属及其他特殊救济人员1225.3万人,占总人数的54.7%。其中下岗、失业人员的比例为34.4%。在2007年城市低保对象统计类别发生调整后,如2010年城市低保对象中:在职人员68.2万人,占总人数的3.0%;灵活就业人员432.4万人,占总人数的18.7%;老年人338.6万人,占总人数的14.7%;登记失业人员492.8万人,占总人数的21.3%;未登记失业人员419.9万人,占总人数的18.2%;在校生357.3万人,占总人数的15.5%;其他201.2万人,占总人数的8.7%,失业人员和灵活就业人员加起来占2010年城市低保总人数的比例为60.2%。可见,城市低保制度在对城市失业贫困人口的救助中扮演着越来越重要的作用。

7.3.3 农村社会救助制度的实施现状及成效

一、农村低保人数一路攀高

自2007年实现全覆盖以来农村低保对象的规模一直保持着上升势头,2008年

增加将近两成;2009年和2010年仍保持在10%上下;到2013年,虽然仍有增长,但增加的幅度较低,估计今后会进入一段保持稳定的低速发展期。见表7-5。

表7-5 2007—2013年农村低保人数

年份	2007	2008	2009	2010	2011	2012	2013
保障人数(万人)	3566.3	4305.5	4760.00	5214.0	5305.7	5344.5	5388.0
年增长率(%)	——	20.7	10.60	9.5	1.8	0.7	0.8
财政投入(亿元)	109.1	228.7	363.00	445.0	667.7	718.0	866.9
年增长率(%)		109.6	58.70	22.6	50.0	7.5	20.7
保障标准(元/人)	70.0	82.3	100.84	117.0	143.2	172.3	202.8
年增长率(%)		17.6	22.50	16.1	22.4	20.3	17.7
人均补差(元/月)	38.8	50.4	68.00	74.0	106.1	104.0	116.0
年增长率(%)		29.9	34.90	8.8	43.4	-2.0	11.7

资料来源:数据选自相关年份的民政部《民政事业发展统计报告》,http://www.mca.gov.cn/article/zwgk/tjsj/。

二、农村低保经费持续大幅增长

从经费看,农村低保的发展轨迹与城镇相似,财政投入也保持着快速增长的趋势。2007—2013年的7年中,各级财政投入农村低保的资金共计3398.7亿元,平均增长幅度为44.1%。到2013年,农村低保的资金规模已经是2007年的7.94倍。农村低保经费的增长得益于中央财政的大规模投入。根据民政部公布的2012年和2013年的数据,中央财政投入农村低保的资金分别为431.4亿元和612.3亿元,各占当年农村低保经费的60.1%和70.6%。

三、农村低保标准连续调高

如表7-6,就全国而言,2014年8月农村最低生活保障人均支出水平为118元,比2008年8月份的42元增长了64.4%。截止到2014年8月份,在全国农村最低生活保障人均支出水平118元以上的省、自治区和直辖市有17个,以下的有14个;最高的北京为412元,最低的西藏为76元。从2008年到2014年7年间每年的变化来看,全国平均的农村最低生活保障人均支出水平增长的幅度在53.8%—82.2%之间,上下相差29个百分点。

从2014年8月农村最低生活保障人均支出水平看,在200元及以上的有4个省和直辖市,即北京、上海、天津、浙江;在100元及以下的有6个省和自治区,即河南、湖北、广西、四川、贵州和西藏;其余的21个省(自治区、直辖市)都在100—199

元之间。从低保人均支出水平的增长幅度看,2014年8月份比2008年8月的增长幅度在400%以上的有1个省,即吉林省;在300%—399%之间的有北京、内蒙古、上海、新疆4个省(自治区、直辖市);在200%—299%之间的有11个省(自治区、直辖市),如天津、山西等;在100%—199%之间的有15个省(自治区),如河北、辽宁、宁夏等。

表7-6 各省(自治区、直辖市)县级以上农村最低生活保障支出水平比较

地区	2008年8月农村最低生活保障人均支出水平(元)	2014年8月农村最低生活保障人均支出水平(元)	增长幅度(%)	地区	2008年8月农村最低生活保障人均支出水平(元)	2014年8月农村最低生活保障人均支出水平(元)	增长幅度(%)
全国	42	118	181	河南	36	94	161
北京	99	412	316	湖北	43	93	116
天津	86	267	210	湖南	35	111	217
河北	41	117	185	广东	64	157	145
山西	38	137	261	广西	27	99	267
内蒙古	43	173	302	海南	50	136	172
辽宁	46	135	193	重庆	49	148	202
吉林	19	107	463	四川	39	99	154
黑龙江	46	130	183	贵州	42	91	117
上海	84	355	323	云南	34	117	244
江苏	64	185	189	西藏	25	76	204
浙江	111	264	138	陕西	36	126	250
安徽	38	130	242	甘肃	30	102	240
福建	56	136	143	青海	41	106	159
江西	54	134	148	宁夏	43	112	160
山东	43	141	228	新疆	24	116	383

资料来源:数据选自相关年份的民政部《民政事业发展统计报告》及各省上报的季度民政数据,http://www.mca.gov.cn/article/zwgk/tjsj/。

四、农村低保标准调高使人均补差攀升

如表7-7,2007年农村低保全国的人均补差为39元,到2013年,人均补差已达116元,后者是前者的2.97倍。这意味着,7年间每个低保对象实际得到的补贴

大大增加了。从2007—2013年每年的增长幅度看:峰值是2011年的43.4%,2008年和2013年分别是29.9%和11.7%,只有2012年是峰谷,为-2.0%。如果将低保标准和人均补差放在一起进行分析,我们发现,农村低保家庭人均收入的发展趋势与城市比正好相反,在这七年中一路走高。

表7-7 2007—2013年农村低保家庭的低保标准与人均补差

年份	2007	2008	2009	2010	2011	2012	2013
低保标准(元/人)	70.0	82.3	100.8	117.0	143.2	172.3	202.8
人均补差(元/月)	38.8	50.4	68.0	74.0	106.1	104.0	116.0
人均收入(元)	31.2	31.9	32.8	43.0	37.1	68.3	86.8

资料来源:数据选自相关年份的民政部《民政事业发展统计报告》,http://www.mca.gov.cn/article/zwgk/tjsj/。

五、农村五保制度获得稳定和发展

2007—2013年间,农村五保对象的人数是基本稳定的,最多的是2010年556.3万人,最低的是2007年的531.3万人,上下相差仅25万人。在农村五保对象中,总的趋势是集中供养的越来越多,从138万人增加到183.5万人;分散供养的越来越少,从393.3万人减少到353.8万人。2009年以来政府财政提供的五保经费增长迅速,2011年为122亿元;2012年为145亿元,2013年增加到172.3亿元;2013年是2011年的1.41倍。三年中财政共投入439.3亿元。见表7-8。

表7-8 2007—2013年农村五保制度的基本情况

年份	2007	2008	2009	2010	2011	2012	2013
五保对象人数(万人)	531.3	548.6	553.4	556.3	551.0	545.6	537.2
分散供养(万人)	393.3	393.0	381.6	378.9	367.0	360.3	353.8
集中供养(万人)	138.0	155.6	171.8	177.4	184.0	185.3	183.5
财政支出(亿元)	62.7	76.0	88.0	98.1	122.0	145.0	172.3

资料来源:数据选自相关年份的民政部《民政事业发展统计报告》,http://www.mca.gov.cn/article/zwgk/tjsj/。

7.3.4 城乡医疗救助制度的实施现状及成效

随着社会经济的快速发展,我国的医疗救助工作步入了快速发展阶段,各项救助制度日渐完善,救助范围和补助标准逐步扩大和提高。2006年,我国共有31个省(自治区、直辖市)积极开展救助试点工作,90%以上的试点地区开始了城市医疗救助活动,并制定了相应的实施办法。2008年年底,城市医疗救助工作取得了突破性的进展,全国所有县均建立了医疗救助制度。随着城市化进程的加快,部分地区开始逐步探索建立统一的城乡医疗救助制度。2012年全国共有431个县合并实施了城乡医疗救助制度,救助人次及资助金额逐年稳步提高,贫困群体"就医难"的问题也在很大程度上得到了改善。

表 7-9　2007—2012 年我国医疗救助基金支持情况

指标	2007	2008	2009	2010	2011	2012
医疗救助人次(万人次)	3338.0	5278.1	6295.4	7555.9	8519.1	8051.2
城镇居民	442.0	1086.2	1506.3	1921.3	2222.0	2077.0
农村居民	2896.0	4191.9	4789.1	5634.6	6297.1	5974.2
医疗救助支出(亿元)	42.5	68.0	105.8	133.0	187.6	203.8
城镇居民	14.4	29.7	41.2	49.5	67.6	70.9
农村居民	28.1	38.3	64.6	83.5	120.0	132.9
人均救助水平(元)	127.3	128.8	168.1	176.0	220.2	253.1

资料来源:数据选自相关年份的民政部《民政事业发展统计报告》,http://www.mca.gov.cn/article/zwgk/tjsj/。

如表 7-9,2007—2012 年间城乡医疗救助制度在救助人次及财政支出方面都呈现出明显的增长趋势。从城市医疗救助的救助人次看,2012 年比 2007 年增长了 141%,需要说明的是,2007 年以后,城市医疗救助开始资助贫困居民参加大病医疗保险,所以在 2008 年救助人次翻了一番。而把 2012 年与 2008 年相比较,后者比前者还是增加了 53%。从农村医疗救助的救助人次看,2012 年比 2007 年增长了 106%。其原因是随着新农合覆盖面的不断扩大,资助参合的贫困农民人数也越来越多。

从城市医疗救助的资金支出看,2012 年比 2007 年增长了 393%,而把 2012 年与 2008 年相比较,前者比后者则增加了 138%。从农村医疗救助的资金支出看,因同样的原因,2012 年比 2007 年增长了 373%。这个数字与救助人数的增长幅度相比,显然大了很多,这是因为新农合的筹资标准在不断提高。2007 年中央财政为 20 元,地方财政为 10 元,个人投保 10 元,到 2012 年已经增加到各级财政负担 200 元,个人缴费 50 元。

7.4 中国社会救助事业面临的问题及原因

虽然进入21世纪以来,我国政府社会救助支出规模和受益面不断扩大、救助项目不断丰富,取得了良好的社会效果,但依然存在一定的问题,具体表现在以下几方面:

7.4.1 社会救助支出规模不大

2009年经济合作与发展组织(OECD)34个国家面向低收入家庭的社会救助支出占GDP和财政支出的比重平均分别为2.6%和5.7%,而我国2012年同类支出为1866.1亿元,占GDP和财政支出的比重分别为0.36%和1.48%。不仅低于英国、法国、日本等发达国家水平,也低于匈牙利、波兰等转型国家和智利、墨西哥等发展中国家水平。世界发展中国家的反贫困实践表明,在贫困大范围存在的条件下,通过经济的快速发展,贫困发生率会显著下降。但当一国的绝对贫困人口总数下降到总人口的10%以下时,这部分贫困人口就很难在短期内通过全面的经济增长摆脱贫困状态,而必须诉诸相关的经济政策和社会调节机制。2010年发达国家社会保障支出占财政支出比重的平均值为33.4%,发展中国家为27.7%。按照同口径比较,即加上医疗保障支出及社会保险基金等渠道的支出,2012年中国社会保障支出占财政支出的比重为22.9%,仍然低于发展中国家平均水平。社会救助支出占GDP和财政支出比重均明显偏低,直接制约了我国政府通过社会救助支出调节收入分配的力度和效果。见表7-10。

表7-10 2009年若干OECD国家政府对低收入家庭救助支出占GDP和财政支出的比重

国别	低收入家庭救助支出占GDP的比重(%)	低收入家庭救助支出占财政支出的比重(%)
英国	4.2	8.4
法国	4.0	7.3
瑞典	3.8	6.9
德国	3.0	6.7
澳大利亚	2.8	8
日本	1.5	4.1
匈牙利	3.6	7.2
波兰	1.6	3.6

续表

国别	低收入家庭救助支出占GDP的比重(%)	低收入家庭救助支出占财政支出的比重(%)
智利	1.5	6.5
墨西哥	1.1	4.8
韩国	1.0	3.3
OECD34国平均	2.6	5.7

注:低收入家庭救助支出包括为低收入家庭提供的现金、实物补助和税式支出,不含医疗救助。
资料来源:经济合作与发展组织网站,http://www.oecd.org/。

此外,还存在着财政对社会救助缺乏稳定的资金投入增长机制问题。财政对社会救助资金的投入,应以法律法规的形式加以确定。目前我国出台的关于社会救助制度的法规和规章中,提到了最低生活保障标准应随着经济的增长、物价指数的提高而自然联动,但是从财政投入角度看,没有明确提出社会救助支出内在增长的机制。国际上有些国家按照人均可支配收入的一定比例(如50%)作为贫困线的划定办法,同时社会救助方面的投入还与一国的GDP总量和财政支出或财政收入的增长相联系。而目前我国尚未出台相关规定,贫困线和最低生活保障线都没有严格按照规定进行自然增长。另外,从我国政府财政对社会救助的资金投入上看,我国社会救助支出占GDP和财政支出总量的比重都很低,这表明我国财政投入的内在增长机制尚未完全确立,政府财政对社会救助的投入与总量指标的关联性不明显。见表7-11。

表7-11 城乡主要社会救助项目的财政投入情况

年份	2007	2008	2009	2010	2011	2012	2013
城镇最低生活保障(亿元)	277.4	393.4	482.1	524.7	659.9	674.3	756.7
农村及其他社会救济(亿元)	189.8	326.8	487.9	579.6	909.4	995.9	1249.7

注:由于存在统计口径差异,2010年后的农村及其他社会救济按照农村低保、五保和医疗救助进行统计。
资料来源:根据《中国民政统计年鉴2013》和民政局网站相关资料整理。

7.4.2 人均救助城乡差距大且水平偏低

由于我国的社会救助主要立足于最低生活保障制度,救助的标准没有统一,由各级政府根据当地的生活标准自行确定。这样一来,除各地标准不一外,还存在过分强调"最低"生活水平的问题,需要救助人员实际获得的救助资金很少,以致使得救助的人群还仅仅处于勉强维持生存的状态,不能从根本上解决问题。如表7-12,从社会救助额占居民平均收入的比率看,2014年8月,我国城镇最低生活保障人均月救助额约占城镇月人均可支配收入的11.76%。在全国31个省(自治区、直辖市)中,只有3个地区超过18%,包括天津、西藏和黑龙江;低于12%的有5个地区,分别为江苏、福建、河南、四川和宁夏,其余23个地区位于12%—18%之间。其中最高的是西藏,最低的是宁夏。

表7-12 2014年8月各地区城镇居民低保支出水平与可支配收入的比较

地区	月人均可支配收入(元)	低保水平(元)	比重(%)	地区	月人均可支配收入(元)	低保水平(元)	比重(%)
全国	2246.26	264.17	11.76	河南	1866.50	204.02	10.93
北京	3360.08	573.77	17.08	湖北	1908.87	229.87	12.04
天津	2691.13	492.18	18.29	湖南	1951.17	253.06	12.97
河北	1881.69	235.76	12.53	广东	2757.50	337.25	12.23
山西	1871.30	256.19	13.69	广西	1942.12	245.12	12.62
内蒙古	2124.73	360.12	16.95	海南	1910.74	243.17	12.73
辽宁	2131.52	290.83	13.64	重庆	2101.34	270.96	12.89
吉林	1856.22	267.05	14.39	四川	1863.97	207.17	11.11
黑龙江	1633.08	294.18	18.01	贵州	1722.26	256.61	14.90
上海	3654.08	548.20	15.00	云南	1936.29	252.54	13.04
江苏	2711.46	313.22	11.55	西藏	1668.62	370.87	22.23
浙江	3154.23	389.53	12.35	陕西	1904.87	250.45	13.15
安徽	1926.18	298.21	15.48	甘肃	1580.40	259.14	16.40
福建	2568.03	264.72	10.31	青海	1624.88	262.91	16.18
江西	1822.73	241.79	13.27	宁夏	1819.44	180.62	9.93
山东	2355.34	287.96	12.23	新疆	1656.15	243.26	14.69

注:表中的城镇居民可支配收入以2013年统计结果为准。
资料来源:国家统计局网站,http://www.stats.gov.cn/;民政局网站,http://www.mca.gov.cn/。

从国际比较看,我国人均社会救助水平明显偏低,不利于实现保障贫困人口基本生活的制度目标。按照欧盟的规定,贫困线应该在社会平均收入的50%—60%;2011年发达国家和转型国家的现金性最低收入保障支出占各国收入的比重平均为36%左右;即使是在福利保障方面一贯吝啬的美国,贫困线也在社会平均收入的

33%上下。现在中国的数字为11.76%,仅为欧盟标准的1/4到1/3,甚至不及美国标准的1/2。从国内各地区数据的比较看,低保标准占城镇居民人均可支配收入的比重在第一档的,即超过18%的,除了天津,都是中西部地区的省市区;像江苏、福建等东部地区的省市区,都在第三档,即12%及以下;而像北京和上海这样的发达地区仅处于中档,北京是17.08%,上海是15%。以上的统计分析说明,以"低保标准占城镇居民人均可支配收入的比重"这个指标计算,"城镇居民人均可支配收入"数值的高低起着决定性的作用;同时这也说明经济发达地区在低保标准上更趋于"保守"——人均收入高,消费也高,因此低保标准偏低,而很多经济欠发达地区因为要顾及低保标准要起到"保底"的作用,加上有中央财政的补贴,相对来说反倒表现得更为"慷慨"。

自中华人民共和国成立以来,中国城乡社会救助水平一直存在较大差距。直到2007年农村最低生活保障制度实施后,随着政府对社会救助项目财政投入的增加,城乡社会救助水平的差距才逐渐缩小。虽然由于城乡经济发展水平、社会环境、人文风俗等不同,城乡居民对社会救助服务的现实需求存在诸多差异,但从整体来看,目前中国城市的社会救助标准和水平要普遍高于农村。例如,2014年第二季度城市最低生活保障平均标准为262.61元,农村最低生活保障平均标准为118.62元,前者为后者的2.21倍。除了基本生活救助和医疗救助外,农村其他专项救助、临时救助项目的标准和水平比城镇落后更多。农村社会救助标准偏低与社会救助对象日益增长的需求形成了新的矛盾。见表7-13。

表7-13 我国城乡最低生活保障、农村五保供养平均标准和平均补差水平情况

年份	城市最低生活保障		农村最低生活保障		集中供养农村"五保户"		分散供养农村"五保户"	
	平均标准(元/人/月)	平均补差水平(元/人/月)	平均标准(元/人/月)	平均补差水平(元/人/月)	平均标准(元/人/月)	平均补差水平(元/人/月)	平均标准(元/人/月)	平均补差水平(元/人/月)
2006	169.6	83.6	70.9	34.5	134.0	—	102.0	—
2007	182.4	102.7	70.0	38.8	162.7		119.3	
2008	205.3	143.7	82.3	50.4	181.3	171.3	135.4	93.4
2009	227.8	172.0	100.8	68.0	215.1	153.6	107.0	107.0
2010	251.2	189.0	117.0	74.0	246.0	205.0	175.2	118.0
2011	287.6	240.3	143.2	106.1	283.3	256.8	205.9	147.9
2012	330.1	239.1	172.3	104.0	338.4	291.4	250.7	186.0
2013	373.0	264.0	202.8	116.0	390.4		291.6	

资料来源:根据《中国民政统计年鉴2013》和民政局网站相关资料整理。

从社会救助实际补差绝对值来看,城市社会救助人均补差额远远高于农村。社会救助瞄准的是城乡最低收入家庭,即使考虑到城乡低收入家庭消费支出的现实差异,城乡社会救助补助水平实际上也存在差别。以社会救助年平均补差额占城镇居民最低收入和农村居民最低收入人均消费性支出比例来看,2006—2012年城镇社会救助年平均补差额占城镇最低收入人均消费支出的比重为29.31%—44.83%,而农村社会救助年平均补差额占农村最低收入家庭人均消费支出的比重为25.49%—38.44%。近年来我国农村社会救助补差水平一直低于城镇。见表7-14。

表7-14 城乡最低生活保障年均补差水平占最低收入人均消费支出的比重

年份	年均补差水平(元)		最低收入人均年消费支出(元)		年均补差水平占最低收入人均消费支出比重(%)	
	城镇	农村	城镇	农村	城镇	农村
2006	1003.2	414.0	3423.0	1624.3	29.31	25.49
2007	1232.4	465.6	4036.3	1850.6	30.53	25.16
2008	1724.4	604.8	4532.9	2144.8	38.04	28.20
2009	2064.0	816.0	4900.6	2354.9	42.11	34.65
2010	2268.0	888.0	5471.8	2535.4	41.45	35.02
2011	2883.6	1273.2	6431.9	3312.6	44.83	38.44
2012	2869.2	1248.0	7301.4	3742.3	39.30	33.35

资料来源:根据《中国民政统计年鉴2013》和民政局网站相关资料整理。

我国城乡医疗救助制度虽然有大幅发展,但城乡医疗救助水平的差距也比较明显。虽然2011年和2012年农村医疗救助的人次数大于城市医疗救助人次数,但城市医疗救助人均支出水平要高于农村。2012年城市参加城镇居民基本医疗保险医疗救助人均支出水平比农村新型农村合作医疗救助高26.5元,城市直接医疗救助人均支出比农村高137.5元。除了基本生活救助和医疗救助外,农村其他专项救助、临时救助项目实施情况要比城市落后更多。见表7-15。

表 7-15 城乡医疗救助支出水平比较

	年份	2011 年	2012 年	比上年增减(%)
城市医疗救助	参加城镇居民基本医疗保险医疗人员救助人次数(万人次)	1549.80	1387.10	-10.50
	占城市社会救助人口比重(%)	32.23	30.91	-4.10
	平均值支出水平(元/人次)	67.90	84.00	23.71
	直接医疗救助人次数(万人次)	672.20	689.90	2.63
	占城市社会救助人口比重(%)	13.98	15.38	10.01
	平均值支出水平(元/人次)	793.60	858.60	8.19
农村医疗救助	参加新型农村合作医疗人员救助人次数(万人次)	4825.30	4490.40	-6.94
	占农村社会救助人口比重(%)	39.48	36.43	-7.73
	平均值支出水平(元/人次)	45.60	57.50	26.10
	直接医疗救助人次数(万人次)	1471.80	1483.80	0.82
	占农村社会救助人口比重(%)	12.04	12.04	-0.03
	平均值支出水平(元/人次)	635.80	721.10	13.42

资料来源:《中国民政统计年鉴2013》和民政局网站相关资料整理。

7.4.3 城乡社会救助支出覆盖率偏低

我国社会救助政策一直都是偏向城市居民,对城市生活困难人群尽量做到应保尽保。而在农村地区,多种原因导致很多生活困难的群体享受不到社会救助政策,其基本生活得不到合理保障。由于农村最低生活保障制度建立较晚,2007年之前农村最低生活保障的覆盖面远远低于城市最低生活保障的覆盖面。从2007年开始,我国农村最低生活保障的覆盖面大幅增加。2007年农村最低生活保障人数比2006年增长了123.9%,占农村人口的比重首次超过了城镇最低生活保障占城镇人口的比重。2013年农村最低生活保障的覆盖面进一步扩大,占农村人口的比重为8.56%,比城镇低保覆盖面高出5.74个百分点。

2013年,全国纳入城乡社会救助的人口占总人口的比重为11.38%。其中,参加城镇最低生活保障人口为2064.2万人,占城市全部人口比重为3.3%,未实现对收入最低的5%贫困户的全覆盖。农村最低生活保障人口、农村五保人口和传统救济人口共5998.2万人,占农村人口比重的9.53%。根据国家统计局发布的数据,2011年国家将农村扶贫标准提高到年人均纯收入2300元(2010年不变价),按照新标准,2011 年年末农村扶贫对象为 12,238 万人,而农村社会救助只覆盖到 48.4% 的扶贫对象。见表 7-16。

表 7-16 我国城乡最低生活保障的覆盖面

地区		2005	2006	2007	2008	2009	2010	2011	2012	2013
城镇	保障人数(万人)	2234.20	2240.10	2272.10	2334.80	2345.60	2310.50	2276.80	2143.50	2064.20
	年增长率(%)	1.30	0.30	1.40	2.80	0.50	-1.50	-1.50	-5.90	-3.70
	占城镇人口的比重(%)	3.97	3.88	3.83	3.85	3.77	3.45	3.30	3.01	2.82
农村	保障人数(万人)	825.00	1593.30	3566.30	4305.50	4760.00	5214.00	5305.70	5344.50	5388.00
	年增长率(%)	69.10	93.10	123.90	20.70	10.60	9.54	1.76	0.73	0.81
	占城镇人口的比重(%)	1.11	2.16	4.90	5.97	6.68	7.77	8.08	8.32	8.56

资料来源:《中国民政统计年鉴 2013》和民政局网站相关资料整理。

7.4.4 城乡社会救助支出结构有待优化

我国的社会救助支出项目构成上,存在着重现金救助、轻实物救助的问题。虽然教育救助、医疗救助、住房保障等支出项目在近年建立并发展起来,但从目前支出项目结构看,城乡贫困群体的医疗救助比重依然偏低,食品和水电取暖等能源消费方面的实物救助缺位。无论是最低生活救助还是各专项救助,其形式基本是现金或实物等物质性补偿。其所起的作用毕竟是有限的,因为被救助者陷入物质贫困只是表面形式,其背后是诸多非物质性因素所致,如心理失衡、社会资本缺失、社会排斥等带来的困难以及困惑等,现行物质性的救助爱莫能助。

此外,社会救助支出的受益人员结构也存在不合理情况。社会救助支出"准度"指社会救助支出的目标人群与实际受益人群的契合程度,目标人群与实际受益人群的契合度越高、偏离程度越小则社会救助支出"准度"越高。近年来,享受生活保障制度人数不断增长,基本做到了"应保尽保"。但是值得注意的是,截止到 2007 年年末,有劳动能力的低保对象占低保对象总数的比例已高达 75% 以上。这使我们不得不做出判断,在制度内是否存在"不应保"的人群?社会救助支出的目标人群应重点指向最需要救助的人,特别是不具备或丧失劳动能力的儿童、残疾人和老年人,但从 2011 年城市低保的救助对象看,残疾人、老年人、未成年人合计只占 47%,救助的其他成年人比重偏高,没有切实体现社会救助的扶弱济困功能。正是因为贫困人口认定的误差,造成了当前"应保尽保"的假象,如果无法剔除这些"不应保"人群,使事实贫困者的存在得以显现,政府的财力人力将不再有富余去帮助事实贫困者,那么这些政策将会制造一个长期和稳定的低收入群体或更低收入的群体。

7.4.5 缺乏激励贫困群体就业的制度安排

我国现有的低保政策规定,低保对象如果就业,当其所得收入高于低保支付标准,低保资格将被取消,这种规定对于那些习惯于长时间得到低保救济的弱势群体而言,需要承受更大的精神压力。长时间的失业使他们在工作和生活中形成了挫败感,文化知识和劳动技能的不足使他们只能找到知识含量较低的工作岗位,工作辛苦,收入低,流动性大,不少人更倾向于维持现状,靠低保生存。因此,我国现行社会救助体系在鼓励、扶持低保对象就业方面还有所不足,如何通过就业培训切实提高他们的就业能力和就业适应性,如何给低保对象更多的就业动力促使他们放下包袱主动就业,并通过就业改变自己的命运摆脱对低保的依赖,是一个重要课题。

从长期看,随着我国社会救助体系逐步完善和救助标准的不断提高,社会救助支出的劳动供给抑制作用不容忽视。"失业陷阱"是指在社会保障税与个人所得税的共同作用下,某些低收入者事实上存在着一个很高的"失业时的实有收入"对"就业时的实有收入"的替代率,即失业者失业时净补助收入同其如果找到工作时的可能净收入之比率。虽然很多人认为我国目前最低生活保障水平低,在闲暇和工作的选择中,贫困者一般还是会选择工作,即没有产生"失业陷阱"的条件。但是我国近年来多次调高最低生活保障补助费,作为福利上升的通病——"失业陷阱"的发生不是没有可能。

受助者所能获得的其他补助,如教育救助、住房救助甚至医疗救助都与低保资格挂钩,这种捆绑式做法易使受助者产生福利依赖。但与发达国家高福利水平下的"福利病"不同,这是导致受助者陷入"贫困陷阱"的低水平福利依赖。对杭州市的调研表明,杭州市与城市低保相配套的各项救助措施达27项之多,涵盖了日常生活、文化、教育、医疗、住房到法律的六大方面,使受助者从配套措施中得到的优惠远远超越了低保金本身。这就使低保资格成为一种稀缺优质资源。低保资格的含金量提高,导致受助者的就业积极性下降。问卷调查显示,64%的低保户没有考虑过退出低保的问题;在参加职业培训方面,有高达84%的低保成年人未参加任何职业培训,同时在低保户中户主为失业者的比例为56%。可见,与通过就业获得收入相比,受助者更习惯于减少劳动或者不劳动而获得低保金,其在"补差制"下的劳动欲望在不断减弱。虽然当前尚未达到十分严重的程度,但是随着经济和福利水平的不断提高,未来这一制度的负面效果将会更加显现。

7.4.6 财政支付责任与格局不合理

目前我国中央政府和地方各级政府在城乡社会救助中承担着不同的财政责任。从整体上来看，各级政府对城镇社会救助的投入要高于对农村社会救助的投入。其中，从绝对数额上，各级政府在城镇居民最低生活保障上的投入力度大于农村居民最低生活保障的投入力度，各级政府在其他农村社会救济上的投入大于对其他城镇社会救济的投入。具体到不同的社会救助项目，中央和地方政府也承担着不同的财政责任。2012年农村低保支出中，中央政府支出占60.1%，地方政府支出占39.9%。而在当年的城镇低保支出中，中央政府支出占65.1%，地方政府支出占34.9%。总体而言，2012年地方政府承担了更多的农村最低生活保障支出责任和其他社会救助支出责任。2013年中央政府加大了社会救助的投入力度，中央政府承担了农村低保支出的70.6%（2012年为60.1%），地方政府承担了29.4%（2012年为39.9%，见表7-17）。但在除低保外的其他社会救助中，地方政府仍承担着绝大部分的支出责任。另外，地方各级政府在城乡社会救助中也承担着不同的支出责任。从整体上看，省级和县级政府比市级和镇级政府承担着更多的支出责任。

表7-17 2012—2013年政府间社会救助支出比重表

	2012年			2013年		
	全国支出（亿元）	中央(%)	地方(%)	全国支出（亿元）	中央(%)	地方(%)
城镇居民最低生活保障	674.3	65.1	34.9	756.7	72.1	27.9
农村居民最低生活保障	718.0	60.1	39.9	866.9	70.6	29.4
其他社会救助	243.2	—	—			
医疗救护	230.6	—	—	257.4	—	—

资料来源：根据《中国民政统计年鉴2013》和民政局网站相关资料整理。

导致以上问题的原因是，财政事权归属过于笼统、没有实行细化，导致一些本应由中央承担的支付压给了地方，而本应属于地方政府的责任，中央却代之承担了一部分。中央政府和地方政府支出责任的不明晰，为财权的划分带来影响，留下隐患。中央政府对地方政府的过多干预、越俎代庖，导致中央在出台政策时对地方政府的财力承受能力不加考虑或考虑不足，致使地方政府在政策执行上由于资金压力大打折扣，最终使广大人民群众应享有的权利得不到保障。反之，地方政府如果对其应承担的责任予以推脱，比如社会救助制度中的保障贫困居民基本生活的责任，将会导致政策制定上的随意性、不完整性，影响社会公平的实现。

7.5 国外社会救助事业发展的成功经验及启示

7.5.1 国外社会救助制度的特点

一、社会救助资金由国家保证

从世界各国的济贫实践来看,通常的做法是通过国家救助立法,将对贫困人口的社会救济纳入法制的轨道,并以此确立起政府在社会救助体系中的责任主体地位和公共财政投入在济贫资金来源中的主导作用。美国的社会救济与社会福利由联邦政府和州政府共同负责,联邦政府对一些社会救济与社会福利项目作全国性规定,大部分项目由州政府负责具体管理,资金主要由地方政府负责解决,全国统一的项目,联邦政府给予一定的补助。澳大利亚是以社会救助为核心的社会保障体制,因此,社会保障支出中主要是社会救助支出,1995年社会救助支出占整个社会保障支出的90%,占国家GDP的6.8%。英国实行高度集权的社会保障管理体制,社会救助所需资金全部由国家负担。而加拿大社会救济计划的制订与实施由各省负责,在经费方面,联邦政府负责50%,其余50%由省、地方两级政府承担。德国社会救济资金由政府承担,75%来源于市县,25%来源于州政府。日本社会救济由中央和地方政府共同负责,社会救济的资金全部由财政负担。其他国家如丹麦,社会救助资金一半由国家预算负担,另一半由地方政府支付;在荷兰,国家负担90%;卢森堡、爱尔兰等国家的社会救助资金100%由国家负担。韩国政府专门建立了救助基金,各级政府中国家承担80%以上,道承担10%以上,市、郡承担10%以内,市、郡作为基层单位负责具体的救助业务。

二、社会救助内容全面

西方国家的社会救助是一种综合性的救助模式,救助水平高,社会协作水平高、项目科学合理。英国社会救助的项目很多,主要包括低收入家庭救助、老龄救助、儿童救助、残疾救助、失业救助及疾病救助等内容。美国在《社会保障法》中明确规定了公共救助是社会保险的补充,凡是在社会保险方案中不能获得保障的人,一律改由公共救助给予保障。德国的社会救助主要是对一般低收入家庭的救助和特殊家庭的救助。除了食品费、生活费、燃料费以及杂费等日常生活费外,还包括代为缴纳医疗、养老保险费、支付丧葬费等。对高龄、残疾、妊娠、妇女生育等特殊需求者,其救助标准比一般标准高30%。另外,儿童补贴也是德国社会救助的重要内容,子女越多,得到家庭津贴也越多。韩国的社会救助主要包括生活救助、有功人员救助以及灾害救助。生活救助包括:生计救助、医疗救助、妇产救助、教育救助、丧葬救助、职业训练以及就业安排。

三、社会救助标准明确程序规范

各国社会救助制度最基本的特征是有明确的针对性,只对自我保障有困难而确需救助的人给予救助。为此,各国一般通过财力审查和就业审查来确定申请人领取救助金的资格。财力审查,即根据国家规定,对申请人及相关家庭成员的收入及资产状况进行审查,不足特定标准时才予以救助。大多数国家在社会救助标准之外都规定一个免审额度,即允许申领人持有少量的资产或收入,视同无资产、无收入,不抵扣社会救助金。就业审查,即要求社会救助对象必须努力寻找就业机会,积极与政府管理的职业介绍机构联系,并接受适当的工作安排。未通过就业审查的人,将被降低社会救助水平或剥夺领取资格。在财力审查的范围方面,大多数国家只考虑申领人及其配偶的现有财力。但在有些国家,如奥地利、德国、瑞士、日本,申领人的父母、祖父母、成年子女的财力状况也在考虑之列。在法国,老年救助金(属专项救助)申领人的法定继承人的财力状况都列入审查范围。比利时最近也准备审查申领人父母及成年子女的财力情况。美国政府要求接受援助的单亲父母两年内每周工作至少 30 小时,核心家庭每周至少工作 35 小时。在救助程序机制上,英国政府实行了非常健全的行政救助申请制度和调查制度。日本政府还有一项规定,即要求受救助的对象在申请政府给予救助前必须首先向其负有扶养义务的亲属求助,如果扶养义务人无力负担时,再由政府依法进行生活保护。

7.5.2 国际社会救助制度的改革理念、实践及启示

一、国际社会救助制度的改革理念

(一)由生活救助向注重能力救助转变

现行社会救助目标停留在给被救助者提供继续生存下去的物质条件,淡化了能力救助,所以并不一定会使被救助者真正走向自立和自我发展。诚然,维持基本生活是社会救助最基本的功能,但这只是其浅层次的目标。当救助对象消费完救助资源时,他们又将回到最初的生活状态,从而陷入贫困—脱贫—返贫的循环反复的怪圈。所以,外部资源的输入,只有在解决贫困者基本生活困难的同时,提高他们的自我发展能力,才能起到根本作用。因此,长远的目标应侧重于社会救助对象的自我恢复生产、发展等能力建设上。如美国1962年《公共福利修正案》规定,救助项目大体归纳为四种:服务、预防、激励和培训。根据受助者情况差异,仅联邦政府推出的救助项目就多达100多个,项目设计反映着不同的救助目的,提升个体发展能力。

（二）由消极救助向积极救助转变

生存性社会救助把受救助者看成是被动的、消极的、单向的接受者，置于"被救助"的位置。被救助者因缺乏主动摆脱困境的积极性而限制自我潜力的发挥，导致福利依赖和公共资金投入的不合理扩大，进而降低社会救助制度的价值合理性。受助人应该是救助行为的积极参与者。美国1964年颁布的《经济机会法》，其宗旨就是最大限度地增加穷人参与救济与福利项目的机会。这就要求改变救助工作者对于受助者的对象化态度，加强施助者与受助者之间的良性互动，促进受助者的社会参与，挖掘其发展潜力，使被救助者由福利依赖者转化为自主参与者，由"他助"转换成"自助"，使被救助者依靠自己的力量解决问题，融入社会。

（三）由补救性救助向注重预防性救助转变

现行社会救助说到底是消极意义上的事后补救性措施。这种救助方式不仅需要政府进行大量的财政支出，而且被救助者极易陷入持久的贫困中，形成财政支出的恶性循环。因此，对陷入绝对贫困的成员除了进行物质补救外，还要进行预防性救助；对于相对贫困者更是如此。所谓预防性救助，就是救助工作者帮助被救助者引导和克服自卑、依赖心理，分析和防范各种社会风险，协调和运用各种社会资源，帮助被救助者走出困境，避免他们的困境进一步恶化，恢复自我发展和成长的能力，找到适合个体发展的道路；对于还未陷入贫困的低收入家庭，救助工作者在第一时间接触和了解这些群体的困难和需求的基础上，及早预测可能引发的更严重的社会问题和风险，做好预警、防治工作，增强风险抵御能力，真正做到将社会救助的重点由"扶贫"转变为"防贫"。

二、国际社会救助制度改革实践

从20世纪90年代中期开始，一种新的模式开始逐步取代传统的社会救助模式，这便是由包括世界银行、国际劳工组织、亚洲开发银行和英国国际发展部在内的一系列国际组织共同倡导，以帮助发展中国家应对持久性贫困为目的的社会保护模式。社会保护模式强调人力资本和劳动力市场在减贫中的重要作用，认为社会政策应从过去被动地应对"市场失灵"和"政府失灵"转向积极的、以预防和发展为目标的"发展型社会政策"。在发展型社会政策看来，社会政策不应当仅仅是被动地应对社会发展中的问题，而是应当通过社会投资提升个人竞争能力进而提高国家竞争力，也就是说社会政策应当对经济发展做出积极的贡献。社会保护模式的出现为增加社会支出和继续推行社会福利改革提供了新的依据。在社会保护模式的影响下，许多国家开始对其社会救助体系进行重构，目标在于通过人力资本建设和帮助救助对象融入劳动力市场等手段来减少贫困。经过数年的探索，国际社会总结出了三条积极有效的改革路径,即有条件现金转移支付、工作福利和社会养老金。这些路径通常被称作发展型社会救助计划,它们通过对人的能力进行投资,来减少贫困、促进劳动参与和长期发展。

有条件现金转移支付计划(以下简称 CCT)最早在 20 世纪 90 年代中期由拉丁美洲一些国家实施,现在已经被许多发展中国家普遍采用。在这些项目中,向贫困家庭提供现金救助都必须以受助家庭保证其子女就读正规学校并满足其子女必要的健康和营养需求为条件。CCT 项目的核心理念包括以下方面:(1)采用一系列基于经验的指标实施家计审查来决定申请人是否具备受助资格,而非传统上严格的家计审查,这一做法的目的在于避免对工作动机造成负面影响并降低管理成本;(2)救助金直接支付给家庭中的母亲,并且要求她们收集和记录购买相关服务的凭证,以确定她们是否遵守了项目的条件要求;(3)由政府职能部门、非政府机构和地方委员会合作开展项目管理并提供服务,三方在项目中分别承担不同的职能;(4)为了实现项目的有效管理,健全问责机制,这些项目都设计和实施了严格的绩效评估体系。工作福利向有劳动能力的贫困人群或失业者提供生活帮助和就业服务,其核心是帮助救助对象融入劳动力市场。

工作福利认为大多数人通过从工作中取得收入来满足他们和他们所在家庭的各种需求,因此摆脱贫困取决于工作机会。两个典型的工作福利项目是美国的 TANF 项目和英国的 New Deal 项目,它们都是在 20 世纪 90 年代末开始实施的。New Deal 项目的一个重要特征是通过社会工作者为救助对象提供个性化的服务以帮助其获得并维持工作。与之相类似,TANF 项目也向救助对象提供包括职业培训、就业咨询和职业中介在内的一系列就业服务,但不同之处在于它对救助的申请人和受助人所要承担的义务做出了严格的规定,要求每个 TANF 的申请人在进入营利机构工作之前必须先为公益部门服务一段时间,并且规定每个受助者一生中最多只能接受五年的救助。美国的 TANF 项目有效地缩减了受助者规模,New Deal 项目在提高救助对象求职率和降低贫困发生率方面有着显著效果。

社会养老金是一种非缴费型退休金计划,资金完全由政府承担,受益者不需要个人缴费,除了年龄要求以外,也没有任何其他附带条件,在达到政策规定的年龄时即可领取养老金。目前许多国家都已经开始实施社会养老金计划,一个典型的例子是南非的国家养老金(State Old Age Pension)计划。该计划为贫困家庭老年人提供养老金,并结合诸如儿童津贴、残疾人津贴和抚育照料津贴等项目实施分类社会救助。国家养老金计划不仅降低了老年贫困发生率,而且还提高了老人所在的整个家庭的生活水平。更为重要的是,它还具有促进人力资本投资的功能,由于家庭收入水平的提高,儿童就更可能留在学校里完成学业而不是过早地进入劳动力市场寻找工作,他们的健康和营养状况也由此得到了明显改善。

三、国际社会救助经验对中国的启示

(一)附加条件的现金转移支付制度

目前我国仍然有相当一部分家庭生活在绝对贫困之中,必须依靠社会救助来维持生计。传统家庭所承载的养老、育幼和互助等福利功能都正在逐渐削弱,儿童所面临的风险和面对风险时的脆弱性都有所增加。今天,政府和公众都越来越关注与儿童相关的问题,如青少年犯罪、流浪儿童、童工、农村留守儿童和城市流动儿童等,这当中的大多数问题都与贫困直接相关。然而,在我国现有的社会福利政策中还缺乏对儿童贫困问题的关注,包括低保制度在内的一系列社会政策都把家庭成员之间的赡养扶养和互助作为政策设计的前提,而政府通常是在家庭无力履行责任时才进行干预。政策制定者担心政府承担过多的福利责任会削弱家庭的福利功能,特别是削弱家庭成员对老人和儿童所承担的义务,最终把过多的责任推给社会。可见,我国当前低保制度设计中的一个明显特征是着重强调家庭责任,认为家庭应对其成员起到主要的支持作用。

与以往更加关注财政能力或寄希望于家庭自身能力使儿童受益的观点不同,投资人力资本的理念认为,地方政府应当根据当地实际情况和财政能力,实施"儿童敏感型"的社会救助政策来改善儿童生活状况。一种做法是把有儿童的边缘贫困家庭,特别是单亲家庭纳入到社会救助范围之中;在经济较为发达的地区,应当考虑在未来条件成熟的时候对所有儿童实施普惠型福利政策。另一种做法是根据儿童在健康、营养、教育等方面的需要,及其他对儿童发展至关重要的方面来确定儿童在低保制度中的受益份额。

(二)带有就业激励效应的工作福利制度

在进入21世纪后,中央和地方各级政府都开始将如何引导有劳动能力的低保救助对象参加有薪劳动作为一项重要议题加以关注。对有劳动能力的救助对象来说,低保制度的政策目标是使他们重新回到劳动力市场,自食其力,而不是将他们"保"起来。对他们施以长期的社会救助不仅不利于激励就业,也是最易引起争议的事情。这是目前我国城乡最低生活保障制度最欠缺也是最需要加强的一个方面。从2004年开始,许多省市设计并实施了一些措施来鼓励或强制那些有劳动能力的低保救助对象参加有薪劳动,这当中的许多措施已经包含了一些工作福利路径中的做法,例如社区义务劳动、职业培训、职业中介、收入增长豁免、给付随时间和收入增长逐步减少、社会保险补贴、员工税收激励、求职和自谋职业奖励,以及最近出现的个性化职介服务,即由社区干部根据每个受助家庭的具体情况制订求职计划、帮助介绍工作,并为其提供入职后的后续支持。然而引导救助对象就业所要面临的另一个困难是"争低保"和"难退保",一些生活并不十分困难的家庭对低保资格仍趋之若鹜,而已经接受救助的低保对象即使找到工作,经济状况发生了好转也不愿退出低保。近年来国内许多学者和政策制定者开始将"争低保"和"难退保"归因于低保制度所附带的各种补充福利,如医疗救助、住房救助、教育救助等。低保制度的救助对象可以自动地获得这些救助项目的援助,但是一旦他们失去了低保受助资格,也就意味着将丧失所有这些与低保制度相关联的救助项目的援助。对于那些没有参加商业保险或社会保险的家庭来说,这些补充福利远比低保金本身更加重要。不过,如果能够换一个角度思考这一问题就不难发现,基本社会服务的缺失才是"争低保"和"难退保"现象存在的真正原因。在市场经济体制和工业化背景下,普通家庭在医疗卫生、教育、住房等方面都面临着较高的经济压力和风险因素。特别是对于城乡低收入家庭、边缘贫困家庭和无固定收入来源的家庭来说,如果不能享受低保所附带的各项补充福利,那么他们在这些方面的需求将很难得到满足。如果这些与低保受助资格挂钩的救助项目能够转变为向所有人敞开大门的普惠型福利,那么低保制度的吸引力则势必减弱。而另一方面,就业服务的缺乏也是导致低保对象就业率低的一项重要原因,许多有劳动能力的低保对象并非缺乏劳动能力而是缺乏劳动机会,他们当中缺少工作技能的"4050"人员居多,在竞争激烈的劳动力市场中往往很难觅得一份足以提高其生活水平的工作。总之,我国低保制度的救助对象之所以缺乏就业动机、不愿退出低保的根本原因,在于医疗卫生、教育、住房和就业等基本社会服务的不足,而不是高福利。

(三) 普惠性质的社会养老金

老年贫困在中国是一个很突出的问题,因为一方面是我国正在面临严峻的老龄化挑战,而另一方面是我国养老金体系的覆盖范围非常有限所造成。当前低保制度覆盖的老年人数量还不足以反映实际的老年贫困规模。从制度设计上看,我国的城乡低保以家庭为单位核查收入、认定对象,家庭人均收入水平低于低保标准的家庭才可以被纳入救助范围。而医疗救助、住房救助等专项救助一般是以低保、五保制度为基础,临时救助制度在许多地方尚不完善。这样一来,低保边缘家庭的老年人,由于自身禀赋等特殊原因而生活存在实际困难,但却被现有救助政策排除在外,得不到相关的救助扶持。而从操作层面来看,部分支出性贫困的老年人也得不到救助。现行社会救助政策注重以收入定对象,执行的是"收入一元化"标准,只考虑了家庭收入的同一性,却忽视了消费支出的巨大差异性。在实际生活中,支出性贫困占老年贫困群体的比重较大。例如,在医疗费用等支出数额巨大的情况下,基本生活费将被严重挤占,这样即使老年人的家庭人均收入高于当地低保标准,其生活需要也无法得以保障。加之目前低保标准普遍偏低,许多老年人的基本生活难以得到有效保障。近些年来,一些地方开始通过将老年人的户口与子女相分离来规避低保制度以家庭为单位核算收入的规定,从而使老年人有资格申请低保却又不需要考虑整个家庭的收入情况。同时也有一些省份将低保金直接发放给老年人或残疾人个人,而不再把家庭作为发放单位,这种做法与分类救助或社会养老金十分类似。

7.6 完善中国社会救助事业的对策建议

7.6.1 更新社会救助理念,引入新的工作方法

近年来,建立"适度普惠"的社会福利制度的思想已经一定程度上在社会保障学界取得了共识。同时,这种政策设计和制度安排的价值理念也已经渗透到政府有关部门的工作中。2011年政府工作报告中,也已经接纳了类似的理念。例如,"将孤儿养育、教育和残疾孤儿康复等纳入财政保障范围",实际上已经是一个针对孤儿这个群体的"适度普惠"的社会福利制度。这种社会保障方式在国际上称为"社会津贴"(Social Allowance)。发展社会津贴制度是出于这样的政策思考:因为社会救助的实施一定有个前提条件,就是"家庭经济调查"。然后在制度实施的过程中,还需要对低保对象进行跟踪调查,以随时掌握其家庭经济状况是否有好转。若有好转,家庭人均收入超过当地的低保标准,就要取消其最低生活保障待遇。但是,社会救助的对象实际上有两大类:一类是有劳动能力的;还有一类是无劳动能力的,如老人、孤儿、重度残疾人和重病人。这部分人因为生理状况和社会境遇决定了他们的生活不会有太大的变化,被获准得到低保待遇后,对他们继续跟踪调查似乎并没有必要。所以,淡化乃至取消对他们的追踪调查,使其演变成为长期津贴,是合理的选择。最终,可以取消对他们的"家庭经济调查",只要本人取得法定资格,就可以享受社会津贴。

在工作思路与方式上,政府和学界都越来越认识到"社会工作对于社会救助的重要意义"。所以,作为一项基本公共服务,可以在乡镇街道一级建立专门的办事机构,由专业社会工作者来承担对低保户的个案管理,而社区居委会则是扮演"协查"的角色。从国际经验看也是如此,社会救助制度的实施,尤其是其不可或缺的法定程序——家庭经济状况调查的执行,通常是由专业的社会工作者来完成的。社会救助与社会工作可以说是同根同源,社会工作就是从向贫困家庭提供物质和精神帮助的过程中,逐渐发展出其价值观念、理论知识和方法技术的,从而形成了

一个职业、一项专业和一门现代应用社会科学学科。因此,通过对贫困家庭的访问,了解他们的生活境遇和需求,然后给予他们相应的帮助,是社会工作者提供社会服务的最原始的初衷。从社会救助政策的实施看,要"一个不能少"地惠及所有需要帮助的个人和家庭,就需要由社会工作者个别化、个性化地去一一具体落实。社会工作者能够在个案层面对救助对象实施心理辅导、行为矫正以及技能培训等帮助,有效应对精神抑郁、家庭暴力、青少年犯罪等新型社会问题。同时社会工作者在为救助对象提供就业支持服务方面也具有不可替代的优势,能够针对救助对象的特殊需要制定有针对性的求职方案,并帮助其尽快适应新的工作。社会工作,作为一门现代应用社会科学学科,讲究的是科学助人、理性助人。社会工作对社会救助的介入,必将使这项工作取得更大发展。

7.6.2 构建多元筹资机制,实现合理的财政负担格局

社会救助体系建设最重要最困难的工作是筹集资金,确保资金来源。我国面对艰巨的贫困救济任务,无论是从责任与道义而言,还是从资源与能力来看,其责任主体当然非政府莫属。因此,增加政府财政投入力度并优化支出结构是完善社会救助制度的前提。考虑到我国经济发展水平和预算约束,单纯依靠增量财力增加社会救助支出的空间有限,为此加大社会救助支出的重点应放在财政支出结构的调整上。应通过适当降低政府投资性支出比重,严格控制行政管理费支出增长,为社会救助支出提供更大的增长空间。

科学确定财政转移支付的政策目标是各种经济成分财政转移支付制度的根本依据。在当前社会转型时期,我国转移支付的目标应定位于确保全国各地区都能提供均等化的最低标准的基本公共服务。因此,我国转移支付的方向也应该主要倾向于经济欠发达地区的基础产业及教育科技、医疗保健、就业培训等社会公共事业和社会保障事业。对于最低标准的基本公共服务来说,城乡居民的最低生活保障制度可以说是基础的基础,是为了满足广大人民群众的基本生活需要,应重点给予保障。

在充分发挥财政资金作用的同时,也应从多方面筹措资金,形成社会救助资金来源的多元化渠道。第一,要优化财政支出结构,加大省级以上财政转移支付的力度。需要改革现有的转移支付模式:实行以纵向为主、横向为辅,纵横相互补充的财政转移支付模式。建议提高社会救助资金的统筹级次,由省级财政通过优化和调整财政支出结构,省级内部的横向调节和纵向转移,实现最低生活保障资金的较快增长。中央主要采取"以奖代补"的补助方式,对社会救助工作开展较好、资金投入较大地区(省甚至是市、县)给予奖励性质补助,使最低生活保障等专项转移

支付有针对性地使用,发挥更大效用。以"因素法"代替传统的"基数法",对财政转移支付的标准给予统一和规范。"因素法"是选取一些不易受到人为控制的、能反映各地收入能力和支出需要的客观性因素,对于社会救助项目来说,可以根据贫困人口数量、低保对象人数、人均收入水平、人均GDP等作为确定各地转移支付的衡量指标。第二,要进一步整合社会资源,通过社会捐赠、举办慈善事业、发行福利彩票等方式筹措资金,通过证券市场运作机制使资金保值增值,保证社会救助制度多元资金支持的持续化、制度化,有效引导和整合各种有意愿的社会资源参与社会救助事业,充分发挥企事业单位、民间组织以及个人的作用,使他们成为社会救助的必要补充。

7.6.3 统筹社会救助内部参数,实现制度自身完善

一、合理制定社会救助标准,适当提高人均救助水平

确立低保标准既要考虑我国国情,又要避免"养懒人"。在制定最低生活保障标准的时候,需要考虑多方面的因素,其设定依据主要有以下几个方面:一是各地居民维持基本生活需求的最低费用;二是所在地经济发展水平和物价指数;三是地方财政承受能力。我国地域辽阔,经济发展水平存在地域间的不平衡,各地低保标准应该因地制宜,先在全国统一建立阶梯式救助标准,再按地区经济状况分类划分并确定具体的救助标准。在设计低保政策调整机制和自然增长机制时,也应该考虑走城乡一体化道路,并逐步缩小城乡低保标准的实际差距。由于各地经济处在不断的发展变化之中,最低生活保障标准不应该恒定不变而应该是一个动态的指标。参考发达国家和转型国家人均救助水平并结合我国作为发展中国家的现实国情和财政承受力,近期逐步将城乡最低生活保障标准和人均支出水平提高到社会平均收入的25%—30%之间应是比较适宜的选择。

二、科学确定救助对象,以农村贫困者为重点扩大覆盖面

社会救助的目标人群应重点指向儿童、残疾人、老年人及因病或教育支出致贫或返贫的人群。从家庭特征看,应以救助孤老家庭、残疾人家庭和单亲家庭为主。在社会救助的具体制度设计上,应扩大对残疾人、儿童和单亲家庭的社会救助范围和力度。同时,扩大最低生活保障和医疗救助的覆盖面。在近期,城市最低生活保障至少应对收入最低的5%的困难户实现全覆盖。在农村低保方面,可以从几个方面入手以确保低保对象确定的公平性。首先,规范地确定农民收入,其次是确立科学的计算标准,避免核算的随意性,最后要实地调查,了解各个地方的具体情况。在低保对象的选取上应经过"村级评议、乡镇审核、县(市)民政部门审批,省级监

督"的程序,坚持做到评审程序化、公开化。在实际的操作过程中要注意灵活性与原则性相结合,以保障农村低保政策实施的科学性和有效性。农村低保对象范围一般是低于当地最低生活保障线的农村贫困群体,总的来看,大多数的低保对象是那些因疾病、残疾、年老体弱、有智力障碍、家庭缺少劳动力和生存条件恶劣的群体。限于我国人力、财力、物力等因素的影响,应当先将农村最贫困的群体纳入低保范围。因此,那些缺少劳动力的家庭等农村贫困群体是农村低保保障的重点,对于有劳动力或者有部分劳动力的农村贫困群体则应该鼓励其自力更生、依靠自己的能力解决生计问题。农村最低生活保障至少应覆盖到收入最低人口的10%。在医疗救助方面,应扩大儿童医疗救助,特别是农村和贫困地区儿童医疗救助。

三、发展分类社会救助,整合并丰富社会救助项目

应建立一种综合性的救助制度,包括生活救助、教育救助、医疗救助、住房救助以及其他必要的救助项目,并使之形成一个系统的制度体系。目前救助制度主要通过发放现金救济实施,缺乏其他相应的配套措施来保障贫困居民的基本生活。导致低保对象贫困的原因是多方面的,单纯的生活救助并不能使他们走出贫困的境地。实行救助制度的系统化,构建长效救助机制,不但可以使贫困人口更快地摆脱贫困,更重要的是使他们不再依赖政府的救济,变被动为主动,确保其享有基本的生存、教育、医疗等权利,使贫困人口的基本生计和发展权益得到保障。根据儿童、老年人、残疾人等特殊群体的不同需求,分别设计不同的救助方案,并不断改进和完善救助水平调节机制,随着经济增长逐步提高救助标准,使经济发展成果能够被全体人民所共享。分类救助体系与当前基于家计审查的救助方式相比不但管理更加简便、更加高效,而且将有利于控制救助对象规模,减少"福利依赖"现象的发生。在分类救助实施之后,低保的救助对象将主要由有劳动能力的个人和临时困难家庭组成,这将有助于社会救助机构及其工作人员将精力集中在实施就业激励服务之上,帮助救助对象获得长期的有薪工作岗位。

整合现有社会救助项目,避免"碎片化"。一方面,要整合低保项目和其他社会救济项目,将五保供养等其他现金性社会救济纳入最低生活保障。另一方面,要整合城乡社会救助项目,可通过将进城务工人员纳入城市低保范围并提高农村保障水平等措施逐步实现城乡低保制度的对接,扭转社会救助体系的城乡分割。进一步完善并丰富社会救助项目结构,在完善居民最低生活保障制度这一现金救助的基础上,进一步丰富实物救助项目,建立对贫困家庭的食品和能源救助,改进廉租房等住房救助项目。

四、增强社会救助支出的就业激励并强化退出机制

社会救助支出不仅应促进社会公平,还应促进经济效率的提高。为此,应使社

会救助由"消极"向"积极"转变。现金救助对象应以无劳动能力的儿童、老年人和残疾人为主；对具备劳动能力的失业者和其他成年人以实物救助为主；对有劳动能力的被救助者应设定救助年限、实行逐渐减少救助的制度，并提供就业培训、辅导项目和创业补贴。同时，增加对贫困儿童的教育和发展投入，增强贫困家庭未来的发展能力。

实施更加灵活的就业服务可以更好地帮助有劳动能力的低保救助对象获得有薪工作，从而帮助他们退出低保。由于低保救助对象通常在开放的劳动力市场上可以获得的工作机会非常有限，而我国城市社区目前在社区管理和社区服务方面的发展还很不充分，就业服务工作的重点应当放在鼓励自谋职业和开发社区就业岗位上，一方面要提供一些社区管理岗位，另一方面也要通过发展社区服务业来创造就业机会。要设计一套"一条龙"式的就业服务系统，这套系统不仅要包括传统的就业培训和职业介绍，更要包括就业支持服务。在救助对象重新进入劳动领域后，政府还应当提供后续的支持性服务，使救助对象能够逐渐适应工作状态，并逐步提高收入水平。换言之，就是要采用"扶上马再送一程"的策略，避免有劳动能力的救助对象频繁地被排斥在劳动力市场之外或徘徊在低工资边缘。

城乡社会救助的接受者都要受到退出机制的约束。贫困人群被批准纳入低保范围后，绝不是被"长期供养"，更不可以永远享受低保待遇，如果低保对象的收入水平发生改变，实际上已超出低保规定的标准，就要及时对其停保。为了更加准确地了解已经确定为低保对象的贫困人群的经济变动情况，应当建立低保档案信息系统，并且对低保对象进行定期或不定期审核。如果发现低保对象不符合低保条件，管理人员应当及时促使其退保。

7.6.4 实现社会救助制度的城乡统筹与有效衔接

城乡社会救助差距已经成为我国城乡经济社会差距的重要表现之一。实行社会救助服务均等化要求我们不能把城乡区别对待，必须根据城乡救助对象的现实需求，提供充足的社会救助服务，进一步缩小农村与城市间在社会救助政策、标准、水平等方面的差距，实现社会救助的均等化。

为实现城乡低保制度的统筹，第一，要加快社会救助立法，推动农村社会救助的规范化。目前城乡低保制度虽已运行多年，但其实施依据主要是1999年国务院颁布的《城市居民最低生活保障条例》和2007年国务院下发的《国务院关于在全国建立农村最低生活保障制度的通知》以及各地出台的一些规章和实施办法。因此，低保制度建设仍存在人大立法少，行政法规、部门规章多等问题。为了让城乡低保制度正常运行并实现有效衔接，应尽快构建城乡一体化的低保法律体系。该体系应以《宪法》为统领,以《社会救助法》为核心,以《居民最低生活保障条例》为主体,以《最低生活保障实施办法》为准则。在《宪法》指导下,颁布统一的法律、条例和相应的实施办法。对低保制度所涉及的保障对象、保障范围,保障责任主体,低保的申请、审批程序以及进入、退出机制等做出更为详细的规定,从而使我国社会救助体系建设走上制度化、规范化的发展道路。

第二,要尽快构建城乡一体化的低保管理机构。从国家层面看,国家城乡低保主管部门要尽快对全国城乡低保工作机构、人员、编制、经费、设施做出统一的规范化要求,并在整合救助资源、集中救助力量方面发挥应有的作用。从省一级看,首先要加快设置省、市、县三级有行政编制的城乡低保管理机构,在乡镇(办事处)设置社会救助办公室,在村(居)则要明确农村低保监管员。县级政府在充实低保工作力量时,要充分考虑到目前县乡两级存在的严重的机构臃肿、人浮于事的问题,做到城乡统筹,科学整合县乡管理机构和人力资源。其次,在低保工作经费拨付、设施建设、人员素质提升及低保工作人员监督等方面也应做到城乡统筹。现阶段尤其要加快健全农村低保信息管理系统,建立起城乡一体化的信息共享系统。

第三,要统筹城乡低保资金,逐步实现城乡保障范围和保障标准的一体化。在城乡低保资金筹集方面,要建立中央政府、省(直辖市、自治区)、县(市、区)三级筹资并按一定比例合理分担的稳定筹资机制。在此基础上,逐步实现城乡保障范围和保障标准的一体化。目前我国城乡低保的保障范围有较大差别,其重要原因是由于目前管理上的简单化,使得像教育救助、医疗救助、住房补贴以及水、电、暖、气减免以及节日补贴等都附着在低保制度之上,从而使针对贫困家庭的社会救助成为一种典型的"捆绑式救助"。统一城乡保障范围,需要建立社会救助相关部门的信息共享机制,以此为平台,剥离现有城市低保制度中简单叠加的项目,这一方面有利于解决城市低保制度退出难的问题,另一方面有利于统筹城乡社会保障尤其是低保制度的发展。与此同时,逐步扩大农村社会救助的范围,普遍提升农村的社会救助和其他公共服务的水平,力求在解决低保对象生存需求的同时,满足其发展需求(以享有基础教育为重点)和健康需求(以享有公共卫生和医疗救助为重要内容)。由于我国城乡和区域之间发展极不平衡,各地经济发展水平差异很大,因此,目前城乡间、区域间低保标准差距较大,从我国国情看,城乡低保标准在全国范围内的统一将是一个长期的过程。现阶段,需要各级政府更加合理地分配低保的责任以及城乡之间的低保资源,尤其是在低保资金的投入方面应加大向农村倾斜的力度,尽快提高农村低保人员的保障标准;同时在县域内逐步实现城乡居民保障标准的统一,以保障相近或相同区域内的城乡居民在社会保障底线上的公平。

在目前城市和农村一体化发展的过渡阶段,还要根据各自发展特点,有重点、有针对性地实施医疗救助工作。在农村,应以新型农村合作医疗为依托,全面建立医疗救助、新型农村合作医疗和医疗保险"三办合一"的一站式结算进程,从而实现不同医疗保障制度间医疗费用信息、人员信息和就医信息的共享;同时,要进一步扩大救助范围,提高救助标准和救助比例,降低农村医疗救助起付额度,实现住院或大病救助的"零门槛",努力使医疗救助制度普惠农村困难群体,实现应救尽救。在城市,要努力提升并完善城市贫困人口的医疗服务平等性,充分发挥社区卫生服务机构的载体作用,努力实行以社区服务机构为平台、多部门协力配合、全社会共同参与的新型医疗救助制度,最大限度地满足城市困难群体的医疗需求。

五保供养是一种覆盖少数人群的特惠型保障制度,在实现城乡社会救助统筹与衔接过程中,还要注意五保供养与其他社会保障制度的统筹发展。第一,实现农村最低生活保障和新型五保供养的无缝衔接,消除保障空白。对于那些仅部分符合五保资格条件,但是尚不能由五保制度覆盖的群体,要由农村最低生活保障制度承接,防止发生保障的真空。建立起不同制度之间的转移机制,使符合五保供养资格的低保对象,可随时转入五保供养制度,以享受较高水平的福利保障。第二,完善新型五保供养制度和各类医疗保障制度的对接。为了保障五保对象的基本生存权利,防止因为保障对象大病而给养老服务机构带来过重负担,可以由政府财政支持,将五保对象纳入新农合制度保障范围。对新农合保障不足部分,由农村大病医疗救助制度承担。对于特殊的重、危五保病人,应本着人道主义精神由地方民政部门先行垫付医疗费,再通过申请财政专项补助、发动社会捐款等方式实现补偿。第三,打通新型五保供养制度和其他基本社会服务制度之间的壁垒,实现不同制度协同保障。五保供养制度在定位上更加偏向于一般性的经济补偿和服务供给,民政残疾人保障、老年人保障、孤残儿童保障关注于某一群体的特殊经济和生活需要。因此,应统筹考虑不同制度的保障条件、保障对象和保障水平,通过政策"组合拳"的方式统筹保障。

7.6.5 完善救助程序与监督机制,防止道德风险

按照杰里·马修的观点,程序理性是公认的按照实质标准作出决定的最可靠方法。因为人性是容易犯错的,可能因为偏见或者特别利益等不可捉摸的心理因素而影响判断,所以,为了追求客观、理性、公正的决定,必须有来自程序的规制,使人们能够预见政府行为,减少裁量行为的错误。对于社会救助操作过程中的信息不对称,导致部分非贫困对象通过欺骗方式获得社会救助的情况,应该加强信息收集与管理的基础性工作,并结合社区居民提供的信息与社会救助公示和群众监督来降低套利的成功概率;另外,加大对通过欺骗方式获得社会救助的惩罚力度,以

增加其套利败露后的失败成本。数据库一般记录常规性救助以外的临时性救助，涵盖政策救助、社会各界人士募捐、各类民间组织捐助三大类。通过社会救助事务部门、机关各科室、居民区委员会"三级信息采集网络"，每月进行数据更新。凡是社区内的困难家庭，无论通过何种救助途径，采取何种救助方式，享受到了何种救助内容，均详细记录在该数据库中，便于准确、及时、全面地掌握社区救助工作情况，以及统筹管理和协同综合。

对于农村低保制度，也要强化社会监督机制。农村低保的工作任务包括家庭收入计算、核实调查、低保资格审查、优惠政策或措施的落实、低保资金或物品的发放、相关管理部门的充实及人员的培训督导等，这些工作的各环节应接受监督。建立低保的社会监督机制，是保障低保资金运用透明度的重要手段。第一，建立与低保有关的投诉与行政复议制度。低保制度的目的是保障贫困人口的基本生活，所以它不能只由有关政府机构说了算，要给低保户予话语权。建议各级政府建立起多种与农村低保户沟通的通道，比如设立有专人值守和处理的热线电话、设置低保信箱等。民政部门应出台相关法规，贫困农民在申请低保未能获得批准时，可以向申请单位的上级机关申请复议。第二，建立民间的社会监督委员会。社会监督委员会可以由工会、妇联、慈善机构、社会知名人士和学术界的专业人士组成，社会监督委员会可以接受投诉，并根据调查结果向民政部门提出改进建议。社会监督委员会可以通过问卷调查、实地调查等方式展开调查，为政府改进农村最低生活保障工作提供支持。此外，还要强化相应公示制度。地方政府部门应该将低保资金的使用情况在网上或相关媒体及农村地区板报上公布，自觉接受群众监督，提高资金使用的透明度。

在医疗救助方面，要规范医疗行为，减少不合理费用支出及诱导医疗服务。第一，政府要明确医疗卫生政策并理顺运营机制。控制药品价格，从研发生产到流通使用都要由国家专门机构实行严格监管，明确医院、医生及患者的合理行为，规范医疗程序，禁止医疗广告宣传，进而达到最大限度减少医疗消耗的目的。第二，各级民政部门要联合有关部门，建立并完善定点医疗机构的准入、退出机制，与定点医疗机构签订协议，明确双方的权利义务，促使定点医疗机构的收治、检查、用药、收费趋于合理。对于不符合规定的诊疗服务及目录用药所发生的其他医疗费用，医疗救助基金不予支付，切实提高就医困难患病群体的受助水平。最后，各级卫生部门要依照分级管理的原则，采取多种方式加强对定点医疗机构的监督管理，正确引导定点医疗机构基本诊疗目录、药物目录的使用，规范其医疗服务行为，鼓励定点医疗机构积极合理地使用国家基本药物和诊疗技术，严格控制医疗费用的过度消费和不合理支出，进一步节约医疗成本。

7.6.6 充分发挥政府以外的社会力量，参与社会救助制度

救助工作只有社会化才会有群众基础，也是国际惯例，代表着现代社会保障的发展趋势。因此，政府应整合资源鼓励社会力量积极参与救助事业，为社会救助资源的开发创造有利条件，形成以政府为主导、以非政府组织为补充的、多层次立体式的社会救助体系。

第一，要进一步倡导社会互帮互助。互帮互助作为我国的一大优良传统，在与社会救助结合的过程中，首先要求政府树立社会保障公平、正义、共享的平等理念，在调节居民收入分配方面要继续加大税收等手段的力度，促使社会贫富差距缩小，缓解救助资金不足的压力。第二，促进非政府组织发展壮大，充分发挥其在社会救助中的作用是救助工作社会化的重要内容，也是当前社会救助体系建设中的一大薄弱环节，因此需要大力培育非政府社会公益组织、非营利组织、慈善机构、群众组织、社区组织、自愿团体以及热心公益事业的企业、家庭和个人在内的全社会力量。第三，依托社区，完成多方面的资源整合，构筑多元化的社会保障网络。由于各区域经济和社会发展水平不同步，因此，全方位社会救助体系的推行仅仅靠政府行为、失业保险部门和城乡低保的力量来承担是难以完成的，需要动员全社会的力量。随着近年来社区建设的快速发展，将城市社区作为平台和路径来运作新型城市社会保障体系是可行的。这一平台在城市特殊贫困群体基本生活的保障和其他服务需求的满足方面，在就近解决下岗职工再就业和失业者求职上岗等方面发挥着非常重要的作用。城市社区这一综合平台，已经成为推动社区服务与社区建设规范化、产业化、社会化的重要载体。对于农村的社会救助，也要创新救济方式来提高救助效率。针对现有救助制度分散、孤立、条块化的缺陷，以建立弱势群体的社会支持网络为目标，新型社会救助体系需要构建一个联结个人、家庭、社区、社会组织以及政府的网络系统，协助解决救助传递过程中出现的各种问题。

参考文献

陈慧君：《城乡医疗救助资金管理使用中存在的问题及对策》，《财政监督》2013 年第 12 期。
陈绍辉、金喜在：《基于社会流动的我国社会低保政策重构》，《求索》2012 年第 6 期。
陈水生：《整体性救助：社会救助制度的功能整合研究》，《浙江社会科学》2013 年第 11 期。
高宏伟：《完善农村低保制度的对策》，《经济研究参考》2014 年第 6 期。
高灵芝：《中国社会保障体系框架下社会救助与社会福利的关系——兼论社会救助制度的完善》，《东岳论丛》2011 年第 11 期。
关博：《完善新型五保供养制度的思考》，《宏观经济管理》2013 年第 12 期。

郭剑平:《我国农村最低生活保障制度的实施现状与路径选择》,《河南社会科学》2013年第2期。

郭林:《优化〈社会救助法(草案)〉:社会救助与侵权责任的衔接和协调》,《贵州社会科学》2014年第1期。

韩君玲:《我国农村五保供养的法制变迁与实践进路》,《学术交流》2012年第3期。

韩震:《当前农村低保制度缺陷及对策研究》,《人民论坛》2011年第7期。

何植民:《农村最低生活保障政策实施效果的主要影响因素分析》,《湘潭大学学报(哲学社会科学版)》2013年第11期。

纪玉哲、吴知音:《社会救助制度的财政保障问题研究》,《财经问题研究》2013年第5期。

剧宇宏:《我国农村社会救助制度的思考》,《农业经济》2012年第10期。

李林、刘佳:《我国社会组织参与社会救助的政府管理问题及对策建议》,《商业时代》2014年第6期。

李芹:《失助未成年人权利保护与社会救助研究》,《中国青年研究》2013年第4期。

李尤媛:《我国城市和农村社会救助制度的比较与分析》,《特区经济》2013年第9期。

林嘉、陈文涛:《论社会救助法的价值功能及其制度构建》,《江西社会科学》2013年第2期。

林艳琴:《论和谐社会下的社会救助制度之完善》,《东南学术》2011年第3期。

刘峰:《我国农村最低生活保障制度改革的困境与突围》,《贵州社会科学》2012年第7期。

马静:《中国农村社会救助制度改革的顶层设计》,《学术月刊》2013年第4期。

石曦:《公共财政与城乡一体化社会救助体系研究》,《特区经济》2013年第6期。

宋悦、韩俊江:《我国医疗救助制度存在的问题及对策研究》,《税务与经济》2013年第1期。

唐钧:《"十一五"以来社会救助发展的回顾及展望》,《社会科学》2012年第6期。

唐丽娜:《中国社会救助制度发展的战略分析》,《科技管理研究》2011年第15期。

王润华:《我国农村社会救助体系的现状、问题与对策探讨》,《广东农业科学》2011年第3期。

吴先华:《构建新型自然灾害救助体系刍议》,《中共中央党校学报》2012年第8期。

吴晓林、姜耀辉:《国内社会救助:问题归因、政策设计与研究展望》,《中州学刊》2013年第10期。

徐清照:《现阶段我国城乡低保制度衔接问题研究》,《齐鲁学刊》2011年第4期。

徐月宾、张秀兰:《国际社会福利改革:对中国社会救助政策的启示》,《江苏社会科学》2011年第5期。

严新明:《从土地保障到公民救助权——农村五保制度变革的机理探讨》,《东岳论丛》2012年第6期。

杨德敏:《就业援助:社会救助立法的基本取向》,《江西社会科学》2012年第12期。

杨立雄:《我国医疗救助管理制度改革探析》,《学术研究》2012年第12期。

尹乃春:《发展权保障理念下我国社会救助的制度转型》,《特区经济》2012年第1期。

尹乃春:《走向发展型救助:社会救助的制度转型与目标选择》,《广西社会科学》2012年第1期。

岳宗福:《中国社会救助行政管理体制的演变与思考》,《行政论坛》2011年第1期。

张立彦:《政府社会救助支出存在的问题与对策》,《经济纵横》2013年第9期。
张禄、王海燕:《建立城乡一体化最低生活保障制度的路径选择》,《理论导刊》2011年第4期。
张宁:《流浪乞讨与社会救助问题初探》,《山西师范大学学报(社会科学版)》2012年第3期。
张兴杰、张云开:《残疾人社会救助体系优化论析》,《浙江社会科学》2012年第12期。
张媛:《失地农民社会救助的障碍分析与制度完善》,《生产力研究》2012年第3期。
赵俐:《公民社会救助权实现的路径分析》,《东北师大学报(哲学社会科学版)》2012年第4期。
钟玉英:《当代中国城市低保制度的演进及反思》,《当代中国史研究》2011年第11期。
周沛:《社会福利视野下的发展型社会救助体系及社会福利行政》,《南京大学学报(哲学社会科学版)》2012年第6期。
朱德云:《我国农村贫困群体社会救助状况实证分析》,《财政研究》2011年第4期。
朱德云、马静:《我国城乡社会救助均等化:现实考察与实现路径》,《中央财经大学学报》2012年第8期。

8 他山之石——完善中国社会福利制度的国际经验借鉴

李滨生　常品超　王祎　郝帅　石磊

8.1 前言

为了提高广大社会成员生活水平，满足广大社会成员在各个方面的福利需求，政府制定各种政策和提供社会服务，并进一步针对生活能力较弱的群体，如老年人、儿童、妇女、残疾人等提供专项的社会照顾和社会服务。随着经济社会的不断发展，各国的社会福利制度也在不断改革和完善，内涵进一步拓展，形式不断丰富和创新。分析社会福利制度形成和发展的历程，对各国的社会福利制度进行深入比较研究，吸收借鉴各国社会福利制度的成功经验，汲取教训，对于完善适合中国国情、符合发展规律、富有时代特色的中国特色社会福利制度体系，具有重要的理论意义和实践价值。

8.1.1 国际视角下的社会福利制度

一、经济全球化对社会福利发展产生深刻影响

经济全球化是世界性的大趋势，是各国逐步趋近的一种状态。全球化使各国在经济发展中的相互依存日益增强。自英国工业革命以来，全球进入了一个持续的经济增长过程，对人类社会产生了持久而复杂的影响。对各国政府来说，在提高人们生活水平的同时，使贫富差距保持在合理的限度内，是极为重要的政治经济目标。作为国民收入二次分配的有效途径，社会福利制度可以帮助贫困人口及特殊人群，缩小贫富差距。

全球化对社会福利而言是把双刃剑，有着正反两方面的影响。积极影响表现在:全球化带来的经济增长为保障人们生活安全提供了更加坚实的物质基础;逐步扩大的贫富差距激发起人们对福利问题的关注;高效透明的运作方式克服了封闭市场的低效率和政治腐败;等等。全球化对社会福利的消极影响表现在:人民福利水平的增长落后于经济的增长;经济上的贫富、政治上无权与强权的两极化矛盾更加突出;全球化对民族国家和地方社会传统的破坏甚至导致传统国家治理模式失效;等等。

在经济全球化深入发展的背景下,能不能应对有方,扬长避短,趋利避害,坚持自己的道路和方向,最终实现中华民族伟大复兴的中国梦,是需要深入研究的重大课题。要对西方社会福利制度理论与实践进行认真分析、批判借鉴,推动建立和完善适合中国国情和发展阶段的社会福利制度体系。

二、发达国家在完善社会福利制度方面积累了丰富经验

西方发达国家特别是西欧、北欧的一些国家,经过长期的探索实践,已经建立了一套比较系统完善的社会福利制度。这些国家不仅经济上比较发达,而且社会福利制度建立的历史也比较悠久,积累了很多有价值的理论与实践经验。

世界各国的社会福利制度并不完全相同,在具体的制度理念、项目设置、福利水平、管理体制上多有差别。进行不同制度设计间的比较,可以在发现这些制度共同的特点和发展趋势的同时,发现哪些做法是适应社会发展趋势的,值得学习借鉴;哪些做法不适应中国的国情实际和社会发展需要,必须加以抛弃。当前中国社会福利制度的转型面临很多困难和阻力。通过分析和比较其他国家的做法经验,结合我国的实际国情,酌情加以分析和借鉴,使之本土化后再应用到我国社会福利的制度设计和政策制定中。

三、全球社会福利制度处于调整变革时期

社会福利制度自诞生以来,一直备受赞誉。它为全体国民及特殊人群提供专项的社会照顾和社会服务,大大提高了国民的福利水平,促进了经济发展和社会进步。社会福利扩大了教育投入,增加了医疗保健,提高了人的身体素质、文化素质,改善了人们的生活质量,增进了社会的文明程度。社会福利大多通过物质帮助来实现,通过国民收入的二次分配,可以适当推迟或促进消费,避免高经济增长与高通货膨胀率,推动经济健康发展。

随着社会福利支出持续增加,很多国家的财政负担不断加重,社会福利的无节制膨胀,导致官僚机构臃肿、效率低下,尤其是到了20世纪70年代末期,伴随着整个世界政治、经济格局的变化,高福利制度开始受到了越来越多的指责和诟病。社会福利只能升不能降的刚性特征,导致社会福利支出过大,政府财政预算难以平

衡，债台高筑，加剧了通货膨胀，造成了更严重的失业现象。过高的社会福利，过分慷慨地给予没有工作的人以补偿，一定程度上影响了劳动者参加工作的积极性。

基于此，世界各国都逐渐意识到，想要创造更多有价值的工作岗位，恢复经济健康发展，必须对社会福利制度进行改革。对中国而言，社会福利制度正处于适应计划经济的旧体制被打破，而与市场经济相适应的新制度尚未完全建立的阶段。借鉴他国的经验，对于吸收国外社会福利制度建设的经验教训，尽快完善中国的社会福利制度，具有重要意义。

8.1.2 社会福利国际比较的内容

一、各国社会福利的水平与经济发展密切相关

社会福利制度与经济发展存在着不可分割的关系，经济发展水平影响社会福利制度的存在和正常运行。一般来说，一国的社会福利水平很大程度上要取决于本国经济发展水平。首先，经济发展水平决定着社会福利覆盖人群范围的大小。经济发展水平低，社会福利只能保障一些特殊人群，而且数量比较少。如果经济发展水平高，那么社会福利涵盖的范围就会扩大到全体国民。其次，经济发展水平决定着社会福利项目的完整程度。如果经济发展水平低，那么社会福利就只能包括一些最基本的项目；如果经济发展水平高，那么社会福利项目就会较多、系统性较高。最后，经济发展水平决定着社会福利的标准。如果经济发展水平低，社会福利项目的给付金额相对较低；如果经济发展水平高，社会福利各种项目给付的金额则相对较高。

二、各国社会福利项目设置大致相同，但具体安排存在差异

社会成员的福利需求五花八门。为了维护缓和社会矛盾、稳定社会秩序、促进经济发展，各国政府根据社会成员的福利需求，结合本国国情设置了各种类型的福利项目。名目繁多的社会福利项目，大致可以按以下的标准进行分类：(1)按社会福利享受对象分类，可以分为老年人福利、残疾人福利、未成年人福利、妇女福利、员工福利等；(2)按社会福利的内容分类，可以分为生活福利、教育福利、医疗卫生福利、文体娱乐福利、住房福利等；(3)按社会福利的设施范围分类，可以分为国家福利、地方福利和职业福利；(4)按社会福利的形式分类，可以分为货币津贴、提供设施和劳务服务等。社会福利的主要目的是保障和改善社会成员的生活，提高国民的生活质量，而要达到这一目的，仅仅依靠现金的支援与救助是不够的，必须通过福利服务来实现对社会成员的特定社会保障目标。各国也在纷纷改革，加强福利服务的提供。

三、各国社会福利资金来源呈现多样化趋势

各国社会福利的资金来源主要依靠政府财政支持,但是过高的社会福利支出导致政府财政负担过重,各国政府开始试图开辟其他的资金来源以减轻财政的负担。如:社会福利服务性收费,社会捐赠,发行福利彩票,发行特种国债,寻求国际援助,等等。但这些方式由于难以达到社会福利资金的筹措要求,所以只能作为辅助资金来源,仅仅是有益的补充。社会福利资金的筹措要求适度、有效、够用。适度指需要妥善处理积累与消费关系,过高的社会福利资金会影响经济发展。有效指资金的筹措渠道必须畅通、稳定,有利于资源有效配置。够用指筹措的资金能够满足社会福利的需要,确保制度正常运行。

8.1.3 国际比较的方法

把宏观分析与微观分析相结合,可以考察整体也可以考察个体,更加全面地揭示社会福利的本质及其发展变化规律。

全面搜集和整理各个国家关于社会福利的理论及实践做法,研究现有经验的同时也注意汲取反面的教训。

在具体各福利项目方面,许多国家都形成了独具特色的制度和措施。本文选择几个有代表性的国家进行分析和对比,考察它们的经验做法,以及对完善我国社会福利制度的借鉴意义。

历史要为现实服务,特别注意新世纪以来,在面临经济全球化、人口老龄化等挑战时,社会福利领域出现的新情况、新问题。本文将结合社会福利的历史发展规律,推断其发展趋势,为决策提供依据。

8.2 典型社会福利项目的国际比较

8.2.1 老年人社会福利

一、典型国家老年人社会福利具体内容的比较

(一)老年人社会福利法制建设比较

(1)英国老年人社会福利立法。1908 年,英国颁布了《老年年金法》,认为政府有责任为低收入老年人提供生活保障,这在历史上还是第一次,初步建立起了老年人生活津贴制度。1925 年,英国制定实施了《寡妇孤儿及老年年金法》,该法案体现出现代化社会福利制度的国家责任特点。1945 年,英国通过了《家庭津贴法》,建立了家庭津贴制度。1946 年,英国颁布了《国民保险法》,包括老年人在内的几

乎每个公民都可以享有失业、死亡、生育、孤寡、退休等方面的保障。1997年英国工党上台后,制定了《1999年福利改革和养老金法案》,目的是在不改变既定养老金总体结构的前提下,扩大养老金计划的覆盖率,同时设法降低养老金的制度成本。①

(2)日本老年人社会福利立法。1961年起,日本实施《国民年金法》,养老金政策得以实行,老年人退休后的基本生活有了制度性保障,老年人的生活环境开始得以改善。1963年,日本制定并实施《老人福祉法》,高龄孤寡老人可以入住政府开设的特别养护老人之家。1982年,日本出台了《老人保健法》,规定老年人定期进行体检等,使老年人的健康得到法律保护。之后,又相继出台了《高龄者保健福祉推进十年战略》(1989)、《高龄社会对策基本法》(1995)、《介护保险法》(1997)、《社会福祉法》(2001)、《高龄者居住法》(2001)、《社会福祉士及介护福祉士法》(2002),以及《健康增进法》(2003)等。以上一系列有关老年人福利的政策及法律的出台,使养老、保健、护理等方面的老年人福利政策逐步完善并体系化。②

(3)瑞典老年人社会福利立法。自1890年通过包括老年人疾病保险在内的社会保险立法后,瑞典又制定了《国民普遍年金保险法》等法律法规。1956年,瑞典颁布了《社会福利立法》,规定了为老年人提供服务的内容。1982年颁布的《社会服务法案》明确指出,政府有义务向老年人提供养老服务,如果老年人对该法案中的有关服务内容不满意,可以向行政法院起诉。1983年,瑞典实行新制定的《卫生与医疗服务法案》,该法案规定老年人在公立医院或牙科医院治疗时,可享受免费待遇。同时也规定了需要长期护理的慢性病老年人患者,可享受基本的家庭护理,由当地医护人员负责,并由一名家属或一名保险助手协助,家庭护理补助费由国家发放。2002年,瑞典颁布了新的《社会福利法》,阐述了国家老年人福利政策的目标:确保老年人广泛地参与社会生活,确保老年人受到社会的尊重并享有良好的健康服务、社会福利服务。它明确规定了老年人福利政策必须为老年人尽可能长时间地独立生活创造条件,而当老年人无法独立生活时,老人则可以申请入住老年福利机构,由专业人员提供照料服务,并由国家承担开支。2003年10月,瑞典议会专门成立的"老人2005"委员会,出台了《未来的老人政策:在老龄化社会中走向保障和发展的100步》,从政策上对老年人社会福利做了进一步完善。

(二)老年人社会福利项目比较

(1)英国老年人社会福利项目。在生活照料服务方面,英国政府雇员或志愿

---

① 杨思斌:《英国社会保障法的历史演变及其对中国的启示》,《中州学刊》2008年第3期。
② 张艳萍:《日本社会的老龄化及老年福利政策》,《新西部》2007年第18期。

者对居家老年人提供完全免费或费用低廉的日常生活照料服务,如果需要费用,政府对低收入老年人进行补贴。对于生活不能自理的老年人,不管老年人选择亲属进行照顾还是雇用其他人提供护理服务,政府均发给老年人等同于住院的津贴。在医疗福利方面,英国很多社区都设有"周日医院"和"日诊医院"。其中,"周日医院"是指老年人周一入院,周五出院,周六和周日在家接受家属的护理。"周日医院"使老人在享受医疗治理的同时,可以与家人共度周末,加强亲友间联系。"日诊医院"是医院每天清晨用救护车把患病老年人接到医院接受治疗,晚上送回家。"日诊医院"能使还在上班的子女安心上班,晚上又可以和老人团聚。在娱乐方面,英国为老年人开办了许多"老人之家"或"老年人活动中心",为老年人举办各种活动,丰富了老年人的日常生活。此外,英国还举办一些老年游乐场或乐园,不仅为老年人锻炼身体提供了方便,也为老年人日常生活增添了乐趣。

(2) 日本老年人社会福利项目。在生活照料服务方面,日本从20世纪80年代末开始大力提倡居家养老和社区养老。日本政府向需要护理的家庭派遣家庭服务人员,由他们为老年人提供专业化的养老服务。对由家属护理老年人的情况,政府会向老人所在家庭支付"慰劳金",这种补贴性的家庭养老方式,既鼓励了亲属为老人提供护理服务,又给予了家属一定的经济补偿,从而为老人及其家庭的日常生活提供了经济保障。在医疗福利方面,1983年,日本制定了《老年人健康和医疗服务方案》,为老年人提供健康教育、健康咨询和健康检查等服务。在娱乐方面,日本为老年人开发了较为完备的老年产业,为老年人提供各种娱乐产品。

(3) 瑞典老年人社会福利项目。在生活照料服务方面,瑞典的许多社区都为老年人提供24小时全天候服务。服务内容包括:入户服务、短期照料、安全监护等。在医疗福利方面,老年人可在公立医院获得免费的医疗待遇。对于在家进行治疗的老年人,可由政府提供治疗费用和护理费用,并由社区医生和护理人员进行入户治疗。此外,瑞典有较为完善的老年人住房福利。瑞典政府有责任为老年人提供住房津贴,为老人修葺房屋或直接为老年人修建适合他们居住的住宅。在普通住宅中,常设有老年人住宅单元,根据老年人的特点提供适合老年人居住的老年公寓。老年公寓内会配备管理人员、公共食堂、医务室和报警系统、图书馆和健身房等,以满足老年人多方面的需求。

(三) 老年人社会福利的服务比较

各国老年人社会福利呈现服务提供主体多元化、服务机构多层次、服务人员专业化的特点。

(1) 英国老年人社会福利服务。英国的老年人社会福利服务是在依托社区的基础上,采取官办民助或民办官助的方式提供,但不管是哪种方式,政府在其中都发挥着主导作用。这突出表现为制定社区照顾的法规政策、兴建社区照顾设施、招募工作人员来开展社区照顾工作；政府为民间社区照顾事业提供财政支持，监督、检查民间组织和私人机构，各种服务设施都建在社区中。其中，社区照顾机构的体系比较完整，既有政府出资、社区举办的非营利性机构，也有私营、商业性的服务机构。非政府非营利性机构发挥着骨干作用，它们接受政府和社会各界的资助，承担社区照顾的责任，并组织广大志愿者（包括慈善机构和个人）无偿或低偿地开展社区照顾活动。英国老年福利的提供者中既有政府公务人员，又有各行各业的专业人员和志愿者，是一个多主体、多层次的服务体系，它融合了传统的家庭养老和集体供养之长，更人性化。

（2）日本老年人社会福利服务。日本老年人社会福利服务的提供主体呈现多元化的特点，中央政府、地方政府、民间福利团体、市民共同提供老年福利服务。日本现有的老年人社会福利服务体系是以收养型老年人福利机构为骨干，以社区照顾系统为基础。不同体系中的服务人员在上岗前都要接受专门的培训，取得资格证书。根据不同的功能和服务对象，收养型老年人福利机构大体上可以分为三种：老年人养护之家、老年人特别养护之家和低费老年人福利院。其中，老年人特别养护之家发展最快、规模最大，收养65岁以上的生活不能自理、家人无力看护且需长期护理的老年人，该机构的规模一般要求能够接纳50人以上，50人配备管理人员15人，每人平均居住面积为7.5平方米左右，一室1—2人，生活费和设施利用费原则上根据本人及扶养者的收入状况征收，生活水平在贫困线以下者可以减免征收，设施的运行费用由国家和地方政府各承担一半。日本的社区照顾服务体系包括设施服务和家庭看护服务。其中，设施服务是利用社区设施为居家养老的老年人提供休息、娱乐、保健、康复和护理等服务。家庭看护服务是社区照顾服务系统的重要组成部分，是一种经济有效的服务方式，其服务对象是社区内生活不能自理、需要生活护理的老年人，由医生、护士、康复师和家庭服务员上门提供体检、康复、治病、理发、洗涤、清扫、做饭和护理等多项服务。家庭看护服务开展以来深受老年人的欢迎，发展速度较快。

（3）瑞典老年人社会福利服务。瑞典的老年人社会福利服务机构分为国家级、地区级和县级三个层级。国家老年福利服务机构设在卫生福利部，有三位部长分别负责社会保险、生活照料、医疗公共卫生等涉老事务；地区和县配置相应的工作机构，专门负责老年人的保健和社会照料服务等工作；县级政府聘用有爱心、有经验、有能力的人员组成社会工作组织，负责对本地区老年人收入、健康状况做出评估，并就老年人应不应该享受服务及补贴做出决定。程序是：老年人本人提出服务需求和补贴申请→医生出具该老年人需要的社会工作服务时间证明→社会工作组织审查批准→社会工作组织具体负责组织实施。其中,社会工作组织对本地政府负责。截至2007年,瑞典60岁以上老年人口仅为219万,而参与社区服务的人员就有24.48万人,就是说平均不到9个老年人就有一个为之服务的人员。①

(四) 老年人社会福利模式比较

从世界各国的老年人社会福利模式看,大致可以分为三种:机构养老、社区照顾和居家养老。一般来说,每个国家都会以一种模式为主,其他几种模式并存。

(1) 英国老年人社会福利模式。英国是社区照顾模式为主的代表性国家。早在20世纪50年代,英国就大力推行"住院式照顾"的养老模式,政府兴建大量福利院舍,出资雇用大批工作人员对无依无靠的老年人实施住院式集中照顾,在一定程度上较好地满足了老年人的日常生活需求。然而,住院式照顾使老年人脱离家庭和长期生活的社区,心理需求难以得到满足,且政府的财政负担日益加重。再加上人口日益老龄化,于是英国将养老纳入社区,倡导社区照顾模式,老年人居住在熟悉的社区,由社区安排人员对老年人提供护理服务和家务劳动等服务。②

(2) 日本老年人社会福利模式。日本的老年福利主要是居家与社区结合,即以家庭养老为中心、以社区老年服务为补充。从20世纪80年代开始,日本大力发展居家养老服务,构建了护理保险制度。它通过向需要护理的家庭派遣家庭服务员,加强居家服务。一方面,使传统家庭的护理功能社会化,把家庭成员从繁重的老年人护理当中解放出来,减轻了家庭成员负担,另一方面,又使家庭成员之间的情感得到维系。③ 同时,护理保险制度在家人护理上也有规定,根据一定的条件对护理自家老年人的人支付慰劳金,从而把家庭护理与社会护理结合起来。

(3) 瑞典老年人社会福利模式。瑞典是居家养老模式为主的代表性国家。1932年,瑞典开始构建"从摇篮到坟墓"的社会福利体系。瑞典政府养老服务的基本出发点是"最大限度地让老年人住在自己家里养老",主张开展社区服务、远程服务、定点、定期上门等为老年人服务,切实解决居家老年人的各种生活困难。瑞典政府规定,由市级政府提供社会服务保障,在各市建立政府服务网,服务内容包括入户服务、住房维修、短期照料、日常活动、社区医保等。

二、我国老年人社会福利现状

近年来,为积极应对人口老龄化,各地区相继出台并落实相关政策,建立起了

---

① 李本公:《赴瑞典、马耳他访问考察报告》,http://cnca.org.cn/default/iroot100051002010001/4028e47d17614b2c011780323f4a02ef.html,2008年1月16日。
② 唐忠新:《社区照顾:英国养老主要方式》,《社区》2004年第14期。
③ 仝利民:《社区老年服务:日本的经验与启示》,《城市管理》2004年第6期。

与人口老龄化进程相适应、与经济社会发展水平相协调的社会养老服务体系,我国老龄事业取得了长足发展,老年人社会福利基本实现由"补缺型"向"适度普惠型"的转变。与此同时,我国社会养老服务体系建设仍处于起步阶段,现阶段的老年人福利事业无论从规模上还是结构上都存在着与新形势、新任务、新需求不相适应的问题。

(一)缺乏法律法规的合法保障

我国的老年人社会福利政策,主要以中央、地方的行政规章、相关管理规范和各种通告形式颁布。"十二五"期间,国家颁布并实施了《中国老龄事业发展"十二五"规划》《关于加快发展养老服务业的意见》《社会养老服务体系建设规划(2011—2015年)》《机构养老服务基本规范》《居家养老服务规范》《老年养护院建设标准》《老年人社区日间照料中心建设标准》《养老机构设立许可办法》《养老机构管理办法》等文件,规范了养老服务的内容与质量,但这些规章和规范性文件往往系统性、强制性与权威性不足。我国至今仍没有一部老年人社会福利方面的专项法律,这与发达国家的社会福利制度相比有较大的差距。由于欠缺"刚性",有些规定在执行时往往成为一纸空文。

(二)福利项目和惠及范围虽有拓展,但仍难以满足老年人的多样化需求

目前我国养老服务对象已拓展到全社会所有老年人。对于无劳动能力、无生活来源、无法定赡养人的老年人,政府负责保障他们的基本生活,并提供无偿的养老服务。对于高龄老年人,全国18个省份出台了标准不同的高龄补贴制度。对于经济困难老年人,全国22个省份建立了养老服务补贴制度,并提供低偿或者无偿的养老服务。对于经济条件较好的老年人,为他们提供有偿养老服务,满足他们的养老服务需求。当前我国老年人社会福利包括老年人物质生活、老年人医疗保健、老年人社会养老服务、老年人权益保障这几部分。民政部在"十二五"期间组织实施了"敬老爱老助老工程",涵盖了养老的不同层级和功能,包括:省市级综合养老设施建设"阳光计划"、区域综合福利中心建设"月光计划"、社区居家养老服务"星光计划"、农村五保供养服务设施建设"霞光计划"、农村互助养老"幸福计划"和在各类养老机构和社区配置康复辅具的"福康计划"。老年人社会福利项目全方面拓展,增加了老年人对福利的选择性。但由于地方经济发展的不平衡,很多地区尤其是农村偏远地区受到经费短缺、专业服务人员不足、管理水平低等方面的限制,地方民政工作只能维持老年人的基本物质生活需要,为老年人提供的福利极为有限。目前,只有城镇中部分有物质条件的老年人才能享受到像发达国家那样的专业居家照护服务,我国老年人社会福利服务水平尚未完全与经济社会发展水平相适应。

（三）养老机构床位不足，服务层次、政府投入及服务人员专业化的水平低

国家各部门积极贯彻《关于加快发展养老服务业的意见》，落实《社会养老服务体系建设规划（2011—2015年）》，养老服务机构与老龄服务单位数量不断增加，社会养老服务在规划布局、增量扩面、政策创新等领域取得的明显进展。但从目前情况来看，我国老年人社会福利服务还存在一系列问题，主要表现在四方面：一是养老机构床位严重不足。截至2013年年底，我国养老床位总数为493.7万张，每千名老年人拥有养老床位24.4张[1]，即每41个老人拥有不到一张床，形成了养老机构"一床难求"的局面。二是服务的层次低。我国的老年人社会福利机构，大多主要满足老年人吃、穿、住等最基本层次上的物质需要，而更高层次的物质需要或精神方面的需要则无法满足。三是政府的有效资金投入力度不足。全国老龄工作委员会的数据显示，目前我国养老服务市场消费需求在三万亿元以上，因一些地方和部门对人口老龄化严峻形势估计不足以及对基本公共服务职能认识不到位，我国对老年人社会福利的有效投资还未能满足这一巨大的消费需求。四是服务人员的专业化水平低。截至2013年年底，全国社会工作者总数1197.6万人[2]，而我国社会工作专业人员总数才达30万，占比不到3%，阻碍了老年人社会福利服务内容和项目的拓展和质量的提高。

（四）初步建立多种新型养老模式，但大多仍处在起步阶段

长期以来，我国以居家养老和机构养老两种模式为主。随着人口老龄化程度的提高，传统的家庭养老的功能不断弱化，再加上当今单纯的机构养老不论是在数量还是在质量上都不能满足老人多样化的养老需求，目前我国开始兴起社区式养老模式，如上海的"亲和源"养老中心，还出现了政府购买居家养老服务模式，如北京市海淀区"社区养老助残服务体制创新试点"项目。除此以外，还出现了以社区和村为单位的老年人相互帮扶照顾的"互助养老"模式、以信息服务为平台的"虚拟养老"模式等等。但从目前情况来看，居家养老和机构养老仍属主流模式，社区养老模式等新型养老模式还只存在于个别地区，有的仍处于起步阶段，存在着相关法律法规保障不足、政府支持力度不足、资金来源渠道单一、专业服务人员偏少、运行机制不完善等一系列问题。

---

[1] 中华人民共和国民政部：《2013年社会服务发展统计公报》。

[2] 同上。

8.2.2 残疾人社会福利

一、典型国家残疾人社会福利制度的比较

（一）残疾人社会福利法制建设比较

（1）美国残疾人社会福利立法。美国残疾人服务显著的特点之一，即残疾人事务管理和服务的法制化。经过近两百年的发展，美国已经形成了十分完善的残疾人事务法律体系。例如，美国《残疾人法案》《公平住房法》《航空运输无障碍法》《老年人和残疾人投票无障碍法》《国家选民登记法》《收容者民权法案》《残疾人教育法》《康复法》《建筑无障碍法》等。这些法律确保了残疾人作为国家法律体系保护的重要群体，在政治权利行使和参与社会生活的过程中，享有与健全人同等的权利，不受歧视。① 此外，为保证有关残疾人权益的法律能够顺利实施，美国还设立了多个政府部门，接受残疾人的申诉，并及时进行监督检查。当残疾人权利受到损害时，残疾人可以向法院依法提起诉讼，一旦被法院判决胜诉，便可得到巨额的赔偿。

（2）德国残疾人社会福利立法。德国残疾人合法权益及社会保障立法历史比较悠久，目前已相当健全和完善。通过研究可以发现，德国根据残疾人致残原因、种类和程度的不同，将多数有关残疾人社会福利的规定分散在不同的法律之中，所以德国不存在一部统一的残疾人社会福利法案。目前，德国已有的残疾人立法包括《残疾人权利平等法》《社会公德法》《残疾人康复与社会参与法》《联邦社会救济法》等。其中最完善的法律是《残疾人权利平等法》，该法涉及了残疾人交通、教育、就业、选举等社会生活方方面面的权利，确保他们与健全人一样享有平等的社会参与权，避免受到歧视。为保证立法的全面性和科学性，德国还配备了残疾人事务专员，在联邦和各州政府均设有该职位。他们平时密切接触残疾人及相关的社会各界，深入了解残疾人的需求，并对政府有关残疾人的政策和立法提出意见和建议，一旦发现有关残疾人法律有漏洞，他们便会提出修改法律的方案。

（3）日本残疾人社会福利立法。日本是亚洲地区第一个推行社会保障的国家，虽然日本的社会保障起步较晚，但其发展到目前已不亚于欧洲福利国家。从战后开始，日本已系统地建立了涉及残疾人就业、康复、教育、福利、残疾抚恤金等相当全面的残疾人社会保障法律制度，成为"东亚福利模式"的典范。② 1946 年，日本社会保障研究会提出了《社会保障法案》。1949 年以后，日本制定并实施了《残疾

---

① 谢琼、翟士军：《国际残疾人福利保障制度的比较及启示》，《河南科技学院学报》2012 年第 9 期。
② 余向东：《美、德、日三国残疾人社会保障法律制度概览》，《当代世界》2011 年第 2 期。

人福利法》《社会保障制度建议书》《残疾人雇佣促进法》《特殊儿童抚养补助金给予法》,明确规定政府应向残疾人提供福利性服务,强调残疾人应获得与健全人平等的社会保障权利,保障残疾人平等就业,并给予残疾儿童"扶助补助金"。1970年,日本颁布了《障碍者基本法》,这是日本残疾人立法中具有统领性意义的法律。之后,日本又分别针对不同的残疾人群、残疾人福利社会组织、残疾人教育、残疾人职业培训与就业促进等颁布了多部法律,使得日本残疾人社会福利形成了相互支撑、相对完备的法律体系。

(二)残疾人康复福利比较

(1)美国残疾人康复福利。以政府政策导向为依托,以专业法律为保障,是美国促进残疾人事业发展的主要方式。目前,美国的残疾人康复福利制度主要包括医疗康复、职业康复、社区康复和教育康复等。在医疗康复方面,美国具有较为完善的康复医疗服务和残疾人专用的康复设施,并形成了联邦政府与地方政府分权、国家与社会机构互动互补的格局。美国为残疾人提供医疗康复服务的机构一般都是普通医院或护理机构,且以社区康复为主进行残疾人医疗康复工作。美国的"访问护士制度"是残疾人康复工作的主要支柱。对于精神病患者,由社区卫生中心、州立精神医院和康复中心等机构协作进行治疗与管理。在职业康复方面,美国各个州根据各自的情况开展了职业康复服务。职业训练、职业教育和返回工作岗位计划由各个州负责,美国每年为上百万残疾人提供职业康复服务。① 此外,为了更好地促进残疾人康复,美国全方位加强康复专业人员的培养,积极培养了医学、心理、社会、职业康复方面的人才,并通过广泛的继续教育培训在职康复专业人员。

(2)德国残疾人康复福利。德国残疾人康复福利主要包括医疗康复、职业康复和社会康复等方面,从而促进残疾人更好地进行社会参与。残疾人的医疗康复待遇包括治疗、药物、包扎、提供身体配件和其他辅助性器械等方面,通过这些医疗康复手段来减轻残疾人病况。职业康复待遇包括:保持或者获得一个工作岗位的资助;择业、实习和就业准备方面的资助;职业调整、继续深造、教育培训和改行的资助;其他使残疾人在一般劳动力市场或在残疾人车间得到一个合适劳动机会或职业的资助。德国的社会康复包括残疾学龄前儿童的特殊教育、有助于残疾人交流或一般自我照顾的方法、有助于残疾人在社会中生存的方法。

(3)日本残疾人康复福利。日本的残疾人康复福利主要包括医疗康复、职业康复和护理康复等方面。在医疗康复方面,综合性医院设有康复医学部或康复医

---

① 吕学静、赵萌萌:《典型国家残疾人社会福利制度比较研究》,首都经济贸易大学出版社2012年版,第111—112页。

学科,对残疾人康复进行系统的研究,并提供相应的康复服务。此外,日本还有很多专门的康复医院或社区康复机构,为残疾人提供如专业化的康复指导和训练。在职业康复和社会康复方面,日本通过《残疾人雇佣促进法》《残疾人职业训练法》《生活保障法》等,明确规定了服务的具体内容与保障标准,使得日本残疾人康复体系不断发展和完善。残疾人护理康复工作,则由治疗病症的医疗、促进功能改善的康复、针对社会技能的培训这三个方面的专业从业人员共同完成。

（三）残疾人教育福利比较

（1）美国残疾人教育福利。美国的残疾人教育福利发展较早,体系较为完善。在美国,残疾人教育一般分为普通学校随班就读、普通学校特殊班级就读和实施特殊教育。美国对特殊教育的分类很细,根据学生残疾类型和程度可分为回流、行为矫正班和生活技能班以及其他辅助服务。美国把残疾人划分为:聋、聋—盲、重听、智力落后、多重障碍、肢体损害、其他健康损害、重度情绪困扰、特殊学习障碍、言语损害和视觉障碍等 11 类。对于残疾学生,美国会经过测试来确认其残疾类型以及需要接受的教育和服务类型。课程设置具有灵活性,教学内容具有多样性。在教育理念方面,美国强调各州及各地方教育部门不能以任何理由、形式剥夺残疾儿童接受教育的权利,应给予免费而适当的公共教育。①

（2）德国残疾人教育福利。为保证残疾人获得平等受教育的权利,德国采取以下措施:对于残疾学生,有专门的按国家规定服民役的学生进行帮助;对于视力有障碍的学生,考试时要提供专门的屏幕来放大试卷;对那些手脚不便的残疾人,要延长其考试时间;政府和残疾人协会开设残疾人职业培训中心,帮助他们获取一定就业能力以找到合适的工作。其中,"双元制"职业教育是德国职业教育的基本形式,是残疾人学生在企业接受实践技能培训和在学校接受理论培养相结合的职业教育形式。双元制职业教育模式下的学生,具备双重身份:在学校是学生,在企业是学徒工;有两个学习受训地点:培训企业和职业学校。对残疾人的职业指导服务是免费的,残疾人找工作需到劳工局登记,可以自愿接受职业指导等免费服务,建立从能力评估、提出职业选择建议、制定培训方案到针对性培训的一整套规范流程。②

（3）日本残疾人教育福利。日本的残疾人教育体系较为完善。在日本,开展残疾人教育的学校类型包括盲校、聋哑学校、养护学校（包括弱智儿童养护学校）、中枢神经性肢体残障儿童养护学校、病虚体弱儿童养护学校。此外,在普通的小

---

① 吕学静、赵萌萌:《典型国家残疾人社会福利制度比较研究》,第 140—142 页。
② 刘婧娇:《残疾人社会保障国际比较及启示》,《劳动保障世界》2012 年第 10 期。

学、初中、高中内设置特殊教育班,包括弱智班、中枢神经性肢体残障儿童班、病虚弱儿班、弱视班、重听班、言语障碍班等等。随班指导是日本采取的一种特殊教育方法,即残障儿童的大部分课程随正常儿童学习。对因病长期在家卧床不起或需长期住院治疗的残障儿童建立教师访问特殊教育班。课程包括各学科、道德教育、特别活动和养护训练四部分。对不同类型的残障儿童采取不同的教育方法。同时,大学在招录新生时也对残疾人考生给予考试方面的特别对待,例如残疾人参加大学入学考试不设体检,试题以盲文或放大的字体形式出现,适当延长考试时间,允许他人执笔等。

(四)残疾人就业福利比较

(1)美国残疾人就业福利。美国制定的第一部关于残疾人就业的法律是《职业康复法》。1935年,美国实施《社会保障法》,为残疾人的职业培训提供财政资助。1990年,美国制定《美国残疾人法案》,对有劳动能力的残疾人提供就业培训和就业援助,禁止在公共服务中歧视残疾人,规定雇工15人以上的企业应当向残疾人提供平等的就业机会;雇主必须为本企业残疾员工缴纳残疾保险并由企业出资修建无障碍通道等。1994年开始,美国继续制定和修订一系列法律,要求企业和政府部门聘用残疾人,为残疾人提供就业岗位,促进残疾人的就业。[①] 总的来说,美国残疾人就业福利采取的是积极的就业与自助相结合的方式。

(2)德国残疾人就业福利。德国法律规定:各机关企业按在册职工的6%吸收残疾人参加劳动,如果不能吸纳一定比例的残疾人就业,就要缴纳残疾人就业保障金;企业要解雇残疾人,需要经政府劳资部门批准并须偿还政府先前给予企业的各种补贴。强制性干预是德国残疾人就业福利的重要特点。

(3)日本残疾人就业福利。日本非常重视促进残疾人就业。2004年,日本制定了《残疾人基本法》,对促进残疾就业作出了明确的规定。一方面,日本通过高福利的庇护工厂集中安置残疾人就业,在庇护工厂中,残疾人可以一边就业,一边进行身体康复训练。另一方面,日本制定了按比例就业的政策:任何组织都要按一定的比例安排残疾人就业,对于未能达到规定比例的单位,将会受到政府的警告。同时,政府制定了缴纳保障金的制度:任何单位包括中央和地方政府部门,每少雇用一名残疾人,就要每月交纳保障金5万日元;多雇佣一名残疾人的单位,则可以获得奖励——每多招收一名残疾人,每月奖励2.7万日元。关于雇用残疾人的比例,对各单位要求不同:一般性私营企业中残疾人的比例至少占总人数的1.8%;特

---

① 戴建兵、曹艳春:《残疾人社会福利的国际比较及其对我国的启示》,《长沙民政职业技术学院学报》2012年第1期。

殊法人团体中,残疾人占总人数的比例至少达到 2.1%;中央和地方政府部门的比例为 2.1%;各有关教育机构中,雇佣残疾人的比例至少要达到占总人数的 2%。日本政府强调在就业指导、就业培训和就业介绍方面为残疾人提供帮助,对企业事业单位雇用残疾人提供财政补贴。

(五)残疾人公共福利比较

(1)美国残疾人公共福利。残疾人公共福利在美国主要表现为"无障碍设施"。美国是世界上第一个制定"无障碍标准"的国家。美国在 1961 年制定了残疾人使用设施标准。1968 年颁布了《建筑无障碍条例》。无障碍条例出台后,美国的建筑道路车站等地方都建造了适合残疾人出行的道路电梯等设施。如今在美国,残疾人的日常生活起居几乎与健全人无异。他们的轮椅由政府免费提供。在交通方面,公共汽车门口有供残疾人上车用的升降梯;公共建筑门口的台阶有轮椅通道,且入口处设有残疾人专用开门器;残疾人持医生开具的证明可申领驾照,残疾人专用车位在出入最便捷的位置。在社会生活方面,商场门口备有供残疾人使用的电动购物车,商场超市的货架高度要使残疾人顾客坐在轮椅上仍可取下货物;在景区,只要有残疾人特别是肢残人和盲人出现,工作人员就会立即提供全程全方位的服务。

(2)德国残疾人公共福利。德国残疾人社会福利的根本目标是让残疾人可以平等参与社会生活。在德国,方便、快捷的无障碍设施随处可见,这让重度残疾人也可以独自出行,不需要依赖家人或朋友的特别协助。宾馆、车站、机场、大型商店、公路边加油站、公厕等公共设施都有明显的关爱"残疾人"标志。同时,德国十分重视残疾人文化体育活动,将残疾人体育作为展示经济社会文明发展的窗口,制订了详细的保障残疾人参加体育运动的计划,设有专门的残疾人体育协会为残疾人体育教师和教练员以及残疾人本人开设多种多样的讲座和训练。

(3)日本残疾人公共福利。日本残疾人无障碍设施管理非常到位,公众对残疾人的"关爱""优先"意识较强。上下电车有为坐轮椅残疾人提供的一套专门程序;公共厕所有残疾人专用的马桶、扶手;车站有带盲文的自动售票机;电梯设有较矮的扶手和按钮,无微不至的无障碍服务使得残疾人出行非常便利;所有地铁站都装有升降机,并带有盲文的按钮,每列地铁列车都有专门车厢设有轮椅席位,盲道从地上一直铺到地铁站台。① 凡是标有残疾人专用标志的地方,健全人很少去占用。同时,日本非常重视残疾人的文化教育,为残疾人设立专门的非营利性质的图书馆,免费对视力残疾人开放。日本也十分重视残疾人的体育锻炼,设有专门的残

---

① 杨立雄:《美国、英国和日本残疾人福利制度比较研究》,《黑龙江社会科学》2014 年第 3 期。

疾人体育馆。

二、我国残疾人社会福利现状

（一）残疾人社会福利的法制建设有待完善，实施机制不够健全

目前，我国已经建立了一套残疾人事业的法律法规体系：它以宪法为核心，以《残疾人保障法》为基本法律，包括残疾人保障法实施办法、相关法律法规和扶助残疾人的规定等近四十部法律法规，涉及残疾人康复、教育、劳动就业、文化生活、社会保障、无障碍环境等诸多领域。虽然这些法律条款对残疾人保障作了一些特殊的规定，但很多条款的内容仍过于笼统和原则，并且与其配套的实施办法也不够系统、有效。例如，无障碍环境建设在很多城市还未推行，因交通事故和意外伤害致残者的赔偿方面缺乏切实可行的政策等等。此外，执法不严现象普遍存在，一些地方没有认真贯彻落实《残疾人保障法》，尤其是一些落后的偏远地区。对于违法行为也没有严格的惩罚性规定，不能很好地维护残疾人的合法权益。

（二）残疾人康复服务机构不足，康复人才缺乏

目前，我国在901个市辖区和2014个县（市）开展了社区康复工作，累计已建社区康复站的社区总数21.4万个，配备37.9万名社区康复协调员。① 但全国仍有59个县（市）没有康复服务机构，占全部县的3%，有超过34.2万个社区（村）没有建立康复站，占全部社区（村）的62.5%。与国外相比，我国残疾人康复服务机构的数目依然较少。此外，全国平均每个康复站不到两名康复协管员，这样的比例无法为8500多万残疾人提供便捷有效的康复服务。

（三）残疾人教育事业稳步发展，但仍相对滞后

中华人民共和国成立以来，特别是改革开放三十多年来，我国残疾人教育事业取得了巨大的发展。2013年，残疾人事业专项彩票公益金助学项目，为全国家庭经济困难的残疾儿童享受普惠性学前教育提供资助一万余人次。各地也积极多渠道争取资金支持，对3489名残疾儿童给予学前教育资助。已开办特殊教育普通高中班（部）194个，在校生7313人；其中聋高中125个，在校生5704人；盲高中27个，在校生1609人。残疾人中等职业学校（班）198个，在校生11,350人，毕业生7772人，其中6200人获得职业资格证书。全国有7538名残疾人被普通高等院校录取，1388名残疾人进入特殊教育学院学习。② 但适龄残疾儿童、少年义务教育却成为全国普及义务教育最薄弱的环节，残疾儿童的学前教育、残疾人的职业教育和高等教育的发展步伐落后于国民经济发展的速度，落后于普通教育的发展速度。

---

① 中国残疾人联合会：《2013年中国残疾人事业发展统计公报》（残联发〔2014〕29号）。
② 同上。

同时,针对残疾人的职业培训机构也过少,层次较低。总体上,我国残疾人教育事业发展还滞后于普通教育。

(四)残疾人就业规模逐步扩大,但就业服务尚需加强

2007年,我国出台了《残疾人就业条例》,对残疾人的就业形式、促进残疾人就业的措施、残疾人就业服务的提供等方面作出了规定。近几年,我国残疾人就业规模逐步扩大,就业方式从单一的集中就业向多样化发展,实行按比例分散就业,个体创业或组织起来集体就业迅速发展。2013年,我国城镇新就业残疾人36.9万,其中,集中就业残疾人10.7万,按比例安排残疾人就业8.7万,公益性岗位就业1.5万,个体就业及其他形式灵活就业14.6万,辅助性就业1.3万。① 但从目前情况来看,我国城乡残疾人主要是通过熟人介绍实现就业,残疾人就业服务机构没能充分发挥出帮助残疾人就业的作用。同时,我国残疾人就业服务也缺乏相应的规章制度保障。

(五)残疾人精神文化生活得到重视,但仍缺乏健康的社会氛围

我国在残疾人公共福利方面起步较晚,但在国际组织所倡导的"平等、参与、共享"的现代残疾观的影响下,逐渐规范了残疾人无障碍设施的建设,同时也开始关注残疾人的精神文化生活。2013年,2200名残疾运动员参加了第22届世界夏季听障奥运会、第十届冬季特奥运动会等27项国际赛事交流活动,其中,参加第22届世界夏季听障奥运会的获得12金、5银、8铜,位居金牌榜第四位。截至2013年年底,全国共有省级残疾人专题广播节目120个,电视手语栏目36个;地市级残疾人专题广播节目539个,电视手语栏目227个。但受传统观念的影响,残疾人保护往往被看作是一种同情、慈善或施舍,有些个人或家庭还把残疾人当成社会或家庭的负担,对他们采取不人道、有损人格尊严的态度,这种社会氛围对于残疾人的权利保护产生一定的消极作用。

8.2.3 儿童福利

一、典型国家儿童福利制度比较

(一)儿童福利法制建设比较

(1)美国儿童福利立法。美国儿童福利的特点之一是奉行"立法先行"的原则,各项儿童福利都以具体明确的法律法规为依据,且福利服务涵盖补助、营养、社会服务、教育和训练、保健、住宅六项内容。1935年,美国《社会保障法》对儿童的收养和看护、残疾儿童服务、单亲家庭服务等公共福利作了明确的规定。之后,美

---

① 中国残疾人联合会:《2013年中国残疾人事业发展统计公报》(残联发〔2014〕29号)。

国通过了一系列的儿童福利法案和计划,如《儿童虐待预防法案》《儿童安全法案条款》《社会保障法(修正案)》《收养辅助与儿童福利改革法案》《抚养未成年子女家庭援助计划》《贫穷家庭临时补助计划》等。美国政府还通过对儿童福利政策的修正和完善不断提高儿童福利政策的实用性,使其顺应和促进社会的发展。此外,在20世纪90年代,美国进行了两项最重要的儿童福利制度改革——贫困儿童救助制度改革和儿童虐待防治与家庭收养制度改革,这两项改革在美国贫困儿童救助和危难儿童服务两个领域具有重要意义,特别是前者更被视为美国儿童福利制度的根本转变。

(2)瑞典儿童福利立法。瑞典儿童福利政策的发展是渐进式的,基本上是以最初的法律为基础,根据社会的发展进行调整、补充、修改和完善。① 1944年,瑞典出台了《公立托育政策》,开始建立公办托儿所。1947年,瑞典推行了积极的儿童福利政策,颁布了《儿童津贴》和《带薪亲职假》。《儿童津贴》主要规定对家中儿童给予现金补助,而《带薪亲职假》明确规定父母带薪休假期间应在家照顾儿童。1960年,瑞典制定《儿童及少年福利法》,规范了虐待儿童及犯罪少年的强制性保护。隔年又颁布《儿童照顾法》,规定了学前及学龄儿童的托育服务。1974年,瑞典实施了普及性的家庭津贴制度,以保障多子女家庭的最低生活水准。1975年,实施了《学前教育法》,为入读小学前一年的幼儿提供一天三小时免费的学前教育。1982年,瑞典制订并颁布《社会服务法》,明确指出社会有责任照顾和保护儿童及青少年,并将《儿童及少年福利法》《儿童照顾法》并入其中。

(3)日本儿童福利立法。日本的儿童福利法律法规在发展中形成了比较健全的体系。从1871年至1941年,日本政府先后制定了《感化法》《儿童保护法案》《儿童扶助法案》《少年法》和《感化教育法》,初步形成儿童保护救助的规则和相关法律的雏形。真正意义上的儿童福利制度是在第二次世界大战以后形成和确立起来的。以儿童"救助"为重心的"补缺型"儿童福利政策正式立法并在全国实行。这期间,日本颁布的法律法规主要有《生活保护法》《儿童福利法》《儿童宪章》《儿童抚养津贴法》《母子福利法》等。1973年以后,是日本儿童福利的完善、调整和改革时期。这一时期,日本不仅出台了《育儿休假法》《儿童福利法(修正案)》《儿童虐待防止法》等内容宽泛的法律,还制定了规定学生们如何吃饭的《学校营养午餐法》等,这些法律法规细致而全面,几乎涵盖了未成年人生活的各个方面。正是有了明确的法律依据,日本未成年人保护问题才得到整个社会的高度重视。

---

① 杨玲:《美国、瑞典社会保障制度比较研究》,《武汉大学学报(哲学社会科学版)》2006年第1期。

(二) 儿童家庭福利

（1）美国儿童家庭福利。美国实行"抚育未成年子女的家庭援助计划"（AFDC），该计划通过提供家庭补贴来帮助"父母一方丧失劳动能力、死亡、长期离家出走的家庭或失业家庭"的孩子。美国还通过所得税信贷（EITC）对那些有孩子的低收入家庭提供现金资助，不包括父母不工作的家庭。食品券项目，是联邦政府的食品补助项目，其目的是保证贫困家庭能获得基本的食物需要。住房补贴，是对在租房、出租和购买住房方面有困难的家庭提供补助。工作机会与基本技巧补贴，是针对工资低的父母的津贴，这些家庭面临着无福利就无法负担儿童抚育的问题。为使儿童免受饥饿的痛苦以及在成长过程中获得足够的营养，美国有众多的食品和营养计划，其中影响最大的是食品券计划（Food Stamp），食品券的接受者必须是家庭毛收入低于联邦贫困线的130%；或者净收入（适当扣除某些收入、与工作有关的必要开支、自己掏钱的医疗费用以及超出的住房开支等）低于贫困线的人，尽管这项资助并不考虑婚姻状况和有无孩子，但是面临饥饿的家庭及其儿童从中受益良多。除了食品券外，有三个营养计划是针对学龄儿童的，即"全国午餐计划"（NSLP）、"全国学校早餐计划"（NSBP）和"暑期食品服务计划"（SFSP），这些计划的目的是帮助各州在一个适当的支出成本上为所有儿童提供足够的营养食品。①

（2）瑞典儿童家庭福利。瑞典儿童福利制度主要体现在儿童津贴和相关税收优惠政策上。1947年，瑞典实施普及式儿童津贴，经费完全由政府承担，16周岁以下的儿童每月领取普通补贴；16周岁以上的初中生每月领取扩展儿童补贴；有3个以上孩子的家庭每月可以领取附加儿童补贴；还设有单亲家庭儿童津贴和残疾儿童津贴。对育有子女的家庭，当父母无法照顾子女时，由地方政府的社会福利委员会安排家庭协助服务。1974年，瑞典实施父母保险制度，给予父母双方带薪假期（包括产假、陪产假和亲子假）以照顾孩子，并且承诺能重回原工作岗位或类似岗位。女性产假最长期限80天，期间准妈妈可以得到原工资的80%作为补偿，即生育津贴；男性可以享受两个星期的陪产假，能得到原工资水平的90%作为补贴。②

（3）日本儿童家庭福利。在日本，主要是通过儿童津贴的形式对家庭生活进行援助，目的在于稳定家庭的经济生活，为儿童提供一个良好的教育环境。例如孩子一出生便能得到儿童津贴，虽然各地有差异，但一般都是到小学毕业；还有专门

---

① 姚建平、朱卫东：《美国儿童福利制度简析》，《青少年犯罪问题》2005年第5期。
② 武志伟：《家庭和政府的责任分工——瑞典和中国的儿童福利的比较分析》，山东大学硕士论文，2012年。

针对单亲家庭的随母亲生活的儿童,在18岁前可领取政府的儿童抚养津贴;残疾儿童有特别扶养津贴。近些年日本从业妇女的人数越来越多,为使妇女可以一边安心工作,一边尽心养育子女,1995年日本推出"天使计划",主要措施有:扩大"保育所"的容量,延长"保育所"的开放时间,并在日本各地大量增设"养育子女支援中心"。

(三)儿童医疗保健福利比较

(1)美国儿童医疗保健福利。美国政府的医疗援助计划(Medicaid)主要是针对那些依靠福利生存的贫穷家庭。医疗援助计划的费用由政府与各州分担。尽管"医疗援助计划"并非专门针对儿童,但该计划在贫困儿童医疗保障方面发挥了重要作用。除"医疗援助计划"外,还有"妇女、婴儿和儿童特别补充食品计划"(WIC),该计划每月为婴儿和5岁以下的儿童、孕妇和哺乳妇女提供包含各种人体所需的营养食品,这些食品包含蛋白质、铁、钙和维生素A、B_6、C,这些营养成分在低收入的妇女和儿童的日常饮食中极易缺失,这一计划是美国最受欢迎和最成功的预防性健康计划之一。

(2)瑞典儿童医疗保健福利。瑞典全国各地都设有母亲保健中心,负责孕产妇的保健工作。孕妇产前产后护理及住院分娩都完全免费。学龄前儿童及中小学生在儿童保健中心和校卫生所看病完全免费,到医院看病则需像成人一样交挂号费。16岁以下儿童住院治疗完全免费。10岁以下儿童住院,孩子的父母去看望每周至少也可以报销一次路费。未满18岁的儿童在公立医院享有免费的牙科保健服务。此外,父母因照看残疾儿童而不能工作时,国家提供其相当于提前退休金的补助,并规定"在家中照顾16岁以下伤残儿童的父母,可以领取儿童照料补助","儿童12周岁之前父母每年最长可请4个月假照顾病儿,待遇如同休病假"。

(3)日本儿童医疗保健福利。近年来,随着人口出生率不断下降,日本政府想尽办法鼓励各家庭生育,其中一条就是规定儿童看病免费。为此,各地方政府均实行了不同程度的婴幼儿和儿童医疗费补助制度。对学龄前儿童,即6岁以下的儿童,只要进行登记,持证看病就医费用全由当地政府支付。不过,比较昂贵的器官移植并不包括在儿童免费医疗范围内,这类手术一般由父母联系当地政府的福利机构发起募捐等行动,以筹备足够的资金。此外,在学校的伙食方面有专门的部门负责,实施诸如保护儿童视力、"一杯牛奶强壮一个民族"等计划,以提高儿童的健康水平。政府所属专业部门还会在社区提供一些儿童保健服务,如每年为7岁以下的儿童免费开展1次口腔健康检查。

(四)儿童教育福利比较

(1)美国儿童教育福利。美国政府对儿童的基础教育资助力度非常大。美国的公立幼儿园(Kindergarten)是政府资助最大的项目,其功能主要是为儿童上学做准备,幼儿园开设数学、体育和读写等课程。美国还有另外一种幼儿园——"开端计划"(HeadStart),这是兴起于美国民权时代约翰逊反贫困法的产物,政府投入大量的资金,致力于为贫困家庭的儿童提供教育补偿,体现了对教育公平的追求。美国政府还采取教育券帮助贫困学生购买他们所选择的学校教育。①

(2) 瑞典儿童教育福利。瑞典的托育服务堪称世界楷模,免费教育是其儿童福利中的一大亮点。② 学前班、家庭日托班、婴儿之家、母亲之家等由地方政府财政支持建设的托育服务机构,为父母无暇照顾的1—5岁的儿童提供托育服务。7—16岁儿童必须接受义务教育,不过几乎所有儿童都从6岁开始上学。每名儿童都能得到妥善照顾——瑞典北部少数民族萨米人可以进入萨米语学校就读,而听障儿童或具有严重学习障碍的儿童可以进入特殊学校就读。瑞典的公立学校自小学起都实行免费教育,学校提供免费午餐,住所离学校较远的学生还可以享受交通补贴费用。

(3) 日本儿童教育福利。日本认为,幼儿教育的责任不仅需要幼儿园这样专门性的幼教机构来承担,同时也需要社会各方的协调互助才能实现,家庭便是这一责任的有力承担者之一。因此,日本宣扬和强调"家庭是婴幼儿教育的基础"。③ 但当父母无法照顾儿童时,作为儿童福利机构的托儿中心会给儿童提供照顾服务,幼儿园是隶属于教育系统的。对于小学,2007年日本政府在全国一半的小学校区里实施"放学后儿童计划",这项计划的中心有两个:一是建立放学后孩子的教室,二是成立放学后儿童俱乐部。放学后孩子的教室,是以全部孩子为对象,开设孩子们能够安全、安心度过放学后时间的活动场所;另外的一半小学校区在2008年实施此项计划。此项计划的资金由地方财政负担。日本是极其重视国民教育的国家,而家长们养育子女最主要的支出也是在教育方面,尽管日本在1972年起便对有儿童家庭进行补助,但多数家长仍感到庞大的教育支出是压在身上的重担。

二、我国儿童福利制度现状

(一) 国家政策创制顶层设计不足,儿童福利立法有待完善

在儿童福利政策方面,我国已制定了以《宪法》为核心,包括《刑法》《民法通则》《婚姻法》《教育法》《义务教育法》《残疾人保障法》《未成年人保护法》《妇女权益保障法》《母婴保健法》《传染病防治法》和《收养法》等在内的一系列有关儿童生

---

① 董小苹、王丛彦:《中美儿童福利制度比较研究》,《当代青年研究》2011年第7期。
② 邹明明:《瑞典的儿童福利制度》,《社会福利》2009年第12期。
③ 龚婷婷:《法国、美国和日本儿童福利的发展及其启示》,《教育导刊》2010年第3期。

存、保护和发展的法律,以及大量相应的法规和政策措施。但我国现存的儿童福利政策相对分散和凌乱,尚未在全国层面形成统一、专门和独立的儿童福利政策框架体系,国家儿童福利政策创制顶层设计不足,专项立法空缺。就政府的责任而言,无论是有关儿童福利的制度设计、机构设置还是资源配置,均表现出分割和后置的特点。所谓分割,是涉及儿童福利的不同部门采取不同方式去应对儿童问题,部门间互不隶属,导致原本可有机设计的儿童福利制度被部门利益分割,有限资源不能形成合力。所谓后置,是由于地方政策制定滞后以及儿童福利政策法规层级效力低,修订不够及时、健全,未对儿童提供早期、及时的保护服务,导致一些家庭陷入抚养困境,一些儿童被遗弃。

(二)育儿津贴制度由孤儿向困境儿童扩展,但儿童养育缺乏足够的家庭支持

目前我国育儿津贴制度从孤儿向困境儿童扩展,育儿津贴发放对象逐步从孤儿扩展至艾滋病病毒感染儿童、父母服刑和重度残疾等困境儿童。我国从 2010 年开始建立第一个由中央财政支持的孤儿津贴制度,每月给机构内供养孤儿和散居孤儿发放基本生活保障津贴。此后,又将困境儿童生活保障津贴拓展至艾滋病病毒感染儿童。2013 年有 15 个地区颁布了艾滋病病毒感染儿童基本生活费相关的政策,其中少部分省市还对"父母一方感染艾滋病或因艾滋病死亡的儿童"进行生活补助。但从目前来看,我国对弃婴、父母虐待儿童等问题还缺乏有效的解决措施。对于庞大的与父母分居两地的留守儿童群体,不论是在物质还是在精神层面,都无法给予足够的家庭支持。

(三)妇幼保健与儿童营养政策逐步完善,但儿童医疗保障力度仍然不足

目前,全国各地县以上普遍建立了妇幼保健院和爱婴医院;普遍实现了婚前检查和婚前保健制度;建立了孕妇的孕产期和围产期保健制度和档案,对有严重遗传病和残疾的儿童进行及早应对;实行了0—14岁儿童的计划免疫措施和办法,极大地提高了儿童的健康水平,使儿童的生存有了保障,人口质量大幅提高。但我国儿科执业(助理)占比和儿科床位分别在5%和6%以下,与儿童16.4%的人口占比不匹配,患病儿童家庭所承担的医疗费用负担仍然较重,缺乏针对性的规定使得城镇新生儿处于城镇居民医疗保险覆盖的空白地带,基本医疗对大病患儿的保障力度有限。绝大部分残疾儿童在接受手术治疗后,需要持续的日常康复服务,而很多的残疾儿童家庭却无法得到贴近家庭和社区的康复服务供给。

(四)儿童教育福利逐步发展,但学前教育和特殊儿童教育福利发展相对滞后

我国儿童教育福利逐步发展,特别是免费义务教育的实行和农村学生的营养计划的实施,使家庭负担的义务教育费用大幅度下降,保障了农村儿童的健康成长,在一定程度上缓解了贫困地区学龄儿童营养不良的问题。但从目前情况来看,

公办幼儿园一年的收费普遍高于当地其他教育阶段的收费,加上政府重视不够,缺乏政策支持和财政投入,使得我国的公办幼儿园供给处于稀缺状态,资源的稀缺引发了对公办幼儿园的供求矛盾,这正是近几年一直被老百姓诟病的"入园难"问题。公办幼儿园"入园难"问题迫使一部分家庭只能选择花更多的钱将孩子送去民办幼儿园,民办幼儿园的高收费加上公办幼儿园的稀缺,致使很多经济困难家庭放弃了对孩子的学前教育,一定程度上降低了我国学前教育的入学率。同时,在特殊儿童教育方面,我国政府未给予足够重视,财政支持力度不够,目前我国特殊儿童教育设施没有形成完整体系,特殊儿童教育的教师严重缺乏。

8.2.4 妇女社会福利

一、典型国家妇女社会福利具体内容的比较

(一) 妇女社会福利法制建设比较

(1) 英国妇女社会福利立法。1921年英国的《保险法》将女性每周缴纳的保险金提高,并且延长了接受失业救济的时间。1925年颁布的《寡妇孤儿及老年年金法》,对寡妇的生活保障作出了法律规定。[①] 1942年《贝弗里奇报告》里关于妇女的几大假设中,妇女的依赖性假设即无偿照料父母的未婚女子也需要一个缴费卡,由父母代缴。已婚妇女不论是否自己挣钱,都应该设立独立的缴费记录。但丈夫应当承担为夫妻双方一并缴费的责任。1966年《社会保障管理法》对单身、与丈夫分居或离婚女性的社会福利做出了规定。1967年《堕胎法案》出台,堕胎无须再受社会指责。《计划生育法》第一次明文规定地方当局可以提供避孕工具、药物和避孕手段指导。与此同时,确保所有第一胎生育的妇女住院分娩成为国民健康署的主要目标之一。1970年《同酬法案》对"母亲"给予特别关注:凡是工作时间在16个小时以上且超过两年工龄,或者周工作时间稍短但连续工龄在5年以上的女性,有权在分娩前11周停止工作,并享有分娩后29周的产假。产假期间,除去依1975年《社会安全法案》应得的母亲津贴,女性还可依据原薪的90%的标准,获得6周工资及12周的法定病假工资。1975年《就业保护法案》明确给予女工6周产假,女工也可以"选择"离职29周。[②]

(2) 美国妇女社会福利立法。1921年美国国会通过母婴法案,授权提供联邦资金以推进妇婴福利。1933年5月,罗斯福总统敦促国会通过联邦紧急救济法(Federal Emergency Relief Act),成立联邦紧急救济署(FERA)。联邦紧急救助署

[①] 刘波:《纵观英国社会保障立法制度的历史演进》,《广东技术师范学院学报》2005年第2期。
[②] 刘跃一:《二十世纪英国工党妇女政策的变迁》,南京大学硕士论文,2013年。

和工程进度管理署为失业者提供了范围广泛的工作机会,包括建设专业(如作家、艺术家、演员和音乐家)设计以及消费品生产,与此同时,还实施了包括职业培训、妇女劳动与食品救济(包括直接发放食品券和学校午餐)在内的多种项目。1956年,女性工人在接受80%退休金的条件下,被允许退休年龄由65岁提前到62岁。1992年,克林顿签署《家庭和医疗准假法》,规定生育和收养孩子享有无薪假期,并提供家庭医疗保险需要。《老人、遗属和残疾人保险》中规定,对工人遇伤残或死亡的提供终身保障,其遗属或结婚10年以上的离婚配偶可领该工人抚恤金的100%,需赡养的母亲可获75%。1984年6月,国会通过了儿童健康保险计划(the Child Health Assurance Programs),扩大对孕妇、婴儿、5岁以下的儿童和生活在每州的贫困标准下但没有享有保险的人的保障。①

(3)瑞典妇女社会福利立法。瑞典在1924年通过了《儿童福利法》,1934年开始组织失业保险,1935年修改了养老金条例,1938年开始组织妇女和儿童保险工作。第二次世界大战后,瑞典其他各项社会福利制度也更趋完善。1963年,瑞典议会通过了《公共保险法》,把养老金、疾病保险、父母保险、工伤保险等统一交国家保险局管理。70年代,瑞典各政党为争取选民而竞相抓福利改革这面旗帜,使社会福利大为改善,达到目前的水平和规模。

(二)妇女社会福利项目比较

(1)英国妇女社会福利项目。目前英国针对妇女的各种津贴和补助按领取对象主要分为:母婴(产妇津贴、生育补助、儿童津贴、儿童特别津贴、儿童监护津贴)、寡妇(寡妇津贴、寡母津贴、寡妇抚恤金)。怀孕的女职工可以领取法定怀孕雇员工资,雇主须每星期缴付工资,数目视雇员的收入和金额而定。为没有资格领取法定怀孕雇员工资的人士设定了孕妇津贴。每周44英镑55便士。此外,还设有社会基金孕妇补贴金。寡妇福利包括丈夫去世时没有资格领取退休金的寡妇可以领取寡妇金,要照顾至少一个小孩或者丈夫去世时已怀有身孕的寡妇有资格领取儿童福利金,申请人年龄45岁或以上者,或者停止接受寡妇母亲津贴,可以领取寡妇抚恤金。

(2)美国妇女社会福利项目。美国"妇女、婴儿和儿童特别补充食品计划"提供给营养缺乏且家庭收入低于联邦贫困线185%的孕妇、哺乳妇女、婴儿和5岁以下的儿童各种人体所需的营养丰富的食品,其中孕妇和哺乳妇女还接受营养教育及其他健康和社会服务的指导。美国还针对近1/3低于贫困线的女性单亲家庭实施不同的福利政策,以帮助这些母亲渡过难关,其中最主要的是"抚养未成年子女

---

① 《美国妇女、幼儿福利保障》,http://blog.sciencenet.cn/blog-415-5126.html。

家庭援助计划",这是对包括女性单亲家庭在内的有未成年子女的家庭提供的现金补助、医疗补助、住宅补助及食品券;同时还有"医疗援助计划"作为补充来援助家庭收入低于联邦贫困线133%的6岁以下的儿童和怀孕妇女、特定低收入医疗补助受益者,各州还可以有选择地将之提供给家庭收入低于联邦贫困线185%的怀孕妇女和1岁以下的婴儿;另外,各州还必须制定一项配套的"就业机会和基本技能培训计划",帮助那些受助于"抚养未成年子女家庭援助计划"的母亲就业。这项计划于1996年进行改革,代之以"困难家庭临时援助计划"。相对女性单亲家庭,寡妇可以接受高于"困难家庭临时援助计划"的社会保障遗属津贴。①

(3)瑞典妇女社会福利项目。在瑞典,女性群体(包括女性单亲家庭)都可享受到国家规定的定期的保健医疗检查,怀孕期间可享受怀孕补助,孩子出生可享受双亲津贴、产假津贴、父母的社会保险金和家庭照顾津贴也为全民享有。瑞典还根据不同情况制定了详尽的规定,将产假津贴和照顾津贴合并为父母的社会保险金,其中包括照顾幼儿和生病的孩子可以领取父母津贴、因病或因残而无法继续工作可以领取伤残养老金、失去配偶的寡妇可以领取遗属养老金、失去单亲或双亲的孩子们可以领取儿童年金。

父母保险在保障妇女不会因怀孕、生育而失去工作外,还使她们享有免费产前检查、生产住院、产后护理等服务。产假时间为一年,小孩不到十二岁的父母,每年可请假达两个月,照看孩子、送孩子入托、看病、体检等,待遇与本人请病假相同,工资保留90%,有8岁以下儿童的父母可将工时缩至每天6小时,工资按比例减少,但不会因此被解雇。

瑞典人就避孕、堕胎、绝育等问题请教医生或有关组织都不需付费,而且大部分避孕药具免费提供。瑞典人请病假便失去工资收入,但可以从社会保险局领取疾病补贴。疾病补贴额约相当于患病者正常收入的90%。没有参加工作的家庭妇女生病后每天也可得到一定数量的补贴。瑞典的基本养老金计划中还设有寡妇补贴,寡妇在下列两种情况下可以领取补贴:一是寡妇本人在丈夫去世时已满36岁,同时结婚至少已满5年;二是寡妇要继续照顾同她居住在一起的16岁以下的孩子。寡妇如改嫁,补贴随即停止。②

(三)妇女社会福利的服务比较

(1)英国妇女社会福利服务。英国工作妇女怀孕后可以从雇主那里领取18个星期每周不低于44.5英镑的产妇费,未工作女性怀孕后从政府机构领取18个星

---

① 于鸿敏:《20世纪60—80年代美国妇女与福利改革》,山东师范大学硕士论文,2010年。
② 高振立:《从瑞典福利制度看北欧福利国家模式》,《中国人口科学》2002年第3期。

期每周不低于40.6英镑的产妇费。另外,怀孕满5个月的妇女,还可以领取胎儿营养补贴。产妇生下一个活婴,可从社会基金领取100英镑。孩子出生后每周有一份婴儿补贴费,一胎每周为8.25英镑,其余为每周7.25英镑,这笔补贴费用一直领取到孩子满16岁。此外,产妇从住院到出院的费用都由政府提供。

(2) 美国妇女社会福利服务。20世纪初,美国设立"妇女事务局",专门负责制定女职工工资和福利方面的待遇和标准。到1914年,已有27个州通过了保护性立法;到1917年,除了9个州没有限制妇女工时的立法之外,大多数州都通过了类似法案,其中有6个州还规定妇女最低工时为一天8小时,一周48小时;有13个州限定州最高工时为54小时。

(3) 瑞典妇女社会福利服务。为了使妇女有机会参加工作,瑞典社会举办不同类型的托儿所,并视父母收入情况决定收费多少。18岁以下的儿童,如父母的一方或双方不幸去世,国家提供儿童抚恤金,保障生活不受影响。残疾儿童的生活基本由国家保障,父母自己愿意抚养并因此全日或半日不能外出工作时,国家提供一定的补助金。①

(四) 妇女社会福利模式比较

(1) 英国妇女社会福利模式。英国属于福利型模式,保障水平高,福利项目较全面。1601年《济贫法》是一个全国性的立法,其中规定寡妇能获得高于平均数的救济。《贝弗里奇报告》中主张通过一个全社会性的国民保险制度,对每个公民提供社会保障,其中就包括妇女福利,对孕妇、寡妇和被丈夫遗弃的妇女的补助和救济。② 英国的社会福利中的国民保险制度覆盖包括养老金、工业伤残补助、儿童补助、家庭补助、妇产补助、疾病补助、失业补助和附加补助等各个方面,覆盖面很广,很好地保护了妇女的社会保障权益。③ 1986年《社会保障法》对妇女福利进行了改革,将寡妇津贴领取金额减少者的寡妇养老金提升了5岁,保障了寡妇的生活。④

(2) 美国妇女社会福利模式。美国属于补缺型模式,目的是帮助生存困难的特殊群体的基本生活,因此保障水平较低、制度覆盖面较小。为了提高生育质量,美国政府很重视妇女的健康问题。妇女、婴儿和儿童特别补充食品项目(WIC)是救助贫困妇女、儿童的一个重要项目。但是规定受助者必须是营养缺乏且家庭收

---

① 《瑞典人享有哪些社会福利?》,http://blog.ifeng.com/article/27608393.html。
② 袁弋腾:《从贫民救济到国家福利——英国社会福利政策历史透视》,云南师范大学硕士论文,2006年。
③ 褚蓥:《英美社会福利模式的选择及启示》,《国外社会科学》2012年第2期。
④ 金韬:《国家、雇主、个人分担社会保障责任——英国1986年〈社会保障法〉改革述评》,《安庆师范学院学报(社会科学版)》2010年第5期。

入低于联邦贫困线185%的贫困者,并且必须证明其健康受到营养不良的影响。美国针对低于贫困线的女性单亲家庭实施不同的福利政策以帮助这些母亲们渡过难关,对于救助的期限也有相应规定,所有家庭只能获得累计60个月(5年)的联邦援助,不能无期限地领取救助。领取福利的父母必须每周至少工作或职业培训30个小时。只有寡妇可以接受高于"困难家庭临时援助计划"的社会保障遗属津贴。《社会保障法》也规定家庭收入低于联邦贫困线133%的6岁以下儿童和怀孕妇女才是必须救助对象。①

(3)瑞典妇女社会福利模式。瑞典属于福利型模式,目的是为了提高全体公民的生活质量。② 女性群体(包括女性单亲家庭)都可以享受怀孕补助,孩子出生可享受双亲津贴,有较完备的公共福利机构提供女性工作机会。产假津贴、父母的社会保险金和家庭照顾津贴为全民享有,其中包括照顾幼儿和生病的孩子可以领取父母津贴、失去配偶的寡妇可以领取遗属养老金等。瑞典的带薪休假制度也充分体现了对妇女社会福利的重视,制度规定父母双亲为照顾刚出世的小孩可享受450天的假期,休假期间都有津贴,时间还可以在双亲身上平均分配。这给单亲女性家庭在生活和工作的权衡上带来了很大的便利,充分保护了这部分群体的社会福利。

二、我国妇女社会福利现状

(一)妇女福利缺乏强有力的法律支持

迄今为止,中国已经通过《社会保险法》,确立了劳动者乃至城乡居民的社会保险权,通过城镇居民最低生活保障条例等法规确立了困难群体的社会救助权,但还没有一部真正意义上的社会福利法律或法规,基本上依靠部门规章和红头文件来指导涉及妇女群体的相关福利事业,制定的相关法律如妇女权益保障法是缺乏刚性约束力的"软法",妇女的社会福利权并未得到有效保障。③

(二)相关部门的责任划分不够细致

法律规定了权利义务后,还必须规定相应的责任,我国现有的妇女福利保障法律、法规中,仍然存在有关部门责任划分不清的现象。我国的社会福利行政机构重叠,涉及众多部门,主要包括民政部、人力资源和社会保障部、卫生部、教育部等政

---

① 汪中芳:《美国社会救助体系建设及其启示》,http://www.gdzf.org.cn/gdsgzdt/gz/201102/t20110216_141491.htm。

② 王梦晓:《美国和瑞典社会福利制度中妇女利益的差异》,《安徽师范大学学报(人文社会科学版)》2008年第11期。

③ 郑功成:《中国社会福利的现状与发展取向》,《中国人民大学学报》2013年第3期。

府管理部门及妇联、残联等社会团体,其中民政部门是我国现行最主要的社会福利行政部门。这种"多头管理,政出多门"的社会福利行政管理体制,使得一些具有全局性的问题缺乏系统研究,而一些局部性的问题却相互扯皮。各部门自成系统,都有独立的运行机制和管理机构,导致社会福利管理机构重叠,人员臃肿,管理成本增加。这种局面阻碍了社会福利工作的整体推进。①

(三)妇女福利保障内容不够全面

目前,我国女性已享有的社会福利包括特殊津贴、再就业权益、职业权益、特殊劳动保护权益等方面,但是在健美中心、妇女用品专门店、妇女咨询服务中心等方面所做的工作还不充分。政府对妇女福利的重视程度还不够,导致妇女的很多权益没有得到保护。②

(四)城乡妇女福利存在差距

长期以来,我国实行的是城乡分治的户籍政策,社会政策在制定过程中往往表现出明显的城乡二元化状态,这使得一些农村居民享受不到与城市同样的社会政策。在广大贫困落后地区,一些农村妇女权益得不到保障,没有被社会福利体系所覆盖。即使是针对女性的社会政策,农村妇女在具体标准方面和城市妇女相比也有差距,一些女性社会政策的目标对象只是针对城市女性。③

8.2.5 员工福利

一、典型国家员工福利具体内容的比较

(一)员工福利法制建设比较

(1)美国员工福利立法。1935年8月,美国国会以压倒多数的优势通过了《社会保障法》,并由罗斯福总统签署生效。该法确定了联邦政府有责任向包括员工在内的对象提供福利援助和康复服务,建立以解决老年和失业问题为主体的全国性社会保障体系。1962年,美国通过《公共福利修正案》,这是政府自《社会保障法案》实施以来第一次特别认识到公共福利中预防性、保护性和恢复性服务的重要性。1965年7月美国颁布了《医疗保险法》。1975年,职业培训等社会福利支出占国内生产总值的25.5%,国家财政陷入困境。在新自由主义经济学的影响下,从20世纪70年代开始,美国的社会保障制度进入调整改革期。1972年尼克松实行"新

---

① 程露、刘英:《我国社会福利事业发展中的问题及对策》,《山西财经大学学报》2010年第2期。
② 李丽:《中国女性社会福利制度建设研究——基于老年妇女贫困的视角》,西南财经大学博士论文,2009年。
③ 郭春华、范露:《中国农村妇女社会福利现状及对策研究》,《劳动保障世界(理论版)》2010年第11期。

联邦主义",对地方政府和联邦政府权限重新进行了划分。福特也继承新联邦主义,限制福利基金支出。1980年里根当选总统后,反对福利补贴政策,主张弱化政府的经济职能,提出"综合预算调整法案"。1984年美国把原来公务员和私营企业职工分别实施的养老保险制度合并为统一的联邦养老保险制度。小布什当选总统后,于2003年通过了医疗保险法案,将更多处方药品划入医疗保险计划。奥巴马当选后,开始努力推进医疗保险体制改革,于2010年3月通过医改方案,美国开始迈入全民医保时代。政府开始直接进入医疗保险市场,提供医疗供给,政府作用提到了前所未有的高度。

（2）日本员工福利立法。第二次世界大战前的日本存在着军人以及官僚的"恩给"制度（即抚恤养老金制度）,对现职公务员有官业共济组合制度（即政府办的互助会制度）。1922年公布的《健康保险法》其对象是各企事业单位的在职职工。投保人每月缴纳工资的4.2%,政府负担保险支出的16.4%,投保者享受补助金为最近3个月平均工资的60%,享受时间最多为18个月。1939年实施的《船员保险法》是最早以民间劳动者为对象实施的保险法案,其保险对象为船员。其后,日本进入战时体制,为了把国民各阶层集中于这一体制,1941年颁布了《劳动者年金保险法》,船员保险法的适用对象扩大到10人以上企业所雇用的男性工人。1944年颁布了《厚生年金保险法》,其对象进一步扩大到男女职员,并扩大到被雇佣者人数5人以上、10人以下企业的所有被雇佣者。1946年起至1953年,日本政府颁布了《失业保险法》《工伤保险法》和《职业安定法》等,其中1947年《劳动基准法》规定了法定补偿金和停工补偿。

50年代初期,随着日本经济的全面恢复,日本政府开始重视劳动者的养老保险需求,于1954年对养老保险体制进行了全面改革,颁布了《厚生年金法》（新法）,其中包括年金保险法。1958年、1962年公布了《互助工会法》。1959年4月日本国会批准通过了《国民年金法案》,实施国民年金制度。日本政府还先后颁布了《私立学校教职员共济组合法》《市町村职员共济组合法》《公共企业职员等共济组合法》《农林渔业团体职员共济组合法》《地方公务员等共济组合法》。1961年11月《通算年金通则法案》公布并实施。1967年公布了《煤炭矿业年金基金法》。1974年,《雇用保险法》出台,以替代《失业保险法》。同年公布的《劳动者灾害补偿保险法》中规定了工伤保险部分的制度。2000年3月28日日本国会通过了《厚生年金保险法》《国民年金法》等7部有关年金制度改革的法案。日本在发展中根据本国的实际情况不断对相关的法案、法规进行有效补充和完善,可以说是日本的成功经验之一。

（3）瑞典员工福利立法。1884年,瑞典议会第一次讨论社会保障问题。1911

年瑞典政府开始对某些由工人自发组织的互济会提供小额津贴。1913年,瑞典议会通过了世界上第一个全国性社会保障计划——"全国养老基金方案"。1913年,瑞典通过了《国民普遍年金保险法》,是其就社会保障问题的首次立法。1935年通过《国民年金保险法》,1948年实施《全国退休法》,1959年增加了国民补充年金保险。1960年开始实施雇员(补充)退休金,亦称"收入关联年金"。1976年和1990年先后实行部分年金制度和遗属年金制度。

(二) 员工福利项目比较

(1) 美国员工福利项目。美国的员工福利已经成为员工个人经济利益保障中一个极其重要的部分,美国商会关于员工福利的研究表明,员工报酬中有40%是通过各种福利体现出来的。

在保障型福利方面,主要包括医疗、退休和抚恤金计划。医疗保险计划有三种类型。一类是预先缴费型:在员工住院或者治疗时它会支付定额的医疗补贴。第二类是传统的偿付型:为一些特定医疗服务提供现金偿付。目前最流行的是第三类管理型健康计划:健康维护组织和定点服务计划。除了医疗计划外,还有牙医医疗计划;处方药、视力和听力医疗计划;病残补助福利等。退休计划通常分为两类:待遇确定型(DB)和缴费确定型(DC)。从历史上看大的雇主和工会比较支持待遇确定模式,但从20世纪70年代开始,大部分新计划都是缴费确定型的。死亡抚恤金计划,指任何规模的企业雇主将死亡抚恤作为其员工福利计划的一个重要部分并覆盖全体员工,同时还通过社会保障和劳工保护之类的公共部门计划向员工提供此类服务。

在服务型福利方面:20世纪90年代后期,雇主们为了帮助员工协调好工作和生活的关系,开始为员工提供新的福利组合计划,主要侧重于四个方面,关注他们的生理和心理健康,照顾其家属,减少工作时间,创造弹性灵活的工作环境等;此外,还有教育援助项目,是雇主为员工提供教育或者支付教育费用的计划;团体法律服务计划,通过团体福利计划提供法律服务,是雇主吸引和留住人才的有力工具,可分为入门计划或者综合计划;理财计划,这是向关键岗位上的职员和高薪员工提供的福利。

(2) 日本员工福利项目。在保障型福利方面:福利厚生制度中法定的有健康保险、厚生年金保险、雇佣保险、工伤保险、儿童补助拨付金、船员保险、法定补偿金、身体残障者雇佣缴纳金、停工补偿、煤炭年金;法律规定下设立的互助工会(以国家公务员、地方公务员和农林渔业团体的职员为对象)的老龄年金保险等有关的社会保险各项制度。企业对这些费用全额或者部分承担。在现代福利厚生制度中除了法定的福利厚生费的增加,企业还要负担通勤费用、安全卫生费用等。由日本工会总联合会的综合劳动局 1995 年和 1999 年的调查结果看:实施有关的"自学补助""住宅贷款支付"及"护理及育儿援助"政策的企业比例上涨;缩小甚至废除有关"休闲娱乐援助""公司住宅及单身宿舍""疗养所"制度的比例在上升。在新型福利厚生制度(自助式福利计划)中核心菜单大多数与法定的福利厚生制度和经济负担较大的住宅福利有关,而自由选择的选择性菜单涉及了健康护理补助。

在服务型福利方面:非法定福利厚生制度有住宅制度、生活补助制度、金融制度、婚庆吊唁金制度、互助制度、团体保险制度、文化体育娱乐制度、退休制度、下派及海外派驻者制度、医疗保健制度、工伤额外支付制度、自学援助制度、其他制度等。企业对这些项目的费用全额负担或者和员工按照一定的比例分担。此外,在现代非法定福利厚生制度中的一部分业务的外包(outsourcing)增加;企业更支持员工的自立,企业福利制度向员工个性化生活计划倾斜,不依赖于企业;增加对员工家庭生活的援助,如育儿休假制度、设置托儿所、护理休假制度及护理费用补助等制度,以适应子女抚养、老龄化等社会问题。在新型福利厚生制度(自助式福利计划)中的自由选择的选择性菜单涉及育儿补助、非法定休假、自学援助、信息和各种咨询帮助等。

(3)瑞典员工福利项目。瑞典保障型福利方面最有特色的是 1960 年开始实施的雇员(补充)退休金,亦称"收入关联年金",它是对普遍养老金的补充,其资金完全来自于雇主为雇员而建立的年金基金。还有附加退休金,对于绝大多数普遍养老金享受者来说,他们还可享受根据集体协议规定的附加退休金及房屋补贴和免税待遇。此外,其他的部分年金是在瑞士凡年满 60 岁的老人可边工作、边领取部分年金,享受条件是每周劳动工时至少减少 5 小时,但不得少于 17 小时;45 岁后取得至少 10 年的"年金分",在部分退休前的 12 个月中至少工作过 5 个月。社会保障部门发给其损失收入的 65%。

(三)员工福利的服务比较

(1)美国员工福利服务。政府立法强制实施,全体劳动者参加并共担费用的社会保险项目,主要有养老、医疗、失业、残疾、工伤与职业病保险等。其实施对象是所有劳动者和退休人员。

各种基金组织委托商业保险公司等金融机构经办的团体退休金(美国称私人团体年金)、医疗保险和个人储蓄。对这一层次的保费和保费投资收入政府实行免税鼓励,企业和职工自愿参加,据有关专家估计,为此每年政府税收减少上千亿美元。联邦和州政府公务员,包括国有企业职工都参加了这种私人年金计划。与强制性的联邦养老保险不同,各州可根据自己的情况确定缴费率。

(2)日本员工福利服务。日本的企业福利大体包括法定福利和法定外福利两个部分。法定福利主要包括健康保险、厚生年金保险、雇佣保险、工伤保险、儿童补贴基金、船员保险、劳动基本法法定补偿、残疾人雇佣资助金等,在企业福利中约占62.2%,主要是经济性补贴居多,以资金的方式进行补助;法定外福利主要包括住宅、医疗保健、生活困难补助、互助会、保险文化、体育、娱乐等,这方面的费用支出约占企业总福利费用支出的37.8%,主要以非经济类为主,包括实物和服务。不管企业规模大小,他们在法定福利项目方面差别不大,而在法定外福利方面,各企业之间特别是大企业同中小企业之间有较大差别。

(3) 瑞典员工福利服务。除了法定的福利项目以外,瑞典员工福利服务中最具有特色的是在员工养老金方面,企业根据员工的收入情况不同为他们设计了不同的退休金。一种是雇员(补充)退休金:凡收入在基数以上的所有雇员和独立劳动者,都有资格享受补充退休金,但是在必须满足下列基本条件的前提下,才能享受全额补充退休金,即退休前必须由雇主为其交足30年的工资社会保险费;独立劳动者必须投保,而且要在退休前到当地社会保险机构登记;投保不足者,每少投保1年,减发退休金1/30。一般来说,普遍养老金和补充养老金两部分加起来的总和,大体相当于雇员退休前平均工资的2/3左右。年金分和雇员退休金计算公式如下:年金分=当年负担工资÷当年基数(负担工资为1—7.5个"基数"之间的工资额);雇员退休金=(退休前15年工作收入最高年份)平均年金分×60%×基数。一种是附加退休金:凡收入至少有3年超过"基数"的雇员,可领取附加退休金,数额相当于退休前最后一个月工资的10%—15%,附加退休金也包括老年年金、伤残年金、遗孀年金和儿童年金。唯一的区别是,附加退休金与个人收入密切相关。还有一项其他的部分年金是针对还在退休后继续工作的老人进行补贴。

(四)员工福利模式比较

不同国家的员工福利计划往往是由多个福利项目组合形成的福利模式;相同国家的不同行业,由于自身的发展状况和外部环境不同,实行不同的员工福利计划。员工福利计划最早出现在西方社会,其中美国较为健全。

(1) 美国员工福利模式。美国的企业福利制度建设比较完善,包括企业依法建立、由政府管理和企业自愿建立两种情况,其中企业自愿建立的福利制度是最为重要的部分。在美国企业庞大的福利制度中,政府依法管理的企业福利只是面向社会弱势群体的,目的之一是维护社会稳定,对每个企业来说都一样,是企业对社会的法定义务。根据美国法律的要求,法定福利主要有工伤事故补偿、社会保险、失业保险和停薪产假等。

美国的企业普遍建立了员工福利计划,为员工提供诸如退休金计划、团体保险、医疗费用保险等。据美国劳工部2012年6月公布的一份员工福利情况调查显示,不同行业中员工福利的支出比重虽有微小差别,但总体上几乎占到了总收入的1/30。应运而生的弹性福利计划又称为"自助餐式的福利",它是一种由员工自行选择福利项目的福利计划模式。弹性福利制度的出现为美国员工福利计划的设计提供了新的思路,被看作是节省医疗费用和提升员工满意度的一个有效途径,并被大范围地应用在员工福利计划的设计当中。在养老保险方面,美国最具代表性的补充养老金项目是401(K)计划。

(2)日本员工福利模式。日本的企业福利模式主要由法定福利和法定外福利两个部分构成。

(3)瑞典员工福利模式。瑞典的"福利型"社会保障模式是普遍保障与社会保险相结合的双重制度,高税收是瑞典保持高福利的经济基础,因此决定了在员工福利方面,瑞典能为全民包括劳动者提供广泛而优厚的补贴制度。这种福利模式,一是依靠政府的干预,通过宏观经济调节的方式来平抑经济周期的波动;二是用收入再分配的方法,实现收入的平等。开创了以国家干预进行"充分就业"和"收入均等",使得瑞典获得"福利国家橱窗"的称誉。瑞典的社会保险基金由税收部门征收,由国家社会保险局负责管理,实行专款专用。社会保险资金主要是由个人缴费、企业缴费以及国家税收补充三部分构成,然而其比重却与其他国家大不相同,瑞典主要是以企业缴费负担为主,大约50%左右。

二、我国员工福利的现状

相较于国外那些相对系统和成熟的员工福利制度而言,我国企业员工福利制度在以下方面还存在一定的发展空间。

(一)现行法定福利宣传力度不够,削弱了员工福利制度的激励作用

我国有不少相关法律文件及行政法规中涉及员工福利。很多企业员工交了保险金,但在实际生活工作中遇到自己该争取正当利益的时候,却找不到伸张自己诉求的途径,这也成为员工福利制度的一个困境。员工的法定福利究竟从哪里来,又要到哪里去?只有加大法定福利的宣传,让劳动者自己真正清楚自己的法定福利有哪些,才能把法定福利落实到客体,也就是劳动者自己身上。

(二)福利项目的设计相对单一,容易忽视员工多元化的需求

从福利项目的选择性上来看,我国非法定的员工福利项目设计比较少,企业员工福利计划内容有限,员工尚无充分的选择权。从员工福利管理的过程来看,许多的企业都以企业自身为主导,在员工的福利设计中占据了绝对的主导地位,整体计划基本由企业来制定,员工很少有机会能够参与到这一过程之中。由于缺乏员工的参与,员工无法表达自己在这方面的诉求,因此容易导致设计的福利计划和员工

的需要存在不适应,这就容易引起员工对企业管理的不满,企业原本的关照员工的行为也容易被误解成专制的管理体制,无疑会损害员工的积极性。在当今社会,起源于美国的自助性的弹性员工福利计划会在一定程度上引领全球化的员工福利计划发展趋势,即除了核心的福利计划,企业还向员工提供一个可供选择的福利项目清单,允许员工在企业规定的时间和金额范围内,根据自己的需要和偏好选择其中的一部分,并有调整选择的机会。这种模式可以为我国职工福利计划不断完善和改进提供借鉴。

（三）企业在推进员工福利项目和服务的进程中积极性不足

从劳动者队伍结构来看,不同文化层次、不同收入层次的员工对福利的需求会产生较大的差异,传统的福利计划结构比较死板,长时间得不到改变,一方面企业可能付出了巨大的成本,而另一方面员工可能对此并不认同,这种福利计划与员工实际需求的脱节导致了资源的大量浪费,同时也无法实现企业的预期目标。从主体上看,由于建立员工福利制度尚不全在企业的法定义务范围内,因此建立企业员工福利制度的企业数量尚不多,目前看还主要是一些大型的国有企业和外资企业。从经济全球化发展的角度看,国家竞争力的提升依赖于各单位的效能及广大员工积极性发挥,科学适度的职业福利在这方面的激励功能已在全世界范围内的实践所证明。政府作为外在推动力,可以通过制定一系列的有关支持性的政策和法规,加速推动新时期企业员工福利制度建立。

（四）适当借鉴福利事业的竞争机制,提高企业员工福利制度的效率

针对我国企业员工福利制度的低效率运行和缓速发展的情况,可以借鉴日本的社会福利事业中竞争机制。首先,政府需要鼓励更多的企业尝试弹性福利设计,让员工也积极参与,并鼓励民间团体参与弹性福利设计的竞争,也就是对"外包型"企业员工福利模式的倡导。引入民间团体参与的目的,就是促进提供服务的各种团体之间的相互竞争,提高员工福利制度的服务效率。其次,利用市场经济规律,使得企业和受益员工能够实现双向选择,费用负担与利用项目挂钩。同时,扩大企业经营的权限,提高企业的积极性和员工的参与度。最后,还可以在行业设置"员工福利情报管理中心",对竞争过程进行民主监督,为员工提供福利政策信息和利用信息,对服务质量进行监督评估。同时,引进"福利经纪人"制度,提供员工福利事业的相关咨询,依法对企业和员工们进行协调,从而提高企业员工福利制度的服务效率。

8.2.6 住房福利

一、典型国家住房福利制度比较

（一）住房福利法制建设比较

（1）美国住房福利立法。美国的住房福利制度是以法律法规的形式予以确定的，从立法的高度来保证政策实施的强制性。1937年，美国联邦政府制定了第一个全国性法案——《联邦住宅法案》，正式实施公共住房计划。该法案负责低收入家庭的公共住房建设，向其提供较低的房租，由联邦政府拨款并规定入住者的标准。此后，美国国会又通过了《住宅法案》《住宅和城市发展法案》，通过这些法案来具体规定公共住宅的建设目标和相关政策，切实推动了公共住宅的建设和全国各阶层住房消费水平的提高。1974年，美国《住宅与社区开发法案》设立了"第84条款"，来专门规定住房补贴方面的政策。

（2）英国住房福利立法。英国是住房问题产生最早也是政府干预最早的国家，英国关于住房改革的每一步都是通过立法程序来保证其实施效力的。早在19世纪80年代，英国就制定了针对城市住房问题的《住房法》。最初的做法是兴建公共住房，以低价出租给低收入者。但随着这一制度的发展，逐渐出现了财政负担、税收负担过重的问题。20世纪80年代，在撒切尔主义主导下，英国政府开始改革原有的住房福利体系，开始更多地依靠市场而不是政府解决住房问题。1984年，英国通过了《住宅与建房控制法》，推行住房私有化。两年后，英国私有住房达到1400万套，比1961年增加一倍。2004年年底，英国颁布了《住房法》，就如何确保建设足够的低收入群体负担得起的社会住房、创建更公平和良好的住房市场等做出了详细规定。

（3）新加坡住房福利立法。与美国、英国不同的是，新加坡的住房福利制度不是以法律的形式进行规制，而是根据各阶段住房保障目标的不同采用政策来调整的。为解决庞大的无住房人口与城区贫民窟所可能引发的严重社会与政治问题，新加坡从1961年开始实施建屋计划，1964年实行居者有其屋计划。为实现居者有其屋计划的理念，新加坡建屋发展局还推出了公共住屋计划、住房房地产计划、多代同堂家庭优先配售计划、组屋订购制度等，从而有效地提高了居民的住房所有率。新加坡的《中央公积金法》规定了强制的公积金征缴机制，中央公积金可以被用来支付私有住房的抵押贷款，从而推动了组屋建设，加速了居者有其屋计划的实现。

（二）住房福利类型比较

市场化程度比较高的国家，大都通过市场来解决大部分人的住房问题。一部分无力解决住房问题的低收入家庭,由政府直接提供廉价住房或住房补贴。由于不同国家政府的执政理念不同及其他原因,政府对住房市场的干预程度也不同。美国和英国的住房福利制度都属于救济型,即住房供给以商品化为主,政府为辅,这是由国家的经济运行模式所决定的。美国和英国都是消费导向型经济运行模式,该模式崇尚市场效率,不提倡政府干预。而新加坡是行政管理导向型经济运行模式,强调政府通过产业政策、经济计划、财政政策和货币政策等手段对经济进行干预,所以,新加坡的住房福利制度类型是社会保障型,即将住房保障政策作为主要的社会福利政策之一。

（三）住房财政政策比较

（1）美国住房财政政策。美国住房保障的财政政策包括:政府财政投资建造和财政补贴住房建设、控租、对中低收入家庭购房或租房时进行现金补贴和减免税收。

在政府财政投资建造公共住房方面,1965 年,美国政府成立了联邦政府住房与城市发展部(HUD),利用财政资金(主要来自免税的政府债券)支持公共住房建设,并在地方设立财政归中央管辖的住房局,负责具体落实政府拨款的使用,同时监督公共住房的建造,并保证将住房分配给符合条件的低收入家庭。

美国的控租政策则由地方政府以立法形式作出规定,并通过投票方式进行调整①,在控租政策的作用下,美国公共住宅的租金长期以来只占低收入家庭总收入的 25%,其绝对数比最低市价租金还低 20%。

在住房补贴政策方面,美国政府制定的是鼓励私有机构投资建造公共住房补贴政策。补贴住房建设政策集中体现在 20 世纪 60 年代的《住房法》中,该阶段的补贴方式主要是利息补贴;20 世纪 70—80 年代,美国政府对住房政策进行了战略性调整,即住房补贴从住房供应者转向需求者。1975 年美国政府实施住房券计划,住房券即政府发给低收入者用于领取住房补贴的凭证,并规定只能用来支付房租,现在该计划几乎遍及美国每个城市。

在减免税收政策方面,为了保障中低收入者的住房权益,美国政府在购买、建造和租售住房方面采取了一系列税收优惠政策。主要政策有:①对利用抵押贷款购买、建造和修缮自己住房的中低收入家庭,在征收个人所得税时减免抵押贷款的利息支出;②对各州发行的用于帮助中低收入居民购房的抵押债券,不征收投资者的个人所得税;③对出租房屋给中低收入者的家庭实施税收减免政策;④对低收入者购房和租房的税收进行优惠;⑤对于建造公共住房的私人开发商,政府提供一对

---

① 穆怀中:《社会保障国际比较》,中国劳动社会保障出版社 2002 年版。

一的免税优惠和贴息贷款。①

（2）英国住房财政政策。英国的住房财政政策主要包括：政府投资建房、对租房和购房家庭进行现金补贴、对购房家庭提供税收优惠政策、对贫困家庭提供住房补助。

在英国，地方政府负责修建保障住房，低价出售或出租给中低收入家庭；中央政府负责制定政策，并向地方政府和住房协会提供建房补助，以降低住房建设成本。

对租房的中低收入的家庭，英国中央政府通过制定"标准住房福利"来提供房租补贴、现金补贴。70年代以前，只有租住公房的家庭才享有这一福利——房租补贴，当时由国家划一条线，收入水平恰好在这条线上的居民享受一定数额的住房福利，若收入水平低于这一条线，增加相应的住房福利；若收入水平高于这一福利，减少相应的住房福利。70年代以后，对租用私房的家庭，"标准住房福利"提供类似的待遇，由于私房租金不能有折扣，因此政府采用了现金补贴的方式，补贴数额按当地公房的公平租金及家庭收入情况而定。

80年代以后，地方政府在居民房屋抵押贷款税收减免方面发挥了很大作用。个人利用抵押贷款购买住房，本应用交税后的收入偿还贷款本金和利息，有了政府税收优惠后，用以支付利息的部分，可以得到政府的税收补贴，从而减轻了购房家庭的实际支付负担。

对于收入低于贫困线的家庭，政府除了提供"标准住房福利"，还给予一定的住房补助。这一补助包括五方面：①房产税全部免除；②代缴房租；③为利用抵押贷款买房的贫困家庭支付抵押贷款的利息；④代缴全部水费；⑤向居住自有住房的贫困者提供修缮费和保险费。②

（3）新加坡住房财政政策。财政政策是新加坡住房保障制度的重要组成部分，主要包括建房政策和公共住房补贴政策。

新加坡的建房政策包括组屋政策和"居者有其屋"政策，其中，组屋政策包括组屋发展政策和组屋分配政策。新加坡住房保障制度最重要的特征，是新加坡政府通过建屋发展局直接负责公共住房的开发和建设的管理，建屋发展局是住房保障政策的执行机构，其以执行财政政策为主，尤其是执行建房政策的组屋政策和"居者有其屋"政策。组屋租金低廉，出售价格低于成本；建屋发展局在1964年正式提出"居者有其屋"政策，为无力在住房市场购买私人住宅的居民提供住房，同

---

① 孙翠霞：《住房保障制度的国际比较研究与启示》，北京交通大学硕士论文，2011年。
② 陈正兰：《英国住房福利政策研究》，《社会》2003年第7期。

时还提供住房贷款和保险。

在补贴政策方面,在1983—1984年,建屋发展局从政府得到的公共住房补贴达1.21亿新元。除此之外,新加坡政府每年也拿出一定资金补贴给那些低收入租房户以及用于帮助中下层收入者购买公共住房,因此,新加坡公共住房补贴政策偏重于对建屋发展局建房的补贴。

(四)住房金融政策

(1)美国住房金融政策。美国住房保障的一大特色就是运用发达的住房金融手段提高居民住房支付能力。美国的住房金融政策主要包括:多种形式的住房抵押贷款、政府与私营机构混合的抵押保险担保机制以及住房抵押贷款的证券化。

在公共住房建造方面,政府主要给私营开发商提供低息贷款和税收信贷,鼓励他们建设中低收入家庭能够承受得起的住房。同时,还鼓励私人资本注入公共住房建设,进行公私合作,建立多种形式的伙伴关系。

在公共住房消费方面,政府和私营机构合作建立抵押保险担保机制,通过对住房抵押贷款的二级市场的扶持和干预,来促进一级市场的稳定性和流动性,其宗旨是向中等及偏低收入家庭的住房抵押贷款提供保险和担保。同时,还存在美国住房抵押贷款证券化的形式,它是以住房抵押贷款债权为基础,由金融机构或特定证券机构对这种债权进行组合,通过信用机构担保,在资本市场上进行筹资。

(2)英国住房金融政策。以鼓励居民购房为特点的英国的金融政策主要是向购房者提供抵押贷款,提供贷款的主要渠道有建筑协会、商业银行、地方政府、保险公司。在这些途径中,建筑协会最为重要,它为居民提供了大约80%的购房贷款。19世纪中期建筑协会就已成为经常性的组织,它可以在资金市场上通过竞争手段吸取存款,因而成为住房抵押贷款的主要资金来源。地方政府在居民房屋抵押贷款税收减免方面发挥了很大的作用,它一方面设立贷款额的上限,对超过一定限额的贷款不提供税收优惠政策,另一方面对已有住房而利用贷款购买第二套住房的居民也不提供类似的优惠,从而避免一些人不恰当地利用抵押贷款税收减免政策。商业银行是最晚进入房屋抵押贷款市场的,不过发展很快,它贷给购房者的金额是他们年薪的3倍,贷款期限为20年到25年不等。另外,政府和银行都希望贷款者在贷款的同时购买贷款保险,以保证还款期间贷款者的收入发生大的变化暂无还款能力时,保险公司可以帮助居民还款。[①]

(3)新加坡住房金融政策。新加坡的住房金融政策主要包括公共住房建造的金融政策和保障性住房消费的金融政策。

---

① 陈苗:《中外住房保障制度比较研究》,华中科技大学硕士论文,2008年。

新加坡公共住房建造的金融政策,主要是通过建屋发展局的资金安排来运营的。其资金源头是国内储蓄,而国内最有力的储蓄是中央公积金,政府主要通过政府债券的形式将中央公积金存款变为政府可支配资金,政府以通过向建屋发展局发放贷款的形式将中央公积金等存款源源不断地转入建屋发展局,为新加坡公共住房建设提供了强有力的资金链。

新加坡保障性住房消费的金融政策主要是中央公积金制度。中央公积金制度是政府凭国家权威和信用,通过国家法令和行政法规等强制手段将雇员工资收入的一定比例定期存入指定机构,专项用于雇员的住房等消费支出。

二、我国住房福利现状

从1992年开始探索启动的住房公积金制度,是我国借鉴新加坡的中央公积金制度,同时结合我国国情设计的一种义务性长期储金式的住房福利制度。从20世纪末期开始,我国住房福利体系由以福利分房为主的公有体制转变为以住房商品化为主的私有体制。住房公积金、住房货币补贴、经济适用房以及廉租房等多种居住保障形式的存在,使得我国住房福利制度呈现多样化的发展态势。虽然迄今为止经过二十多年的改革,我国的住房供给原则和体系已经发生了很大的变化,但在具体运作过程中住房福利仍存在着一些问题。

(一)缺少政府专门的实施和监督机构,缺乏有力的行政和立法体系

从目前的情况来看,中国住房福利政策缺少政府专门的实施和监督机构,使得住宅政策制定、贯彻和监督缺少有力的行政和立法体系。这是造成住房福利体系运作"越轨"的重要原因。虽然我国已经建立起《城镇经济适用住房建设管理办法》《经济适用房价格管理办法》等部门法规以及一些地方性住房福利法规,但仍未建立起全国统一的住房福利制度。住房福利制度制定与实施随意性强,缺乏统一的法律指导和约束。①

(二)我国住房金融机构组织体系不健全,住房融资渠道单一

目前,我国开展住房金融的主体是各个国有商业银行和其他非银行金融机构的房地产信贷部。从住房金融的宏观层面上看,各金融机构没有形成一个既有竞争又有协作的统一整体,尤其缺乏一个权威专业性的住房金融控制中心。② 此外,我国住房融资渠道主要依靠商业银行,融资渠道单一,这就使得商业银行成为房地产金融风险的主要承担者。与国外相比,我国的住房信贷比例是相当高的。同时,住房公积金制度的内在体系和外在环境存在的一些问题,使这项旨在让中低收入

---

① 穆怀中:《社会保障国际比较》,第301—302页。
② 魏国平、曾洁雯:《住房保障制度的国际间比较》,《商业时代》2008年第32期。

居民互助购买住房的政策没有体现出向低收入家庭的倾斜和支持。往往有能力买房的人才能享受到这项政策,而无能力买房的低收入家庭根本享受不到这项政策,结果造成低息贷款税费减免的最大受益者是有购房能力者。不少中高收入者从中得到了更多的政策支持,这实际上是不符合住房福利政策初衷的。

(三) 政府对保障性住房的资金投入力度不够,住房补贴目标不明确,税收优惠政策缺失

随着2007年国家对住房保障政策的重视,经济适用房面积规模在增加,但进展依然不快;我国对廉租房的投入规模虽然在2008年有所增加,但还是不能满足城市低收入家庭的住房需要。由于判定家庭收入标准的专业机构尚未建立,依照中国人"富不外露"的传统心理,很少有人会承认自己的家庭已跨入高收入行列;同时,由于没有完善的个人金融管理机制,个人经济收入的多少很难确定,在执行中就留下了明显的政策漏洞,无法限制高收入者购买经济适用房,导致住房补贴目标不明确。在住房税收优惠政策方面,目前我国近乎空白。

8.3 借鉴国际经验完善中国社会福利制度建设

一百多年来,西方发达国家总结出了许多社会福利制度建设的经验,这些宝贵的经验为我们研究如何完善中国的社会福利制度提供了有价值的参考材料。当然,由于国情的差异,我们必须从中国的实际情况出发,总结和概括适合中国国情的社会福利理论与实践,不能完全照搬他国的模式与做法。通过社会福利的国际比较,有利于我们找到最适合中国的经济、社会和历史文化条件的做法;有利于我们学习借鉴西方的社会福利政策和法律制度,在完善社会福利制度改革中及时汲取教训,少走弯路。

通过社会福利的国际比较,我们看到了中国与西方发达国家福利制度间的差距,为积极完善并构建中国特色社会福利制度应尽快完成以下的改革。

8.3.1 完善社会福利法律体系

法律是治国之重器。通过社会福利的国际比较不难发现,世界上福利制度比较发达的国家都是立法先行,建立起一整套适合本国国情的社会福利法律体系,依靠完备的社会福利立法,来保障社会福利制度的顺利运行。尽快完善我国社会福利法律体系,是完善中国特色社会福利体系的当务之急。

一是构建完备的法律体系,支撑社会福利体系的顺利运转。社会福利体系的顺利运转,需要有完备的法律体系为支撑。构建新时期社会福利支持体系,必须重

视法制建设,将社会福利的提供纳入法治轨道。当前,中国的社会福利立法还存在一些问题。社会福利方面的法律、法规偏少,一些专项、具体的福利缺乏相应的法律或法规;有关福利问题的政策与其他社会政策混在一起;现行的有关法规政策在社会福利事务的管理、监督等方面存在着模糊性;现有社会福利体系受身份和职业的限制,呈现出一定的碎片化趋势。当前,应该对已有的法律、法规、政策进行适当梳理和调整,实现社会福利法制系统化、专门化,法律法规之间关系清晰化,为中国新型社会福利体系全面健康发展创造良好的法律制度环境。可以在制定综合性的《社会福利法》基础上,分别制定相关的、适用于各大福利项目的配套法规。同时,在有关社会福利的法制建设中,明确社会成员的福利权益和国家、社会的责任,完善社会福利项目的管理与监督机制等等。

二是以法制建设推动中国社会福利体系多层次的整合,从根本上扭转现有社会福利体系"碎片化"局面。中央明确提出,到2020年基本建立覆盖城乡居民的社会保障体系。如果根据政治身份、职业身份、城乡户籍的差别设定彼此独立的碎片化社会福利制度,那么人口老龄化深度发展和城镇化快速发展,将直接威胁社会福利制度的平衡,将致使城乡福利日趋分化,加剧城乡二元化结构。因此,在完善社会福利体系的同时,要打破城乡界限和职业界限,特别是要跨越户籍制度的限制,建立基于国民身份的统一的社会福利制度。另外,必须坚持以法制建设推动中国社会福利体系多层次的整合,加强政策引导,出台社会办福利机构用地、税收、公用事业收费和资金补贴等适应社会福利社会化的导向性政策法规文件,为社会力量进入社会福利领域提供广阔的发展空间,为社会福利制度的形成和发展创造良好的法制环境。

8.3.2 确立适度普惠型社会福利

通过国际比较,不难发现,西方发达国家的社会福利不仅保障对象广泛而且水平较高。社会福利项目覆盖了绝大多数社会成员,保证了社会成员都享有社会福利权利。当然,我们也不能忽视,超出国家经济社会发展阶段和财力支付水平,片面追求过高的福利,给某些国家带来的深刻教训。社会福利发展历史表明,非适度的社会福利必将阻碍甚至损害社会的长远发展。就当前中国社会而言,一方面,社会福利的缺位不利于社会主义市场经济体制的长远发展;另一方面,社会福利的过度发展也必将损害社会的整体竞争力。

中国的国情决定了中国无法照搬西方的福利模式,随着中国经济的快速发展和以改善民生为重点的社会建设的加速推进,中国必须发展具有中国特色的"适度普惠型"社会福利。"适度普惠型"社会福利,是由政府结合本国的经济和社会状况,向全体国民提供的、涵盖其基本生活主要方面的社会福利。这种社会福利具有如下基本特征:它是针对全体国民(或者某一较大地区的居民)的,因而在某种程度上来说是普惠的。这一特征与我国社会政策的地区性特征有关,更深层地则与地区经济社会发展水平和地区财政状况有关;它是涵盖居民基本生活的主要方面的,即这种福利涵盖了国民(或当地居民)基本生活的最主要方面,如失业保险、贫困救助、医疗保险、住房保障及老人、残障服务等;这些是适度满足他们的基本需要的,而不是主要满足他们的高级需要。

加快建立完善适度普惠型社会福利制度,要求以家庭为核心制定社会福利政策、以促进就业为核心完善社会福利制度、以提供服务为核心拓展社会福利内涵等等。同时还应尽快制定社会福利法,逐步拓展社会福利保障范围,加大各级政府财政对社会福利的支持力度,进一步改革创新社会保障管理体制,等等。要推动建立以适度普惠为目标、以"四个补贴"(高龄补贴、养老服务补贴、残疾人补贴、儿童津贴)和"四个福利服务体系"(老年人福利服务体系、残疾人福利服务体系、儿童福利服务体系、妇女福利服务体系)为基本内容的社会福利制度,不断满足人民群众日益增长的社会福利需求。

8.3.3 强化政府在社会福利中的责任

通过国际比较我们发现,西方各国政府在社会福利中起到了主导的作用,承担着制度设计、监管以及筹措资金、财政兜底等责任。而长期以来中国政府在社会福利制度中的作用发挥还不够充分,家庭、集体、企业和社会互助等成了优先满足社会成员福利需求的渠道。积极推动我国社会福利的发展,需要各级政府切实履行职责、充分发挥作用。随着中国经济社会的发展,强化政府公共服务的职能,加大政府资金投入和政策扶持力度已经成为各界共识。政府的社会福利项目支出是否能够随着政府财政实力的增强而不断增加,也日益成为衡量政府是否履行职责和社会是否文明进步的重要标准。政府的主导性体现在制定政策、出台规划、资金投入等方面,这是我国社会福利事业健康发展的重要推动力,也是充分发动社会力量参与社会福利服务体系建设的前提。

第一,加大公共财政对社会福利事业的投入力度。相对于西方国家,我国社会福利方面支出的比重偏低,远低于发达国家的20%—30%的比重。随着政府职能的转变,尤其是公共财政体制框架的逐步建立,各级政府对社会福利的投入应逐步得到加强。不断完善各种社会福利项目。一是,对福利投入存量的结构进行调整,即让企业或事业单位内部原有的福利投入,通过税收或转移支付形式,部分地转化为社会化福利资金的来源;二是让国家财政对社会福利的投入随经济的增长而增长,让全民都能享受经济增长的成果。

第二,加强政府的政策引导。一方面,要积极鼓励,支持帮助介于政府与居民之间非营利性的社会中介组织和社会服务机构的生产与发育,出台有针对性的优惠政策并有效落实。全面落实国务院办公厅转发的《关于加快实现社会福利社会化的意见》和民政部《关于支持社会力量兴办社会福利机构的意见》,在规划、建设、税费减免、用地、用水、用电等方面予以优惠,鼓励和支持社会力量兴办社会福利机构。另一方面,对于社会力量投资兴办的社会福利机构,在强调和确保其福利性和公益性的前提下,应允许其引入产业化的经营机制,做到自主经营,自负盈亏,使投资者获取相应的经营利益,以鼓励和引导人们参与公益事业。要采取切实有效的政策,鼓励社会力量和个人捐赠,赞助和参与社会福利事业,充分调动和利用各种社会福利资源;改变过去社会福利机构政府直接办、直接管理的情况。引导社会福利社会办;政府应致力于制定相关的法律法规政策,营造社会福利机构发展的环境。

第三,加大监管力度、提升服务质量。我国涉及社会福利事业管理的部门众多,社会福利事业管理分割。这些部门中,民政部门作为主管社会福利工作的政府职能部门,作用发挥还不够充分。应该整合力量,明确职责,制定切实的实施方案,积极稳妥地推进社会福利事业建设。各级民政部门要尽快制定社会福利机构设置规划、建设标准和服务标准,明确规定社会福利机构的性质、宗旨、权利、义务、执业资格、管理体制、建设规范和服务标准,切实保护福利机构和福利对象的合法权益。要持续规范各类社会福利机构,努力创造公平竞争的环境。组织福利企业管理人员认真学习社会福利法律法规政策,强化法治观念,强化责任意识,真正做到学法、尊法、守法、用法,依法履行职责,不断提高服务管理水平。